“高等法律职业教育系列教材”审定委员会

高等法律职业教育系列教材
GAODENG FALU ZHIYE JIAOYU XILIE JIAOCAI

证据法原理与实务

ZHENGJUFA YUANLI YU SHIWU

主 编◎缪伟君 黄俊辉

暨南大学出版社
JINAN UNIVERSITY PRESS
中国·广州

本书编委会

主　　编：缪伟君　黄俊辉

副 主 编：朱光颖　李雪松

参编人员：（按编写章节的先后顺序排列）

黄俊辉　朱光颖　李雪松　张　健　周　颜

欧　涛　盛舒泓　缪伟君　缪伟辉

目　录
CONTENTS

单元五 证人证言

单元六 犯罪嫌疑人、被告人供述和辩解

单元七 当事人陈述

单元八 视听资料

单元九 鉴定结论

总序

高等法律教育职业化已成为社会的广泛共识。2008 年，由中央政法委等 15 部委联合启动的全国政法干警招录体制改革试点工作，更成为中国法律职业化教育发展的里程碑。这也必将带来高等法律职业教育人才培养机制的深层次变革。顺应时代法治发展需要，培养高素质、技能型的法律职业人才，是高等法律职业教育亟待破解的重大实践课题。

目前，受高等职业教育大趋势的牵引、拉动，我国高等法律职业教育开始了教育观念和人才培养模式的重塑。改革传统的理论灌输型学科教学模式，吸收、内化“校企合作、工学结合”的高等职业教育办学理念，从办学“基因”——专业建设、课程设置上“颠覆”教学模式：“校警合作”办专业，以“工作过程导向”为基点，设计开发课程，探索出了富有成效的法律职业化教学之路。为积累教学经验、深化教学改革、凝塑教育成果，我们着手推出“基于工作过程导向系统化”的法律职业系列教材。

《国家（2010—2020 年）中长期教育改革和发展规划纲要》明确指出，高等教育要注重知行统一，坚持教育教学与生产劳动、社会实践相结合。该系列教材的一个重要出发点就是尝试为高等法律职业教育在“知”与“行”之间搭建平台，努力对法律教育如何职业化这一教育课题进行研究、破解。在编排形式上，打破了传统篇、章、节的体例，以司法行政工作的法律应用过程为学习单元设计体例，以职业岗位的真实任务为基础，突出职业核心技能的培养；在内容设计上，改变传统历史、原则、概念的理论型解读，采取“教、学、练、训”一体化的编写模式。以案例等导出问题，根据内容设计相应的情境训练，将相关原理与实操训练有机地结合，围绕关键知识点引入相关实例，归纳总结理论、分析判断解决问题的途径，充分展现法律职业活动的演进过程和应用法律的流程。

法律的生命不在于逻辑，而在于实践。法律职业化教育之舟只有融入法律实践的海洋当中，才能激发出勃勃生机。在以高等职业教育实践性教学改革为平台进行法律职业化教育改革的路径探索过程中，有一个不容忽视的现实问题，高等职业教育人才培养模式主要适用于机械工程制造等以“物”作为工作对象的职业领域，而法律职业教育主要针对的是司法机关、行政机关等以“人”作为工作对象的职业领域，这就要求在法律职业教育中要对高等职业教育人才培养模式进行“辩证”地吸纳与深化，而不是简单、盲目地照搬照抄。我们所培养的人才不应是“无生命”的执法机器，而是有法律智慧、正义良知、训练有素的有生命的法律职业人员。但愿这套系列教材能为我国高等法律职业化教育改革作出有益的探索，为法律职业人才的培养提供宝贵的经验、借鉴。

2010年11月15日

单元一

证据法概述

引　言

公平正义是人类社会共同的向往和追求，司法是实现社会公平正义的一道必不可少的环节。司法公正作为司法工作的价值取向，是社会公平正义对司法工作的根本要求。从本质上说，任何案件的处理都是司法主体收集、审查、判断和使用证据的活动，任何案件的公正处理，都是正确运用证据的结果。如何发现证据、收集证据并运用证据，在实现司法公正过程中具有重要地位。如果缺乏证据调查和运用的基本能力，司法公正只能是一个梦想。在学习具体的证据法知识之前，我们必须要明白什么是证据法和证据法学，了解证据制度的历史沿革，从而为后续的学习提供一个整体的、宏观的知识界面。

【知识目标】

理解证据法的概念以及证据法学的研究对象和具体内容；了解证据制度及其传统文化背景，证据制度和经济制度、诉讼制度的关系；认识英美法系国家证据法学体系、大陆法系国家证据法学体系和我国证据法学体系的特点。

【能力目标】

通过学习，理解证据与案件事实的关系，懂得运用证据证明诉讼主张，具有较强的证据意识。

【内容结构图】

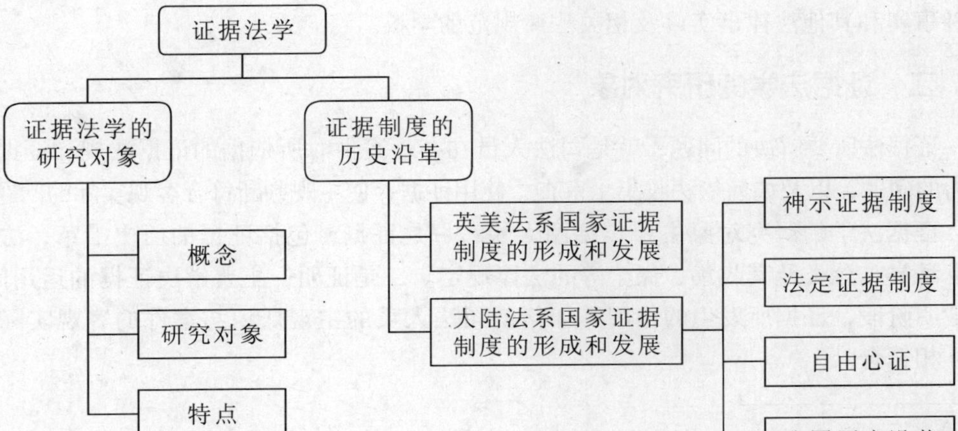

项目一　证据法概述

确定如何向法庭提供信息以及提供何种信息的制度，就是证据法。

——波斯纳

【引　例】

张某邀未婚的女同事李某出外游玩时，在森林公园的僻静处将李某强奸。李某又羞又恨又不懂法，只知沉浸在悲伤中，而未及时报案，错失提取阴道遗留物为证的时机，且未保留沾有张某精液的衣裤。在后来的诉讼中，法官最后裁判张某无罪。

问：关于司法公正与证据，本案给你什么启示？

【基本原理】

一、证据法学的概念

对于何谓证据法，我国法学界并没有统一的定义，这主要是因为我国目前还没有形式上独立完整的证据法，但由于在司法活动中关于证据的运用存在着独立的实质上的证据规则，我们通常将这些规则作为证据法的内容加以运用，这就形成了证据法部门。关于证据法的定义，有着广义和狭义两种不同的理解。

广义的证据法是指所有涉及证据及其运用的法律规范的总称。具体而言，就是关于证据的定义和分类、证据的收集与提供、证据的运用与采信、证据法则、证明责任和证明标准的法律规范的总和。它包括诉讼证据法和非诉讼证据法。

狭义的证据法仅指诉讼证据法，也就是专门订立的证据法典以及诉讼法中与证据有关的各种具体规定。它包括刑事、民事、行政这三大诉讼法。

综上所述，我们认为，所谓证据法是指在各类诉讼活动中，公安、司法机关和诉讼当事人运用证据证明相关案件中的证明对象时，应遵循的法律规范的总和。在我国，因为不存在证据法典，证据的相关规则散见于各部门法中，因而“证据法”还只是一个法学概念，并非法律概念。

据此，证据法学就是研究在诉讼或非诉讼法律事务的处理过程中，运用证据认定案件事实和其他法律事实以及相关法律规范的学科。

二、证据法学的研究对象①

证据法所要解决的问题，就是司法人员在办理案件时所依据的证据法规和证据的证明力的问题，以及如何依法收集、审查、使用证据，使主观判断符合客观实际的问题。

证据法学的研究对象主要包括两大块：一是证据，包括证据的历史沿革，法律对证据种类、分类及其收集、保全等的法律规定。二是证明，主要解决证据的运用问题。在证明阶段，证据所发生的作用是如何使司法人员的主观认识与案件的客观实际相一致、相符合。

---

① 卞建林. 证据法学. 北京：中国政法大学出版社，2007. 1

由此，证据法学的研究对象包括以下几个方面：

（一）与证据和证据运用有关的法律规范

众所周知，证据是诉讼活动的基础。在诉讼活动中，一方面对诉讼争议的实体处理首先取决于能否运用证据准确地认定争议事实；另一方面诉讼程序的演进与程序正义的实现也有赖于证据之理念及其应用。研究证据法则的重要性，是不言而喻的。

诉讼中的证据与诉讼中的证明，相对于自然科学或其他社会事务中的证明而言，最为显著的一个特点就是法律对作为证明根据的证据和在诉讼中如何运用证据进行规定，包括证据的形式、证据的收集、证明责任、证明标准、证明程序等，均有其明确的规定和限制。尽管我国迄今尚无独立的证据法典，证据法也未成为我国法律体系中一个单独的法律部门，但绝不能因此就认为我国目前没有证据法。刑事诉讼法、民事诉讼法、行政诉讼法，甚至刑法、民法、侵权责任法等法律法规中，均有关于证据和证明的规定。此外，最高人民法院、最高人民检察院发布的与证据、证明有关的司法解释，也构成了现行证据法的重要内容。证据法学作为主要研究诉讼证据和证据运用的专门学科，当然应当研究一切有关证据和证明的法律规范和司法解释，准确领会其立法要义，释明其内容。

（二）与证据和证据运用有关的司法实践

运用证据查明案件事实或其他争议，从来都是中外诉讼中的重要实践活动。如果说有关证据和证明的立法是证据法学相对静止的研究对象的话，那么，司法和执法活动中关于证据和证据运用的成功经验和存在问题，则是证据法学中动态的、更加多姿多彩的研究对象。这些与证据和证据运用有关的司法和执法实践，既为证据立法和证据理论研究提供了丰富的素材，也对证据立法和证据理论研究提出了要求，更是检验证据立法是否完善，证据理论研究是否科学的标准。脱离了证据运用的实践，证据理论研究和学习就会成为无源之水、无本之木。

（三）诉讼证明的方法、规律和规则

诉讼离不开运用证据进行证明。诉讼证明必须采取一定的方法，遵循一定的规律，其中相对成熟而由法律作出规定或由判例确认的，便上升为规则。探索这些证明的方法，揭示这些证明的规律，提炼相应的证明规则，是证据法学研究的重要内容。

有关诉讼证明的方法，可以从不同的角度、不同的层面进行研究和探索。如从证据运用过程的角度，研究证据的收集、保全、审查判断、运用证据认定案件事实的方法等；从运用证据主体的角度，研究取证的方法、举证的方法、质证的方法、认证的方法等；从逻辑证明的角度，研究演绎与归纳、直接证明与间接证明等。此外，还有司法认知、法律推定，等等。诉讼证明方法的学习，是本教材的一个重要内容。

证据法学研究承担着指导实践的重任，只有在总结司法、执法实践经验的基础上，研究揭示诉讼证明活动的规律，才能完成这一任务。

进行诉讼证明必须遵守一定的规则。证据规则主要包括两大部分的内容：一是人类从司法实践经验中总结、提炼出来的关于诉讼证明规律的东西，并将其以立法或判例的刑事加以固定，以保障人们对案件事实的认识尽量符合或接近客观事实真相；二是为了保护其他法律利益或顾及法律上其他政策而确立的证据规则。当今世界，证据规则以英美法系国家最为发达。大陆法系国家对证据的证明力一般不作过多限制，但也借鉴英美证据规则的合理因素，逐渐确立了一些证据规则。我国现代证据制度秉承大陆法系传统，虽在各诉讼法内设有关于证据的专章规定，但还未形成系统的证据规则体系。这种状况已远不能满足司法实践的需要。因此，证据法学迫切需要加强对证据规则的研究，为尽快建立符合我国诉讼实践的证据规则提供立法建议和理论论证。

（四）古今中外的证据制度和证据理论

人类历史的不同时期、不同国家形态，曾经建立了不同的证据制度。对这些制度的产生、发展和特点进行研究，评其优劣、探其得失，可从中吸取经验和教训。有关证据理论的研究，也是证据法学的重要研究内容。受教材编写宗旨所限，本教材关于这一部分的内容较少，但不能据此否认其研究的价值。

三、证据法学的学科性质①

证据法学的学科性质，是指证据法学内容所具有的基本属性，以及证据法学在整个法学体系中的地位和功能。归根结底，证据法学的性质是由证据法的性质所决定的。一般来说，证据法首先是作为程序法的组成部分而产生和发展起来的，因此证据法与程序法之间有着比较密切的联系，学者也多把证据法视为程序法的组成部分。后来随着司法实践和理论研究的发展，有学者指出，证据法的范围应该是狭窄的，可以列入实体法或诉讼法范畴的问题应排除在证据法之外。由此可见，证据法的内容确实具有复杂性和特殊性，人们很难简单地将其统一划入传统的实体法或程序法的范畴。于是，关于证据法的性质，呈现出众说纷纭的局面。

严格地说，证据法具有“两重性”。一方面，证据法的基本内容是在各种司法和执法活动中“如何”运用证据证明案件事实的规则，而这些规则显然都具有程序法的属性。另一方面，证据是认定案件事实的依据，而且证据法中也有关于当事人和证人权利义务的规定，这些似乎又带有实体法的特征。从立法角度看，证据法的内容也不仅存在于程序性的法律法规之中，刑事和民事的实体法中也有关于证据的规定。然而，这些事实并不能否定程序性是证据法的基本属性。

就基本内容而言，证据法是程序法的重要组成部分。虽然证据法中也有关于权利义务的规定，但这些权利义务本身就具有程序性，当事人和证人在诉讼中的权利义务并不是实体性权利和义务。诚然，证据所确认的案件事实与当事人的实体权利义务密切相关，但是证据法所要解决的问题不是权利义务“是什么”，而是“如何”确认这些权利义务关系。换言之，证据法属于实现法律实体目的的“手段”。

另外，证据法不仅限于诉讼的范畴，证据法学也不仅以诉讼活动为研究的领域。由于审判、仲裁、公证、监察和各种行政执法都需要运用证据证明相关事实，所以证据法学是一门应用范围很广的综合性学科。因而，证据法学应该成为法学体系中一门独立的分支学科。

---

① 何家弘. 新编证据法学. 北京：法律出版社，2000. 13

项目二　证据制度的历史沿革

其实，法官之所以能够就案件作出裁判，并不是因为他们自己的智慧，而是因为有神的帮助。而且，裁判的权威性是最为重要的，人们对合理和正义的理解都会因此而屈从于对神的信仰和崇拜。

——古希腊人

【引　例】

古印度传说：曾有一个男人，以力大无比著称。一天，他因一时生气而弃妻出走，一个天神便化装成他的样子插足进来。几个月后，丈夫气消了回到家中，问题就此产生——真假丈夫，难辨真假，即便妻子也无力鉴别。于是一个婆罗门的法官被请来判别谁是真丈夫，谁是假丈夫。他知道真丈夫力大无比，于是就令真假丈夫逐一地举巨石，真丈夫使了全身力气才将巨石搬起几英寸高，而假丈夫却像举一根羽毛般把巨石举过头顶，围观的人们大喊“毫无疑问，把巨石举过头顶的是真丈夫”。然而，法官却宣布第一个人才是真丈夫，因为他所做的是人类力所能及的，而第二个人做的只有神才能完成。

【基本原理】

证据制度是一个国家各种法律中与证据有关的规定和规则的总和。由于证据制度是国家法律制度的组成部分，所以其内容和特征必然要受到国家法律制度乃至政治制度的影响。在人类社会的历史进程中，不同国家在不同时期建立了不同类型的证据制度。时至今日，尽管各种制度之间的相互借鉴与融合是发展的大趋势，但各国证据制度仍在不同程度上保留着自己的传统特点。目前，世界上最有代表性的是两种证据制度，即英美法系国家的证据制度和大陆法系国家的证据制度。

在人类社会的早期，司法官员还没有掌握科学的司法证明方法，还不知如何收集证据并依靠证据去查明案件事实，于是，只好求助于神灵的力量。诚然，不同的民族和国家因信仰不同而采取不同的方式求助于神灵，但它们在本质上都是相同的，都属于“神示证据”制度。无论在英美法系的发源地英格兰和威尔士，还是在大陆法系的发源地古罗马和法兰西，“神示证据”都是其证据制度的最初表现形式。

由于体制模式不同，不同国家的诉讼与证据制度的发展轨迹也有所不同。这在欧洲国家的历史进程中表现得最为突出。11世纪以前，罗马法和教会法同样影响着欧洲大陆和英国，当时似乎没有理由认为这两个地区的司法制度会沿着不同的方向发展。但事实上，在“神明裁判”消亡的同时，欧洲大陆和英国的诉讼制度也开始分道扬镳。前者形成了以法官查证职能为中心的“纠问式”诉讼制度，后者逐渐演化为以当事人为主而且有陪审团参与审判的“抗辩式”诉讼制度。

与此相适应，欧洲大陆国家和英国的证据制度也开始走上不同的发展道路。在以法国为代表的欧洲大陆国家，基于纠问式诉讼的价值目标和法官行使查证职能的需要，法律在证据的收集和采纳问题上没有设立太多的限制，但是为规范法官的判决活动，法律给各种证据规定了预设的证明效力和标准。在英国，为了适应当事人主义的抗辩式诉讼和陪审团审判的需要，法律逐渐形成了许多关于证据采纳问题的规则，但是对证据的证明价值却不做预先规定，而留待陪审团根据案件的具体情况去作出评断。

一、英美法系国家证据制度的形成和发展

英国的证据制度在很大程度上是陪审团审判方式的产物。在英国历史上，陪审制度经历了从“知情陪审团”到“不知情陪审团”的转变，而这种转变也在很大程度上影响着英国证据制度的发展。英国的诉讼制度在13世纪以后逐渐从原来的控告式发展为抗辩式。在审判中，双方当事人及其律师在证据的提取、出示和审查等方面都扮演着主要和积极的角色，而法官则在审判中扮演着消极和中立的角色。在这种“当事人主义”的诉讼制度下，诉讼双方都从对立的角度进行举证和质证，都具有一定的片面性或倾向性，因此法律必须规范当事人的证明活动。在对抗性诉讼活动中，证据规则也是至关重要的。随着诉讼模式的变化，也随着各种证据在审判中日益频繁的使用，一系列证据规则便产生和发展起来。19世纪以来，英美法系的证据规则体系得到长足的发展。

英美法系国家的证据规则既是陪审团审判制度的产物，也是抗辩式诉讼模式的产物。

二、大陆法系国家证据制度的形成和发展

12世纪以后，在罗马法的影响下，欧洲大陆国家的诉讼制度发生了很大的变化——从控告式诉讼转化为纠问式诉讼。

大陆法系国家的证据制度在过去的几百年内发生过一些重大的变化，但是这些变化都是以纠问式诉讼制度为基础的，都是在职权主义诉讼制度的框架内进行的。

在纠问式诉讼制度的框架下，欧洲大陆国家逐渐形成了与英国相去甚远的证据制度。如果说英美法系国家的证据制度是以当事人为基点、以审判为中心的，那么大陆法系国家的证据制度则是以司法官员为基点、以预审为中心的。

（一）神示证据制度

1. 神示证据制度的概念

所谓“神示证据”，就是在司法活动中采取一定的方式邀请神灵帮助司法官员裁断案情，并且通过一定形式把神灵的旨意表现出来，对此作为裁判的证据。神示证据包括“神誓法”和“神判法”。“神誓法”是通过诉讼当事人面对神灵来证明案件事实的方法。“神判法”就是通过让当事人接受某种肉体折磨或考验来证明案件事实的方法，又称为“神明裁判法”或“折磨考验法”。通常是在神职人员主持的宗教仪式下进行。由于神灵的“旨意”往往具有查明案件事实或证明争议事实的功能，而且是常人可以通过某种形式感知的，所以被称为“证据”。当然，“神示证据”与现代法律意义上的证据不可同日而语。

2. 神示证据制度产生的原因

神示证据制度产生的原因一是因为在政治上实行神权统治；二是因为全民族科学文化落后，生产力水平低下，人们缺乏战胜自然的力量。

神示证据制度是证据制度发展史上最原始的一种。在人类社会发展的早期，各民

族的先民们多采用弹劾式（控告式）诉讼方式。在这种模式下，诉讼的提取源于被害人或其他控告人的控告，“无控告即无审判”。诉讼过程由双方当事人主导，法官处于消极听证者的地位，不得主动查明案件情况，仅在听取双方当事人的陈述时，审查其各自的证据。加之当时生产水平低下，科学文化落后，人们对发生在周围的社会现实和自然现象的认知能力十分有限，所以对无法决断之事，便求助于神灵来抉择。先民们相信神灵具有超自然的力量，无所不在，无所不能，神意代表着真实和正义，欺骗神灵必将受到惩罚。于是，当人类运用自身已有的认识手段依旧无法查清案件事实真相时，就转而寻求神灵的帮助，并将借助神意得到证明的案情作为裁判的基础。这便是神示证据制度产生的社会原因。

3. 神示证据制度的内容

所谓神意均虚无缥缈，不着边际，不得不通过尘世间的人们借助一定的方式呈现出来。于是各种体现神意的方式横空出世，并被广泛运用于诉讼之中。同时，由于人世间各民族的社会生产方式、历史传统、宗教信仰和文化习俗各异，所以他们借以体现神意的途径尤其繁多，具体方法更是多种多样，反映到诉讼中则必然表现为各具特色的神明裁判方式。归纳起来，主要是运用两种形式来审查判断证据的真实性或可靠性，即神誓法和神判法。

（1）神誓法。神誓法也称对神宣誓，是当控告人和被告人对案件事实的陈述相互冲突时，审判者要求原告和被告分别对神发誓用以证明自己陈述的真实性的方法。如果哪一方当事人不敢对神发誓，或在宣誓过程中神色慌张，或在宣誓后有某种报应的迹象出现，审判者便可以认定其所陈述之言虚假。

神誓法利用了人类初始阶段对神的崇拜心理来查明案情，因为一旦他们提供了虚假的陈述，便不敢对神宣誓或在宣誓时表现出不安的神态，案情也自然水落石出，神誓的价值由此得以体现。

（2）神判法。神判法是在诉讼过程中，审判者通过给当事人加以某种考验的方式来请求神灵示意并据以认定案情，作出裁决的方法。神判中最常见的方式主要有：①水审。水审，是指通过一定的方式使当事人接受水的考验，显示神意，借以判定当事人对案情的陈述是否真实，被告人是否有罪。古代巴比伦人在审案时经常采用“水审法”。按《汉谟拉比法典》中的有关规定，如果某自由民的妻子被人告发有通奸行为，但是她不承认，那么法官就会命令人把该女子扔到河里去。如果该女子沉到水里去，就证明她有罪；如果没有沉下去，就证明她无罪。不过，古代日耳曼人采用的“水审法”检验标准恰恰相反，其理由是洗礼教派的“圣洁之水”不能容纳提供虚假证言的恶人。水审可分为两种：一种是冷水审，另一种是沸水审。②火审。火审是通过一定的方式要求被告人接受火或烧红的铁的检验，以之显示神意，借以判定当事人的陈述是否真实以及被告人是否有罪。《摩奴法典》曾讲述这样一个故事：“跋多婆仙曾被其异母弟妄控，指控仙者是首陀罗妇女的儿子，仙者宣誓说这是假的，于是他穿过火内，以证明誓不虚。火作为一切人有罪与无辜的考验者，由于他宣誓真诚，对他毫发未伤。”在这种火审裁判中，司法证明的天平显然不利于受考验一方，因此，裁判者决定让某一方当事人接受神明考验，往往就在一定程度上决定了审判的结果。③决斗。决斗也叫司法决斗，是中世纪欧洲一些国家在诉讼活动中盛行的一种带有神证的司法证明方法。当双方当事人对案件事实的陈述发生矛盾，原告方愿以生命证明自己的真实，被告方又提不出无罪的证据，法官便会令双方当事人进行决斗。在决斗前，主持者一般都要对神祈祷而且要当事人向神宣誓，以便神灵帮助正义的一方在决斗中战胜对手。决斗的胜者自然就是诉讼的胜者，如被告人不敢决斗，就以败诉论处。

4. 对神示证据制度的评价

（1）神示证据制度提高了人类司法判断的权威性，因而有助于维护社会秩序的稳定。司法判决需要社会成员的接受和认可，从一定意义上讲，权威性可以说是司法判决的生命。在人类社会的早期，由于司法还没有办法用科学性与合理性确立其裁判的权威，所以借助神灵的力量来加强司法判决的权威性显然是最佳途径，就当时的社会而言，权威性的判决或许比科学性或合理性的判决更为重要。

（2）神示证据制度在某些情况下也能够查明案件的真实情况。虽然“神示证据”是一种非理性的司法证明方法。但是它有时也能产生理性的效果。例如：当事人的有罪心理可能会影响其宣誓时的神态，有时甚至会使人在接受神明考验时心神不定或丧失意志。另外，有些神明裁判方法即使在今天看来也有一定科学道理，如曾经在欧洲国家盛行的“面包奶酪法”。所谓面包奶酪法，就是在法庭上，法官要求被告人在一定时间内吃下一定数量的大麦面包和同样大小的干奶酪，如果他没有困难就吃下去，那就可以证明他无罪；如果他吞咽困难甚至发生呕吐，则证明他有罪。这的确有一定道理，因为有罪者在恐惧等心理压力的作用下会出现唾液分泌减少等生理现象，于是他就会感到口干舌燥，很难将干奶酪和面包咽下。

（3）神示证据制度的作用不仅表现为对违法者和犯罪人的惩罚，而且表现为在适用过程中对社会上一般人行为的引导和规范能力。在现代人看来，神明裁判方法是荒唐甚至滑稽的，但是在古代的人的眼中，那些方法却是神圣的、可靠的，当时人们对合理和正义等观念的理解都会屈从于对神的信仰和崇拜。在把神意作为公正和正义的情况下，当然具有了被社会普遍接受的范畴。

（4）神示证据制度有利于维护统治阶级的利益。统治者在相当程度上按照自己的意志确定显示神意的方式，利用人们对神的敬畏，把神意作为判断证据证明力的标准，这是神示证据的非科学性给予统治者的特权。

（二）法定证据制度

12 世纪以后，欧洲大陆国家的诉讼制度发生了很大的变化，即由早期的控告式诉讼转变为纠问式诉讼。在这种诉讼制度下，司法人员不再满足于“消极仲裁人”的角色，而成为刑事案件中主动的追诉人和审判者。这种诉讼制度的变化也在一定程度上反映了司法观念的转变。

1. 法定证据制度的概念

法定证据制度是指法律事先规定出各种证据的证明力和评断标准，法官在审判中必须严格遵守这些规则和标准，没有自由裁量权。它也被称为形式证据制度。在法定证据制度下，法律对证据的证明力和证据的取舍都给予了严格的限制，法官必须遵循法律规定将实体要件事实与证据要件紧密结合，通过机械的算数原理确定证据的证明力，并依此来认定案件事实而无须考虑具体案件的实际情况。法定证据制度形成于13世纪，盛行于16至18世纪，直至19世纪后期才逐步退出历史舞台。欧洲大陆除英国外，大都实行该制度。

2. 法定证据制度的主要特点

（1）限制法官自由裁量权，实行有罪推定。这种证据制度一方面限制了法官在判断证据及其证明力问题上的专横武断，另一方面也限制了法官在采证问题上的专横武断。在历史上它是一个进步，在运用证据方面摆脱了宗教迷信，使之服从法律。

（2）刑讯逼供是法定证据制度的基本证明方法，是获得证据的合法方式。在法定证据制度下，被告人的口供被认为是最重要、最有价值和最完整的证据，为了得到这种证据，法官们可以不择手段。刑讯逼供自然就成了法官的常规取证手段，一些国家的法律甚至确定被告人供述是最有效的证据或“证据之王”。

（3）法定证据制度具有形式主义和等级性的特点。法定证据制度在运用证据的问题上过于死板，缺少灵活性，法官在运用证据证明案件事实的时候只是机械地认定证据的价值，然后进行加减即可，这样很容易在个案中导致错误或不当的判决。另外，法官在审查、判断证据时往往根据提供证据人的社会地位来评断所提供证据的效力，显贵者的证言要优于普通人的证言。

3. 对法定证据制度的评价

作为司法证据的基本模式之一，法定证据既有其合理的一面，也有其不合理的一面，既有其优点，也有其缺点，由于法定证据制度是一种极端的法定证明模式，所以其缺点表现得尤为突出。到了中世纪后期，法定证据制度成为法国的理性主义者和人道主义者激烈抨击的对象。进步学者贝卡利亚不无讽刺意味地指出：审讯是一种绝好的发明。它一方面可以使一个意志薄弱的无辜者被判有罪，另一方面也可以使一个意志坚强的有罪者被判无罪。因此，在大革命的推动下，法国宪法会议采纳了著名法学家杜波尔的建议，于1791年1月18日通过了废除法定证据制度的草案。当年9月29日，宪法会议发布训令正式宣布：法官必须以自己的自由心证作为裁决的唯一依据。这一改变成果为《拿破仑法典》所确认，并为欧洲大陆各国及亚洲的日本等国的诉讼制度所接受。至此，法定证据制度走到了历史的尽头。

（三）自由心证证据制度

1. 自由心证证据制度的概念

自由心证，又称内心确信，作为法律术语它包括两层含义：自由和心证。前者是指裁判者享有自由裁量权，对证据的真实性及证明力可以自由判断。后者表明裁判者的这种判断要达到内心确信的程序。自由心证证据制度，是指对证据的取舍和证明力的大小，以及对案件事实的认定，法律均不作具体规定，而由法官依据自己的良心，理性自由判断，形成内心确信的一种证据制度。它重在证据评价、强调法律不得预先规定证据的证明力。

在传统的“纠问式”诉讼制度下，法律对预审法官和审判法官可以采用的证据并没有种类上的限制，因为他们都是经过专业训练的司法官员，不会被诸如“传闻”等种类的证据误导而步入裁判的歧途。在评断证据价值的问题上，法官只要遵循既定的证明力计算规则就可以满足判决的需要。但是在陪审团参与审判的情况下，审判主体发生了变化，证据规则也不得不作出相应的调整。于是，法律要求证人必须在法庭上向陪审团口头陈述，然后由陪审团对证据的证明价值进行评断，原来那种机械的证明力计算公式显然也不适用了，一种新的证据制度在欧洲大陆应运而生。

按照新的证据制度，证据的证明力不再由法律事先规定，法官和陪审员在审判中可以运用自己具有的“人类普遍认知能力”来自由评断具体案件中各种证据的证明力，然后就案件事实作出裁判。法国《刑事诉讼法典》第2篇第四章第一条用非常通俗的语言对此作了说明：法律并不要求陪审团讲出他们获得确信的途径方法；法律也不给他们预定规则，要求他们必须按照这些规则决定证据是否完全和充分；法律所规定的是要他们集中精神，在自己的良心深处探求对于控方提出的针对被告人的证据和被告人的辩护证据在自己的头脑中形成了什么印象。法律并不对他们说：“你们应当把多少证人所证明的每一个事实认定为真实的。”法律也不对他们说：“你们不要把那些未经某种口头证言、某种文件、某些证人或其他证据支持的证据视为充分的证据。”法律只是向他们提出一个能够包括他们全部义务的问题：“你们是内心确信了吗?”

2. 自由心证证据制度的理论和立法

1790年，法国杜波尔第一次提出“自由心证”原则。1791年，法国宪法会议通过杜波尔的草案，正式宣布：法官有把自己的内心确信作为裁决的唯一依据的义务。1808年，法国颁布《刑事诉讼法典》，规定“自由心证”原则。自由心证理论的主要内容：一是法官的理性和良心；二是心证达到确信的程度。

3. 对自由心证证据制度的评价

在法定证据制度下，任何被采纳的证据都有固定的证明价值。在自由心证制度下，每一种证据的证明价值是不固定的，要根据具体案件的情况由陪审团或法官自由评断。从某种意义上讲，这是司法证明向人类普遍认识活动的靠近。

（1）资产阶级的自由心证制度取代封建时期的法定证据制度具有一定的历史进步性。它抛弃了法定证据制度的封建特权，废除了刑讯逼供的证明方法，确定了由控诉人担任举证责任的原则，实行双方当事人对等辩护的原则，使被告人获得了辩护权，对诉讼制度是一个重大革新，推动了诉讼制度的民主化进程。

（2）自由心证制度的建立，使法官摆脱了法定证据制度那些烦琐规则的束缚，有可能按照自己的经验和良心对证据和证据的证明力进行自由判断，从而为查明案情和正确处理案件提供了可能性。

三、我国古代证据制度的历史沿革

在中国古代，“神誓法”也曾经作为证明案件事实的一种手段。例如，在神权政治十分突出的商代，国王在对刑事被害人定罪量刑时，也要用占卜的方式请求神的旨意，问神是否应该对被告人用刑。然而，外国的“火审”、“水审”等神明考验方法一直没有在中国的主流社会中流行起来，但是在一些少数民族地区则长期使用，据调查，到20世纪前期，中国的一些少数民族地区仍然保留着这种“神明裁判”的方法。

1. 奴隶制时期的证据制度

在我国奴隶社会，占统治地位的奴隶主阶级为了维护其经济利益和政治特权，制定了作为阶级统治工具的法律。据我国古代文献记载，夏“作禹刑”，商“作汤刑”，周公制“礼”，吕制“吕刑”，进一步发展了奴隶制国家的法律，其中也包含了证据制度的内容。

在商周时期，要求法官总结审判经验，以察言观色的方式来审核证据，认定案情。《尚书·吕刑》中说：“两造具备、师听五辞。五辞简孚，正于五刑。”即是说只有双方当事人都到齐了，治狱之官才能用察五辞的方法，审查判断其陈述的真伪，并据以审理狱案。五辞即五听，是狱官审理案件时观察当事人心理活动的五种方法。《周礼·秋官·小司寇》阐释为：“以五声听狱讼，求民情：一曰辞听，二曰色听，三曰气听，四曰耳听，五曰目听。”其意就是要求狱官审理案件时，密切注意受审人陈述是否有理，陈述时神色是否从容，气息是否平和，精神是否恍惚，眼睛是否有神。五听可以说是原始的审判心理学，赋予法官以一定的自由判断之权，它既与域外早期的自由心证有异曲同工之妙，也体现了当时对当事人陈述的重视。

2. 封建社会的证据制度

中国古代的诉讼制度具有纠问式的特征，纵观其几千年的历史，其证据制度主要有以下七个基本特点：①坚持“断罪必取输服供词”的原则；②审讯时可以依法刑讯；③诬告者反坐，伪证者受罚；④继承了“以五声听狱讼，求民情”的审判方法；⑤疑罪惟轻，有罪推定；⑥据众证定罪；⑦重视勘验检查。

思考与练习

1. 证据法学的研究对象是什么？
2. 试论述证据调查、运用能力在法律事务工作中的重要性。
3. 怎样评价神示证据制度？
4. 试举例说明我国现行证据制度与法定证据制度的异同点。
5. 试述自由心证制度的历史进步意义和局限性。

拓展阅读

1. 何家弘．证据调查实用教程．北京：中国人民大学出版社，2000
2. 张继成．事实、命题与证据．中国社会科学，2001（9）

单元二

证据调查、运用的基本原则

引　言

长期以来，我国并没有形成一部专门规范证据调查、运用行为的法律，而且对于有权进行证据调查、运用的机关和个人来说，如何去开展证据调查活动，如何有效运用证据，至关重要。当然，依照法律所赋予的权利，合法进行证据调查和运用是最基本的要求。对于证据调查和运用这项专门的技术和专门学科，人们在长期的实践中总结出了可以指导一般工作的基本原则。这一基本原则包含了从事证据调查和运用工作的基本方法，是从事证据调查和运用工作的基本要求。在这一基本要求和基本方法的基础上坚持实事求是，不断与时俱进则是更好发挥证据本质功能的有效手段。

【知识目标】

掌握证据调查物质论原理的基本内涵；掌握矛盾论的基本原理；掌握同一认定理论的概念；掌握证据运用的基本原则。

【能力目标】

通过学习和训练，能够掌握知识目标所要求的内容，并运用基本原理来指导开展证据调查活动；能够运用证据调查的基本原理来解决具有一定复杂性的证据调查实践中的问题；能够根据证据运用的基本原则来评断、使用和审查证据。

【内容结构图】

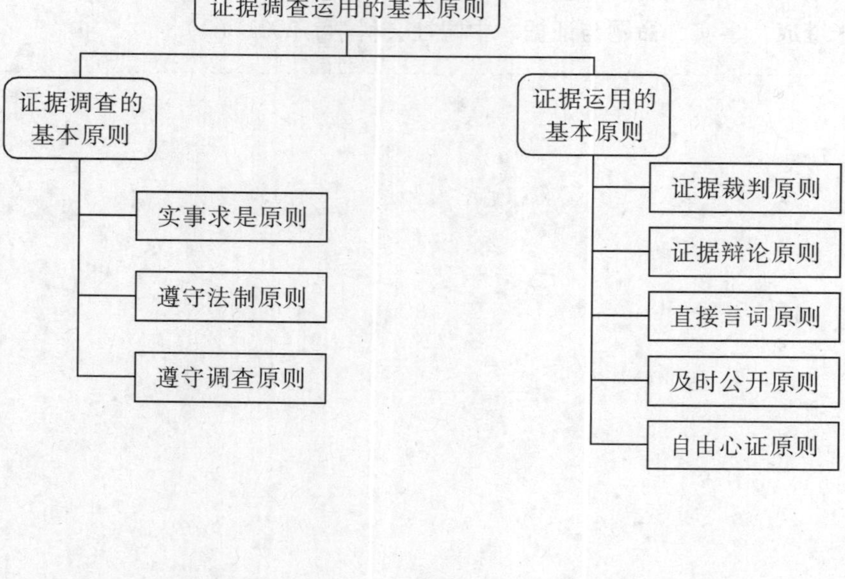

项目一　证据调查的基本原则

【基本原理】

一、实事求是原则

证据之所以具有证明案件事实的功能，乃基于证据与案件事实之间存在的客观联系，或者说，是因为证据是与待证事实有关联的事物。因此，证据能否成为定案的根据，前提条件是与待证事实有关联。关联性作为两个事物之间的关系，其有无、大小，均不以人的主观意志为转移。这就要求在证据调查过程中，必须坚持实事求是的原则，无论是发现、提取证据，还是评断、使用证据，都要从客观实际出发，认定证据关联性的有无和大小，从而对案件争议问题作出正确的认定。贯彻实事求是原则，应注意以下几项要求：

（一）调查证据不能主观臆断

调查证据必须深入细致地调查研究，根据案件具体情况去收集证据，特别要注意研究案件的细节并竭力发现那些不引人注意的证据。只有真正地从客观实际出发，才能在错综复杂的案情中找到正确的答案。

（二）调查证据不能先入为主，偏听偏信

经验丰富的办案人员对案件的分析和预测，可以作为收集证据的思路，但绝不可凭此猜测武断认定案情，人为地制造证据以印证自己的观点。司法实践中暴露的大量冤案、错案，常可见这样的办案路径。

二、遵守法制原则

证据调查与运用，旨在为维护法制、实现公平和正义服务，尤其应该强调遵守法制，严格依法办案。在证据调查和运用过程中坚持遵守法制原则，首先，要求必须遵守有关程序法律的规定。例如，收集证人证言必须先行告知相关法律责任、证据必须经过法庭的出示和质证方得采纳为定案的根据。其次，要求调查、收集证据的方法、手段必须合法，不以法律禁止的手段非法收集证据。例如，不得采用威胁、引诱、欺骗和刑讯逼供的方法收集言词证据。再次，遵守法制原则还要求收集运用证据的主体必须依照法定权限办案。例如，辩护律师向被害人或其提供的证人收集证据，须取得办案机关的许可和取证对象的同意，否则无权收集该证据；行政机关成为被告后无权再就相关事实调查取证，作为案件的被告机关或其代理人则不应再行取证。

三、遵守证据调查原理的原则

证据调查活动作为人类通过客观规律的指引，发挥主观能动性去探究和揭示事物本来面目的活动，其本身具有极强的实践性。它涉及人类社会生活的诸多方面，又以科学技术的发展现状为基础，是辩证唯物主义和历史唯物主义基本原理的统一。

（一）证据调查与物质论原理

证据调查的物质论原理具有以下三层含义。

第一，作为证据调查的对象——案件——具有物质性。案件本身就是一种客观存在，是在一定条件下，参与案件的诸因素对客观物质世界进行相互作用的结果。

第二，作为证据调查的主要依据——证据——具有物质性。案件发生后，证据作为一种客观存在的事实，以其自身变化过程或者存在状态来反映案件发生的过程和结果。它是参与案件各因素相互作用后发生的可被人感官感知或者发现、揭露的客观存在。

第三，证据调查活动本身也是一项物质活动。证据调查活动是证据调查人员依照物质世界的客观规律对案件的过程及其结果进行揭露的过程。它是人类发现客观规律和运用客观规律去利用自然、改造自然的一种物质活动。

在遵循物质论原理进行证据调查实践活动时应当重点把握以下几个要点：

1. 时空观点

客观世界里任何物质运动都是在一定的时间、空间内发生的。物质运动变化的任何状态都有其对应的特定时间和空间。在证据调查活动中，我们应该始终注意到，任何人在一定时间点上只能在一定空间范围内实施一定的行为；同样，案件中任何空间、任何时间内发生的客观事实必然有促使其发生的客观因素，必然有一定物或一定人参与作用。掌握这一基本要点，有利于分析案件发生的时间、地点与参与案件的人员数量、工具数量的关系。对于排除或者确认案件基本规模等有着重要的意义。

2. 运动观点

唯物辩证法告诉我们，物质世界无时无刻不处于运动变化之中。案件中的任何因素都会因为时间的变化而发生变化。把握物质运动变化的规律，并将该规律用于分析案件，对于证据调查活动有着重要的意义。例如，在鉴定活动中，不同时期形成的被对比物会有不同的表现形态，把握其发展、变化的规律，从而从纷繁复杂的表现形态中去发现和认识其本质因素是作出客观鉴定的必然要求。

3. 普遍联系观点

整个世界是一个相互联系的整体。古人云“牵一发而动全身”，就是对于普遍联系观点的一种形象比喻；美国气象学家爱德华·罗伦兹（Edward Lorenz）1963 年提出的“蝴蝶效应”理论既是对复杂连锁效应的诠释，又是对物质世界普遍联系观点的演绎。物质世界里，不存在同其他事物或者现象没有任何关联的“独立”物质，普遍联系性是物质的基本性质之一。基于此，证据调查人员在进行证据调查活动时应当要始终牢牢把握案件中各因素间的相互联系性和相互影响性。在获取证据时要注重思维的发散，从可能有关联的诸因素中去分析和发现证据；对所获取的各种证据材料也要用普遍联系的观点去分析和审查。

（二）证据调查与矛盾论原理

唯物辩证法还告诉我们，矛盾是推动事物发展、变化的根本原因。矛盾既具有普遍性，又具有特殊性；矛盾中，既有主要矛盾，也有次要矛盾；同一矛盾中，既有矛盾的主要方面，又有矛盾的次要方面。主要矛盾对事物的发生、发展起着主要的作用，次要矛盾对事物的发生、发展起着辅助的作用。根据这一原理，证据调查人员，在进行证据调查时应当联系证据调查的物质性原理并运用矛盾观点去分析案件发生的原因、过程和结果；去辨析案件里正常中的反常和反常中的正常；去审查诸现象、诸证据间的对立和统一。运用矛盾论的原理在证据调查活动中相当重要，例如，运用该原理常常可以分析案件发生的原因，从而划出作案人的范围；可以分析看似正常、其实反常的现象，辨别发生的究竟是案件还是意外事件；可以分析阻碍证据调查活动的主要因素和次要因素，从而有针对性地采取相应策略。

（三）证据调查与同一认定理论①

同一认定理论是证据调查的重要基础原理之一。同一认定是证据调查尤其是鉴定活动的基本认识方法。

同一认定理论中所讲的同一，是唯物辩证同一理论中的同一，即物的自身同一。物质世界的任何一个客体都是独一无二的；由于客体存在着特定性，客体只能等于它自己，而与其他一切客体都有区别；同时，客体自身同一包含着差异，任何客体在其存在的时间内既是同一的又是有别于自己的。

在证据调查活动中，以同一认定为目的的任何鉴定，其实质都是确定客体的自身，以及发现与确定被寻找客体。其鉴定过程是通过检材与样本的比对分析，发现两者相同的特征体系，进而确定被寻找客体（人或物），即作出认定同一结论，肯定在案发现场或案发前后的各个场合遗留有关痕迹的那个人或物。侦查与鉴定的目的就是发现和确定被寻找的客体。值得注意的是，同一认定理论中的“同一”，既不是受审查客体与被寻找客体之间的同一，也不是样本与检材之间的同一，而是通过检材与样本的比对，发现两者相同的特征体系，证实两者是同一个客体或者其某一方面的特性的反映，从而证明检材是被寻找客体自身的反映。

当前，在司法鉴定活动中，客体自身同一的类别主要有以下几种：

1．客体外表形态自身同一

这种认定同一的鉴定都是通过反映形象的比较进而找到客体的自身。如皮肤上的乳突线花纹鉴定、鞋底花纹鉴定、枪弹鉴定、工具鉴定、印章鉴定。

2．动作习惯自身同一

动作习惯这类客体的特性，从本质上来说也是通过痕迹表现出来的，但这类动态痕迹形象不是反映客体自身的外表形态，而是反映动作习惯自身的运动规律。认定同一的依据不是客体的外表形态而是运动规律的一致性。如笔迹鉴定、声纹鉴定。

3．客体物部分与客体物整体自身同一

认定这类客体同一是以形态学特征为依据的。但是其特性不是通过反映形象表现出来的，而是在客体的分离面和完好表面之间表现出整体物的特性，各个物的特性又是整体物特性的一个组成部分。鉴定这类客体的目的，就是要肯定送检的一个部分或几个部分是否是整体物的自身。

---

① 邹明理．如何正确理解和运用同一认定理论中的“同一”概念．司法鉴定基本理论与鉴定立法．北京：人民法院出版社，2002．202～210

4. 物质成分自身同一

这实质上是部分与整体同一的另一种表现形式。认定这种同一的依据是以客体的物理、化学或生物学、遗传学特性为依据。如血型鉴定、毛发鉴定、人体分泌物鉴定、毒品毒物鉴定、DNA 鉴定、气味鉴定等。

项目二 证据运用的基本原则

只有在效率提高的前提下才能实现更高层次的公正，正义的第二种含义——也许是最普通的含义——是效率。

——波斯纳

【引 例】

甲与乙在网上二手商品交易区达成买卖数码相机的协议，约定由甲向乙邮寄一台数码相机，要求乙在收货后即按约定付款 2 000 元。甲向法院起诉称，他在寄出相机后，多次要求被告付款，但被告一直拒付。而乙辩称，他是收到一个包裹，但里面并不是数码相机，而只是一些金属片和泡沫塑料。法院在审理中查明，包裹单上注明的品名是数码相机，而这些金属片和塑料的重量与包裹单上记明的重量一致。

问：如何运用证据的基本原则对本案作出裁判？

【基本原理】

一、证据裁判原则

证据裁判原则，又称证据裁判主义，其基本含义是指对于诉讼中事实的认定，应依据有关的证据作出，没证据就不得认定事实。

随着诉讼理论的发展，证据裁判原则的内容也在不断地发展与充实。在现代诉讼制度下，证据裁判原则至少包含以下三方面的含义：

（一）认定待证事实必须依靠证据

没有证据不能认定待证事实，这是证据裁判原则最基本的含义。“没有证据”既包括没有任何证据，也包括证据不充分的情形；既指在实体上缺乏相应的证据，还指那些在证据记载等程序性事项上未满足法律要求的情形。

法规链接

1.《刑事诉讼法》第 46 条：对一切案件的判处都要重证据，重调查研究，不轻信口供。

2.《最高人民法院关于民事诉讼证据的若干规定》第 63 条：人民法院应当以证据能够证明的案件事实为依据依法作出裁判。

3.《最高人民法院关于行政诉讼证据若干问题的规定》第 53 条：人民法院裁判行政案件，应当以证据证明的案件事实为依据。

4.《最高人民法院、最高人民检察院、公安部、国家安全部、司法部关于办理死刑案件审查判断证据若干问题的规定》第 2 条：认定案件事实，必须以证据为根据。

（二）**裁判所依据的证据，必须是具有证据资格的证据**

证据资格指证据在法律上有作为定案根据的资格和条件，又称证据力，或曰证据的合法性。具体要求证据的取证主体、取证程序以及表现形式等要素符合立法的相关规定。任何时代的证据都具有一个共同的特征，即当时的人们普遍承认该项材料具有作为证据的合理性。换言之，不同的时代、不同的国度、不同的立法，关于证据的资格有不同的要求。裁判采用的证据必须是符合现行法律规定的、具有证据资格的证据，非法收集的证据应排除在诉讼的大门之外，不得作为事实认定的依据。

（三）**裁判所依据的证据，必须是经过法庭调查和质证的证据**

"审判中心主义"的现代诉讼理念，要求裁判者的裁判行为应以法庭为活动空间，证据裁判原则所要求的证据必须在法庭出示、辩论、质证，没有经过法庭调查的证据不得作为裁判的依据。这有利于增强社会对法院判决的认同感。

坚持证据裁判原则并不意味着所有的案件事实都需要证据予以证明。出于节约诉讼成本、提高诉讼效率的考虑，有些事项可免除主张方的证明责任，比如，对于司法认知或推定的案件事实，就属于不需要证据就能证明的事实。

法规链接

1.《刑事诉讼法》第 42 条第 2 款：以上证据必须经过查证属实才能作为定案的根据。

2.《最高人民法院关于执行〈刑事诉讼法〉若干问题的解释》第 58 条：证据必须经过当庭出示、辨认等法庭调查程序查证属实，否则不能作为定案的根据。

3.《最高人民法院关于民事诉讼证据的若干规定》第 47 条第 1 款：证据应当在法庭上出示，由当事人质证。未经质证的证据，不能作为认定案件事实的依据。

4.《最高人民法院关于适用〈民事诉讼法〉若干问题的意见》第 72 条：证据应当在法庭出示，并经过庭审辩论、质证。

5.《最高人民法院关于执行〈行政诉讼法〉若干问题的解释》第 31 条：未经法庭质证的证据不能作为人民法院裁判的根据。

二、辩论原则

所谓辩论，指的是当事人双方在法院主持下，就案件事实和运用法律的问题，陈述各自的主张和意见，相互进行反驳和答辩，以争取对自己有利的诉讼结果，维护自己的合法权益。人民法院则通过辩论查明案件事实。对此，德国的法学家肯纳认为：辩论一般指当事人在诉讼中所提出的事实，必须经过辩论才可以作为法院判决依据的一项诉讼的基本原则。当事人没有提出的事实，就不能作为判决的依据，法院不主动调查，即使调查了而不经当事人提出仍不能作为判决的依据。辩论原则是中国民事诉讼法的一项基本原则，也是所有民事诉讼中不可或缺的原则和程序。当前，市场经济的发展已经使人们的法制观念或法制意识发生了变化，新的法制观念或法制意识正在形成，并且不断强化。作为法制观念的一个重要组成部分，诉讼观念也发生了很大变化。就民事诉讼程序而言，就是要弱化法院对诉讼程序的职权干预，尊重当事人的程序主体地位，保障当事人在诉讼中的基本权利，强化当事人对诉讼程序的主导权。

辩论原则的具体含义应包括以下几个方面的内容：

（1）辩论权是当事人的一项重要的诉讼权利。即当事人也包括第三人对诉讼请求有陈述事实和理由的权利，有对对方当事人的陈述和诉讼请求进行反驳和答辩的权利。当事人借此维护自己的合法权益。

（2）辩论原则贯穿于民事诉讼的全过程，包括一审、二审和再审程序。可见，辩论原则所指的辩论并不完全等同于法庭辩论。法庭辩论仅指当事人在开放审理过程中进行的辩论，是一种口头辩论。辩论原则所指的辩论包括法庭辩论，也包括法庭审理程序以外程序中进行的辩论。

（3）辩论的表现形式可以是口头形式，也可以是书面形式。口头辩论又称“言词辩论”，主要集中在法庭审理阶段，是最集中、最全面的辩论，也是辩论原则最重要的体现。

（4）辩论的内容既可以是实体方面的问题，也可以是程序方面的问题。首先，凡与案件的事实和适用法律无关的问题不属于辩论的内容。其次，虽与案件的事实和适用法律有关，但双方没有争议的问题也不属于辩论的内容。辩论的内容主要是双方争议的实体问题，民事权利义务关系本身，如一方当事人提出的民事法律关系发生的事实主张能否成立，基于某一事实主张的民事权利请求有无法律上的根据等。辩论的内容也可以是双方争议的程序问题，如当事人是否符合条件，受理案件的人民法院有无管辖权等。

（5）人民法院在诉讼过程中应当保障当事人充分行使辩论权，也就是说人民法院的判决必须经过和基于当事人的辩论而作出。这就要求：人民法院的判决必须形成于法庭辩论之后；人民法院对案件事实真相的判断必须充分考虑当事人辩论的结果。只有这样，辩论原则才能发挥人民法院在判断案件事实真相和确保诉讼公正中的作用。也只有这样，当事人才能通过行使辩论权达到证明自己的主张，维护自己的实体权益的目的。

（6）人民法院应当充分保障当事人的辩论权。一方面人民法院应当引导当事人的辩论行使权，使当事人的辩论能够真正发挥作用；另一方面，法院应当给当事人充分的行使辩论权的机会，让当事人能够充分发表自己的主张和意见。

《民事诉讼法》第 12 条规定：“人民法院审理民事案件时，当事人有权进行辩论。”该条文被认为是民事诉讼法对辩论原则的原则性规定，是辩论原则的法律依据。其意义在于，通过当事人双方的辩驳，帮助人民法院查明事实，分清是非，正确适用法律，及时解决纠纷。当事人则通过行使辩论权，积极参与到诉讼程序中去，真正成为诉讼主体。

三、直接言词原则

在现代诉讼制度中，审理形式一般采取直接言词原则，直接言词原则可再分为直接原则和言词原则，两者关系密切，均以发现真实为主要目的。直接原则，又称直接审理原则，要求参加审判的法官必须亲自参加证据审查、亲自聆听法庭辩论。该原则强调审理法官与判决法官的一体化。与之相对的是间接审理，即判决法官将其他法官审理所得结果作为判决基础，亦即审理法官与判决法官存在着分立。

言词原则，又称言词审理原则，要求当事人等在法庭上须用言词形式开展质证辩论的原则。该原则是公开原则、辩论原则和直接原则实施的必要条件。与言词审理相对的是书面审理，即以书面形式进行诉讼，集中体现为根据书面材料和证据来认定事实。

直接言词原则践行了司法的亲历性。诉讼或司法是一种“察言观色”的法律活动。我国古代“以五声听狱讼”，其实也反映了司法的亲历性。法官在诉讼中同样能够产生和具有这样的经验和体会，从而实际影响着法官“心证”的形成。法官在与当事人和证人“面对面”的活动中，通过当事人和证人的相貌、诉讼时的态度和情状能够获悉语言所无法传递的案情信息（即“无言之知”），有意无意中影响着法官的“心证”。直接言词原则有助于发现真实和提高效率。该原则要求法官、当事人和证人等在法庭上直接接触，法官亲自聆听当事人陈述辩论和证人言词作证，从而可以直接观察当事人和证人等的表情态度，直接察看证据实际状况，易于准确掌握案件事实。同时，法官、当事人和证人等直接见面，加之言词方式具有传达简便快捷的优点，有助于法官和当事人尽快发现争议和及时解决问题，从而推动诉讼迅速进行。在现代法治社会，直接言词原则与公开原则、辩论原则等一并被视为使诉讼和证据制度贴近当事人的必要手段。

法规链接

1.《刑事诉讼法》第 47 条：证人证言必须在法庭上经过公诉人、被害人和被告人、辩护人双方讯问、质证，听取各方证人的证言并且经过查实以后，才能作为定案的根据。法庭查明证人有意作伪证或者隐匿罪证的时候，应当依法处理。

2.《刑事诉讼法》第 149 条：合议庭开庭审理并且评议后，应当作出判决。对于疑难、复杂、重大的案件，合议庭认为难以作出决定的，由合议庭提请院长决定提交审判委员会讨论决定。审判委员会的决定，合议庭应当执行。

3.《刑事诉讼法》第 150 条：人民法院对提起公诉的案件进行审查后，对于起诉书中有明确的指控犯罪事实并且附有证据目录、证人名单和主要证据复印件或者照片的，应当决定开庭审判。

4.《最高人民法院关于民事诉讼证据的若干规定》第 47 条第 1 款：证据应当在法庭上出示，由当事人质证。未经质证的证据，不能作为认定案件事实的依据。

5.《最高人民法院关于民事诉讼证据的若干规定》55 条：证人应当出庭作证，接受当事人的质询。

6.《最高人民法院关于民事诉讼证据的若干规定》59 条第 1 款：鉴定人应当出庭接受当事人质询。

7.《最高人民法院关于民事诉讼证据的若干规定》56 条：《民事诉讼法》第 70 条规定的“证人确有困难不能出庭”，是指有下列情形：（一）年迈体弱或者行动不便无法出庭的；（二）特殊岗位确实无法离开的；（三）路途特别遥远，交通不便难以出庭的；（四）因自然灾害等不可抗力的原因无法出庭的；（五）其他无法出庭的特殊情况。前款情形，经人民法院许可，证人可以提交书面证言或者视听资料或者通过双向视听传输技术手段作证。

四、及时公开原则

及时原则是各国民事诉讼法普遍遵循的一条原则，其具有保障人权、促进诉讼进行、提高诉讼效率的重要价值。首先，及时原则是正当程序的应有之义。其次，及时原则有利于裁判请求权的真正实现。当事人的裁判请求权是现代各国民事诉讼法普遍承认的一项权利，是人权的一项重要内容。当事人裁判请求权真正实现的程度反映一国人民享受法律保障的程度。在现代法治国家，"接受审判"的权利是宪法赋予公民的一项基本权利。第三，及时原则是实现诉讼效率价值的重要保障。民事诉讼的价值包括公正、效率、自由、秩序等多个方面，其中效率价值是所有诉讼程序价值中最为重要的价值之一。第四，及时原则有助于树立司法权威。诉讼是解决纠纷最权威的方式，当事人放弃其他的纠纷解决方式而选择程序较复杂、成本相对较高的诉讼方式来解决纠纷，说明他们对诉讼寄予厚望，对诉讼的公正性充分信任。最后，及时原则是诉讼运行本质规律的要求。从诉讼运行的本质规律来看，诉讼活动是一种不同于历史学研究的事实回溯和认定过程。

审判公开原则是现代诉讼制度的重要特征，这是在资产阶级革命时期作为封建司法擅断和秘密审判的对立物而出现的。在近代资产阶级革命中，审判公开与审判独立被置于相同的地位而得到倡导和推崇。从世界各国的立法情况来看，审判公开已成为公认的审判标准。在我国，审判公开不仅是诉讼法中的一项重要制度，而且是一项宪法原则，同时也是我国政府承诺遵守的一项国际条约。但是，长期以来，由于受重实体、轻程序思想影响，把强调审判公开看成是搞形式主义的思想还具有一定的市场，理论上对审判公开原则的研究还不够，实践中严格执行审判公开原则的力度欠缺，以致审判公开原则不能落到实处。在大力推进审判方式改革的今天，进一步探讨审判公开原则的价值及在司法实践中如何贯彻执行这一原则，具有十分重要的意义。

审判公开原则的确立，是诉讼制度走向民主、文明的标志。审判公开原则植根于现代民主政治对国家权力运作的监督和对公民知情权的确认。人民是国家的主人，他们完全有权了解、监督国家权力的运作过程的公开。尤其是对司法审判而言，它通过举证、辩论等程序达成裁决结果，这种运作方式本身就含有程序公开的内在要求，而且它也不像行政权那样，可能涉及国防、外交和警察权运用中因国家利益需要保密的事项，因此，有更多理由要求其运作过程公开。同时，审判是社会纠纷的最终裁决，对审判公正的要求更为严格，对审判权的行使进行监督亦更为必要。从这个意义上讲，审判公开最基本的价值就在于它为社会监督审判权的运作过程创造了条件。公开审判原则是中国诉讼法的基本原则之一。"秘密审判原则"的对称，指人民法院对诉讼案件的审理及判决，除法律有特别规定外，都应在法庭上公开进行，允许群众旁听，允许记者和其他人采访和报导。审判公开原则是资产阶级革命的产物。资产阶级革命胜利并掌握政权以后，各国相继规定了审判公开制度。在社会主义国家也都实行审判公开。中华人民共和国宪法规定，人民法院审理案件，除法律规定的特别情况外，一律公开进行。据此，中国《民事诉讼法》、《行政诉讼法》和《刑事诉讼法》均规定了人民法院审判案件实行公开审判的原则。根据中国诉讼法规定，对涉及国家秘密、个人隐私（或阴私）或者法律另有规定的案件，不公开审理；在民事诉讼中，离婚案件、涉及商业秘密的案件，当事人申请不公开审理的，可以不公开审理；在刑事诉讼中，对14岁以上又不满16岁未成年人犯罪的案件，一律不公开审理，16岁以上又不满18岁未成年人犯罪的案件，一般也不公开审理。任何案件，不论是否公开审理，宣告判决都必须公开进行。实行公开审判原则，便于人民群众监督审判工作，有利于提高审判人员的工作责任感，改进审判作风；有利于核实证据查清案情；也有利于向群众进行社会主义法制宣传教育。

五、自由心证原则

自由心证原则在外国法中往往被称为自由心证主义。自由心证原则是公法上的强行规范，不许当事人、公诉人合意变更或排除适用，也不许法官随意排除适用。自由心证原则的主要内涵是，不预先设定机械的规则来指示或约束法官，而由法官针对具体案情，根据经验法则、逻辑规则和自己的理性良心来自由判断证据和认定事实。

自由心证原则要求：对于证据的取舍及其证明力，由法官针对具体案情，根据经验法则、逻辑规则和自己的理性良心自由判断，由此形成内心确信，并据此认定案件事实。所谓“内心确信”，是指法官内心对于案件事实形成确信，即法官心证程度应当达到“不允许相反事实可能存在”（刑事诉讼）或者“真实的可能性大于虚假的可能性”（民事诉讼、行政诉讼）的证明标准。

自由心证原则因其合理性自近代以来被普遍采用。自由心证原则在原则上视各种证据的法律价值为平等，具体证据的价值或证明力由法官根据具体案件依据经验法则和逻辑规则进行自由判断。证据的价值或证明力并不能以机械的规则来确定，事实上，证据的价值或证明力的大小取决于证据与案件事实之间的关联性的强弱和真实性的高低，证据的价值或证明力与证据关联性和真实性是正相关关系，而具体证据的关联性和真实性须在具体案件中考察和认定，并且案件的发生和解决存在于人类生活之中，所以对案件事实和证据的审查判断离不开人类社会生活的经验法则和逻辑规则。

在自由心证原则之下，大陆法系的法官所能自由裁量的包括证据能力与证明力。这是因为，在大陆法系，认定案件事实是作为法律专家的法官的职责，没有必要如英美法系为适应陪审员制度而制定大量的有关证据能力的规则，并且大陆法系很强调法官自由判断证据的证明力以发现案件真实，所以，法官心证的“自由”是就证据能力和证明力而言的。

在英美法系中，由于事实审判者的陪审员是法律门外汉，需要通过证据规则对证据能力加以规定以指导或约束陪审员，从而避免陪审员对证据采用和事实认定发生困难或偏误，所以，英美法系证据制度重在证据能力的规定，对于证据的证明力却较少限制。因此，事实审判者心证的“自由”主要是就证明力而言的。英美法系的这一做法沿用至今。不过，英美法系国家一直致力于通过修改传统的证据规则来适应社会生活，其重要表现就在于有关证据能力的证据规则的适用例外愈来愈多，并且在法官审理案件事实时却较少受到针对陪审团制定的有关证据资格的证据规则的限制，所以，有关证据能力的判断也愈来愈多地被纳入法官心证“自由”的范围。

思考与练习

1. 试论述证据调查的基本原则。
2. 结合具体法律规定，谈谈证据裁判原则的立法体现。

3. 直接言词原则和自由心证原则在实务中如何体现？

拓展阅读

1. 邹明理. 司法鉴定基本理论与鉴定立法. 北京：人民法院出版社，2002

2. 何家弘. 虚拟的真实. 北京：中国人民公安大学出版社，2009

3. 何家弘. 证据调查实用教程. 北京：中国人民大学出版社，2000

4. 张继成. 事实、命题与证据. 中国社会科学，2001（5）

【实训部分】

【情境设计】

甲在建房时剩余5 000块红砖，刚好乙也要建房，于是甲将这些红砖转让给乙，口头约定按市价每块0.2元计算。一年后，乙仍然没有还款。甲向法院起诉要求被告付款1 000元，并提供了证人关于砖头数量的证明。乙辩称这些红砖数量没错，但红砖当时的市场价格每块只有0.15元，而甲在起诉时并未提供红砖价格的证明，乙也未提供红砖价格的证明。

【训练方法】

1. 全体实训人员分为原告、被告和法官三组，分别讨论原告、被告的主张以及证据所要证明案件的事实。

2. 各小组形成本组的观点依据后，由原被告各派一名代表发表意见。

3. 由法官组人员派代表作出综合分析（判决）。

4. 任课教师归纳小组意见并予以点评。

【实训任务】

运用各种证据规则认定证据。

【实训步骤】

步骤1：分析法律关系，确定案件性质

根据原告的诉讼请求及双方的事实主张，进行事实的归类整理，确定纠纷的性质。

步骤2：明确原被告所做的主张与证据的关系

明确原被告双方的诉讼主张，分析其证据对其主张的证据力和证明力。

步骤3：适用法律规定，界定证明责任

在具体确定原被告双方证据的基础上，运用证据的基本原则，对案件作出综合判断。

单元三

证据的定义和采用标准

引　言

证据是一个法律用语，但证据并非仅存在于法律事务之中。其实，在社会生活的许多领域，证据都在默默地发挥着作用，贡献着自己的力量。譬如，历史学家在研究和探索历史事件的真相时，必须千方百计地收集有关的各种证据——史料，然后再根据这些史料去“重建”或“再现”历史事件的本来面目。又譬如，医生诊断病情必须以各种症状为根据，而这些症状也就是证据。无论是中医的望、闻、问、切，还是西医的仪器检验，都是在为确认病情发现证据和收集证据。从这个意义上讲，法律人的工作与历史学家和医生的工作有许多相通之处。

然而，证据对于法律事务来说，具有特别重要的意义。在诉讼活动中，“证据虽然不是万能的，但是没有证据却是万万不能的”。对于当事人来说，打官司就是打证据，对于法律人来说，办案就是办证据，审案就是审证据。虽然诉讼“号称”是解决法律纠纷的，但是诉讼的核心内容却是由证据构成的。诉讼如此，仲裁、公证、行政执法等亦然。在司法与执法活动中，什么样的证据可以被采纳？具体标准并不完全相同，但也有共同的一般标准，包括合法性标准、关联性标准、客观性标准等。

【知识目标】

理解证据的概念；了解证据材料、证据方法与证据概念的异同；熟知证据能力、证据的采用标准和证明力的内涵。

【能力目标】

通过学习和训练，具有分析、判断证据的基本能力。

【内容结构图】

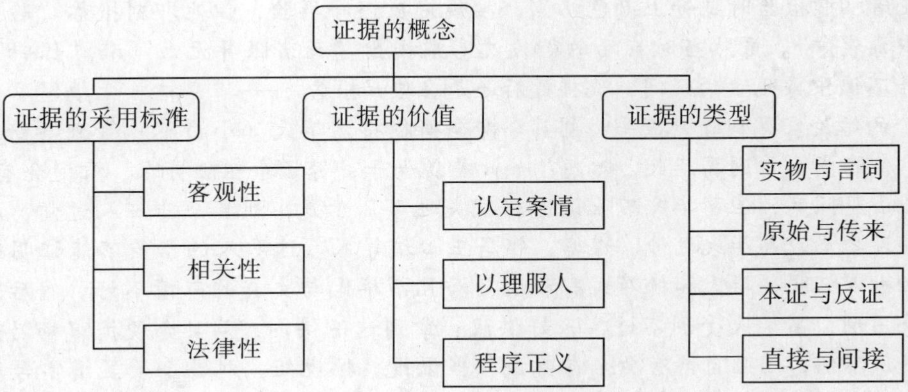

项目一　什么是证据

如果某一个材料被认为是真实的、可信的和具有充分的相关性，能够说服法院，认定其为证据就是适当的。

——摩菲

【引　例】

清朝末年，在浙江省余杭县城里住着一对母女，以裁缝为生。女儿毕秀姑生得洁白秀丽，人送别号“小白菜”。小小县城，出此美女，难免招蜂引蝶，并惹出不少“桃色流言”。她自恃貌美，看不上凡夫粗汉，而大家子弟又看不上她的出身和名声，结果是高不成低不就，二十多岁仍未出嫁。她心中倒有一个情人，名叫杨乃武。此人出身于书香门第，相貌英俊，文采出众，在当地也算得上是小有名气的风流才子。不过，由于他经常包揽诉讼，且恃才傲物，也就得罪了一些地方士绅和纨绔子弟。他比秀姑年长八岁，已有妻室。两人虽有来往，但并无不正当关系。杨乃武曾想娶秀姑做妾，但秀姑之母不愿让独养女儿做人偏房，所以好事未成。

后来，杨乃武的妻子病故，他便想娶秀姑续弦，但其父和胞姊坚决反对，只好作罢，另娶后妻。秀姑年龄日长，又有流言飞语，其母心急，就在媒婆冯许氏的撮合下，强把女儿嫁给了当地做豆腐的葛品连，而秀姑又得了一个雅号——“豆腐西施”。葛品连年过三十，家境贫寒，相貌平庸，体弱多病。秀姑虽然看不起品连，但已成婚，倒也相安无事。没想到，婚后一年半，品连暴病身亡。

此时，杨乃武已考中举人，在当地名声大振，地方士绅公子都愿与他交往。余杭县令刘锡彤的儿子刘子翰亦然。这位刘衙内托人结交杨乃武，却在自视清高的杨乃武面前碰了一鼻子灰，遂怀恨在心。另外，刘衙内也曾看中秀姑的姿色，想方设法勾搭，未能得逞，又听说秀姑与杨乃武有情，心中自有一番醋意。当他得知葛品连的死讯之后，不禁喜出望外，认为这是陷害杨乃武与小白菜的天赐良机。他首先找到葛品连的母亲，怂恿她去县衙告状；然后，借吃饭之机向其父刘县令讲述“杨乃武和小白菜通奸杀夫”的传闻。刘县令口说不信，心存疑惑，待日后收到诉状，见所言相同，便立即同意开棺验尸。

刘衙内事先买通了负责验尸的仵作沈祥，后者便在验尸中作弊。例如，他见尸体口鼻间有少量血迹，就报称“七窍流血”；见指甲灰暗，就报称“甲色青黑”；用银针刺进死者咽喉检验时见针上颜色略黑，按规定应擦净再验，但他即刻报称“验得死者确系中毒毙命”。虽然当时在场的衙役沈彩泉提出“死者眼耳无血”和“银针只暗不黑”等不像中毒死亡的疑问，沈祥最后还是在验尸报告——“尸格”上填写了“中毒死亡”的结论。见到验尸报告，刘县令即令衙役将葛毕氏（小白菜）带到县衙，升堂问案。他在堂上看到葛毕氏，心想：如此美貌女子，嫁了个粗陋男人，肯定会有奸情。他以此成见问案，但葛毕氏不承认通奸弑夫之事。于是，刘县令传证人过堂，包括原告葛品连之母、葛毕氏之母、媒婆、邻居王心培等人。这些人的话虽不能证明通奸弑夫，但可以证明葛毕氏和杨乃武有私情，而且葛毕氏与丈夫的感情不好。然后，刘县令下令用刑，葛毕氏受刑不过，只好供认。拿到这份供词，刘县令便提审杨乃武，但后者不仅不供，而且自恃有功名在身，相当傲慢。按规矩，刘县令须呈请学台斥革杨乃武的举人身份，方可刑讯。与此同时，有人因嫉恨杨乃武的才华与清高而联名保甲住户上呈，说杨乃武平素行为不端，且目无法纪，引起邻里公愤，要求严加惩办。刘县令态度更加坚定，待功名革除之后，再次聆讯杨乃武，并用大刑，但后者始终不认。刘县令认为基本证据齐备，只缺杨乃武口供，但案情重大，不宜过分刑讯，决定解送杭州知府审理。知府陈鲁听了案情，也认定是葛毕氏和杨乃武通奸谋害亲夫，但需要证实一些细节。在堂上，已被刑讯吓破胆的葛毕氏胡乱攀供，称于8月24日与杨乃武见面密谋杀夫，后杨乃武于10月5日给她送来砒霜。对于这些说法，杨乃武辩称：8月24日自己正在省城参加考试，10月5日自己则在南乡岳父家商讨立继一事，而且都有人证。陈知府不信，动用大刑。府衙的刑具比县衙多且酷，杨乃武坚持不住，屈打成招。陈知府问他在何处购得砒霜，他胡乱说了一个东乡“钱记爱仁堂”药铺。拿到供词，陈知府很是得意，命令刘县令即刻去取买砒霜的证词。刘县令回去后，带着亲信师爷章抡香一起来找那药铺的掌柜钱宝生，问他有没有卖过砒霜给杨乃武。钱宝生当即否认，说自己根本不认识杨乃武，而且自己卖药给谁都是有账可查的。章师爷便请钱宝生到县衙去说话。在县衙里，刘县令以礼相待，章师爷则明言让他提供伪证。钱宝生开始不同意，后来刘县令给他出具了一张保证此案与他无关也不会让他与杨乃武对质的文书，他才在供状上具结画押。见到这份证据，陈知府再次提审杨乃武，杨乃武却死不承认，一再喊冤，结果陈知府只好让书办写好供词，让衙役趁杨乃武受刑昏迷之时按上手印。具此定案，呈报巡抚：葛毕氏谋杀亲夫，拟凌迟处死；杨乃武夺妻杀夫，拟斩首示众。

杨乃武与小白菜一案几经复审，但都在地方，而且主审官吏与原案有牵连，自然无法翻案。后来，受创办不久的上海《申报》和社会舆论的影响，众京官上书获得执掌朝政的皇太后慈禧亲准，将该案交由刑部重审，并在京城重新开棺验尸。虽然尸体的皮肉俱腐，仅剩骨殖，但根据法医古籍《洗冤集录》上的检验标准，确认葛品连并非中毒死亡，因此小白菜与杨乃武合谋毒杀亲夫一说纯属子虚乌有。历时三年，该案终于平反昭雪。

问：杨乃武与小白菜的冤情说明证据采用应符合何种标准？

【基本原理】

一、证据与诉讼证据

一般来说，证据是由内容和形式共同构成的。证据的内容即事实材料，也就是案件事实的有关情况；证据的形式又称为证明手段，它是证据的种种表现形态。

所有诉讼证据都是事实材料与证明手段的统一体，是事实内容与法律形式的统一体，因此诉讼证据就是以法律规定的形式表现出来的能够证明案件真实情况的一切事实。

证据的各种外部表现形式就是案件事实的各种载体，又被称为证据种类。我国三大诉讼法对各种证据种类给予了明确规定并赋予其特定的名称，同时确立了收集和审查判断证据的程序和规则，以规范诉讼证明活动。这些证据种类的规定具有法律约束力，只有符合证据的法定形式的材料，才能够作为定案的根据。鉴于证据种类的法定性，故证据种类又被称为“证据的法定种类”和“证据在法律上的分类”。

从我国三大诉讼法关于证据的规定来看，证据的概念具有如下含义：

从证据的内容上看，它含有与案件有关的事实；从证据的形式上看，表现为法律确认的七种形式；从证明关系上看，具有能够证明案件真实情况的作用。

证据法学中占主流的观点认为，证据是"内容（事实材料）与形式（证明手段）的统一"，代表性的陈述是：证据是依照法律规定的形式表现出来的能够证明案件真实情况的一切事实。这一证据概念同我国法律中对证据所下的定义相符合。《刑事诉讼法》第 42 条规定："证明案件真实情况的一切事实都是证据，并且规定了法定的七种证据种类。"因此，对于证据的概念，必须从两个角度加以理解，即证据的内容方面与证据的形式方面，而不能将二者加以割裂。"能够证明案件的真实情况"是指证据的内容而言，而"以法律规定的形式表现出来的"，则是从证据的形式而言，两者缺一不可。能够证明案件的真实情况的，如果不符合法定的形式则不是证据，反之，符合法律规定的外在形式，如果不能证明案件真实情况的也不是证据。

上述定义是追求客观真实的表现，忽略了证据的程序性意义。认为证据是客观存在的一种事实，这种事实是客观存在的，是不以人的意志为转移的，也是没有受人的意志影响的，因而这种事实是真实的，是符合客观实际的，不具有虚假性。其实，证据并不是客观事实的本身，而是客观事实在诉讼中的反映。这种反映的内容是客观事实，反映的形式是语言、物质、文字材料、声音等。这种反映与客观事实之间并不是如照镜子式的"一对一"的原始的反映，而是有差别的。主要表现在：证据体现了人的意志，而客观事实没有体现人的意志；证据只能反映客观事实的一部分，而不是全部；证据只能在一定程度上反映客观事实，而不是百分之百地反映客观事实；证据反映客观事实并不一定百分之百地准确，有存在偏差的可能，甚至有错误的可能。因此，上述定义方法混淆了客观事实与证据的区别，用客观事实来代替证据。证据具有真实性，即证据具有"事实"性，但这并不说明证据就能准确反映客观事实，而不会出现偏差或错误。因此，综上所述，我们可以这样表述，证据是由一定的人员，通过一定的程序，用一定的形式将客观事实反映到诉讼中用来说明案件事实的有无、大小等情况的各种材料。

二、与证据概念相关的几个概念

为有助于理解上述的证据定义，有必要将一些相关的、易导致混淆的法律术语作一下介绍和梳理。这些相近术语包括我国证据法学中用得较多的"证据材料"，以及大陆法系国家及地区用得较多的"证据方法"、"证据能力"、"证明力"与"证据原因"等。

1. 证据材料

证据材料是国内某些学者为解决我国诉讼法中证据条款的内在矛盾而提出一个概念，例如：我国现行《刑事诉讼法》第 42 条第 1 款规定："证明案件真实情况的一切事实，都是证据。"第 3 款又规定："以上证据必须经过查证属实，才能作为定案的根据。"这就存在一种表述上的逻辑矛盾，前款说证据是事实，后款又说其需要接受有关是否属实的审查。这种矛盾在《民事诉讼法》、《行政诉讼法》中都不同程度地存在。按国内有些学者的解释，我国诉讼法关于证据的定义条款中使用的是证据事实的概念，而关于证据需要查证属实的条款中使用的是证据材料的概念。按此说法，"证据事实"是已经查明的属实证据，而"证据材料"则是未经查证，不一定属实的证据。

2. 证据方法

海外学者多认为证据是恢复、揭示案情的方法、手段，故将证据称为证据方法。

有学者将其定义为：证据方法是指诉讼中可以作为调查对象的有形物，包括人证和物证。人证就是把人作为证据方法，经过对人的询问所得到的陈述作为认定事实的材料，通常有证人、鉴定人及当事人三种。物证就是把物作为证据方法，经过检查物证所取得和认定事实的材料，通常包括书证和勘验物两种。

3. 证据能力

证据能力是指一定的资料在法律上允许其作为证据的资格和条件。显然，证据能力要求是法律从外部赋予证据的一种属性，而非证据本身与生俱来的内在属性。比如法律对证人资格条件的规定：采用刑讯逼供的方法获得的有罪供述不可采、采用侵犯公民合法权益的手段收集的视听资料不可采等，即属于证据能力方面的规范。

4. 证明力

证明力，指的是证据对于案件事实证明作用的有无和程度。与证据能力不同，证明力是证据的一种内在属性，取决于证据与待证事实之间的内在联系。可以说，证据能力是证据的法律属性，证明力则是证据的自然属性。

5. 证据原因

证据原因是指法官对于当事人主张的事实是否属实形成的心证的原因。它来自办案人员对证据证明力的判断。

项目二　证据的采用标准

关联性是实质性和证明性的结合。从证明的意义上说，关联性必须涉及证据肯定或否定某实质性问题的能力。如果所提出的证据会使某个主张（实质性问题）的存在成为可能或不可能，它就有证明力，并因此具有关联性。

——华尔兹

【引　例】

甲、乙、丙三人于1997年1月5日共同盗窃塑料薄膜，价值5 000元。案发后乙、丙二人逃跑，甲归案并如实陈述了三人共同盗窃的犯罪事实。乙的妻子和丙的姐姐分别向公安机关陈述了甲、乙、丙三人于1月5日晚到乙、丙两家窝藏赃物的经过和赃物的外部特征。根据乙妻、丙姐的陈述，公安机关查获了赃物，所获赃物同失主的陈述和被告甲的供述相互印证。

问：如何理解我国刑事诉讼证明标准？根据本案中所获得的证据，对被告人能否定罪？

【基本原理】

人们在日常生活的非法律事实中使用“证据”一词时，实际是在借用法律术语，即所使用的证据就是指证明的根据。这说明我们应该承认证据有真有假，绝不能人为地将证据限定为客观存在的事实。在司法和执法等与法律事实有关的活动中，什么样的证据可以被采纳？其具体标准并不完全相同，但也有一些共通的标准，包括采纳证据的客观性标准、关联性标准和合法性标准等。

一、证据的关联性

证据的关联性也称为相关性，是指证据必须同案件事实存在某种联系，并因此对证明案情具有实际意义。

证据的关联性，是证据的基本属性（或称基本特征）之一。证据的关联性是证据适格的基础性条件。关联性是证据进入诉讼的第一道“门槛”。

证据的关联性，指的是作为证据内容的事实与案件事实之间存在某种联系。关联性是实质性和证明性的结合。关联性不涉及证据的真假和证明价值，其侧重的是证据与证明对象之间的形式性关系，即证据相对于证明对象是否具有实质性，以及证据对于证明对象是否具有证明性。

在理清案件待证事实的情况下，要判断某项证据是否具有实质性，主要就要考察当事人提出该证据的证明目的，考察该证明目的是否有助于证明本案中的争议事实。如果特定证据的证明目的并非指向本案的待证事实，则该证据不具有实质性，也就没有关联性。

二、证据的合法性

在我国，虽然法律上没有对证据能力问题作出明确规定，但是通常认为证据应当具有合法性，不具有合法性的证据不被认为具有证据能力。

所谓证据的合法性又称为法律性，具体包括四个方面的内容：①提供收集证据的主体必须合法；②证据的内容必须合法；③证据的形式必须合法；④收集证据的程序必须合法。

根据证据的非法证据排除规则，不具有合法性的证据称为非法证据，又称为“瑕疵证据”。英美法系国家具有强调司法程序公正的传统，因此较早就确立了非法证据排除规则。

世界上许多国家的法律针对某些种类的证据规定了具体的合法性标准。例如，在刑事案件中，对刑讯逼供获取的证据，绝对不能作为定案的依据，但对小偷或盗窃罪犯在作案中得到或者发现的，能够证明其他刑事案件真实情况的证据，我们就不能不作为证明案件真实情况的证据考虑。否则，一些冤假错案就可能永远得不到纠正。在民事、经济纠纷案件中，对那些因取证确实困难，为维护自己的合法权益，当事人采取盗窃等非法手段获取的一些除此之外就不能证明案件真实情况的证据，如果我们不加区别一律不予采用，那么相关案件认定的事实就肯定与真实的情况不符。

现代法治国家中，把证据的合法性规定为诉讼活动中采纳证据的标准之一，具有特别重要的意义。虽然证据的基本功能是证明案件事实，但是制定证据规则的时候，人们不能仅仅考虑准确有效地运用证据证明案件事实的需要，而且也要考虑司法公正、人权保障等方面的需要。因此，法律应该对证据的主体、形式，收集、提取证据的程序和手段作出具体的规定，以便规范司法证明活动，特别是规范执法人员的调查取证活动。

三、证据的客观性

证据的客观性指证据事实必须是伴随着案件发生、发展的过程而遗留下来的，不以人们的主观意志为转移而存在的事实。

在具体的司法和执法活动中，客观性应包括两个方面。首先，证据的内容必须具有客观性，必须是对客观事物的反映。其次，证据必须具备客观存在的形式，必须是人们可以通过某种方式感知的东西。如果对案件有关情况的反映仅存在于某人的大脑之中，没有以证人证言或当事人的陈述等形式表现出来，那它就不具备证据的可采性。

在此需要指出一点，证据具有的客观性并不意味着它是纯粹客观的东西，所有证据都是人的主观认识与客观事物相结合的产物。严格地说，任何形式的证据中都包括人的主观因素。可能有人会说，物证就是纯客观的证据，其中没有任何主观因素，但这种理解不无偏颇。物证本身固然可以说是客观的，但是其自身却不能证明案件中的任何问题，任何物证要想证明案件中的有关事实，必须与有关人员的行为联系起来，必须依赖于有关人员的活动。我们设想一下，某杀人现场有一把带血的匕首，它自己能够证明案件的事实吗？否！首先要有人将它从现场中提取并作为证据；然后要有人对它进行检验或辨认，以便确定它与案件事实或犯罪嫌疑人的联系。只有当有关专家通过对匕首上的血痕或尸体伤口上的鉴定结论确认它就是导致被害人死亡的那把凶器，或有关证人通过辨认确认它就是某个嫌疑人的匕首时，它才能发挥证明的作用。而在这一过程中，也就不可避免地“染上”了有关人员的主观因素。这也正是司法和执法人员依靠证据处理案件时可能发生错误的根据之一，也是司法和执法人员必须对各种证据认真审查评断的原因之一。所以，客观性是证据最基本的因素和特征。

项目三　证据有哪些分类

有人曾说间接证据就像一个链条，每一个间接证据就是这个链条上的一环。其实不然，因为任何一环断开，整个链条就会断掉。间接证据更像许多股细绳拧成的绳索。一股绳子或许不能承受重量，但许多股绳子合起来可能就足够结实有力了。

——波洛克

【引　例】

在陈甲诉李乙借款纠纷一案中，有以下几种证据：①陈甲出具的由李乙签名的借条一张。该借条内容为：今借陈甲人民币 3 000 元整，一个月以内返还。1999 年 3 月 20 日。②李乙的同事乔丙的证言。乔丙证明，他在 1999 年 3 月 21 日听李乙说，李乙向陈甲借了 3 000 元钱，准备到外地旅游时用。③李乙向受诉人民法院所作的陈述。李乙说：“我在 1999 年 3 月 20 日向陈甲借了 3 000 元钱，但我在 5 月份就还给他了，当时我向他要借条，他说借条丢了。他给我写了一张收条，但收条我现在找不着了。”④李乙的朋友张丁向受诉人民法院提出的证言：李乙在 1999 年 3 月底与张丁到五台山旅游时向张丁说，这次出来玩的钱是向别人借的。

请对本案证据进行分类，说明分类的依据并指出各类证据的特点。

【基本原理】

一、原始证据和传来证据

原始证据和传来证据的划分依据，是以证据的来源、出处的不同为标准所作的分类。

原始证据，是指直接来源于案件事实或原始出处的证据，即通常所说的第一手材料。例如，亲自看到或者听到案件事实的证人所提供的证言，被害人对自己受害经过的陈述，犯罪嫌疑人和被告人对自己是否实施犯罪所作的供述或辩解，以及物证、书证、视听资料，勘验、检查笔录的原件等都是原始证据或者叫做原生证据。

传来证据，是指间接来源于案件事实的证据，即不是从第一来源直接获得，而是从原始出处之外的其他来源获得的证据。它是原始证据派生出来的证据，因而又称派生证据。例如，现场痕迹的模型、书证的复印件或影印件、转述他人感知事实的证言等，都属于传来证据。需要说明的是，传来证据的概念和西方国家证据分类中的传闻证据有所不同。严格地说，传闻证据仅指言词证据，而传来证据的范围则比较广泛，不仅涉及言词证据，也涉及实物证据。在英美法系国家的诉讼中，原始证据和传闻证据的区分十分重要，因为它涉及英美法系证据法中十分重要而又烦琐的“传闻证据规则”，也称传闻法则。英美法系国家以法庭审判为中心，凡在法庭审判外提供的证言，非证人当庭口头作证，或陈述的内容非本人耳闻目睹的事实，均为传闻证据。

二、言词证据和实物证据

言词证据和实物证据，是很多国家在法律上或学理上采用的一种基本的证据分类。不过，使用的概念并不完全相同。有的称为人证和物证，有的称为证言与证物，有的称为口头证据实物证据，还有的称为有形证据和无形证据。在我国，学者大多都采用言词证据和实物证据的术语。这两类证据是以证据的表现形式和形成的方法的不同为标准所作的分类。

凡是表现为人的陈述，即以言词作为表现形式的证据，是言词证据；凡是表现为客观存在的物体，即以物品或痕迹作为表现形式的证据，是实物证据。实物证据不等于物证。以我国为例，实物证据除物证外，还包括我国法律规定的书证、勘验、检查笔录和视听资料。而我国法律规定的几种证据中，证人证言、被害人陈述、犯罪嫌疑人和被告人的供述和辩解、鉴定结论则属于言词证据。

三、控诉证据和辩护证据

控诉证据和辩护证据的划分是对刑事诉讼证据的一种分类，又称有罪证据与无罪证据。它是以证据对案件事实所起的不同证明作用为标准作出的分类，即以某一证据能起肯定还是否定犯罪嫌疑人、被告人实施了犯罪行为的作用对刑事诉讼证据进行的划分。

控诉证据是指能够证明犯罪事实存在，证明犯罪嫌疑人、被告人实施了犯罪行为的证据（包括具有从重、加重或者从轻、减轻或免除处罚情节），也称为控诉证据。

辩护证据是指反驳控诉，能够证明犯罪嫌疑人、被告人未实施犯罪行为或者虽然实施犯罪行为，但具有从轻、减轻或免除处罚情节的证据，也称为辩护证据。无罪证据一般是由犯罪嫌疑人、被告人及其辩护人进行辩护时提出的，是人民检察院作出不起诉决定和人民法院作出无罪判决的根据。

应当注意的是，控诉机关收集、提供的能够证明犯罪嫌疑人、被告人具有从轻、减轻或免除处罚情节的证据属有罪证据（控诉证据），而控诉机关所收集、提供的能够证明犯罪嫌疑人、被告人未实施犯罪行为的证据属无罪证据（辩护证据）。

四、直接证据和间接证据

直接证据和间接证据是以证据与案件主要事实的不同关系为标准所作的证据分类。所谓直接证据就是指能够单独、直接证明案件主要事实的证据。间接证据则指不能单独、直接证明案件主要事实，而需要与其他证据相结合才能证明案件主要事实的证据，也称为旁证。区分直接证据和间接证据，必须结合案件的主要事实才能进行判断。所谓“案件的主要事实”，是指案件中的关键性事实。刑事案件以被追诉人是否实施了被指控的犯罪事实为主要事实。凡是能够单独、直接证明犯罪嫌疑人、被告人实施了犯罪行为或者没有实施犯罪行为的证据，就是直接证据。根据这一标准，刑事诉讼中可以成为直接证据的有以下几种：①能指明是谁实施了犯罪行为的被害人陈述；②能指明是谁实施了犯罪行为的证人证言；③犯罪嫌疑人、被告人的供述和辩解；④能直接证明是谁实施了犯罪行为的书证；⑤能直接证明是谁实施了犯罪行为的视听资料。民事案件中民事法律关系发生、变更、消灭的事实是主要事实；行政案件中与具体行政行为合法性、合理性有关的事实是主要事实。

凡是直接来源于案件事实或原始出处的证据就是直接证据，也即原生证据。

间接证据意指不是直接来源于案件事实或原始出处，而是一般通过复制、复印、传抄、转述等中介途径从原始证据处派生获取的证据。

直接证据与间接证据相比，有以下几个特点：

（1）直接证据具有直观性。直接证据能直接证明案件主要事实，不需要借助其他证据进行逻辑推理，因此一经查证属实，可以直接作为定案的根据，证明价值较大。

（2）直接证据多表现为言词证据、书证与视听资料。言词证据可能会因为陈述者的主观因素而出现差错，失真的可能性很大，因此在运用直接证据的时候需要谨慎审查其可靠性。

（3）直接证据往往比间接证据数量少，更难获得，特别是在刑事案件中，获得自愿的、真实的直接证据不大容易，而且稳定性较差。相比之下，间接证据更像许多股细绳拧成的绳索。一股绳子或许不能承受重量，但许多股绳子合起来可能就足够结实有力了。

划分原始证据和间接证据的主要意义在于揭示不同类别证据在可靠程度上的差异和证明力的强弱之别。原始证据与间接证据的划分，为司法实践中正确收集、运用两类证据提供了理论依据。在证据的收集上，应努力找取和使用直接证据，除了原始证据，也要充分发挥间接证据的作用。

五、本证与反证

本证和反证通常是民事诉讼和行政诉讼理论中的概念和分类，根据证据是否为负有举证责任的当事人所提出以及证据的证明作用进行划分。所谓本证，是指由负有举证责任的一方提出，用以证明他所主张的事实存在的证据。在诉讼过程中，负有举证责任的当事人，不论是原告还是被告都可以提出本证，证明自己的主张。所谓反证，是指证明对方当事人所主张的事实不存在的证据。

本证和反证的提出，取决于提出证据的主体以及所证明的事实，当事人为了证明自己的主张能够成立，首先需要提出证据，即本证。而另一方当事人为了反驳或推翻对方的主张而提出的证据即反证。反证所证明的事实，与本证主张的事实正好相反，如果真实可靠，就可以推翻本证所主张的事实，因此反证具有使对方的事实不能成立的作用。

人民法院对案件事实进行判断，必须衡量本证与反证证明力的大小。若本证的证明力明显大于反证的，则本证所支持的事实是真实的；若反证的证明力明显大于本证的，则本证所支持的事实是虚假的；若本证与反证的证明力相当的，即案件事实处于真伪不明的状态，则应依照证明责任规则判决本证方败诉。这也是该分类的指导意义所在。

【实训部分】

【情境设计】

在张某诉刘某借款纠纷一案中，有以下几种证据：

1. 张某出具的由刘某签名的借条一张。该借条内容为：今借张某人民币3 000元，一个月以内返还。2009年3月20日。

2. 刘某的同事李某的证言。李某证明，他在2009年3月21日听刘某说，刘某向张某借了3 000元，准备到外地旅游时用。

3. 刘某向受诉人民法院所作的陈述。刘某说："我在2009年3月20日向张某借了3 000元，但我在5月份就还给他了，当时我向他要借条，他说借条丢了。他给我写了一张借条，但现在借条我找不着了。"

4. 刘某的朋友王某向受诉人民法院提出的证言：刘某在2009年3月底与王某到五台山旅游时听王某说，这次出来玩的钱是向别人借的。

请指出在上述证据中，哪些是原始证据，哪些是传来证据，哪些是言词证据，哪些是实物证据，哪些是直接证据，哪些是间接证据。对当事人张某的关于刘某向其借款的主张来说，哪些是本证？哪些是反证？每一种证据的运用应注意什么问题？

【训练方法】

1. 全体实训人员分为四个小组，进行分组讨论。

2. 各小组形成本组的观点依据后，由一名代表发表意见。

3. 任课教师归纳小组意见并予以点评。

【实训任务】

通过对具体证据形式的分析判断，掌握各类证据的分类标准以及各自的运用规则。

【实训步骤】

步骤1：根据案情，列出具体证据种类。

步骤2：结合各种分类标准，分析具体证据的类别。

步骤3：根据各类证据的运用规则，指出具体证据应注意的问题。

项目四　证据的价值

在法庭上，只有证据，没有事实。

——法谚

【基本原理】

一、司法公正的含义

司法公正，或曰公正司法，其基本内涵就是要在司法活动的过程和结果中坚持和体现公平与正义的原则。在这里，司法主要指法院的审判活动；公正的含义则包括公平、平等、正当、正义等。司法公正既要求法院的审判过程遵循平等和正当的原则，也要求法院的审判结果体现公平和正义的精神。①

（一）实体公正

实体公正，是指司法活动就诉讼当事人的实体权利和义务关系所作出的裁决或处理是公正的。法官是否对案件事实作出正确认定，是否将相关的实体法正确适用于所认定的案件事实，是用于衡量实体是否公正的标准。诉讼作为定纷止争的一种最终模式，公平正义是其内在的、本质的使命。

（二）程序公正

程序公正就是指诉讼活动的过程对有关人员来说是公正的。受传统文化影响，程序公正理念在我国一直比较薄弱。司法工作多停留在实体公正的单一目标上，至于程序是否公正，往往某种程度地被忽略。其实，正如一些学者所言："在自己的权益面临威胁时，人们不仅关注自己利益被剥夺的实际结果，而且也重视自己被对待的方式；在不幸的结果确属不可避免的情况下，人们可能更加注意自己是否受到了公正、人道的对待。"② 程序公正不仅具有促进和保障实体公正实现的外在价值，而且具有独立于实体公正的一系列彰显其自身有用性的内在价值。体现当事人诉讼主体的地位，保证当事人通过充分参与程序、对裁判结果的形成施加实质性的影响，使法院的裁判建立在双方当事人攻击和防御的基础上，从而使裁判结果具有可接受性，使当事人在诉讼过程中受到公平对待而减少败诉带来的不满等均是程序公正内在价值的体现。

实体公正与程序公正具有不同的指向、不同的判断标准。有学者这样比喻：实体公正是指系统的最终"产品"是否公正；程序公正是指该"产品"的生产过程是否公正。显然，法律决策的形成过程对于决策本身的意义绝不仅是单一的工具意义，因此，必须强调实体公正与程序公正并重的司法公正理念。

随着法制理念的不断深入人心，程序正义的呼声日渐高涨，司法实践中一种过于强调程序的公正，把程序公正与否作为判断司法公正与否的主要标准甚至是唯一标准，甚至用程序公正来否定实体公正，用遵守程序规则来为裁判结果的不公正辩解的观点开始产生。有观点认为，裁判结果是否公正，其检验标准乃在于程序本身是否公正，至于案件事实的真相究竟如何，真正的权利人是否得到了保护，反倒成了无关宏旨的问题。甚至进一步认为，只要案件的程序是公正的，就应当由此推认裁判的结果也是公正的。我们认为，强调对当事人程序利益的保障和程序的公正性固然是重要的，"重实体、轻程序"的传统应予以批判。但是，"重程序、轻实体"同样也是一种错误的极端做法。在目前的司法实践中，如何平衡两种正义的使命，才是每一个法律人面临的现实命题。

二、司法公正与事实

众所周知，当事人发动诉讼的根本目的在于获得合理的裁判，而裁判的主要依据是客观事实，法庭首先需要对存在争议的事实加以澄清、认定，才能据此作出判决。实现司法公正的基础就在于准确地认定案件事实。"以事实为根据，以法律为准绳"是司法公正的基本要求。但是这项耳熟能详的法制原则，真正贯彻起来却并非易事。在

---

① 何家弘．证据调查与运用实用教程．北京：中国人民大学出版社，2000.3

② 陈瑞华．刑事诉讼的前沿问题．北京：中国人民大学出版社，2000.2

诉讼上，何为“事实”？如何揭示案件“事实”？受现实因素和立法的限制——具体如办案技术条件、办案人员的专业素质、办案程序对办案期限、取证手段等问题的限制等——那些已经实施完毕的行为或者已经消失的事实状态，事实的裁判者无法亲眼目睹，要将这些案件事实在法庭上准确、完整地再现，几乎是个空想。事实的裁判者只能通过其他尚存的事实，即证据，才有可能再现案件的部分事实、主要事实。必须承认，在法庭上，只有证据能够证实的主张，才能被视为真实；凡是证据不能证实的，则应视为不存在。“法律不可能支持任何逻辑上非常合理但没有证据佐证的主张，法律也绝对不允许法官对证据确凿的主张采用其他推定方式予以否定。”[①] 这种建立在证据基础上的“事实”，被法庭认定并作为裁判基础的“事实”，与案件的客观事实，或许可以用水中花、镜中月与现实世界中的花和月的关系来形容，二者必然存在差异，绝不可能画等号。坚持以查明事实真相为办案目标不容置疑，但也应树立切实可行的法律真实的办案标准，坚持以证据为基础，以证据能够证明的案件真相作为裁判的根据，没有证据、证据不足的事实的主张不应得到司法裁判的认可。众所周知的美国“世纪审判”辛普森案的主审法官曾说“全世界都看到了辛普森的罪行，但法律没有看到”，就是一个生动的例子。由于缺乏符合刑事法律规定的证据（包括质和量上的要求），法律无法看到辛普森杀人的真相。该案民事责任的成立，恰恰说明法律真实只是法律认可的真相，不同的法律对证明的要求不同，所谓“事实”即出现不同的版本。例如，英美法国家刑事诉讼奉行“排除合理怀疑”的证明标准，民事诉讼则贯彻高度盖然性的相对低标准，这就是为什么辛普森刑事责任不成立却难逃民事责任的原因。

三、事实与证据

综上所述，证据是实现司法公正目标的关键因素。可以说，在诉讼过程中，证据与事实主张有时几乎已是同义语。在当代法制社会，没有证据支持的事实认定根本无法引导令人信服的判决，难以得到法律的认可，更加难以达到法律维护社会正义、保障社会利益的基本要求。作为实现法的宗旨的重要途径与现实手段，证据固有的程序价值和实体价值，日渐受到立法和司法界的广泛重视，证据裁判主义思想已得到了全面的弘扬。[②] 如何发现证据、收集证据、运用证据以证明案件事实，已然是司法工作的核心内容，证据的调查、运用能力则成为衡量法律工作者办案能力的重要标准。

思考与练习

1. 试论证据分类与证据种类的关系。
2. 试述言词证据和实物证据的差异。
3. 试举例说明如何区分原始证据与传来证据。
4. 试论直接证据和间接证据的运用规则。
5. 试述划分本证与反证的意义。

---

① 陈浩然. 证据学原理. 上海：华东理工大学出版社，2002. 4
② 陈浩然. 证据学原理. 上海：华东理工大学出版社，2002. 4

拓展阅读

1. 广德山. 论民事诉讼证据的特征. 北京社会科学，2001（4）

2. 鲁杰. 证据的属性反思. 政治与法律，2007（2）

3. 何家弘. 让证据走下人造的神坛——试析证据概念的误区. 法学研究，1999（9）

4. 梁玉霞. 什么是证据——反思性重塑. 证据学论坛（第三卷）. 北京：中国检察出版社，2001

【实训部分】

【情境设计】

以杨乃武与小白菜的案件为依据进行实训。

【训练方法】

1. 全体实训人员分为两个小组，其中一组为证据认可组，一组为反对组，进行分组讨论。

2. 各小组形成本组的观点依据后，由一名代表发表意见。

3. 任课教师归纳小组意见并予以点评。

【实训任务】

通过对具体案件的分析，对具体的证据材料进行分析判断，总结出证据的基本特征。

【实训步骤】

步骤1：根据案情，列出具体证据种类。

步骤2：结合证据采用标准，分析具体证据的可采性。

步骤3：根据案件的结局，分析证据之于司法公正的意义。

单元四

物证、书证

引　言

物证与书证作为实物证据中最重要的两种，在各种证明场合均能够发挥重要的作用，要查明事实真相和为诉讼证明做准备，不能不重视对物证与书证的收集、固定和提取，有物证或者书证在手，对案件的调查和诉讼的胜利将会起到关键性的作用。特别是现代科学技术的发展和进步，为这两种证据形式的实际应用提供了更加广阔的空间。

【知识目标】

深刻理解物证、书证的概念和特征；明确物证与书证之间的关系；了解非法证据的排除规则、令状主义规则、最佳证据规则的含义，为物证与书证在实践中的灵活运用打下良好的理论基础。

【能力目标】

在掌握基础理论的前提下，要求学生初步具备一定的运用物证、书证来证明案件的能力，了解物证、书证的运用规则。

【内容结构图】

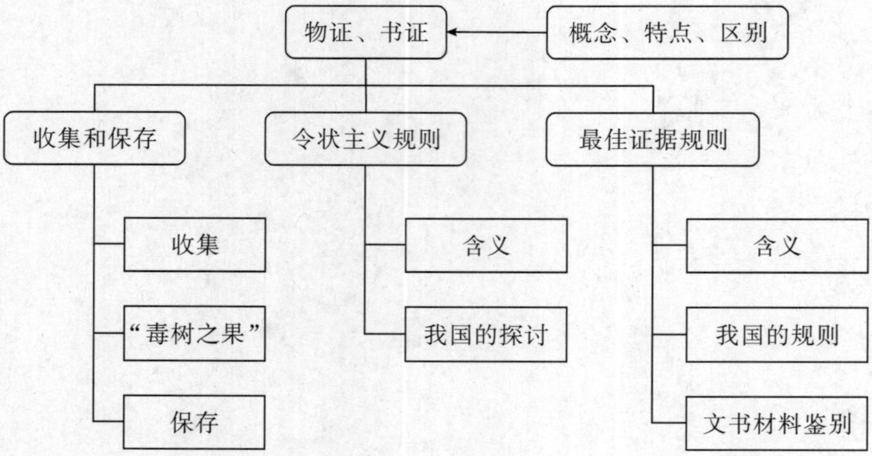

项目一 认识物证、书证

物证不怕恫吓，物证不会遗忘，物证不会像人一样受外界影响而情绪激动……在审判过程中，被告人会说谎，证人会说谎，辩护律师和检察官会说谎，甚至法官也会说谎，唯有物证不会说谎。

——赫伯特·麦克唐奈

【引 例】

“大家都看见了辛普森沾满鲜血的手，但法律却不能说已看见。”——辛普森谋杀案的主审法官在陪审团裁定辛普森无罪后如是说。

1994 年美国亚特兰大奥运会期间发生的橄榄球明星辛普森杀人案，把许多人的眼球从奥运赛场吸引到了美国的法庭上。1994 年 6 月 12 日，前黑人橄榄球明星辛普森的前妻及其男友被利刃割喉致死，警方在案发现场发现了两个被害人及辛普森的血迹，也发现了辛普森的头发和一只血手套，在辛普森住宅中发现了一只与案发现场属于同一副的血手套和一双血袜子，在其汽车上也发现了被害人和被告人的血迹，警方遂将辛普森作为重大犯罪嫌疑人予以起诉。面对“血证如山”的控方指控，腰缠万贯的辛普森重金聘请的“梦幻律师队”，利用控方证据的漏洞，将检察官和警方证人驳得目瞪口呆，说服了陪审团的全体成员，使陪审团成员们相信，“辛普森并不一定是罪犯，案犯极有可能另有其人或辛普森被栽赃陷害”，最终裁定辛普森无罪开释。美国有关机构调查显示，绝大部分美国人认为辛普森就是“杀人犯”，但同时也认为，既然法院认定辛普森无罪，在法律上他就是无罪的，人们应该对司法判决保持尊重，表现了美国民众成熟的法制观念和对独立司法的尊重。辛普森案被害人家属也表示“今天正义受到了践踏，人权受到了践踏，但是我们尊重法院的判决”。而在此案中以刑事鉴识专家身份替辩方处理证据鉴识工作的著名华裔刑事鉴识专家李昌钰博士在回答记者提问时说：“刑事鉴识最重要的是物证，以及现场重建的工作。如果没有完整的证据，就只能做部分的重建。这个案件就是只能进行部分重建的案件。本案中洛杉矶警察局的刑事化验室在 DNA 方面有百分之八十是做对的，但是在其余部分都有瑕疵。严谨的科学工作者就是要把所有的疑点报告出来，希望检方能合理地答复，而不是去证明被告到底有罪还是无罪，被告是否有罪，还是要由陪审员或法官决定，而不是刑事鉴识人员。”

问：物证具有什么特征？该案中辛普森最终被判无罪，物证起到了什么作用？

【基本原理】

一、物证的概念和特点

物证有广义和狭义之分。狭义的物证是指以其外部特征、存在状况、物质属性等来证明案件真实情况的实物和痕迹。其范围非常广泛，诸如作案的工具、行为所侵害的客体物、行为过程中所遗留的痕迹和物品，以及所有能够作为揭露和证明与案件有关事实之用的其他物品和痕迹，等等。而广义的物证与广义的人证相对，即以客观存在的物体为材料的证据，包括狭义的物证和书证等的总和，也就是我们通常所说的“实物证据”（即以物质形式表现出来的证据）。广义的物证仅仅是我们进行理论研究时所使用的概念，我国诉讼法所谓的“物证”指的是狭义的物证。

在司法实践特别是刑事诉讼中，物证列为诸证据之首，是最常见的证据形式。1910年，法国刑事犯罪学家艾德蒙·洛卡德曾说："任何接触都可以留下痕迹。"理论上来讲，物证存在于每一个案件之中，因为任何案件都发生在一定的物质环境当中，必然会对客观环境产生一定的影响，即使作案人有意识地采取一些逃避侦查的毁灭证据的手段，但同时他的这种行为又会产生新的物证。因此，物证是普遍存在的，在有些案件中没有收集到物证，只不过是基于技术手段或者取证能力等因素的限制而未能发现或提取而已。物证的普遍存在决定了它在证明过程当中的巨大作用，已经发现的物证可以为进一步侦查和调查提供线索、指明方向，也可以与其他证据进行比较，在甄别明显矛盾之处，为排除矛盾、淘汰虚假证据、建立证明案件事实的证据体系提供条件。

与其他证据种类相比，物证具有以下特点：

（一）物证是与待证事实有关联的实体物和痕迹，并以其外部特征、物质属性和存在状况来证明待证事实

这是物证的本质属性。所谓的"外部特征"是指物品的外形、颜色、数量、重量、完好程度等状态；"物质属性"是指物品的坚硬和柔软程度、尖锐或是圆钝、有毒有害等物理或者化学属性；"存在状况"是指其所处的位置、环境、物理形态以及与其他物体的相互关系等特征。如前面提到的辛普森案中在案发现场和其住所发现的同属一副的手套，上面沾有两个被害人和辛普森自己的血迹。该手套的样式、所处的空间位置、血迹的DNA检测数据等对于案件事实能够起到证明作用，虽然最后戏剧性地因为这副由控方提供的手套而使得辛普森被陪审团裁定无罪。

（二）物证相对于其他证据而言具有较强的客观性和稳定性

美国著名物证技术专家赫伯特·麦克唐奈曾经说过："在审判过程中，被告人会说谎，证人会说谎，辩护律师和检察官会说谎，甚至法官也会说谎，唯有物证不会说谎。"物证被称为哑巴证据，但是其一旦形成，并且被发现和提取、固定以后，就具有了较强的客观性和稳定性。因为它的存在是独立于人的主观意志之外的，其各项特征虽然可能会因为人为或自然因素而发生改变，但是这种改变是有规律可循的。

由于物证具有较强的客观性，在物证面前，当事人、证人等往往无法抵赖或者回避问题而只能如实陈述。司法实践中就曾经有犯罪嫌疑人为逃避罪责而将所抢夺来的金饰品吞入肚中，并对自己的犯罪事实矢口否认，后对其进行透视检查发现嫌疑人肚中有多颗金属物体，后按医生吩咐定时给其进食，待金属物从体内排出后发现正是被抢夺的金饰品，成功提取了案件的关键证据，促使嫌疑人认罪伏法。

与言词作出证据相比，物证的这一特点更显突出。言词作出证据是由自然人提供的，由于受其自身主观因素的影响，有可能提供虚假或者错误的信息，或者虚假与真实混杂，不容易辨别真伪，因而旧时就有"迹证重于人证"的说法。在这种情况下，言词作出证据往往需要同实物证据结合起来进行印证才能辨别真伪，而物证却可以不依赖其他证据而独立发挥作用。但是要注意的是，这并不是意味着所有的物证都是真实的，物证有可能伪造或者变造，因而对物证要仔细甄别，防止误判。

（三）物证的使用一般需要借助一定的科学技术手段，并且通过鉴定才能发挥证明作用

物证是客观存在的物品或者痕迹，其证明价值不可能像出庭作证的证人一样自己到法庭上证明案件事实，往往需要借助一定的科学技术手段才能实现。一方面，物证的发现和提取需要科技手段，比如手印的显现技术和粉尘足迹的提取技术；另一方面，物证中储存的信息也需要科技检验活动来解读，如血液、人体组织中遗传基因的检验。对于一些普通人所无法了解的专业技术问题需要通过鉴定来确认该物证是否包含有关案件的信息，或者辨别同类物中此物与他物的区别，从而为揭示案件真相提供重要依据。比如《折狱龟鉴》就记载了这样一个事件："吴太子孙登，尝乘马处，有弹圆过，左右求之。适见一人操弹佩圆，咸以为是。辞对不服，从者欲捶之。登不听，使求过圆，比之非类，乃见释。"

（四）物证一般为间接证据

物证与案件事实的关联性往往不是显而易见、一目了然的，而是需要由人来加以揭示，而且每个物证能证明的一般是有关案件的局部事实，而不是完整的片段。物证不会说谎，但是物证也不会说话，物证不能自己直接向法庭证明案件的主要事实，而必须与其他证据结合起来，因此物证一般是间接证据。同样以上面提到的辛普森案血手套为例，该手套一只在嫌疑人家中发现，而另一只则在犯罪现场找到，两只手套明显属于一双，而且两只手套上都有被害人和嫌疑人自己的血迹，被控方作为主要证据之一提交法庭。在家中发现的一只手套仅能证明该手套可能为嫌疑人所有，结合现场发现的另外一只则可说明嫌疑人可能到过现场（当然不能排除其他可能性），手套上的血迹则可说明嫌疑人同被害人死亡之间有客观的联系，等等。这些我们可以发现都是属于案件的所谓局部事实，要结合其他证据进行综合分析判断才能够对案件的主要事实有一个全面、整体、细致的了解。

（五）物证通常具有不可代替性，必须有完整的保全链条

物证的证明价值一般都专属于特定的物品和痕迹，同样一种菜刀，放在超市柜台上的和握在罪犯手里的当然是不一样的，侦查人员当然不能去超市购买一把菜刀来代替嫌疑人使用的作为犯罪工具的菜刀，物证的不可代替性是显而易见的。明确了物证的这个特点，就必须强调物证的保全。任何物证在现场提取以后，都必须严格按照法律的要求进行保管，以确保物证与案件事实的关联性，确保物证的客观和真实。否则，物证一旦出现灭失或者被损毁，对案件的侦破和处理将会造成无法弥补的损失。

二、书证的概念和特点

书证是指以文字、符号、图案等所表达的思想或记载的内容来证明案件事实的书面材料和其他物品。

书证应当体现为一种书写物，当然书写的内容不限于文字，书写的材料也不限于纸张。英国学者理查德·梅指出："书写物一般被认为是写在纸张上。然而，重要的是书写下来的东西，不是被书写在纸上面的物体。"书证的范围十分广泛，只要记载有能够被理解的思想或内容并对案件有证明作用的实物材料，都可能是书证，如出生证、户口本、身份证、工作证、营业执照、账册、单据、合同、车船票、电影票等，不一而足。在英美等国，墓碑、房屋、录音录像带、电影、计算机硬盘上的信息等都也被认为属于文件而可以作为书证使用。当然，我国法律明确规定了视听资料这种与书证等并列的证据形式，因而诸如电影、录音录像带、硬盘信息等在我国只能是属于书证以外的视听资料这种证据形式了。

书证中所记载的内容可以证明案件中有争议或者待证的事实，但是要注意书证不是为特定案件的诉讼活动制作的，而是在诉讼之前或是在与诉讼没有关系的情况下制作的，这是书证与当事人、证人、鉴定人等诉讼参与人所提供的书面材料之间的主要区别。当事人陈述、证人证言、鉴定结论都可以用书面形式作出，其上所记载的内容也能够证明案件事实，但它们不属于书证的范围。在某些案件中，上述书面材料与书证有很多相似之处，需要我们的司法工作人员根据其制作情况来判断属于哪种证据形式。例如，张某赠与财物给他人时书写的赠与书，属于书证，若张某在诉讼中提供的该财物是他赠与他人的书面材料则属于证人证言或当事人的陈述。

书证与其他证据相比，具有以下特点：

（一）书证以其记载的内容或表达的思想来证明有关案件事实

这是书证区别于其他证据形式特别是物证的本质特征。麦凯维（John Jay Mckelvey）指出："书证通常被认为是一种思想观念的实体表现，而不是纸张和墨水的结合体。但一件书证可以简单地从其物体——可以触摸到的物件上看到其内容。因此，除了由一张纸所拥有的内容以外，该物体本身是没有证据力的。"而且要发挥书证的证明作用，其内容还必须是能够被人们所理解和把握的，不论是人们所熟知的文字、图形、符号还是一般人不了解的密码、暗号等，都应当是有意义的，能够表达一定的思想内容，或者反映书写者的情绪与精神状况。否则的话，书证也就没有了证明作用。在著名侦探小说《东方快车谋杀案》中描写了这样一个情节：鼎鼎大名的私人侦探波洛先生在查探被害人尸体的时候发现了一些被烧焦的纸片，为了识别烧焦的纸片上的字迹，波洛采用了一些特别的方法，最终在纸片上看到了一些字迹，知道了死者的身份就是卡塞蒂，也就是当时美国轰动一时的小黛西·阿姆斯特朗案件的漏网罪犯，从而搞清楚了死者被杀的真正原因。波洛之所以千方百计想要知道纸片上的字迹，因为他知道这些字迹是有意义的，甚至可能关系到整个案件能否水落石出。

（二）书证可以作为证明待证事实的直接证据

书证本身是证明内容和证明过程的直接统一。由于书证所包含的信息总是以某种能够被人们所理解的形式表达出来，因此在书证表达其自身内容，并被人们所感知和理解的时候，其对案件事实的证明作用也就同时被人们认识到了，不需要任何中间的过程和人员。当然，并非说所有的书证都是直接证据，这需要通过考察和分析该书证与案件主要事实之间的关系才能够确定。

（三）书证具有物质性和较强的稳定性

书证所记载或表达的内容必须要以一定的物质材料为客观载体，其中以纸张最为常见，但也包括诸如布、皮、金、石、木等其他物质材料，表现方式与形成方式也多种多样。不论载体与表现方式如何，一旦形成并固定下来，就不易发生变化，而不像言词作出证据那样常常会因为时过境迁和时间的推移而被淡忘或产生记忆模糊的现象，这是书证作为证据的优点之一。

三、物证与书证的关系

在证据种类的划分上，书证因与其载体的不可分割，而和物证一样同属于广义的物证，即实物证据范畴。要区别物证、书证，单从外部形态上很难加以区分，关键还是要看它们在诉讼中发挥证明作用靠的是什么。正是因为书证表达了人的主观意识和思想内容，从而使它有别于物证，成为证据种类的一种存在形式。例如某故意杀人案件中发现的一封信和一个字条。信的内容与案件无关，但是根据通信双方的姓名和地址查到了罪犯；字条的内容虽与案件也无关，但是根据笔迹鉴定进行排查找到了书写该字条的人。那么，这个案件中，信件是书证而非物证，原因是虽然信件内容与案件无关，但是信件的内容记载了双方的姓名和联系地址，从而起到证明作用。字条则是物证而非书证，原因是该字条是以笔迹也就是字的外部特征来起证明作用的。

理论界一般认为，书证与物证具有密切的联系，又有本质上的差异，主要表现在以下几个方面：

（一）证明作用方式不同

书证是以客观物质材料为载体，借助文字、符号或图案所表达的思想内容来证明案件事实的，而物证则是以其外部特征和物质属性本身来起证明作用的。

（二）理解的难易程度不同

书证的证明价值是通过文字、符号、图形等直观形式来实现的，这些文字、符号、图形一般在一定社会中有着通行并且固定的含义，因而书证所表达的意思表示一般能为常人所理解；而物证在表现形态上会受客观存在的特殊状态所决定，常人很可能基于其传统文化、教育水平、专业技术、生活经验等的差异而对物证有不同的理解，因此必须借助科学的专门鉴定方法来加以审查、判断和确认。

（三）保存和固定的方法上存在差异

一般而言，书证常以纸张、布帛等物质材料为常规载体，故对书证通常采用拍照、复印等方式予以保存、固定即可；而对物证则缺乏相应的保存、固定的方式与手段，容易遭受自然或人为的毁损，特别是有的物证由于外形、体积庞大，不易存放，其外观特征更易受环境因素的侵蚀，从而影响其证明效力。

需要注意的是，在理论与实践上，常常因为书证的物质属性而产生物证与书证的竞合现象，即一份文书材料既以其所记载和表达的内容来起证明作用，同时又以该文书材料的外部特征（如纸张质地、墨水、书写习惯、涂改痕迹等）来起证明作用，这样这份文书材料就具有了物证和书证的双重属性，例如，常见的伪造或者涂改的账册、嫌疑人遗留在现场的作案计划书等。

项目二 收集物证、书证

物证不怕恫吓，物证不会遗忘，物证不会像人那样受到外界影响而情绪激动，物证总是耐心地等待着真正识货的人去发现和提取，然后再接受内行人的检验与评断。这就是物证的性格。

——赫伯特·麦克唐奈

【引 例】

某公安机关的禁毒部门在对一宗跨境走私冰毒犯罪案件进行控制下交付时抓获了犯罪嫌疑人A。搜查过程中，侦查人员在A随身所携带的钱包的夹层内发现了一张写有“麻黄碱”及其他化工原料的纸条，经分析，该纸条上所写的化学原料可用于制造冰毒。经审讯，犯罪嫌疑人A拒不承认参与毒品犯罪的事实，并称该钱包是路上拾获的，并不知钱包内还有这样一张纸条。

侦查人员遂委托刑事技术部门对该纸条上的笔迹进行鉴定，以确定该笔迹是否犯罪嫌疑人A书写。刑事技术部门对该纸条上的笔迹进行鉴定以后，认为该笔迹所反映出来的书写习惯特征与犯罪嫌疑人A的书写习惯特征一致，认定该笔迹是犯罪嫌疑人书写形成。在法庭审理过程中，A的辩护人对这唯一的一份“不说话的证据”的效力提出质疑，认为该笔迹不是A书写形成，要求重新鉴定……

侦查人员又想到，如果A是这张纸条上笔迹的书写人，或者接触过该纸条，那么，纸条上就可能遗留有A的手印，甚至DNA信息，可以通过痕迹检验和DNA物证检验的方法来确定犯罪嫌疑人A与这张纸条之间的关联。

但是，经过梳理发现，在搜查过程中，侦查人员并未戴手套进行搜查，搜获该纸条后，也未将其放入专用物证袋内封存保管；同时，在审讯过程中，侦查人员多次向犯罪嫌疑人A出示了该纸条，并在没有采取任何防护措施的情况下由A对该纸条进行辨认。此时，即使该纸条上曾经存在着A的手印或者DNA信息，也已经被破坏和污染，而失去了证据价值。

【基本原理】

一、物证、书证收集的概念

物证、书证的收集是指国家专门机关或者当事人、诉讼代理人等诉讼参与人为了查明或者证明一定事实而依照法律授予的权限进行发现、提取、固定、保管和保全物证、书证的专门活动，它是诉讼活动中的一个重要环节。

物证、书证收集的概念包含如下几项内容：

（1）物证、书证的收集主体是公安机关、人民法院、人民检察院等国家专门机关和当事人、诉讼代理人等诉讼参与人。

（2）物证、书证的收集过程必须合法。

国家司法、行政机关在收集物证、书证时，必须依照职权和法律规定进行；当事人、诉讼代理人在收集物证、书证时必须在禁止损害或者禁止不必要的损害其他公民的自由和合法权利的条件下进行。

（3）物证、书证的收集对象是与案件有关、能够以其自身存在状态或者所载信息来证明案件事实的物证、书证材料。

物证、书证的收集是诉讼活动的重要阶段，是查明和证明案件事实、正确适用法律的现实基础；收集物证、书证时必须依照合法、客观、全面、细致的原则进行。

二、物证、书证收集的途径和方法

证据材料的收集是案件调查、侦查和审判的基础。通过合法的途径、采取适当的方法收集的证据材料才能被作为证据用于证明一定事实。对于不同形式的证据材料，收集的方法也不一样，物证、书证属于实物证据，收集物证、书证的主要方法有搜查与扣押、勘验与检查、提供与调取等。

（一）搜查与扣押

搜查是执法机关对与案件有关的场所或者人身进行强制性的搜寻、查找，以发现、提取证据材料和发现、控制犯罪嫌疑人的活动。搜查是发现和提取各种物证、书证的重要途径，搜查笔录本身也是一种证据材料。

我国《民事诉讼法》第227条规定：“经人民法院院长签发搜查令，法院有权对不履行法律文书确定的义务，并隐匿财产的被执行人及其住所或者财产隐匿地进行搜查；在行政执法活动中，办案人员可以对当事人的财物进行检查，必须进行人身搜查时，应当由公安机关进行，其他行政执法机关予以协助。”

在刑事诉讼中，搜查是一种刑事侦查措施，我国《刑事诉讼法》第109条规定："搜查是公安机关、人民检察院的侦查人员为搜集犯罪证据、查获犯罪人而采取的一种侦查措施。"因此，搜查只能由侦查人员进行，其他任何机关、团体和个人都无权进行搜查；任何单位和个人都有义务按照人民检察院和公安机关的要求，交出能够证明犯罪有罪或者无罪的物证、书证等和被藏匿的犯罪嫌疑人。搜查必须严格依照法律程序和要求进行，我国《刑事诉讼法》对搜查的要求如下：

（1）进行搜查时，必须向被搜查人出示搜查证。

（2）搜查时，应当由被搜查人或者他的家属、邻居或者其他见证人在场。

（3）搜查妇女的身体，应当由女性工作人员进行。

（4）搜查情况应当制作笔录，有侦查人员和被搜查人或者他的家属、邻居或者其他见证人签名或者盖章，如果被搜查人或者他的家属在逃或者拒绝签名、盖章，应当在笔录上注明。

（5）此外，法律还规定，在执行拘留、逮捕时，遇有紧急情况，不另用搜查证也可以进行搜查。这里的紧急情况是指以下情况：①可能随身携带凶器的；②可能隐藏爆炸、剧毒等危险物品的；③可能隐匿、毁弃、转移犯罪证据的；④可能隐匿其他犯罪嫌疑人的；⑤其他突然发生的紧急情况。

搜查的目的通常有两个：一是搜集相关证据；二是查获犯罪嫌疑人。

扣押是公安机关、检察机关和审判机关针对与案件有关的物品进行的专门措施。扣押通常结合勘验、检查、搜查等同时进行。在民事诉讼中，扣押通常只是一种强制执行措施。

根据诉讼法律的规定，进行扣押时应当注意：在勘验、搜查中发现的可以用于证明犯罪嫌疑人有罪或者无罪的各种物品和文件，应当扣押；与案件无关的物品、文件，不得扣押；对于扣押的物品和文件，应当会同在场见证人和被扣押物品持有人查点清楚，当场开列清单一式两份，由侦查人员、见证人和持有人签名或者盖章，一份交持有人，一份附卷备查；对于扣押的物品、文件，要妥善保管或者封存，不得使用或者损毁。

（二）勘验与检查

勘验是指侦查人员、公诉人员和审判人员为了发现、获取证据和了解案件情况，依法对与案件有关的场所、物品、尸体进行勘查、检验的过程。检查是指侦查人员、公诉人员和审判人员为了发现、获取证据和了解案件情况，依法对与案件有关的当事人、受害人、犯罪嫌疑人等的人身进行检查，以确定其体态特征、生理状态、损伤状况等的活动。在行政诉讼和行政执法中，检查还常常是针对特定场所或物品所进行的调查活动。

（三）提供与调取

由于在案件发生前后，部分证据可能在有关的公民或者法人手中，因此，为了查明案件事实，公安、司法机关需要向相关单位和个人调取相关证据，相关单位和个人也必须依法向公安、司法机关提供有关证据。

根据我国《刑事诉讼法》第45条规定："公安机关有权向有关单位和个人收集、调取证据。有关单位和个人也应当如实提供证据，凡是隐匿证据的，必须受法律追究。"

我国《民事诉讼法》和《行政诉讼法》也对物证的提供和调取作了规定。

物证应当提交原物、原件，提交原物、原件确有困难的，可以提交经核对无误的复制品、照片、副本、节录本等。

在通过上述方式收集物证、书证时，要尤为注意证据取得的合法性，例如，关于刑事案件中物证、书证的收集，中央五部门《关于办理死刑案件审查判断证据若干问题的规定》明确指出“经勘验、检查、搜查提取、扣押的物证、书证，未附有勘验、检查笔录，搜查笔录，提取笔录，扣押清单，不能证明物证、书证来源的，不能作为定案的根据”，“对物证、书证的来源及收集过程有疑问，不能作出合理解释的，该物证、书证不能作为定案的根据”。中央五部门《关于办理刑事案件排除非法证据若干问题的规定》也指出了“物证、书证的取得明显违反法律规定，可能影响公正审判的，应当予以补正或者作出合理解释，否则，该物证、书证不能作为定案的根据”。

三、物证、书证的保管

物证、书证因其能以自身存在状态和所记载的内容来表达一定的信息而成为证据。因此，必须使其存在状态最接近于案件发生当时的状态，如此一来其所表达的信息才最接近于事实真相。而正由于其以自身存在状态和所记载的内容来表达一定的信息，所以当外界条件发生变化时，其存在状态和所记载的内容会相应发生变化，当变化的量积累到一定程度时，便容易反映出不真实甚至与事实完全相反的信息，从而影响证据使用者对事实的判断而造成司法不公。

物证、书证的保管即对发现的物证、书证依法采取适当的方法进行收集，并用适当的方法进行保管和依照法律规定进行利用的过程。物证、书证的保管必须遵循以下原则：

（一）依照法定程序进行保管

如物证、书证的存放场所必须合乎法律的要求，保管人资格必须合乎法律要求并采取双人作业制度等。

（二）依照行业标准进行保管

对相应物证、书证进行保管时，如有行业标准的，应当依照行业标准进行保管；对没有行业标准的，应当依照其基本属性，进行科学分类保管。

具体而言，对常见物证、书证的保管应遵循如下原则：

（1）保管场所要符合法定要求，安全、可靠，具有适宜温度和湿度。

（2）保管人应当具有相应资格。

（3）进出仓时应当实行双人作业。

（4）进出仓应当严格遵守登记备案制度。

（5）对物证、书证，应当根据其属性进行分类包装、存放。

（6）对于体积较大不适合原物保管的物品进行拍摄，并注明原物存在的情况。

（7）对于容易灭失、受损、变质的物品，应当及时采取复制模型、拍摄声像资料、制作笔录等方式进行记录，并妥善处理，在进行使用时，尽量使用其复制件和上述记录。

（8）对于易燃、易爆、剧毒、强辐射物品应当尽快交由具有专业保管资质的部门进行处理。

（9）对于有伤风化、涉及隐私的物证、书证，应当尽量避免当庭出示和大范围使用。

(10）对于涉密物证、书证应当严格按照保密规定进行使用。

四、“毒树之果”理论

在执法机关特别是警察机关收集物证、书证的过程当中，往往容易侵犯到当事人和其他公民的合法权益，特别是犯罪嫌疑人的合法权益。而执法人员为了限时侦破案件或者急于查明案件事实，偶尔会忽略法律的禁止性规定，从而导致刑讯逼供、违法搜查等侵犯当事人合法权益的情况发生。为了解决这个问题，非法证据的排除规则诞生了，在美国，在此基础上形成了所谓的“毒树之果”理论。“毒树之果”作为一个保护刑事被告人权利的原则，在美国也不是从来就有的，一定的制度需要一定的环境来造就，“毒树之果”也不例外。虽然早在20世纪20年代西尔弗索恩木材公司诉合众国案（Silverthrone Lumber Co. v. US）中，就有了相关的判例，著名的霍姆斯大法官提出“禁止以不当方式取证的实质并非仅仅意味着非法而获的证据不应当被法院采用，而是完全不得被使用”。但由于这样的原则对于警方办案以及公众对判决的接受度产生了挑战，这一原则一直没有得到确立。

20世纪60年代，随着民权运动的兴起，对个体权利的保障才再次引起社会的关注，在这样的大环境下，美国联邦最高法院在著名的Wong Sun v. U. S案中以5:4的微弱优势正式确立了“毒树之果”规则，后来这一规则被不断完善，逐渐成了“毒树之果”理论。这一理论源于证据排除法则，即“美国联邦政府机构违反美国宪法规定所取得的证据材料，在审判中不具有证明力”，但这样的法则如果仅限于违法直接取得的证据，还不足以达到吓阻警察违法取证的目的，所以，这个违法取得的证据为毒树，而基于该证据再以合法手段间接取得的证据为毒果，该衍生证据（毒果）也不得使用。这样，“毒树之果”原则的覆盖面得到扩大，在阻止政府机构违法方面，这一原则也起到了切实的作用。

然而“毒树之果”理论不是绝对的，如果一概地排除“毒树”的“果实”，将会损害司法正义。它既然是一种理论，在绝对否定的命题之外，必须有着完善的补救系统，以维持实质公正的体现。而公众如果对这一原则的例外情况不了解，势必难以得到认同和理解。

“毒树之果”原则有以下三种情况的例外。

（一）必然发现情况的例外

所谓必然发现情况的例外是指，虽然政府机构的取证行为违法，但按照政府机构处理同类案件使用的方式方法，该证据即使不依靠该违法程序，也必然会被发现或找到。例如，犯罪嫌疑人将凶器藏在家中的一个角落，警方已经对该房屋开始地毯式的搜查，但在这时在警局内的警察通过刑讯逼供的方式得知了该凶器的具体地点，并找到了凶器。虽然刑讯逼供属于违法，该违法实施人也将得到追究，但就是没有刑讯逼供，这个凶器在搜查中也必然会被发现，这个证据就不属于“毒果”，可以使用。当然，对于这一原则还有学者有异议，认为这削弱了“毒树之果”原则的功能，但这也说明了“毒树之果”原则的适用是很慎重和严格的。

（二）违法被消除的例外

违法被消除的例外是指，虽然第一次取证违法，但第二次的合法取证由于其他因素的介入而消除了原来的违法性，则第二次合法取得的证据可以具有证明力。也有人称这一例外为违法状态的中断。例如，警方非法拘留犯罪嫌疑人甲，并得到口供，然后释放了甲，几天后甲因为受到家属的开导到警察局自首坦白。这个事件从表面上看是一个连续的状态，但第一次口供属于违法行为，不具有证明力，而甲的自首坦白所做的口供这一证据是合法的，通过自首这一行为消除了这一案件中原来违法行为所造成的污染，可以作为证据使用。

（三）独立来源

独立来源是指针对刑事被告人的证据并非源于违法程序，而是有独立的来源。例如警方没有合法手续逮捕了犯罪嫌疑人甲并做了犯罪嫌疑人甲的口供。通过口供警方找到了甲的其他犯罪证据。适用“毒树之果”原则，这些证据属于毒果，没有证明力。但不久，在另一案件中，另一犯罪嫌疑人乙举报了甲的犯罪事实以及提供了关于这些证据的线索。这样，这些证据的重新取得和原来的违法行为无关，证据有了独立来源，可以具有证明力。

在我国，2010 年 7 月 1 日开始生效的《关于办理刑事案件排除非法证据若干问题的规定》对排除非法证据作了明确规定，具有里程碑意义。

法规链接

《最高人民法院、最高人民检察院、公安部、国家安全部、司法部关于办理刑事案件排除非法证据若干问题的规定》

第 1 条：采用刑讯逼供等非法手段取得的犯罪嫌疑人、被告人供述和采用暴力、威胁等非法手段取得的证人证言、被害人陈述，属于非法言词证据。

第 2 条：经依法确认的非法言词证据，应当予以排除，不能作为定案的根据。

第 3 条：人民检察院在审查批准逮捕、审查起诉中，对于非法言词证据应当依法予以排除，不能作为批准逮捕、提起公诉的根据。

第 14 条：物证、书证的取得明显违反法律规定，可能影响公正审判的，应当予以补正或者作出合理解释，否则，该物证、书证不能作为定案的根据。

项目三　运用物证、书证

——令状主义规则

住宅是英国人的城堡，即使英王也不得入内。

——英国古谚语

【引　例】

2002 年 8 月 18 日晚 11 时许，陕西省延安市万花派出所民警接到群众电话举报，称辖区内一居民家中正播放黄色录像。派出所遂派出 4 名民警前去调查。当民警闯进该居民家中时发现，房间内只有新婚夫妻张××和李××两人，此时电视机已关闭。几名民警表明身份，并要求夫妻俩拿出“黄碟”，但该夫妻拒绝警方的要求。由此，双方发生冲突。撕扯中，一民警的袖子被撕破，一民警的手被抓伤。民警将张××摁倒在床上，然后以妨碍警方执行公务为由将其带回派出所。警方将从现场搜到的 3 张淫秽光碟，连同电视机、影碟机作为证据一起带回派出所。

8月19日，在缴纳了1 000元暂扣款之后，张××被放回家中。10月21日，张××突然又被宝塔公安分局治安大队带走，随即以“涉嫌妨害公务”被刑事拘留。10月28日，宝塔公安分局向宝塔区人民检察院提交材料，报请检察院批准逮捕张××。11月4日，宝塔区人民检察院以“事实不清，证据不足”为由作出不予批捕张××的决定，发回公安分局补充侦查。11月5日，被刑拘16天之后的张××被宝塔公安分局以取保候审的形式释放回家。12月5日，宝塔公安分局以“案件撤销”为由，解除了对张××的取保候审，1 000元暂扣款同时返还当事人。

迫于全国舆论的强大压力，2002年12月31日下午，由延安市宝塔区政法委张副书记、宝塔区政府办公室雷主任和宝塔区信访局陈局长组成的专门协调小组向当事人赔礼道歉，一次性补偿当事人医疗费及误工费29 137元人民币。2003年1月14日，宝塔区公安分局正式免除了警方当事人之一万花派出所所长贺××的职务；同时，该所警长尚××被调离万花派出所，调往其他派出所待岗，其他两名协警也被公安机关辞退。至此，历时半年的“黄碟事件”终于画上了一个句号。

问：“黄碟事件”中民警破门而入的行为是否合法？

【基本原理】

一、令状主义规则的含义

所谓令状（Warrant），是指记载有关强制性处分的裁判书。司法令状主义是指在进行强制性处分时，关于该强制性处分是否合法以及是否必要，必须由法院或者法官予以判断并签署令状；当执行强制性处分时，原则上必须向被处分人出示该令状。目前，大多数国家的刑事诉讼法中都确立了这一规则，对于防止侦查权的滥用及维护公民的合法权益具有积极意义。

作为英美法系代表的美国，刑事诉讼中重要的法律原则和法律制度都是由《联邦宪法修正案》以及联邦最高法院的司法解释规定的。美国《联邦宪法修正案》第4条规定：“人民保护自己的人身、房屋、文件及财产不受任何无理的搜查扣押的权利，不容侵犯；除非是由于某种正当理由，并且要有宣誓或誓言的支持并明确描述要搜查的地点和要扣留的人和物，否则均不得签发搜查证。”美国《联邦刑事诉讼规则》第4条规定：“如果控告表明，或者根据提出控告的宣誓书获悉，有合理根据相信有犯罪行为发生并且由被告人所为，应签发逮捕被告人令状给法律授权的官员执行。”“逮捕令需由治安法官签发。”除了法律规定的例外情况以外，警察对任何人实施逮捕、搜查都必须先向法官提出申请，证明犯罪行为的发生与被逮捕人有关，两者之间存在着相当的关系，并且该次逮捕或者搜查是必需的。法官根据自己的判断签发令状，记明行使逮捕权和搜查权的时间、程序和界限。英美法系国家的刑事司法令状主义侧重于对公民个人权利的保护以及对于法律正当程序价值理念的追求。

作为大陆法系代表的法国，在刑事诉讼法中也确立了司法令状主义。在发生犯罪行为时，司法警察应当及时到达犯罪现场进行查证工作，必要时可以进行搜查。为了防止这种强制性搜查权力的滥用，法国法律规定实施搜查前要由司法警察或检察官向预审法官提出申请，由预审法官发布许可令后才能进行搜查。与搜查一样，在实施逮捕前要由司法警察或检察官向预审法官提出申请，由预审法官签发许可令后才能进行逮捕。在紧急情况下，可以先行逮捕，但在逮捕后必须立即补办相关手续，如果法官不同意签发逮捕令状，应当立即释放被逮捕人。德国、日本也有类似的规定。大陆法系国家的刑事司法令状主义侧重于追求客观真实的价值目标以及对实体真实的渴望。

从以上两大法系的规定可以看出，两者都赋予了法院或法官在侦查阶段介入司法审查的权力，警察机关作为法定的侦查机关固然可以行使法律赋予的侦查职能，但是必须受到法院或法官的制约。司法审查介入侦查阶段使得司法最终裁判原理得到了充分的体现，实体公正和程序公正的价值目标得到了同等的尊重。但是我们应该注意到，各国对令状制度的具体适用范围是存在着一定的差异的，同样的侦查行为，在某些国家需要受到司法令状制度的约束，而在另一些国家则不受限制。特别是在某些特殊侦查领域这种差异尤为明显。例如诱惑侦查、卧底侦查、电子监控侦查、秘密拍照、窃听、测谎侦查等行为是否适用令状制度，各国的做法不一。像常见的利用 GPS（全球卫星定位系统）跟踪公共道路上的车辆的侦查行为，在美国无须申请令状，因为它不属于美国联邦宪法第 4 修正案意义上的搜查行为；但是在德国，使用 GPS 系统必须申请法官的令状，同时还要求使用该技术必须是针对“重大的可罚行为”，并且是在以其他方式具有相当困难的时候方能实施。

尽管各国对于令状制度的立法不尽一致，但趋同性占主流地位。这主要体现在两个方面：一是司法令状的适用范围呈现逐渐扩大的趋势。这一趋势是技术侦查的发展所带来的必然结果。科技的发展推动了技术侦查手段的多样化，一般来说，新的技术侦查手段是使用在前而立法规制在后，因此令状的适用范围与技术侦查的发展密切相关。例如监听令状的产生时间普遍晚于监听行为在侦查中的运用。二是对侦查中使用较频繁、对人身侵犯性较明显的侦查行为（羁押、搜查、扣押、强制采样、监听等），各国立法均有令状方面的要求。

在侦查阶段，实行刑事司法令状主义是人权保障原理在刑事诉讼中的体现。保障人权原理要求注重对被指控者权利的保护，防止侦查机关在侦查活动中侵犯其享有的合法权益。国家权力为保护受到犯罪行为侵害的人的权利而对被指控者展开追诉的同时，应当受到严格的限制，不能逾越界限而造成新的侵害。因此，检查机关在实施可能使公民个人自由、财产、安全、隐私等权益受到限制或剥夺的侦查行为时，必须有一个中立的机构作出一定的制约。裁判者中立的超然地位，以及法律赋予的审判权限，使得法院无疑是首选。法院或法官作为第三者的介入，警察和担任侦查职能的检察官就受到了拘束，有利于规范侦查活动的合法性和有序性。

二、关于我国令状主义问题的探讨

现行《刑事诉讼法》第 82 条规定：“侦查是指公安机关、人民检察院在办理案件过程中，依照法律进行的专门调查工作和有关的强制性措施。”就讯问犯罪嫌疑人、询问证人、搜查等专门调查工作和拘传、拘留、逮捕等强制性措施来看，侦查机关完全有权自行作出决定并付诸行动，不需要向人民法院或法官申请令状。在整个审前程序中，法院既无权对涉及限制或剥夺公民人身自由的强制措施发布许可令，接受公民的申诉，也无权对涉及侵犯公民财产权、隐私权的侦查措施发布许可令。除了逮捕外，所有的专门调查工作和强制性措施均由侦查机关自行决定，自行签发有关文件并执行。因此，绝大多数学者都认为，就我国目前的情形而言，现行的《刑事诉讼法》没有规定刑事司法令状主义。

有学者指出，我国的逮捕证制度是一种别具特色的“司法令状”制度，其特色在于：我国的人民法院和检察院均被确认为司法机关，它们签发的批准逮捕决定书或者逮捕决定书，均可以被视为司法令状。而公安机关需要逮捕犯罪嫌疑人的时候，需要获得检察机关签发的批准逮捕的令状而不是法院签发的令状。因此这项制度是具有中国特色的“司法令状”制度。我们认为这种观点是错误的。对于人民检察院应否属于司法机关的定性问题，我国学术界尚存在争论。但是，无论人民检察院是不是司法机关，都不宜作为签发令状的主体。检察机关作为国家的公诉机关，本身不可能成为真正中立的司法机构，因而它对公安机关逮捕权的制约在有效性方面就受到了限制。根据司法令状主义的基本精神及对其内涵的界定，只有法院或法官才是合格的主体。检察机关作为控方主体，与辩方一起构成三角诉讼模式的两端，双方在刑事诉讼中的地位是平等的。如果检察机关掌握了签发令状的权力，显然违背控辩平衡原则，并与设立刑事司法令状主义的初衷相悖。

因此，我们认为，在刑事审判前构建一种针对警察、检察官诉讼行为合法性的司法裁判机制，是我国目前司法改革的重大战略课题。建立刑事司法令状主义，确立司法控制和程序制约机制，应是当务之急。

项目四　运用物证、书证

——最佳证据规则

只有文书要求提供“最佳证据”——文书的原件；对于不含文书的物品，法官不得排除描述该物品的口头证言而要求提供该物品本身。当然，如果一件物品，比如一枚警徽、一支手枪、一枚订婚戒指，或者一块墓碑，上面带有数字或者铭刻有其他内容，将其视为物还是视为文书，则是我们面临的一个问题。

——麦考密克

【引　例】

2009 年 7 月 29 日，上海市黄浦区法院开庭审理一起民间借贷纠纷案。法官宣布开庭前，作为被告代理人出庭的韦某便在法官席前来回走动。突然，她伸手从正在比对证据的法官手中夺过一张单据，随即迅速塞进嘴里吞咽，并抓起被告席上的一瓶矿泉水猛喝两口将纸条送下肚。期间，韦某还推搡、谩骂前来劝阻的法庭工作人员。韦某的所作所为被法庭的摄像机悉数摄录了下来。

据了解，韦某吞下的是一张被告高某出具的 3.2 万元借条原件，也是该起案件的关键证据。高某是韦某的前夫，2008 年 5 月，高某因向他人借款后拒不还款，被告上法庭。韦某试图通过毁灭原始证据，帮助高某逃避法律制裁，法院认为韦某当庭撕毁证据的行为严重妨害了民事诉讼的正常进行，其情节严重，性质恶劣，对她作出拘留 15 日的决定。

黄浦区法院吴建波法官表示，在拘留期间，韦某认识到自己做了错事，并承诺不会再做“出格的事”。鉴于韦某已认识到自己的行为违法，法院决定不再将她移交公安机关，但韦某公然实施妨害民事诉讼的行为，足见其并不具备基本的法律知识，故法院依法取消其作为被告诉讼代理人的资格。同时他还表示：“韦某妄图吃掉证据来逃避法律制裁的做法也无法得逞，因为法律规定，如果因被告毁灭证据导致无法查明事实的案件，法院可以直接推定原告胜诉。而在该案中法官已经核对完证据，即使是借条的复印件也可以作数。韦某以为原件已被销毁了，就可以不承担责任，其实这种想法很天真，很幼稚，也不懂法。”

问：根据本案所反映出来的情况，应当如何正确理解最佳证据规则？

【基本原理】

一、最佳证据规则的含义

最佳证据规则（best evidence rule），又称为原始证据规则（original evidence rule），主要适用但不限于书证。适用范围包括书面文件、记录和照片，其中包括文件、X光片、电影和录像带，一般不包括物证。言词作出证据适用的是传闻法则，通常不适用最佳证据规则。最佳证据规则是英国普通法上最古老的证据规则，它的本意是指某一特定的有关案件的事实，只能采用能够寻找到的最为令人信服的和最有说服力的最佳证据方式予以证明，也就是说，必须提供所能提出的最好的证据，次等好的证据就不用提了。到今天，最佳证据规则，指的就是在证明一项文书内容的过程中，如果该内容是重要的，除非可以证明存在非因提出者的重大过失或其他原因，否则必须提出原始的文书。

与“最佳证据”相对称的，是“第二手证据”。就书证来说，原件为最佳证据，复制件（包含复印件）为第二手证据。

以美国为例，《美国联邦证据规则》第1002条规定：“为证明文书、记录或照片的内容，除国会所制定的法律或本规则另有规定外，应当提出该文书、记录或照片的原件。”美国证据学家爱德蒙·M. 摩根对此的解释是：“盖文字或其他符号，如差之毫厘，其意义即可能谬以千里；观察时之错误危险甚大，尤以当其在实质上对于视觉有所近似是为然。因此之故，除提出文书之原本以供检阅外，于证明文书之内容，诈伪及类似错误之机会自必甚多。”

一般来说，提供书证应该提供原件，由于复制件存在作伪的危险，最佳证据规则要求排除第二手证据。不过，并不是绝对排除所有的复制件，如果有证据证明书证的原件已经丢失或者损坏，作为一项规则，在可以提供复制件的情况下允许提供复制件，也就是说，对于某些复制件是承认其证据能力的。

复制件一经查证属实，与原件具有相同的证据能力和证明力。《美国联邦证据规则》第1003条规定了两种情形：如果原件的真实性已引起疑义，或在特定的情形下，允许复制件代替原件不至于不公平等情形，复制件与原件具有相同的证据能力，可以提交给法庭。

需要指出的是，最佳证据规则一般适用于私文书而非公文书。如果是公文书，则要以复制件的提出为原则，以原件的提出为例外；如果是私文书，则要以原件的提出为原则，复制件的提出为例外。之所以要强调公文书要以复制件的提出为原则，这是因为公文书范围比较广泛，再根据我国的档案法，公文书一般都由专门单位保存，有些公文书还涉及国家机密和文件效力的问题。而私文书则要以原件的提出为原则，是因为每个人制作私文书，都是他行为的意思表示。如果发生纠纷，基于诉讼上的便利或经济等原因，则以提出原件为最佳。

二、我国的最佳证据规则

法规链接

《民事诉讼法》第 68 条第 1 款：书证应当提交原件。物证应当提交原物。提交原件或者原物确有困难的，可以提交复制品、照片、副本、节录本。

《最高人民法院关于民事诉讼证据的若干规定》第 10 条：当事人向人民法院提供证据，应当提供原件或者原物。如需自己保存证据原件、原物或者提供原件、原物确有困难的，可以提供经人民法院核对无异的复制件或者复制品。

《最高人民法院关于行政诉讼证据若干问题的规定》第 40 条：对书证、物证和视听资料进行质证时，当事人应当出示证据的原件或者原物。但有下列情况之一的除外：（一）出示原件或者原物确有困难并经法庭准许可以出示复制件或者复制品；（二）原件或者原物已不存在，可以出示证明复制件、复制品与原件、原物一致的其他证据。同法第 57 条第（6）项：当事人无正当理由拒不提供原件、原物，又无其他证据印证，且对方当事人不予认可的证据的复制件或者复制品不能作为定案依据。

《最高人民法院关于执行〈刑事诉讼法〉若干问题的解释》第 53 条第 1 款：收集、调取的书证应当是原件。只有在取得原件确有困难时，才可以是副本或者复制件。同时第 2 款规定：收集、调取的物证应当是原物。

现行立法及司法解释提到的证据原件、原物皆属于原始证据。从这些规定来看，都要求当事人提供原件、原物，显然将原件、原物视为"最佳证据"而要求优先提供，只有在原物不便搬运、不易保存或者依法应当返还被害人时，才可以使用足以反映原物外形或者内容的照片、录像作为证据。这些规定可以视为我国诉讼证据领域的"最佳证据规则"。提供原件、原物有两种情况：一是向法院提供证据的原件、原物，由法院接受，当事人不再保留；二是当事人自己保留原件、原物，或者提供原件、原物确有困难（如体积庞大难以移动或者移动后容易毁损等），可以提供复制件或者复制品，但应当使法院有将原件、原物与该复制件或者复制品进行核对的条件。法院核对后，接受复制件、复制品。提供原始证据不仅是关于证据能力的一项要求，也是对方当事人能够主张的一项权利，《最高人民法院关于民事诉讼证据的若干规定》第 49 条规定："对书证、物证、视听资料进行质证时，当事人有权要求出示证据的原件或者原物。但有下列情况之一的除外：①出示原件或者原物确有困难并经人民法院准许出示复制件或者复制品的；②原件或者原物已不存在，但有证据证明复制件、复制品与原件或原物一致的。"第 69 条第（4）项则从反面规定了"无法与原件、原物核对的复制件、复制品"不能单独作为认定案件事实的依据。上述这些规定，都强调原始证据优先，从不同侧面重申了最佳证据规则。

原始证据优先，并不意味着证据的复制件、复制品没有证据能力，只要证据的复制件、复制品与原件、原物核对一致，或者有其他证据证明复制件、复制品与原件、原物一致，就具有证据能力，其证明力与原件、原物无异。

思考与练习

1. 物证与书证各自有何特征？二者之间有何联系与区别？
2. 物证与书证收集的途径有哪些，如何正确保管？
3. 令状主义规则的基本含义是什么？确立令状主义有何重要现实意义？
4. 最佳证据规则的含义是什么？

拓展阅读

1. 何家弘. 毒树之果——美国刑事司法随笔. 北京：中国人民公安大学出版社，1996
2. 肖胜喜. 论物证. 中国法学，1984（6）
3. 李祖军. 论民事诉讼非法证据排除规则. 中国法学，2006（6）
4. 徐立根. 论物证的双联性. 法学家，1997（4）
5. 张福林，姜贵盛. 谈谈公证文书证据效力的实现. 法学论坛，1998（12）

【实训部分】

【情境设计 1】

2009 年 7 月 16 日下午五时，A 县西坪村农民老李在自家菜地里翻地时发现一具女性尸体，遂向公安机关报案。公安机关派员赶赴现场，初步调查和检验后发现：死者是本村女性张某，24 岁，因机械性窒息死亡，死亡时间是前一天晚上 10 点左右，死者左边乳房上有牙痕，并有出血，处女膜呈陈旧性破裂，在其阴道内提取到精液。现场勘查完毕后，法医提取了死者阴道内的精液制作了阴道拭子，由老李作为见证人在勘查笔录上签了名。

案发后第五天，侦查人员发现了曾经追求过张某但未果的同村男青年陈某有重大作案嫌疑，陈某在县城的一家打字复印店工作，独自租住在城郊一处民房里。公安机关立即着手对陈某实施抓捕，但侦查人员赶到打字复印店时，该店老板反映，陈某已经离开了两天，离开时还要求老板预支了本月的工资；赶赴陈某租住民房的侦查人员在敲门没有人答应的情况下利用技术手段打开了房门，并对房内进行了搜查，发现有“你不理我，我要发疯，我要杀人”打印内容的纸条一张、沾有干燥血迹的女性内裤一条、张某生前用过的手机一台。侦查人员提取了上述物品，并在第二天将写好的扣押清单让管片民警拿给街道办工作人员在见证人栏签了名。

一年半后，陈某被抓获，移送起诉时，公安机关向检察机关提交了以下证据：

1. 现场勘查笔录；
2. 尸体检验报告；
3. 陈某 B 型血的检验报告；
4. 精液中检出 B 型血型的检验报告；
5. 有“你不理我，我要发疯，我要杀人”打印内容的纸条一张；
6. 沾有干燥血迹的女性内裤一条；
7. 张某生前用过的手机一台；
8. 对陈某住所进行搜查的搜查笔录和扣押清单；

9. 证人证言及讯问笔录。

【训练方法】

将学生分成侦查人员、检察官、犯罪嫌疑人、律师等几组，对本案进行评述。

【实训任务】

通过从不同角色的角度对案件的评述，发现案件侦查过程证据收集上存在的不足；发现证据收集过程中存在的不规范之处；提出正确的收集、使用方法。

【实训步骤】

步骤1：分析案件中证据收集过程中程序上的不规范之处。

步骤2：思考一下，对案件中所出现的各类证据应该如何保管、如何提取才既规范又科学。

步骤3：思考一下，如果你是检察官，你会在补充侦查时对上述证据提出何种补充要求。

步骤4：思考一下，如果你是律师，你会针对上述证据收集、利用过程提出何种质疑。

【情境设计2】

20世纪初，法国里昂艾德蒙洛卡德警察技术实验室里，警方抓来了一个被怀疑制造金属伪币的家伙，洛卡德用自制的吸尘器对嫌疑人的衣服进行了细致的检查，在衣服上发现了尘土，其中含有微量的锡锑铅的混合物（锡、锑、铅正好是全世界伪造货币者最常用的金属）。通过化学分析发现，嫌疑人衣服上的这种金属的比率与受怀疑的金属伪币相同。面对这样的证据，嫌疑人目瞪口呆，认罪伏法。可见，物证总是耐心地等着真正识货的人去发现和提取，然后再接受内行人的检验和判断。故收集证据是需要智慧和技巧的。

【训练方法】

以案例为引导，组织学生进行讨论，并撰写心得体会。

【实训任务】

在课堂上组织学生分析、讨论，激发学生学习的兴趣，锻炼学生的法律思维能力，增强学生参与教学活动的积极性和主动性，培养学生从法律的视角看待问题，分析问题的法律性质，提高学生的法律思维能力。

【实训步骤】

步骤1：教师在开学初初步拟订一个案例讨论教学方案，编制教学案例。

步骤2：在实施相关理论教学后，将案例下发学生，由学生课下准备讲解案例的分析提纲。

步骤3：课堂上教师进行组织引导，鼓励更多的学生参与讨论。

步骤4：总结评价。

讨论后，由教师对讨论情况进行归纳总结，对讨论中存在的问题进行点评，并根据发言情况给出成绩。

单元五

证人证言

引　言

古语有云："当局者迷，旁观者清。"通俗地说，证人证言就是旁观者的陈述，表现为非当事人的证人对案件的陈述，是司法证明活动中重要的证据种类，我国三大诉讼法都将证人证言独立列为法定的一种证据。证人证言具有言词的形式、客观的立场，兼具直观性和客观性，对案件事实的认定有重要作用。是不是所有的旁观者都可以作为证人呢？是不是旁观者的所有言论都能够作为证言呢？证人依法享有什么权利？承担怎样的义务？证人作证需要经过怎样的法律程序才能被法庭采信？我们提取、使用证人证言时应当注意些什么呢？在调查、运用证人证言的过程中，这些都是必须要考虑的问题。

【知识目标】

深刻理解证人证言的概念和特点，证人的资格条件、权利义务，证人证言的收集方法及相关的证据规则。

【能力目标】

在掌握基础理论的前提下，能够运用相关证据规则，进行证人证言的收集、审查和判断。

【内容结构图】

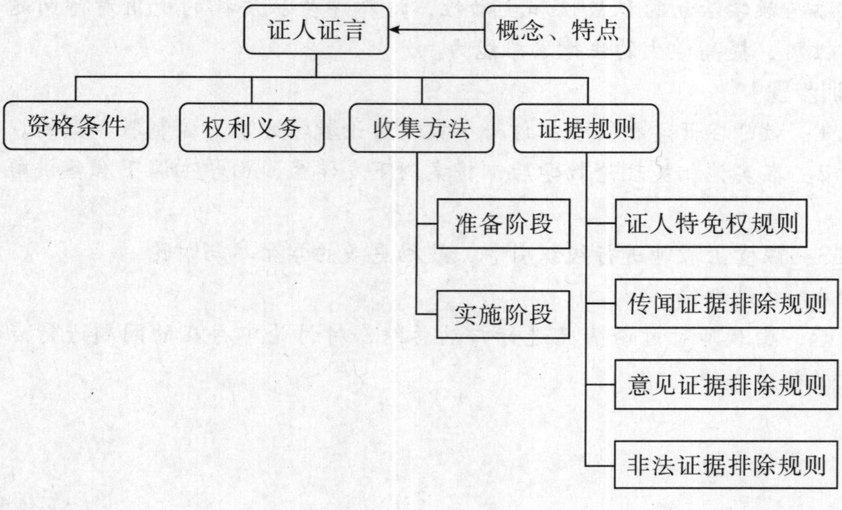

项目一　认识证人证言

没有证人就没有诉讼！

——美国法谚

【引　例】

张某的丈夫某天下班骑车回家，被一辆超速行驶的汽车撞倒，当场晕了过去。肇事司机见路上没有其他行人，就开车逃离了现场。当时在路边玩耍的8岁小孩王某目睹了这一事件，并记住了肇事车辆的车牌号码，同时也记住了司机的外貌特征等情况。根据孩子提供的线索，公安机关找到了肇事司机，但他拒不承认撞人的事实，并称当天穿的是红色上衣，而不是王某陈述的灰色。经警方调查，肇事司机当天确实穿了红色上衣，但发现这个8岁的小孩是色盲症患者，无法辨认红色。整个案件的目击证人只有这个8岁的小孩，而且这个小孩还患有色盲症。

问：8岁的王某提供的证言可以作为证据采用吗？

【基本原理】

一、证人的资格条件

证人证言是指，除当事人、刑事被害人、第三人之外，知道案件真实情况的自然人，就其所感知的案件事实向办案人员所作的陈述。只有在知道案件真实情况、能辨别是非并正确表达的证人才具有完全的证人资格，证人出庭作证必须具有证人资格。

要正确理解证人的资格条件必须理解以下几点：

第一，证人证言的提供主体是自然人，任何法人、社会组织或者团体不能成为证人。

证人证言是证人在案发过程中通过对案件真实情况的感知形成，并通过询问和出庭作证等方式固定下来。任何非自然人不能形成感知，因此非自然人不能作为证人。

法规链接

《刑事诉讼法》第48条规定："凡是知道案件情况的人，都有作证的义务。生理上、精神上有缺陷或者年幼，不能辨别是非、不能正确表达的人，不能作为证人。"

《民事诉讼法》第70条第2款规定："不能正确表达意志的人，不能作证。"

《最高人民法院关于行政诉讼证据若干问题的规定》第41条规定："凡是知道案件事实的人，都有出庭作证的义务。"

《民事诉讼法》第70条："凡是知道案件情况的单位和个人，都有义务出庭作证。"

依照我国《民事诉讼法》第70条的规定："应当承认单位也能成为证人。"对于这一规定，我们与大多数学者一样，持否定的态度。证人证言是由能独立地进行案情感知、记忆，辨别是非，表达意志的个体陈述而形成的。由于单位意志是由多个自然人的意志组合形成，不能作为一个自然独立的主体独立地进行案情感知、记忆，是非辨别，独立地表达意志，因此，单位意志实质上是多个自然人协商的案情感知、记忆，

是非辨别和意志表达。可见单位的意见不具有证人天然的独立性，自然也不能成为证人。《民事诉讼法》第 70 条的规定宜理解为单位提供证据的责任。比如提交与案情有关的单位合同、账目、资料、证明书，等等。这些单位提供的书面材料应当认定为书证，而不应当认定为证人证言。

第二，证人证言的内容是证人在诉讼活动开始前对案件事实的亲身感知，任何主观臆造的陈述或者个人意见均不能作为证人证言。

《最高人民法院关于民事诉讼证据的若干规定》第 57 条规定："出庭作证的证人应当客观陈述其亲身感知的事实。"在实务中，证人经亲身感知而对案情所作的陈述才能作为证人证言。在取证过程中，证人常会因为生理或精神影响而作出一些主观臆造的陈述，或因为道德观念的影响对亲身感知的事实表达个人意见。这些主观臆造的陈述和个人意见的表达不能作为证人证言。从时间上看，证人证言必须是在诉讼活动开始前对案件事实亲身感知而作出的客观真实反映，自然人就诉讼活动开始后所感知的案件事实而作出的陈述不能成为证人证言。

第三，证人作证必须按照法律规定的程序进行，证人证言的收集不得随意进行。

证人应当事人、侦查机关、检察机关和人民法院的询问所形成的证言才能作为证人证言。进行询问和当庭作证时必须遵守一定的程序规则，否则所获取的证据不具有可采性。证人证言的收集应当按照相关法定程序进行，如在询问前应当告知证人相关权利；律师询问证人应当经办案机关许可；律师询问证人应当经证人许可等。

第四，证人必须能够认识作证的法律后果并能对该后果承担相应的法律责任。

证人作证应当依法遵守相关法律义务，遵守法庭秩序，如实作证，不得故意作伪证、隐匿罪证，不得泄露案情秘密。《刑事诉讼法》第 98 条第 1 款规定："询问证人，应当告知他应当如实地提供证据、证言以及有意作伪证或者隐匿罪证要负的法律责任。"

第五，证人应当能够辨别是非，正确表达自己的意志。

法规链接

《刑事诉讼法》第 48 条：凡是知道案件情况的人，都有作证的义务。生理上、精神上有缺陷或者年幼，不能辨别是非、不能正确表达的人，不能作证人。

《民事诉讼法》第 70 条第 2 款：不能正确表达意志的人，不能作证。

《最高人民法院关于行政诉讼证据若干问题的规定》第 41 条：凡是知道案件事实的人，都有出庭作证的义务。

《最高人民法院关于行政诉讼证据若干问题的规定》第 42 条第 1 款：不能正确表达意志的人不能作证。

《最高人民法院关于民事诉讼证据的若干规定》第 53 条：不能正确表达意志的人，不能作为证人。待证事实与其年龄、智力状况或者精神健康状况相适应的无民事行为能力人和限制民事行为能力人，可以作为证人。

根据上述法律规定，我们必须注意到，在民事诉讼中，无民事行为能力人和限制民事行为能力人也可以作为证人出庭作证。关于证人的作证能力，一般由法官自由裁量。法官在对此进行自由裁量时，应当对证人证言所证明的事实进行审查，看证人是否对该证明对象符合其年龄、智力状况或者精神健康状况相适应。如章首案例中，八

岁龄童虽然患有色盲症，对肇事人的衣服颜色作了不符合客观实际的陈述，但是该证人其他方面的认知能力完全正常，可以正常感知当时的案件事实，客观地陈述当时肇事的主要事实，因此，该八龄童可以作为证人出庭作证。

第六，证人具有唯一性和不可选择性。

证人是了解案件真实情况的人。凡不知晓案件情况，或生理上、精神上有缺陷或者年幼，不能辨别是非、不能正确表达的人，依法都不能作为证人。除了当事人以外，并不是所有的人都对案件的情况有所了解，只有在案发当时当地、有适当感知能力和理解能力的人，才能正确反映案件的真实情况，作为证人出庭作证。因此，证人具有唯一性。另外，一个案件中可能会涉及几个证人，每个证人所了解的事实情况可能因时间和空间的差别而不同，每个证人的感知能力和表达能力也有差别，这说明每个证人都有对案件真实情况认识的不可选择性。因此，每一件案件的具体证人，都是唯一的和不可选择的。

二、证人的权利义务

证人权利义务的相关规定散见于各诉讼法、司法解释和证据规则当中，并且在三大诉讼中的具体规定并不完全相同。下面就法律所规定的证人权利义务进行阐述：

（一）证人的权利

1. 证人有权获得人身保护

如美国法谚所言："你为国家冒险，国家应该保护你。"证人证言作为重要的证据种类，对案件的审判结果有重要影响。证人冒着被打击报复的危险为司法机关提供证据，应当受到司法机关的保护。证人能够得到有效的人身保护是证人消除作证顾虑，如实提供证言的有效保证。一个完善的证人保护制度能使证人证言发挥更大作用，更好地保障证人人身安全。

另外，《最高人民法院关于民事诉讼证据的若干规定》和《最高人民法院关于行政诉讼证据若干问题的规定》中都明确规定，证人及其近亲属的人身和财产安全受法律保护。对证人进行威胁、侮辱、殴打或打击报复的，证人有权要求对行为人予以制裁。

法规链接

《刑事诉讼法》第49条规定："人民法院、人民检察院和公安机关应当保障证人及其近亲属的安全。对证人及其近亲属进行威胁、侮辱、殴打或者打击报复，构成犯罪的，依法追究刑事责任；尚不够刑事处罚的，依法给予治安管理处罚。"

《民事诉讼法》第102条第2款和第4款规定："诉讼参与人或者其他人有下列行为之一的，人民法院可以根据情节轻重予以罚款、拘留；构成犯罪的，依法追究刑事责任：以暴力、威胁、贿买方法阻止证人作证或者指使、贿买、胁迫他人作伪证的；对司法工作人员、诉讼参加人、证人、翻译人员、鉴定人、勘验人、协助执行的人，进行侮辱、诽谤、诬陷、殴打或者打击报复的；人民法院对有前款规定的行为之一的单位，可以对其主要负责人或者直接责任人员予以罚款、拘留；构成犯罪的，依法追究刑事责任。"

由于上述法律规定过于宽泛，没有明确司法机关的责任范围，证人保护工作在实践中运行效果欠佳，证人遭到打击报复的事件时有发生。具体原因主要包括三个方面：

第一，证人向司法机关提出保护要求，司法机关视情况提供保护，司法机关缺乏主动性；第二，法定保护为事后保护，无法解除证人在作证前的顾虑；第三，保护方式单一。证人通过向司法机关提出要求保护请求或在受到侵害后以诉讼的方式维护自己的权益。

2. 证人有权客观、充分地提供证据，不受任何机关、单位、个人干涉

我国《刑事诉讼法》第43条规定："严禁刑讯逼供和以威胁、引诱、欺骗以及其他非法的方法收集证据。"必须保证一切与案件有关或者了解案情的公民，有客观地、充分地提供证据的条件，除特殊情况外，还可以吸收他们协助调查。证人有权对自己的证词与事实不符的地方进行删减、修改和补充，可以自己书写书面证人证言。

3. 证人有权向当事人要求经济补偿

证人有权就作证而遭受的经济损失要求补偿。证人的经济补偿范围具体限于交通费、住宿费、伙食费和误工费等。《最高人民法院关于民事诉讼证据的若干规定》第54条第3款规定："证人因出庭作证而支出的合理费用，由提供证人的一方当事人先行支付，由败诉一方当事人承担。"《最高人民法院关于行政诉讼证据若干问题的规定》第75条也作出了相类似的规定。由此可见，在民事诉讼和行政诉讼中，证人依法对当事人享有经济补偿权。至于刑事诉讼，目前立法尚未承认证人的经济求偿权，严重挫伤了证人作证的积极性，对此有待立法完善。

4. 证人作证可以在其所在单位或者住处进行

我国《刑事诉讼法》第97条第1款规定："侦查人员询问证人，可以到证人所在的单位或者住处进行，但是必须出示人民检察院或者公安机关的证明文件。在必要时候，也可以通知证人到人民检察院或者公安机关提供证言。"该条指出了证人作证的法律建议的三个地点：证人所在单位、证人住处、询问机关所在处。由此可见，证人作证可以在其所在单位或住处进行。在实践中，人民检察院或者公安机关还可以选择其他地点进行询问，但必须征得证人同意并在证言笔录中对选择其他地点的理由和情况作出说明。

5. 证人有权要求司法机关对其姓名保守秘密，有权要求司法机关在整个诉讼阶段对自己报案、举报的行为保密

法规链接

《刑事诉讼法》第85条第3款：在侦查期间，证人不愿公开自己姓名的，有权要求侦查机关为其保密。在整个刑事诉讼阶段，证人作为报案人、控告人、举报人，如果不愿公开自己的姓名和报案、控告、举报的行为，有权要求司法机关为其保密。司法机关必须为其保密。

《最高人民法院关于行政诉讼证据若干问题的规定》第74条第2款：人民法院应当对证人、鉴定人的住址和联系方式予以保密。

《律师法》第38条：律师应当保守在执业活动中知悉的国家秘密、商业秘密，不得泄露当事人的隐私。律师对在执业活动中知悉的委托人和其他人不愿泄露的情况和信息，应当予以保密。但是，委托人或者其他人准备或者正在实施的危害国家安全、公共安全以及其他严重危害他人人身、财产安全的犯罪事实和信息除外。

《公安机关办理刑事案件程序规定》第192条：询问中，涉及证人、被害人的隐私，应当保守秘密。

根据上述法律规定，证人有权依法律要求司法机关对其个人信息和举证行为进行保密，司法机关应当对相关信息保密。证人的信息保密权包括三个方面：第一，证人本人的个人信息和隐私应当得到保密；第二，证人依法作证的这一行为应当依法得到保密；第三，证人依法提供的证人证言应当依法得到保密；第四，证人的保密权在范围及存续阶段上具有相对性。

6. 证人有权使用本民族语言文字进行诉讼，聋、哑人作证应当提供手语翻译

我国《刑事诉讼法》第9条第1款规定：“各民族公民都有用本民族语言文字进行诉讼的权利，人民法院、人民检察院和公安机关对不通晓当地通用语言文字的诉讼参与人，应当为他们翻译。”另外，《民事诉讼法》第11条和《行政诉讼法》第8条也作了相类似的规定。

7. 证人有权依法对办案人员的侵权行为提出控告

我国《刑事诉讼法》第14条第3款规定：“诉讼参与人对于审判人员、检察人员和侦查人员侵犯公民诉讼权利和人身侮辱的行为，有权提出控告。”

在诉讼中，证人属于诉讼参与人，有权对办案司法人员的侵犯公民诉讼权利和人身侮辱的行为提出控告。法律规定的这两项权利从不同的角度给予证人保护，使证人的人身保护更加严密。

8. 证人有权及时得到法庭的出庭通知

法规链接

《刑事诉讼法》第151条第1款第（4）项：通知证人出庭的通知书至迟在开庭3日以前送达证人。

《民事诉讼法》第86条第2款：人民法院进行调解，可以用简便方式通知当事人、证人到庭。

《最高人民法院关于行政诉讼证据若干问题的规定》第43条：当事人申请证人出庭作证的，应当在举证期限届满前提出，并经人民法院许可。人民法院准许证人出庭作证的，应当在开庭审理前通知证人出庭作证。当事人在庭审过程中要求证人出庭作证的，法庭可以根据审理案件的具体情况，决定是否准许以及是否延期审理。

根据相关法律规定，法庭审理前和法庭审理过程中，证人依法有权在法庭要求其出庭作证时得到法庭的及时通知。

（二）证人的义务

1. 如实作证的义务

我国法律明文规定，证人有作证的义务，证人作证必须如实陈述自己所知悉的案情。这里包括两层含义：第一，任何知道案件情况的人都应当出庭作证，提供证人证言；第二，证人在提供证言的时候必须如实陈述自己所知道的案情。

《刑事诉讼法》第48条第1款规定：“凡是知道案件情况的人，都有作证的义务。”因此，证人经公安机关、人民检察院和人民法院传唤，必须按时到指定地点提供证言，不得以任何非法的借口拒绝提供证言。我国《民事诉讼法》第70条第1款规定：“凡是知道案件情况的单位和个人，都有出庭作证的义务。”《最高人民法院关于民事诉讼证据的若干规定》第55条第1款规定：“证人应当出庭作证，接受当事人的质询。”

依照我国法律规定，证人有如实提供证言，出庭作证的义务，并且应当当庭接受质证。由于一些特殊原因，证人确有困难无法到庭的，依法可以通过其他方式提交证

言，比如书面形式、音频、视频、视听传输等。

“确有困难无法到庭”的情况依照以下法律规定进行界定：

《最高人民法院关于行政诉讼证据若干问题的规定》第41条规定：“凡是知道案件事实的人，都有出庭作证的义务。有下列情形之一的，经人民法院准许，当事人可以提交书面证言：①当事人在行政程序或者庭前证据交换程序中对证人证言无异议的；②证人因年迈体弱或者行动不便无法出庭的；③证人因路途遥远、交通不便无法出庭的；④证人因自然灾害等不可抗力或者其他意外事件无法出庭的；⑤证人因其他特殊原因确实无法出庭的。”司法解释规定：“①年迈体弱或者行动不便无法出庭的；②特殊岗位确实无法离开的；③路途特别遥远，交通不便难以出庭的；④因自然灾害等不可抗力的原因无法出庭的；⑤其他无法出庭的特殊情况。”

证人故意提供虚假证言，隐匿罪证依法构成伪证罪的，应当依法承担刑事责任。我国《刑法》第305条规定：“在刑事诉讼中，证人对与案件有重要关系的情节，故意作虚假证明，意图陷害他人或者隐匿罪证的，处3年以下有期徒刑或者拘役；情节严重的，处3年以上7年以下有期徒刑。”

2. 遵守法庭纪律的义务

《刑事诉讼法》第161条第1款规定：“在法庭审理过程中，如果诉讼参与人或者旁听人员违反法庭秩序，审判长应当警告制止。对不听制止的，可以强行带出法庭；情节严重的，处以一千元以下的罚款或者十五日以下的拘留。”《民事诉讼法》第101条规定：“诉讼参与人和其他人应当遵守法庭规则。人民法院对违反法庭规则的人，可以予以训诫，责令退出法庭或者予以罚款、拘留。人民法院对哄闹、冲击法庭，侮辱、诽谤、威胁、殴打审判人员，严重扰乱法庭秩序的人，依法追究刑事责任；情节较轻的，予以罚款、拘留。”

由此可见，证人作证必须遵守法庭纪律，否则视情节依法承担警告、训诫、强行带出法庭、罚款、拘留甚至追究刑事责任等法律责任。

3. 庭审时，证人不得旁听

《最高人民法院关于民事诉讼证据的若干规定》第58条规定：“审判人员和当事人可以对证人进行询问。证人不得旁听法庭审理；询问证人时，其他证人不得在场。人民法院认为有必要的，可以让证人进行对质。”《最高人民法院关于执行〈刑事诉讼法〉若干问题的解释》第149条规定：“证人、鉴定人不得旁听对本案的审理。”由此可见，证人在庭审时不得旁听法庭审理。

项目二 收集证人证言

——询问的方法

在争论中，正义和真理也不一定永远能得到公平的裁判，黑了良心的人要招揽一些同样黑了良心的恶棍做你的反面证人。

——*莎士比亚*

【引　例】

某日晚上11时许，某甲在街上碰见欠自己2 000元的某乙，遂上前催促某乙还钱。

某乙挑衅说："下辈子再说吧。"某甲怒，挥拳将某乙击倒在地，某乙遂与某甲扭打起来。厮打中，某甲中刀倒地，某乙因惧怕而迅速逃离。警方到场对现场进行勘查，并找到几个证人：在街对面开店的某丙、路过的行人某丁、本来认识某甲和某乙的某戊。警方遂对每一个证人派出一名警员往其各自的住处进行取证，要求证人对案件情况随便说说。某丙称，当时看到某乙挑衅某甲，然后听到两人在街上争吵，以为只是吵架而已。谁知刚放下手中的活时便看到两人厮打起来，没多久，某甲倒地，某乙遂逃走。某丁称，当时路过街口，见到某甲抡起拳头向某乙挥去，某乙因身材矮小无法招架。之后，某乙无处可逃，便向某甲哀求，趁某甲不备时冲前一拳将某甲击倒便逃走。某戊称，某甲与某乙确有债券债务关系，但某乙早已还清所有款项，并称曾从某乙处听到某甲要讹诈某乙钱财的言论。某乙被抓获归案后拒不承认自己曾用利器刺中被害人，称自己推了一把某甲后便趁机逃跑。经调查，某甲因被利器刺中心脏导致死亡。警方难以确定案情，遂派出两名警员约定某丙和某丁到一咖啡馆进行座谈，讨论案情。经过讨论，两名警员和某丙、某丁最终达成共识，确定某乙当天最后使用利器捅了被害人一刀后便逃离现场。之后，警方在某乙家中搜查到了作案用的刀具。最后，法庭经过审理，根据证人某丙、某丁、某戊的证言以及警方收集到的作案工具等证据，认定某乙杀害某甲一案案件事实清楚、证据确实充分，判决某乙故意伤害致人死亡罪成立。

问：你认为案例中的各个证人证言的收集步骤是否有不妥之处？为什么？

【基本原理】

一、询问的概念和种类

询问是指取证人员通过一定的言词方式向知悉案情的相关人员了解案情的一种调查取证手段。侦查人员、公诉人员、审判人员、律师及其他诉讼代理人均可以成为询问的主体。询问可适用于证人证言、被害人陈述和当事人陈述的收集。通过询问，可以加深对案件的了解，为诉讼活动提供更多的证据来源、证据线索、案件情况、个人信息等资料。

二、询问准备阶段及其基本方法

在对证人进行询问前，一般应作如下准备：

1. 全面了解案情，理清每个询问对象在案件当中的主次地位，确定每个询问对象能够提供证言的大概方向，明确询问的目的

一个案件当中经常涉及多个询问对象，每个询问对象对案件所了解的具体情况不同、与案件的具体关系不同、与当事人的具体关系也有不同。这要求询问人员必须对案件综合情况以及询问对象的具体情况有所了解。在此基础上，确定每个询问对象提供证言的大致方向，明确询问的具体目的。如引例中的三名证人，则应根据其对案件核心要素的知悉程度区分主次，某丙和某丁属于目击证人，应当进行重点询问。某戊的证言与案件主要事实关联性不大，应当作为次要询问对象进行询问。

2. 了解询问对象的具体情况，如身份、职业、学历等个人基本信息，与案件当事人的关系，与案件有无利害关系等

法律要求询问前必须核实询问对象的身份，以防止对象错误，确保证人的作证资格。这要求询问人员必须在询问前对询问对象的基本情况有所了解。同时，询问人员

应当对询问对象是否与本案和本案当事人有一定的社会关系或利益关系进行确认。为询问活动及其结果的审查判断提供参考。在本节案例中，应当确认某丙与某丁的身份和基本信息，考察其是否与当事人存在利益关系。

3. 制订询问提纲，列明重点要点

询问通过一问一答的方式进行，由询问人员提出问题，询问对象对该问题进行回答。由于询问的目的是为了使询问对象提供丰富且真实的证言，因此，在进行询问之前，应当对询问的具体问题分清主次，理清询问的思路。对于询问问题的具体设置一般有以下几个步骤：第一，确定询问对象的身份和基本信息。第二，要求询问对象就所知道的案件情况自行进行陈述。第三，对询问对象所陈述的不清楚的内容和需要进一步了解的内容按照询问前制订的提纲进行提问。第四，确定询问对象所陈述的内容真实客观。其中，第三步的询问具有针对性和补充性，至关重要，需在询问前作充分准备，并在询问对象陈述的过程中进行同步分析，确定所要提问的问题。在本节案例中，应当对某丙和某丁的询问列明询问的具体问题和具体方向，尽可能多且客观地收集证言。

4. 履行法律手续，办理相关证明文件

律师询问证人应当征得证人同意，律师可以申请人民检察院、人民法院收集、调取证据或者申请人民法院通知证人出庭作证。

询问人员对询问对象进行询问时应当表明自己的身份。故询问前应当准备好相关的身份证明文件或相关证明文件，解除询问对象的疑虑。我国法律规定证人有作证的义务，但证人同时也有要求人身保护、个人信息保密、作证不受他人干涉等权利。询问对象基于对个人权利的保障要求，有权要求询问人员证明自己的合法身份后再进行作证。另外，依照法律规定，询问人员确定询问地点也应当提供相关文件。

5. 确定询问地点

询问应当确定一个合法的、能消除询问对象作证顾虑的地点。我国《刑事诉讼法》第 97 条规定："侦查人员询问证人，可以到证人所在的单位或者住处进行，但是必须出示人民检察院或者公安机关的证明文件。在必要时候，也可以通知证人到人民检察院或者公安机关提供证言。"按照法律规定，询问的地点可以安排在证人所在单位、证人住处或询问机关所在地点。根据中央六部委《关于刑事诉讼法实施中若干问题的规定》第 17 条规定："侦查人员询问证人，应当依照《刑事诉讼法》第 97 条的规定，不得另行指定其他地点。"

据此，确定询问地点应注意：第一，询问人员可以选择证人所在单位、证人住处或询问机关所在地点。第二，询问人员不能选择另行法律规定以外的其他地点。在本节的案例中，侦查人员的第二次询问在咖啡馆进行，违反了法律的相关规定。

三、询问实施阶段及其基本方法

询问应当依照法律规定的程序进行，并制作询问笔录。组织询问应当注意以下几个方面：

1. 询问应当由两名以上办案人员进行

司法工作人员在进行询问时应当由两名有执法权的办案人员进行询问。本节案例中，侦查人员在对证人进行第一次询问时仅派出一名办案人员进行询问，不符合法律规定。

2. 询问时可以选择证人的所在单位、证人所在住处或询问机关所在处进行

询问前应当对询问地点进行确定，询问时按照询问前所确定的询问地点进行询问，并避免临时更换。依照法律规定，询问证人的地点可以为证人的所在单位、证人所在住处或询问机关所在处。假如由于客观原因必须更换询问地点的，应当在询问笔录中予以记载。

3. 询问时应当向被询问人出示相关证明文件，并表明自己身份

询问人员应当在询问时出示身份证明文件或相关证明文件，消除被询问人的心理顾虑。

4. 在进行正式询问前，应当告知证人如实提供证据的法律义务，作伪证或隐匿证据需要承担的法律责任

我国法律明文规定，证人有如实作证的法律义务。证人故意作伪证或隐匿证据构成犯罪的，依照法律应当承担刑事责任。询问人员进行询问时应当先将证人的义务向证人说明。本节案例中，警方在进行询问时只要求证人就案情“随便说说”，并未告知证人如实作证的义务以及作伪证或隐匿证据需要承担的法律责任，这样的做法不符合法律规定。

5. 询问时，应当核实被询问人的真实身份

询问人员进行询问时，应当对被询问人的基本情况进行询问，并核对被询问人的身份证件。

6. 询问证人时必须逐个隔离进行，不能同时对几个证人进行询问，不能采取讨论会的形式进行询问

中央五部门《关于办理死刑案件审查判断证据若干问题的规定》明确规定：“询问证人没有个别进行的，所取得的证言不得作为证据使用。”本节案例中侦查人员在进行第二次询问时虽派出了两名警员，但是采取了讨论会的形式同时对两个证人进行询问，这样的做法易造成证人之间对案件情况的认识相互影响，降低单个证人证言的证据力。因此，本节案例中的做法不符合法律规定，不应予以采纳。

7. 询问时应当依法依照提纲按步骤进行

询问时应当按照询问前制定的提纲视询问具体进展分步骤进行：

第一，通过提问，让被询问人独立地、连贯地描述其所知道的案件情况。

第二，通过提问，明晰证据的具体用途、案件事实的细节，发现矛盾点，并及时要求被询问人进行解释，排除虚假陈述。

第三，通过提问，弄清楚案件当中其他人员的具体情况，并进行整理和分析，找出证据、事实与人物的关联性，进一步就未理清的问题进行提问。

8. 询问时应注意程序性问题

当被询问人不愿进行询问时，应当予以记载，并在询问终结前再次提供给被询问人陈述事实的机会。询问终结后，应当提交被询问人核对询问笔录的记录，对无能力阅读询问笔录的被询问人，应当宣读询问笔录。经被询问人确定内容无误后，由被询问人签名、捺手印，并由在场人员签名。中央五部门《关于办理死刑案件审查判断证据若干问题的规定》明确规定：“没有经证人核对确认并签名（盖章）、捺指印的书面证言不得作为定案根据，询问笔录虽有别于书面证言，但司法解释的精神对于询问笔录的刑事要求具有同样的指示作用。”该司法解释同时指出，如果询问笔录没有填写询

问人、记录人、法定代理人姓名或者询问的起止时间、地点、没有记录告知证人应当如实提供证言和有意作伪证或者隐匿罪证要负法律责任内容，或者询问笔录反映出在同一时间段内，同一询问人员询问不同证人的，该笔录为瑕疵证据，必须通过有关办案人员的补正或者作出合理解释，方得以采用。

另外，询问应当遵循以下规则：第一，发问的内容应当与案件的事实相关。第二，不得以诱导方式提问。第三，不得威胁被询问人。第四，不得损害被询问人的人格尊严。

9. 其他注意的事项

询问未成年证人时，可以有其法定监护人在场，选择未成年人熟悉的场所，减轻心理压力。询问聋、哑证人时应当配备手语翻译，并将该情况记录在笔录当中。《关于办理刑事案件排除非法证据若干问题的规定》将应当提供翻译而未提供的询问得来的证人证言排除，明确不得作为定案根据。

【实训部分】

【情境设计】

2003 年 8 月 20 日下午，陈某与王某预谋绑架仇人梁某。陈某当天下午在街上截停一辆的士，然后赶去一家杂物店购买刀具和绳索。在此之前，陈某曾打电话给王某，要求王某盯好梁某，当陈某通过王某确定梁某的具体位置后，遂通知王某在指定地点实施绑架。

然而，在陈某和王某实施绑架之前，梁某已经通过社会人员孙某知悉该预谋，并通过孙某在绑架之前买通王某。当天下午，王某在得到陈某通知的指定地点之后，转而将该地点告知了梁某。梁某遂通知预先布置的打手谢某和邓某在该地点等待陈某。陈某刚刚到达指定地点，谢某和邓某便出现，谢某将陈某按倒在地，邓某用刀将其捅伤，旁边有一放学路过的八岁女童和一个色盲患者看到了整个案发经过。此时，附近的保安赶到，将谢某和邓某制服，并将两人扭送到附近派出所。接案后，警方分别向的士司机、杂物店店主、孙某、八岁女童和色盲患者取证以了解案情。

【训练方法】

10～14 名参训学生为一组，分角色扮演。模拟案情，分别演绎陈某、王某、梁某、孙某、的士司机、杂物店店主、谢某、邓某、女童、色盲患者和保安等角色，剩余同学饰演警察进行询问和笔录记载。

【实训任务】

结合引例和相关知识，通过训练，了解我国证人证言收集的内容和方式；能分析运用证据。熟练办理证人证言收集的相关法律事务。

【实训步骤】

步骤 1：根据案件的基本情况，演绎案件。

进行案情演绎时应当要求各个角色进行自身认知，使学生亲身地、直观地感受证人、被害人、询问人等角色的立场和特点。

步骤 2：由饰演警察的同学对各个证人依照程序进行询问。

询问是获取证人证言的重要手段，在这一步骤中，饰演取证人员的同学应当注意取证步骤和取证技巧，从而提高取证的效果。

步骤 3：在对特殊证人进行询问过程中需按照案件设定的具体情况采取适当的取证方式。

特殊证人的询问有其特别需要注意的地方，因此对特殊证人的询问需要在实训过程中体现，使同学们在实操过程中引起注意。

步骤4：制作询问笔录。

询问笔录的制作是每一名进行证据采集的人员必须掌握的技能，在实训过程中，饰演的角色应当当场作出较为规范的询问笔录。在现场实训完毕后，每一个学习的同学都应当进行询问笔录的制作。

步骤5：针对询问笔录展开分组讨论，并提交讨论稿。

询问笔录记录了整个询问过程，是询问过程的重要载体。在实训过程中形成的询问笔录，应当要求学生对其做笔录的过程，笔录的内容进行分组讨论，并提交讨论稿。

项目三　证人特免权规则

妻子怎能告发她的丈夫呢？儿子怎能告发他的父亲呢？为了要对一种罪恶的行为进行报复，法律竟规定出一种更为罪恶的法律……为了保存风纪，反而破坏人性，而人性正是风纪的源泉。

——孟德斯鸠

【引　例】

2009年9月，某律师事务所派出律师某甲对一宗抢劫案件的被告某乙提供法律援助。某甲自恃辩护水平高而没有事先对案情进行详细了解便径直出庭进行辩护。某甲在庭审还未开始时查阅案卷，突然发现自己当天曾经目睹被告某乙进行抢劫。某甲心想，自己虽为被告的辩护律师，有义务为被告人辩护，但由于良心的谴责，还是希望说出自己的所知，遂在开庭后主动向法庭和公诉方说明情况。法庭经过评议后同意某甲出庭作证，但不得继续担任被告律师，同时重新指定另一名律师为被告人提供法律援助，并决定该案延期审理。

问：你认为该案中某甲是否可以作为证人出庭进行辩护？为什么？

【基本原理】

一、证人特免权规则的含义及理论基础

我国古代法律规定，特定的人因为亲权可以拒绝作证。我国春秋时期，孔子在《论语·子路》中主张："父为子隐，子为父隐，直在其中矣。"其后，汉朝律例规定："亲亲得相首匿。"发展到唐代，容隐的范围进一步扩大，《唐律疏议》规定，除谋反、谋大逆与谋叛此等重大犯罪外，亲属和同居者可以相隐不告。我国古代儒家思想对亲权非常重视，父子、夫妻之间可以相隐犯罪不连坐，现代的证人特免权与我国古代的亲亲相隐有相似之处，但又存在很大区别。亲亲相隐是法律儒家化的表现，而证人特免权则是严格的法律制度。现代的证人特免权制度不仅建立在亲权的基础上，而且还建立在证人拥有的特定身份、职业、权利基础上。证人特免权规则，是指特定范围的证人，基于其特定的身份，依法享有拒绝作证的权利。证人特免权规则适用的主体主要有配偶、律师、医生、牧师、有公务特权的人等。我们应当从以下几个方面认识证人特免权的内涵：

1. 证人特免权是特定社会关系稳定化的要求

法律一方面规定了证人应当出庭作证的义务，另一方面规定了特定的证人有权拒绝作证。在现实社会生活当中，国家为了维护社会的稳定，出于保护婚姻、医患、律师、牧师等特定社会关系和国家利益的目的，依法规定了特定的例外情况。法律对在特定社会关系中的证人赋予其证人特免权，是为了解决在特定社会关系下该主体作证的尴尬处境。比如，要求一个牧师对一个刚在他那里忏悔的犯罪嫌疑人作证，说明犯罪嫌疑人的犯罪过程，这样会使牧师的职业道德义务和法律义务产生冲突。又比如，要求丈夫出庭指证妻子的犯罪行为，这样会导致夫妻双方的感情和法律义务产生冲突。在这样的冲突下得到的证人证言的证明力必然会被削弱甚至因此消灭。法律为了避免这样的情况出现，规定了证人特免权制度。

2. 证人特免权是保证证人证言真实性的要求

作为证据，证人证言必须具有真实性。证人基于一些特定的社会关系而依法享有证人特免权。这些特定的社会关系会使证人在作证时因为身份的原因影响证据的证明力。比如，辩护律师某甲作为辩护方的证人出庭作证，证明被告人无罪。辩护律师的身份要求某甲对被告人进行辩护，证人的身份要求某甲陈述案件事实。在两重身份下，因为某甲与案件审理结果的利害关系，某甲的证言显然缺乏真实性和可信性，不能作为定案证据被法庭采信。因此，在这些情况下，法律应当赋予其证人特免权，以排除缺乏真实性和可信性的证人证言。

3. 证人特免权是人性的要求

保护自己是人的本能，趋利避害是人的本性。一般的人不可能自己揭自己伤疤，不应强求被告人作为证明自己有罪的证人。在英美法系国家的刑事诉讼当中，被告人享有沉默权，有权拒绝证明自己有罪。美国《宪法修正案》第 5 条规定："任何人……享有不被强迫自证其罪的权利。"规定证人特免权是对人性的尊重。

4. 证人特免权是国家利益的要求

有特定公务权利的公务人员在作证时有权就涉及国家机密或秘密情报的事实拒绝陈述。当一个对国家机密或秘密情报有所了解的人出庭作证时，若他的证人身份要求其需要陈述相关国家机密或秘密情报，那么此时该证人的公务人员身份便与其证人身份发生价值冲突。我们认为，此时应当赋予该公务人员证人特免权，以保障国家利益不受侵犯。

二、我国的证人特免权规则

目前，我国对证人特免权尚无具体的法律规定。《律师法》第 31 条规定："律师担任辩护人的，应当根据事实和法律，提出犯罪嫌疑人、被告人无罪、罪轻或者减轻、免除其刑事责任的材料和意见，维护犯罪嫌疑人、被告人的合法权益。"依照该条法律规定，我国律师在一定程度上享有免证权。

在本节案例中，律师某甲不能同时以辩护律师和证人的身份出庭进行辩护和作证。证人具有唯一性和不可选择性，法律规定。任何知道案件情况的人都可以作为证人，证人有如实作证的义务。因此当某甲向法庭说明相关情况时，法庭应当要求某甲放弃在该案中所担任的辩护律师身份，改以证人身份出庭作证。

当然，假如案例中的那位律师碰到这种情况时，把律师的职业道德放在首位，拒绝作为证人出庭作证，则依照律师法的有关规定，在不违反其他法律规定的前提下，可以选择不向法庭或公诉方说明情况而继续为被告进行辩护。

我国的证人特免权规则尚在理论探索阶段，但是，随着司法实践的不断发展，理论探讨的不断深入，证人特免权规则将成为我国证据制度完善过程中不可回避的一个问题。

项目四　运用证人证言

——传闻证据排除规则

证人优于文书。

——法国格言

【引　例】

一天，某甲在商场闲逛时碰见邻居某乙，刚想上前打招呼，便发现某乙正在对一商场顾客下手偷窃。某甲怕惹麻烦，便打消了打招呼的念头回家。某甲回家后，将这件事一五一十地告诉了妻子某丙，某丙听后大为吃惊：“想不到这么老实的邻居居然是个小偷！”几天后，妻子某丙在与牌友打麻将时将这件事情当作茶余饭后的闲话告诉了牌友：“我们家隔壁那个某乙，别看平时那么老实，其实是个惯偷！偷了好多钱！大家平时都要小心点啊！”一个月后，某乙果然因盗窃罪被警方逮捕。在警方向居民了解是否有其他盗窃案件发生时，某甲向警方陈述了当天在商场的情况，某丙及其牌友也主动向警方陈述了某乙在商场的盗窃行为，并指责某乙道德败坏，是个大惯偷。

问：某甲、某乙、某丙以及某丙的牌友所作的陈述能作为证人证言采信么？

【基本原理】

一、传闻证据排除规则的含义及理论依据

传闻证据排除规则是英美法中一项重要的证据规则。在英国，传闻证据排除规则有悠久的历史。早在1202年，法庭就在诉讼中确立了传闻证据不可采信这一原则；1680年，该规则以立法的形式被正式确定下来，成为一种证据规则。所谓传闻证据排除规则，是指传闻证据一般不具有可采性。传闻证据排除规则发展到今天，随着法律实践的不断积累，围绕传闻证据排除规则衍生出了一套复杂的传闻证据排除规则例外。

传闻证据是英美法中的一种特殊证据，具体包括两种情况：第一，证人在庭审外就自己所感知的案件事实向法院所作的陈述。第二，证人以外的其他人将从证人口中得知的案件情况向法院所作的转述。传闻证据不能确保证人的陈述客观，缺乏可信度；传闻证据是经过转述的证据，存在误传、失真的可能性；传闻证据是在法庭审理程序以外形成的，缺乏程序性。因此，传闻证据排除规则规定将符合一定条件的传闻证据予以排除。但是，传闻证据排除规则有例外：在传闻证据克服上述三个方面的缺陷，同时对于认定案件事实来说具有必要性时，符合传闻证据排除规则的例外之要求，可以作为证据被采信。

二、我国传闻证据排除规则的立法体现

我国法律对于证人转述他人所知案件情况并不排斥，但对书面证词的可采性和程序保障有原则性的规定。主要包括以下几个方面内容：

第一，知道案件真实情况的人均应当出庭作证，立法并未对是否属传闻证据加以区分。

法规链接

《民事诉讼法》第 70 条第 1 款：凡是知道案件情况的单位和个人，都有出庭作证的义务。

《刑事诉讼法》第 48 条第 1 款：凡是知道案件情况的人，都有作证的义务。

《最高人民法院关于行政诉讼证据若干问题的规定》第 41 条：凡是知道案件事实的人，都有出庭作证的义务。

《关于办理刑事案件排除非法证据若干问题的规定》第 15 条：具有下列情形的证人，人民法院应当通知出庭作证；经依法通知不出庭作证证人的书面证言经质证无法确认的，不能作为定案的根据：（一）人民检察院、被告人及其辩护人对证人证言有异议，该证人证言对定罪量刑有重大影响的；（二）人民法院认为其他应当出庭作证的。证人在法庭上的证言与其庭前证言相互矛盾，如果证人当庭能够对其翻证作出合理解释，并有相关证据印证的，应当采信庭审证言。对未出庭作证证人的书面证言，应当听取出庭检察人员、被告人及其辩护人的意见，并结合其他证据综合判断。未出庭作证证人的书面证言出现矛盾，不能排除矛盾且无证据印证的，不能作为定案的根据。

第二，在民事诉讼和行政诉讼中，具备法定特殊情况的证人可提交书面证词。

法规链接

《刑事诉讼法》第 47 条规定："证人证言必须在法庭上经过公诉人、被害人、和被告人、辩护人双方询问、质证，听取各方证人的证言并且经过查实以后，才能作为定案的根据。"

《最高人民法院关于民事诉讼的若干规定》第 55 条规定："证人应当出庭作证，接受当事人的质询。证人在人民法院组织双方当事人交换证据时出席陈述证言的，可视为出庭作证。"

第三，书面证词经查证属实可作为定案根据。

法规链接

《最高人民法院关于民事诉讼证据的若干规定》第 55 条第 1 款规定："证人应当出庭作证，接受当事人的质询。"

《最高人民法院关于民事诉讼证据的若干规定》第 56 条作出进一步规定，《民事诉讼法》第 70 条的"证人确有困难不能出庭"，是指有下列情形的：（一）年迈体弱或者行动不便无法出庭的；（二）特殊岗位确实无法离开的；（三）路途特别遥远，交通不便难以出庭的；（四）因自然灾害等不可抗力的原因无法出庭的；（五）其他无法出庭的特殊情况。

《最高人民法院关于行政诉讼证据若干问题的规定》第 41 条规定，凡是知道案件事实的人，都有出庭作证的义务。有下列情形之一的，经人民法院准许，当事人可以提交书面证言：（一）当事人在行政程序或者庭前证据交换程序中对证人证言无异议的；（二）证人因年迈体弱或者行动不便无法出庭的；（三）证人因路途遥远、交通不便无法出庭的；（四）证人因自然灾害等不可抗力或者其他意外事件无法出庭的；（五）证人因其他特殊原因确实无法出庭的。

由此可见，我国法律着重对证人证言真实性的考察，从而忽略程序性的要求，使

书面证词进入庭审降低门槛。这一做法势必影响当事人质证权的行使，有待立法完善。本节案例中，某甲的证言应被采纳，根据现行立法，某丙及其牌友的陈述也并非不具有证据力，故侦查人员仍应予以收集，但在审查判断其证明力时应结合其来源出处审慎为主。

项目五　运用证人证言

——意见证据排除规则

在没有证据形成意见的时候硬要造成一种意见，是没有意义的。

——马克·吐温

【引　例】

某日，一具男性尸体出现在某市的街头。警方遂派人进行现场勘验，发现该尸体发出阵阵酒臭，尸体旁边还有一些呕吐物和一个酒瓶。法医检验，确认该男性死于心脏病。正在警方准备进行进一步调查的时候，市民王某主动找到警方，称该男性死亡当晚曾在街头见到一些情况。警方遂派人对王某进行询问，王某陈述道："当天晚上十一点多，我看到死者和另外一个男性正在发生激烈的口角，两人都好像喝得烂醉如泥。两人吵了一会儿后，打了起来，死者被那个男性在胸口打了一拳后便倒在地上没有起来。打人的男性还在死者旁边坐了好一会，不停地说胡话，后来他看了我一眼，我觉得害怕就直接跑回家了。"警员问该市民为什么断定那个打人的男性是喝醉的，王某说："那个人说起话来声音很大，不清不楚的，手里拿个酒瓶，走路还摇摇晃晃的，应该是喝了酒。我猜是那个男的一拳把死者给活活打死的，这几天我老是睡不好，所以我来警局把事情都告诉你们，希望你们能抓住罪犯。"后来，警方根据王某提供的线索找到了那个男人，那个男人对打人的事实供认不讳："当晚我和死者一起去喝酒，我喝少一些，他喝得多一些，我们在回家的路上因为以前的事起了争执。然后就打起来了，刚开始我还是劝他别动手，可是劝不住，我还手的时候不知怎么回事他就倒下了，我还以为他喝醉了倒在地上，还对他说话，哪知他就这么死了。"警方问他当时是否有发现周围有人，该男子称当晚太黑，没有注意。

问：王某的证人证言能否作为定案证据？

【基本原理】

一、意见证据排除规则的含义及理论基础

英美法系中的意见证据排除规则是指法院只对证人陈述自己亲身感受和经历的事实予以采信，证人对该事实的意见或者结论不采信的证据规则。具体来说，意见证据规则将证人证言分为两个部分进行考察：一部分是，证人就自己所感知、体验、记忆事实的陈述；另一部分则为，证人依据自身的知识和经验而作出的主观判断和结论。意见证据排除规则仅承认前者，即证人就自己所感知、体验、记忆的事实所作陈述的证据资格，对后者，即证人依据知识和经验所作的主观判断和结论予以排除。本节案例中，王某的第一段陈述就是对自己所感知、体验、记忆的事实所作的陈述；而其第二段陈述则是依据自己的经验进行的主观判断和总结。

主观性是证人证言"天然的特征"。证人所作的证言是证人对所感知的案件事实在

诉讼程序中的重现。证人证言的形成经过感知、记忆和表达三阶段。在形成过程中，证人容易因为自身因素或客观因素的影响导致证言与客观事实出现偏差。另外，证人在陈述的时候也会自然而然地给出自己主观的意见或结论。这些偏差、意见和结论都会影响证人证言的证明力，甚至使其不能成为证据法意义上的证人证言，导致法庭不予采信的法律后果。这些影响因素具体包括以下几个方面：

第一，自身因素。一般包括证人自身的感知、知识水平、技能、专业知识等。比如，色盲证人在陈述案情时会因色盲而将犯罪嫌疑人的服装颜色表述错误；证人由于缺乏医疗常识误将被害人休克认定为死亡；海难中普通海员对海难原因的陈述和分析与另一资深船长就海难原因的陈述和分析不相同等。

第二，客观因素。主要指案发时的时间、地点、天气、周围环境或其他人物对证人感知事实的影响。比如，由于天色较黑，证人对团伙作案的具体罪犯数目之表述与最终查证的案件事实不符；被破获的传销团体中被长期禁锢的受害者对传销团体进行的辩护等。

第三，证人主观的意见或结论。比如，本节案例中的证人在陈述时，想当然地认为被害人是在纠缠中被另一男子一拳打死，而实际上被害人是因心脏病发作而死。

意见证据排除规则正是针对证人证言的主观性而设立的。该规则通过法律制度直接对证人证言中因为主观性的原因而与案件真实情况不符的陈述予以排除，增强了证人证言的证明力。当然，意见证据排除规则也有例外，一些只能通过评价和意见的方式表达的证人证言不在排除范围内。比如，证人以嗅觉、听觉作出的判断，以个人的感情或人际关系作出的判断，证人自己的感受等。

二、我国意见证据排除规则的立法体现

此前，我国的意见证据排除规则仅在民事诉讼和行政诉讼中得以确定。《最高人民法院关于民事诉讼证据的若干规定》第57条第2款规定："证人作证时，不得使用猜测、推断或者评论性的语言。"《最高人民法院关于行政诉讼证据若干问题的规定》第46条规定："证人应当陈述其亲历的具体事实。证人根据其经历所作的判断、推测或者评论，不能作为定案的依据。"证人自己猜测、推断或者评论的陈述内容不能作为认定案件事实的证据。在本节案例当中，王某的第一段陈述没有涉及猜测、推断或评论性的语言。而王某在第二段陈述对打人男子是否醉酒死者的死因进行了判断和评论。是否醉酒的判断是王某依生活经验对醉酒状态的感性认识，属于感知、体验的一部分，应当属于证人证言；而对死者死因的判断，则属于纯粹主观的判断和总结，应当予以排除。

2010年5月30日，中央五部门颁布的《关于办理死刑案件审查判断证据若干问题的规定》正式确立了刑事诉讼的意见证据排除规则。该规定第12条第3款规定："证人的猜测性、评论性、推断性的证言，不能作为证据使用，但根据一般生活经验判断符合事实的除外。"

思考与练习

1．怎样的人能够成为证人？证人应具备怎样的资格条件？

2．假如让你进行询问，你怎样进行？

3．什么是证人特免权规则？我国法律对于证人特免权规则是怎样规定的？

4．传闻证据排除规则排除那些证据？我国法律对于传闻证据排除规则是怎样规定的？

5．为什么设立意见证据排除规则？我国法律对于意见证据排除规则是怎样规定的？

拓展阅读

1．何家弘．证人制度研究．北京：人民法院出版社，2004

2．樊崇义．证据学．北京：中国人民公安大学出版社，2003

3．张月满．刑事证人证言规则．北京：中国检察出版社，2004

4．何家弘．证据学论坛．北京：中国检察出版社，2004

5．何家弘，刘品新．证据法学．北京：法律出版社，2004

6．高家伟，邵明，王万华．证据法原理．北京：中国人民大学出版社，2004

7．吴丹红．特免权制度研究．北京：北京大学出版社，2008

单元六

犯罪嫌疑人、被告人供述和辩解

引 言

犯罪嫌疑人、被告人是刑事诉讼中最为重要的当事人。在英美法系中，犯罪嫌疑人、被告人具有证人资格，其所作的陈述相当于证人证言。在大陆法系中，被告人的自白是一种区别于证人证言的人证形式，属于一种独立的证据。我国《刑事诉讼法》基本采用大陆法系国家的立法模式，将犯罪嫌疑人、被告人供述和辩解作为一种独立的证据种类。

【知识目标】

掌握犯罪嫌疑人、被告人供述和辩解概念、特点；明确犯罪嫌疑人、被告人供述和辩解在诉讼中的作用；理解任何人不得被强迫自证其罪原则和补强证据的含义。

【能力目标】

初步具备对犯罪嫌疑人、被告人供述和辩解进行分析、判断的方法和技巧；了解收集犯罪嫌疑人、被告人供述和辩解的一般程序和方法。

【内容结构图】

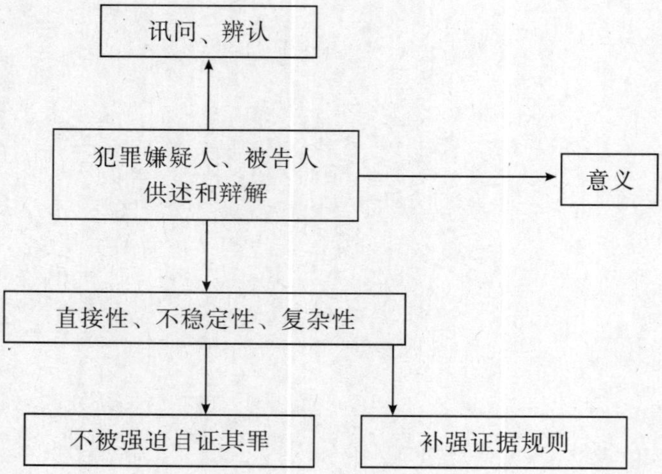

项目一　认识犯罪嫌疑人、被告人供述和辩解

我为什么这么执著地代理这个案子？一是觉得他们太冤，二是觉得恐惧，身陷这样的案子中，你才会感觉到什么叫浑身长满舌头也说不清楚。

——吕宝祥律师

【引　例】

1993年12月，湖北京山妇女张在玉离家出走后，当地流传出这样一个传闻：丈夫佘祥林在张在玉患精神病后，对其产生厌弃之情，开始与女青年陈某勾搭成奸。为达到两人苟合的目的，佘祥林杀害了张在玉。

1994年4月11日，邻近吕冲村发现了一具高度腐烂的无名女尸，传言开始被越来越多人接受，迅速成为名动一方的惊天大案。当晚，最大嫌疑人佘祥林被县公安局刑侦大队民警带走。

佘祥林及其家人反复提及的一个细节是，当初他们追问派出所凭什么认定腐烂的女尸就是失踪已久的张在玉时，警察的回答是：这个不由你说了算，政府肯定没有错。

在写给湖北省高级人民法院的一份申诉材料中，佘祥林写道："此后残忍地体罚毒打了10天10夜，（我）精神麻木，当时只要能让我休息一下，无论什么要求都会答应。"于是，在办案民警的"提示下"，佘祥林开始一个一个细节地交代自己的"犯罪经过"，直至完成"1990年7月，佘祥林在高关水库治安队工作期间，与未婚女青年陈某长期保持不正当两性关系……趁张不备用石头猛击张的头、面部至张不再动弹，将张拖到堰塘东北角，沉入水中"的全部供述。

1994年10月13日，原荆州地区中级法院一审判处佘祥林死刑。佘提起上诉，湖北省高级人民法院以事实不清、证据不足发回重审。几次补充侦查后，京山县人民法院最终于1998年6月15日，以故意杀人罪判处佘祥林有期徒刑15年。

2005年3月28日，张在玉突然回家了！她的归家，让当地人目瞪口呆——这表明其丈夫佘祥林杀妻案被判刑15年是错案。

问：该案的错误判决说明目前我国司法实践当中对于犯罪嫌疑人的供述与辩解的收集和运用存在哪些问题？

【基本原理】

一、犯罪嫌疑人、被告人供述和辩解的概念

犯罪嫌疑人、被告人供述和辩解，是指犯罪嫌疑人、被告人在刑事诉讼过程中，就与案件有关的事实情况向司法机关所作的陈述，简称犯罪嫌疑人、被告人口供。公诉刑事案件的诉讼过程中，犯罪嫌疑人与被告人是同一诉讼主体在被起诉前和被起诉后的不同称谓，在审判前的阶段作出的，就称为犯罪嫌疑人供述和辩解；在审判阶段作出的，就被称为被告人供述和辩解。

在理解犯罪嫌疑人、被告人供述和辩解的概念时，应当注意以下几个方面的问题：

（一）犯罪嫌疑人、被告人供述和辩解的形式

犯罪嫌疑人、被告人供述和辩解可能呈现书面和口头两种形式。犯罪嫌疑人的供述和辩解表现为犯罪嫌疑人向侦查机关、检察机关所作的口头陈述，经过侦查人员、检察人员许可，犯罪嫌疑人也可以自行书写成文字材料。但被告人的供述和辩解则只能采取口头形式，刑事被告人必须在法庭上接受讯问，并口头陈述其供述和辩解，即使他作为犯罪嫌疑人在侦查和审查起诉阶段书写了口供，在法庭审判阶段也必须转化成口述形式。

（二）犯罪嫌疑人、被告人供述和辩解的内容

一般认为，犯罪嫌疑人、被告人供述和辩解一般可能包括三部分内容。其一是犯罪嫌疑人、被告人的供述，即向司法机关承认自己有犯罪行为和关于犯罪具体过程、情节的叙述。其二是犯罪嫌疑人、被告人的辩解，即否认自己有犯罪行为，或者虽然承认自己犯了罪，但有依法不应追究刑事责任以及从轻、减轻或免除处罚等情况所作的申辩和解释。其三是对他人犯罪的检举，即对其他公民犯罪行为的揭发。其中，前两部分内容应以犯罪嫌疑人、被告人供述和辩解的形式出现，而至于第三种内容能不能以犯罪嫌疑人、被告人供述和辩解的形式出现，需要具体问题具体分析，如果是对非同案犯罪嫌疑人、被告人的检举揭发，与本案的事实无关，就不能作为证明本案的真实情况的证据使用，不属于“犯罪嫌疑人、被告人供述和辩解”的组成部分，而应在所检举揭发的案件中，以证人证言的证据形式出现。

（三）同案犯罪嫌疑人、被告人供述和辩解的性质

近年来，无论在理论界还是在司法实践中，对同案犯罪嫌疑人、被告人供述和辩解的性质存在较大的争论。有学者认为，同案犯罪嫌疑人、被告人兼有犯罪嫌疑人、被告人和证人双重身份，他就自己的问题所作的陈述，属于犯罪嫌疑人、被告人供述和辩解，就同案犯罪嫌疑人、被告人的问题所作的陈述，属于证人证言。而且，《刑事诉讼法》第48条第1款规定：“凡是知道案件情况的人，都有作证的义务。”同案被告人均是当事人，他们最了解自己与案件的真实情况；利用同案犯作证，不仅有利于准确认定案件事实，还有利于促使其他同案被告人认罪伏法。也有学者认为，同案犯罪嫌疑人、被告人就案件事实所作的陈述，仍然属于犯罪嫌疑人、被告人供述和辩解，不能作为证人证言使用，但是在特定情况下可以作为证人证言使用。还有学者认为，同案犯罪嫌疑人、被告人就案件事实的陈述，只能是犯罪嫌疑人、被告人供述和辩解，而不是证人证言。我们同意第三种观点，理由是：一是在刑事诉讼中，有关人员就案件事实向司法机关所作的陈述是属于哪种形式的证据，主要取决于他们在诉讼中的地位：被害人所作的陈述，叫被害人陈述；犯罪嫌疑人、被告人所作的陈述叫犯罪嫌疑人、被告人供述和辩解；与案件结果无直接关系的公民所作的陈述，则为证人证言。这样的划分，有利于分析各种证据的特点，便于对它们进行审查判断。二是如果把同案犯罪嫌疑人、被告人的陈述当作证人证言，会使某些司法人员规避我国《刑事诉讼法》第46条的规定，仅仅根据同案犯罪嫌疑人、被告人供述，就予定案，容易造成冤假错案，不利于保护犯罪嫌疑人、被告人的合法权益。

二、犯罪嫌疑人、被告人供述和辩解的特点

（一）犯罪嫌疑人、被告人供述和辩解的直接性

犯罪嫌疑人、被告人供述和辩解往往不需要结合其他证据就可以单独证明案件的主要事实，因为犯罪嫌疑人、被告人对于自己是否犯了罪以及犯罪的具体过程和情节、犯罪前后的主观心理状态，是最清楚的。他所作的有罪供述，会更直接、更全面地反映出其犯罪的动机、目的、手段、时间、地点、后果等事实根据或申辩理由，他所作的揭发举报他人犯罪行为的陈述，可以反映其犯罪的形成、分工和具体实施犯罪的全过程，还可以反映其认罪态度和思想状态。因此，只要办案人员收集证据的方法得当、程序合法，充分而正确地运用好审讯策略，犯罪嫌疑人、被告人的口供一旦查证属实，就可以成为认定案件事实的直接证据。这是其他证据无法比拟的。

（二）犯罪嫌疑人、被告人供述和辩解的不稳定性

犯罪嫌疑人、被告人供述和辩解的不稳定性，主要体现在诉讼过程中，犯罪嫌疑人、被告人的思想由于受各种因素的影响，极易起伏波动。有的犯罪嫌疑人、被告人开始作了虚假供述，以后受到教育，真诚悔罪，又如实供述；有的犯罪嫌疑人、被告人在供述罪行以后，由于受到看守所里的惯犯或“二进宫”等人的教唆，在后来的审讯中又推翻以前的供述；还有的犯罪嫌疑人、被告人时供时翻，屡供屡翻，使得案情复杂化。根据这种特点，在运用犯罪嫌疑人、被告人供述和辩解这种证据时，应当全面分析犯罪嫌疑人、被告人在刑事诉讼过程中的所有供述和辩解，研究其翻供的原因，是否有理，以判明其价值和真实性。

（三）犯罪嫌疑人、被告人供述和辩解的复杂性

犯罪嫌疑人、被告人供述和辩解的复杂性表现为犯罪嫌疑人、被告人供述和辩解的内容既有可能是真实的，也有可能是虚假的。而虚假的可能性很大，主要有以下两方面原因：其一，犯罪嫌疑人、被告人是被追究刑事责任的人。诉讼结果与他有切身的利害关系，在诉讼中是供述还是辩解，以及如何供述和辩解，都直接影响到司法机关对他的处理。因此，一般地说，犯罪嫌疑人、被告人在供述犯罪事实时，往往有所隐瞒，避重就轻，不会痛痛快快地把案件事实全部讲清楚。为了逃避罪责，很可能会编造谎言，进行狡辩。只有在极少数情况下，犯罪嫌疑人、被告人会为了掩盖某种隐私，把本来不是犯罪的行为供认为犯罪；或者为了给亲属开脱罪责，冒充犯罪人到司法机关投案自首；或者出于“哥们义气”，把别人的犯罪行为包揽在自己身上。其二，犯罪嫌疑人、被告人所处的受刑事追究的特殊地位以及在被拘留、逮捕的条件下，对于审讯人员的逼供、诱供、指供、暗示等行为，容易产生“顺竿爬”的特殊心理状态。

三、犯罪嫌疑人、被告人供述和辩解的意义

古今中外，任何一个时期的刑事诉讼中，犯罪嫌疑人、被告人供述和辩解在司法人员认定案件事实中都扮演着重要的角色。犯罪嫌疑人、被告人供述和辩解对于全面分析研究案情，正确认定案件事实，公正、准确地处理案件，不枉不纵，合理配置司法资源，降低诉讼成本，缩短办案周期，具有十分重要的价值。

首先，犯罪嫌疑人、被告人供述和辩解有利于办案人员迅速查明案情，提高效率，

有助于实现公正。在刑事诉讼中，犯罪嫌疑人、被告人可能是实施了受到指控的犯罪的人，也可能是没有实施受到指控的犯罪的人。犯罪嫌疑人、被告人对自己是否实施了犯罪行为以及如何实施犯罪行为，比其他任何人更为清楚，如果犯罪嫌疑人、被告人作出如实供述，可以全面、详尽地反映其作案的动机、目的，作案的手段、过程。共同犯罪的犯罪嫌疑人、被告人的供述，还可以从各个侧面反映案件全貌。有罪供述经查证属实，可以成为认定案件事实的直接证据。如果犯罪嫌疑人、被告人如实辩解，可以提供证实其无罪或者罪轻的证据和证据线索，同样可以帮助办案人员正确分析案情，使公安司法人员克服主观臆断，做到兼听则明，及时发现和纠正办案中的偏差，防止无罪的人受到错误的刑事追究或者有罪的人罚不当罪，促进办案人员进一步收集新的证据，查获真正的犯罪分子。

其次，犯罪嫌疑人、被告人供述和辩解有利于发现其他犯罪线索和犯罪嫌疑人。犯罪嫌疑人、被告人的有罪供述，常常可以为发现其他犯罪和犯罪嫌疑人提供有价值的线索，在共同犯罪案件中尤其如此，司法实践经验已充分证实了这一点。犯罪嫌疑人、被告人在其辩解中，也能够提供有利于查获真正犯罪人的情况。特别是犯罪嫌疑人和被告人的检举揭发，往往能给公安司法人员提供新线索、新证据，使一些陈年积案得以侦破。在共同犯罪案件中，犯罪嫌疑人、被告人供述和辩解对于正确确定各犯罪嫌疑人、被告人的责任，也具有十分重要的作用。

再次，犯罪嫌疑人、被告人供述和辩解有利于审查核实本案中的其他证据，更好地对其他证据作出正确判断。各种证据只有在相互比较、印证中才能审查核实，犯罪嫌疑人、被告人供述和辩解作为证据的一种，可以与其他证据相互比较、印证，发现和排除矛盾点，使案件最终得到正确处理。

最后，犯罪嫌疑人、被告人供述和辩解可以反映出犯罪嫌疑人、被告人的悔罪态度，办案机关可以据此确定采用何种强制措施，审判机关也据此进行量刑。通过对犯罪嫌疑人、被告人口供的分析，就可以判明其思想情况和实际表现，从而有利于对其更好地适用法律，作出公正处理。

犯罪嫌疑人、被告人的供述和辩解，虽然对查明案件事实有重要作用，但是，犯罪嫌疑人、被告人口供只是一种普通证据，是一种依附性很强的证据。口供必须经过查证，并有其他证据加以证实以后，才能作为证据使用。司法机关不能单凭口供定案。所以说，口供作为诉讼证据没有独立的证明作用。《刑事诉讼法》第46条规定："对一切案件的判处都要重证据，重调查研究，不轻信口供。只有被告人供述，没有其他证据的，不能认定被告人有罪和处以刑罚；没有被告人供述，证据充分确实的，可以认定被告人有罪和处以刑罚。"法律规定的这个基本原则，说明了犯罪嫌疑人、被告人口供和其他证据的证明作用是不同的。只有口供是不能定案的，不能像封建社会的刑事诉讼那样，把口供看成是"最好的证据"，实行"无供不录案"、"罪从供定"，即没有口供就不能定案，即使有了其他证据，如果没有口供也不能定案；相反，虽然没有其他证据，但是，只要有了口供就可以定案。总之，我们不能把口供看作是主要的、唯一的证据。当然，也不能把口供看成是"最坏的证据"，认为犯罪嫌疑人、被告人永远都是在说假话，不说真话，根本否定口供的证据意义。

项目二　收集犯罪嫌疑人、被告人供述和辩解

为了严格遵守权利和竭力保护权利，有时会使罪犯借此隐藏起来。那就让他去吧。一个狡猾的贼漏网，总比每个人都像贼一样在房间里发抖要好得多。

——亚·伊·赫尔岑

【引　例】

2002年4月17日，刘涌、宋健飞等人被辽宁省铁岭市中级人民法院以组织、领导黑社会性质组织罪、故意伤害罪、非法经营罪、故意毁坏财物罪、行贿罪、妨碍公务罪、非法持有枪支罪等多项罪名一审判处死刑。刘涌的辩护人关于刘涌没有涉及故意伤害（致人死亡）一案，以及公安机关有刑讯逼供行为的辩护意见不被采纳。在一审判决书中，“被告人的供述”之类的字眼先后被引用了49次，一审判决认定该案的主要依据是被告人的口供。

刘涌等人不服，上诉至辽宁省高级人民法院。法庭辩论焦点为刘涌是否涉及故意伤害罪一案。因为刘涌没有直接参与该案，伤害行为是否由其指使遂成为能否判处刘涌死刑的决定性因素（其他罪名均不能判处死刑）。虽然侦查阶段所有参与该案的犯罪嫌疑人均供述是受刘涌指使而实施该案，但一审、二审庭审时全部都翻供否认这一关键事实，又兼刘涌及其他被告人都辩解此前的有罪供述乃刑讯逼供的结果，刘涌的辩护律师在二审时再次坚持存在刑讯逼供的辩护意见，提请法庭排除相关的有罪供述，并提交新的证据——8名曾经负责看押刘涌或其他被告人的现役或退役武警提供的书面证词证明这一事实。证词证明确有刑讯逼供的现象。

二审法庭调查过程中，当刘涌再次提出刑讯逼供这一事实时，辩护律师抓住以下对话并提请法庭书记员将其记录在案：

刘涌：“讯问时被坐‘老虎凳’，你来提审时我的腿都肿到大腿根了，你是看见的。”

公诉人：“后来不是都改善了吗？”

——公诉人在法庭上的回应，间接承认目睹了刑讯逼供给刘涌造成的伤势，印证了辩方的主张。

以上证据引起了法官的高度重视。法院讯问了涉案被告人，询问了部分看守过本案被告人的武警战士和负责侦查工作的公安干警，经复核后，法院认定“不能从根本上排除公安机关在侦查过程中有刑讯逼供的情况”。2003年8月15日，辽宁省高级人民法院部分采纳律师的辩护意见，以“不能从根本上排除刑讯逼供”为由，结合刘涌其他犯罪的具体情况，改判刘涌死刑（缓期两年执行）。

问：该案二审判决对侦查过程中犯罪嫌疑人有罪供述的排除，说明口供的收集程序应当注意什么问题？

【基本原理】

收集犯罪嫌疑人、被告人供述和辩解这一形式的证据，主要采用讯问的方法。此外，辨认也是一种常用的方法。

一、讯问

（一）讯问的概念

讯问是指办案人员依照法定程序，以言词作出方式向犯罪嫌疑人、被告人查问案件事实和其他与案件有关问题的一种活动。作为一种侦查手段，讯问的主体只能是侦查人员。但讯问犯罪嫌疑人、被告人同时也是审查起诉和审判的必经程序和法定办案手段，讯问作为审查判断证据的一种方法，其主体显然不限于侦查人员，还包括检察、审判人员。换言之，讯问是一种取证方法，同时也是一种审查、判断证据的方法。讯问属于公安司法人员的一种职务行为，法庭上诉讼代理人、辩护人对被告人的发问不属于讯问。相应地，讯问的直接目的除了收集证据，还有核实证据。不管出于何种目的，讯问的问题只能是为了查明案情而提出的与案件有关的问题，与案件无关的问题，犯罪嫌疑人、被告人有权拒绝回答。

（二）讯问的种类

1. 侦查讯问、检察讯问和审判讯问

根据讯问主体和目的的不同，讯问可以分为侦查讯问、检察讯问和审判讯问。《刑事诉讼法》第二编第二章侦查第二节（第 91 条至第 96 条）专节规定了侦查讯问的相关程序。与此同时，该法第二编第三章提起公诉第 139 条明确规定："人民检察院审查案件，应当讯问犯罪嫌疑人，将讯问犯罪嫌疑人作为审查起诉的必经程序。"另外，《刑事诉讼法》第三编审判第 155 条规定："庭审时审判人员也可以讯问被告人。"立法表明，刑事诉讼中的讯问，存在主体和目的的区别。侦查讯问属于侦查人员的一种取证行为，检察讯问、审判讯问则是司法人员行使职权、核实证据的一种诉讼行为。这一区别决定了讯问的对象（心理）、内容、技巧、程序步骤等方面的差异。其中侦查讯问在实现揭示真相目标的同时，应特别强调讯问程序的合法性；检察讯问以甄别口供真伪、审查侦查讯问合法性为目标，应在侦查认定事实的基础上就重点问题作针对性的重点讯问；审判讯问以必要性为前提，在控辩双方发问的基础上，针对未能查清，而对正确处理案件确有必要予以查明的问题作补充性发问。本书主要论述侦查讯问。

2. 第一次讯问与后续讯问

根据讯问时间的不同，侦查讯问可区分为第一次讯问与后续讯问。第一次讯问是指犯罪嫌疑人被采取拘留、逮捕措施后，侦查人员在 24 小时内进行的第一次讯问。后续讯问则指对犯罪嫌疑人进行的第一次讯问后的所有讯问。区分第一次讯问与后续讯问不仅有助于防止错拘、错捕，更重要的在于第一次讯问是刑事诉讼法规定的律师介入刑事诉讼的一种条件。《刑事诉讼法》第 96 条规定："犯罪嫌疑人在被侦查机关第一次讯问后或者采取强制措施之日起，可以聘请律师为其提供法律咨询、代理申诉、控告。犯罪嫌疑人被逮捕的，聘请的律师可以为其申请取保候审。涉及国家秘密的案件，犯罪嫌疑人聘请律师，应当经侦查机关批准。"犯罪嫌疑人获得律师帮助的权利自第一次讯问后成立。后续讯问的重点则是强化犯罪嫌疑人的供述心理，进一步"扩大战果"，了解更多与案件事实相关的情况、证据线索，以调查核实证据。

（三）讯问的程序

1．讯问的主体

讯问作为一种职务行为，必须由负有特定职权的主体来进行。如前所述，对犯罪嫌疑人的侦查讯问只能由侦查人员进行，且不得少于两人。而检察讯问、审判讯问要求讯问主体是具体案件的承办人。

2．讯问的时间、地点

讯问时间包括讯问开始的时间及讯问持续的时间两方面的内容。讯问开始时间的要求适用于讯问被逮捕、羁押的犯罪嫌疑人。《刑事诉讼法》第 65 条、第 72 条要求，对犯罪嫌疑人采取拘留、逮捕措施后，应当在拘留、逮捕后 24 小时内进行讯问。讯问持续时间的限制规定则适用于讯问被传唤、拘传的犯罪嫌疑人，根据《刑事诉讼法》第 92 条的规定："对于传唤、拘传的犯罪嫌疑人，讯问持续的时间最长不得超过 12 个小时，且不得以连续传唤、拘传的形式变相延长讯问时间。"至于能否在夜间讯问、能否对被羁押的犯罪嫌疑人实行长时间疲劳讯问，现行法律并未明确禁止，实践中以此来获取有罪供述的现象时有所见。我们认为，立法对此应予以完善，明确禁止类似的一切非人道讯问手法，并将以非法手段获取的有罪供述予以排除。

关于讯问的地点，对于未逮捕、拘留的犯罪嫌疑人，可以在犯罪嫌疑人所在的市、县内指定，也可选择犯罪嫌疑人的住处进行讯问，讯问对象如果是未成年人，还可以选择其所在学校、单位或者其他适当的地点进行讯问。在办案机关外的场所进行讯问，应当出示讯问人员、讯问活动的证明文件。已被羁押的犯罪嫌疑人，则在羁押场所或者侦查机关的工作场所进行讯问。

3．讯问的开始条件

讯问的开始条件是指侦查阶段对犯罪嫌疑人开始正式讯问必须履行的法定程序。英美国家多以"米兰达告知"作为讯问开始的条件，因为我国现行立法未赋予犯罪嫌疑人沉默权，这一制度并不适用于我国刑事诉讼。根据司法解释，侦查阶段讯问正式开始的前提条件是履行法定的告知程序。《公安机关办理刑事案件程序规定》第 180 条规定："告知的内容为如实回答的义务和拒绝无关提问的权利，司法实践中以宣读、签收《犯罪嫌疑人权利义务告知书》的形式履行此步骤。"至于被讯问人对涉嫌罪名的知情权、获得律师帮助权等，不属于告知的内容范围。仅《人民检察院刑事诉讼规则》第 145 条要求告知犯罪嫌疑人拥有获得律师帮助的权利，具体告知时间是第一次讯问后或者对其采取强制措施之日。有关立法和司法解释在强制措施制度中有告知涉嫌罪名要求。换言之，告知涉嫌罪名并非讯问的开始条件之一，但却是第一次讯问后的告知义务。我们认为，现行制度不利于犯罪嫌疑人辩护权的充分行使，有违控辩对等的诉讼原则，应予以完善。

4．讯问的具体方法

（1）隔离讯问。讯问同案的犯罪嫌疑人，应当个别进行。

（2）讯问前的准备。讯问前，侦查人员应当了解案件情况和证据材料，制订讯问计划，列出讯问提纲。讯问未成年的犯罪嫌疑人，应当针对未成年人的身心特点，采取不同于成年人的方式；除有碍侦查或者无法通知的情形外，应当通知其家长、监护人或者教师到场。讯问聋、哑犯罪嫌疑人，应当有通晓聋、哑手势的人参加，讯问不通晓当地语言文字的犯罪嫌疑人，应当配备翻译人员。

（3）第一次讯问时，应当问明犯罪嫌疑人的姓名、别名、曾用名、出生年月日、户籍所在地、暂住地、籍贯、出生地、民族、职业、文化程度、家庭情况、社会经历、是否受过刑事处罚或者行政处理等情况。

（4）讯问犯罪嫌疑人时，应当首先讯问犯罪嫌疑人是否有犯罪行为，让他陈述有罪的情节或者无罪的辩解，然后向他提出问题。

（5）讯问的非法方法。根据证据的采用标准，作为案件事实认定依据的证据不仅形式要合法，主体、来源、取证手段等也必须合法。因为犯罪嫌疑人、被告人供述和辩解在刑事诉讼中具有重要作用，有关口供的证据规则一直是各种证据制度中的重要组成部分。为了保护讯问对象的主体地位，尊重其供述的意志自由，现代法治国家均严格限制有罪供述的取证方法，确立了任何人不受强迫自证其罪的诉讼原则，以夯实犯罪嫌疑人、被告人充分享有辩护权的制度基础。是否确认该原则，以及是否建立了保障其实现的程序机制，不仅体现出一个国家在特定时期对实体真实与正当程序、控制犯罪与保障人权等相冲突的诉讼价值的选择态度，而且也反映出一国刑事程序中犯罪嫌疑人、被告人的人权状况和刑事诉讼文明与进步的程度。我国立法在一定程度上体现了这一制度的精神。

知识链接

根据西方学者的解释，所谓不受强迫自证其罪原则，包含以下含义：

一是被告人没有义务为追诉方向法庭提出任何可能使自己陷入不利境地的陈述和其他证据，追诉方不得采取任何非人道或有损被告人人格尊严的方法强迫其就某一案件事实作出供述或提供证据。

二是被告人有权拒绝回答追诉官员或法官的讯问，有权在讯问中始终保持沉默。司法警察、检察官或法官应及时告知犯罪嫌疑人、被告人享有此项权利，法官不得因被告人沉默而使其处于不利的境地或作出对其不利的裁判。

三是犯罪嫌疑人、被告人有权就案件事实作出有利或不利于自己的陈述，但这种陈述须出于真实的意愿，并在意识到其行为后果的情况下作出，法院不得把非出于自愿而是迫于外部强制或压力所作出的陈述作为定案根据。

任何人不受强迫自证其罪原则及告知沉默权的规则，不仅为各国立法所规定，而且其精神也为联合国有关文献及其他国际性文献所确认。联合国《公民权利和政治权利国际公约》第 14 条、《联合国少年司法最低限度标准规则》（《北京规则》）第 7 条、世界刑法学协会第 15 届代表大会《关于刑事诉讼法中的人权问题的决议》第 17 条，都有关于任何人不受强迫自证其罪原则或沉默权的规定。这表明，任何人不受强迫自证其罪原则及沉默权规则，已成为国际社会的一种共识。

根据《刑事诉讼法》第 43 条和相关司法解释，检察人员和侦查人员在收集犯罪嫌疑人、被告人供述方面，规定了五方面的禁止性规则：一是禁止刑讯逼供；二是禁止采用威胁手段；三是禁止采用引诱手段；四是禁止采用欺骗手段；五是禁止采用其他非法方法。违反这一规定，使用非法方法的法律后果是，所取得的言词证据将被依法排除，不得作为认定案件事实的依据。例如最高人民法院、最高人民检察院、公安部、国家安全部和司法部于 2010 年 5 月 30 日发布的《非法证据排除规定》第 2 条、第 3 条规定："非法言词证据应当予以排除，不能作为批准逮捕、提起公诉、定案的根据。"该规定第 7 条明确，如果法庭对被告人审判前供述取得的合法性有疑问，讯问人员、讯问时其他在场人员或者其他证人有出庭作证的义务。

我们认为，只有确立了任何人不受强迫自证其罪原则，才能充分保障被追诉者的诉讼权利和人身权利，加强犯罪嫌疑人、被告人的防御力量，以维护诉讼结构的平衡，遏制刑讯逼供，防止无罪的人受到刑事追究，保证司法机关准确地起诉和定罪。中央五部门颁布的《关于办理死刑案件审查判断证据若干问题的规定》和《关于办理刑事案件排除非法证据若干问题的规定》，在确立不被强迫自证其罪规则上迈进了实质性的一步，不仅从实体上界定了非法言词证据的内涵和外延，同时对排除非法证据的操作规程作了具体的规定，在中国刑事诉讼证据立法路程上具有里程碑式的意义。

5. 讯问的固定

不论是侦查讯问还是检察讯问、审判讯问，都应当制作讯问笔录加以固定和保存。讯问法定的固定方法是制作讯问笔录。最高人民检察院颁布的《人民检察院讯问职务犯罪嫌疑人实行全程同步录音录像的规定》（试行）进一步要求，讯问职务犯罪嫌疑人实行全程同步录音、录像，固定方法和要求更高。虽如此，录音、录像也只能作为笔录基础上的进一步要求，不得以录音、录像代替笔录。

讯问笔录必须注明告知的情况、犯罪嫌疑人的聋、哑情况，以及翻译人的姓名、工作单位和职业等内容。笔录必须交给讯问对象签认，具体要求包括交给被讯问的犯罪嫌疑人、被告人阅读（无阅读能力者向其宣读）、签名、捺指印。缺乏上述要素，可能导致讯问笔录证据能力的丧失或证明力的削弱，应谨慎为之。

法规链接

《刑事诉讼法》第95条：讯问笔录应当交犯罪嫌疑人核对，对于没有阅读能力的，应当向他宣读；如果记载有遗漏或者差错，犯罪嫌疑人可以提出补充或者改正。犯罪嫌疑人承认笔录没有错误后，应当签名或者盖章。侦查人员也应当在笔录上签名。犯罪嫌疑人请求自行书写供述的，应当准许。必要的时候，侦查人员也可以要犯罪嫌疑人亲笔书写供词。

《关于办理刑事案件排除非法证据若干问题的规定》第18条：对被告人供述和辩解应当着重审查以下内容：（一）讯问的时间、地点、讯问人的身份等是否符合法律及有关规定，讯问被告人的侦查人员是否不少于二人，讯问被告人是否个别进行等。（二）讯问笔录的制作、修改是否符合法律及有关规定，讯问笔录是否注明讯问的起止时间和讯问地点，首次讯问时是否告知被告人申请回避、聘请律师等诉讼权利，被告人是否核对确认并签名（盖章）、捺指印，是否有不少于二人的讯问人签名等。（三）讯问聋哑人、少数民族人员、外国人时是否提供了通晓聋、哑手势的人员或者翻译人员，讯问未成年同案犯时，是否通知了其法定代理人到场，其法定代理人是否在场。（四）被告人的供述有无以刑讯逼供等非法手段获取的情形，必要时可以调取被告人进出看守所的健康检查记录、笔录。（五）被告人的供述是否前后一致，有无反复以及出现反复的原因；被告人的所有供述和辩解是否均已收集入卷；应当入卷的供述和辩解没有入卷的，是否出具了相关说明。（六）被告人的辩解内容是否符合案情和常理，有无矛盾。（七）被告人的供述和辩解与同案犯的供述和辩解以及其他证据能否相互印证，有无矛盾。对于上述内容，侦查机关随案移送有录音录像资料的，应当结合相关录音录像资料进行审查。

《关于办理刑事案件排除非法证据若干问题的规定》第19条：采用刑讯逼供等非法手段取得的被告人供述，不能作为定案的根据。《关于办理刑事案件排除非法证据若干问题的规定》第20条：具有下列情形之一的被告人供述，不能作为定案的根据：（一）讯问笔录没有经被告人核对确认并签名（盖章）、捺指印的；（二）讯问聋哑人、不通晓当地通用语言、文字的人员时，应当提供通晓聋、哑手势的人员或者翻译人员而未提供的。

《关于办理死刑案件审查判断证据若干问题的规定》第21条：讯问笔录有下列瑕疵，通过有关办案人员的补正或者作出合理解释的，可以采用：（一）笔录填写的讯问时间、讯问人、记录人、法定代理人等有误或者存在矛盾的；（二）讯问人没有签名的；（三）首次讯问笔录没有记录告知被讯问人诉讼权利内容的。

《关于办理刑事案件审查判断证据若干问题的规定》第21条：讯问笔录有下列瑕疵，通过有关办案人员的补正或者作出合理解释的，可以采用：（一）笔录填写的讯问时间、讯问人、记录人、法定代理人等有误或者存在矛盾的；（二）讯问人没有签名的；（三）首次讯问笔录没有记录告知被讯问人诉讼权利内容的。

《人民检察院刑事诉讼规则》第145条：检察人员第一次讯问犯罪嫌疑人后或者对其采取强制措施之日起，应当告知犯罪嫌疑人可以聘请律师为其提供法律咨询、代理申诉、控告或者为其申请取保候审，并将告知情况记明笔录。

《公安机关办理刑事案件程序规定》第183条：侦查人员应当将问话和犯罪嫌疑人的供述或者辩解如实地记录清楚。书写讯问笔录应当使用能够长期保持字迹的书写工具、墨水。

二、辨认

辨认不只是犯罪嫌疑人、被告人供述和辩解的收集方法，也是证人证言、被害人陈述的收集方法之一，但以刑事诉讼中的辨认使用最为广泛、规范要求最为严格。目击证人、被害人的辨认对于刑事案件的最终判决往往有着决定性的作用，但是，辨认结论固有的缺陷又使得整个刑事诉讼过程充满相当大的误判危险性。作为一种常用的侦查手段，《公安机关办理刑事案件程序规定》、《人民检察院刑事诉讼规则》均就辨认作了专门规定，但由于现有制度过于粗疏，辨认的实践大多处于随意、不确定的状态之下。简言之，辨认是一种使用率较高、规范化要求较严，但立法规定仍不完备的取证方法。

法规链接

《人民检察院刑事诉讼规则》第211条：辨认应当在检察人员的主持下进行。在辨认前，应当向辨认人详细询问被辨认人或者被辨认物的具体特征，禁止辨认人见到被辨认人或者被辨认物，并应当告知辨认人有意作假辨认应负的法律责任。

《人民检察院刑事诉讼规则》第212条：几名辨认人对同一被辨认人或者同一物品进行辨认时，应当由每名辨认人单独进行。必要的时候，可以有见证人在场。

《人民检察院刑事诉讼规则》第213条：辨认时，应当将辨认对象混杂在其他人员或者物品之中，不得给予辨认人任何暗示。辨认犯罪嫌疑人时，受辨认人的人数不得少于五人，照片不得少于五张。

《公安机关办理刑事案件程序规定》第246条：为了查明案情，在必要的时候，侦查人员可以让被害人、犯罪嫌疑人或者证人对与犯罪有关的物品、文件、尸体、场所或者犯罪嫌疑人进行辨认。对犯罪嫌疑人进行辨认，应当经办案部门负责人批准。

（一）辨认的概念

辨认是公安司法人员为查明案件事实而组织安排熟悉或了解辨认对象特征的人对与案件有关的人、物、场所、尸体等进行的辨识和再认。辨认属于具有同一认定性质的认识活动。当辨认人看到辨认对象时，立即将有关信号输入自己的大脑，在储存的记忆表象中进行查找和比对，并作出是否同一的结论。辨认的组织者只能是公安司法人员。辨认的目的在于通过同一认定，查明案件事实。辨认的主体可以是犯罪嫌疑人、被告人，也可以是证人、被害人。辨认的对象则是与案件有关的人、物（含文件）、场所、尸体等。

（二）辨认的种类①

1. *证人辨认、被害人辨认、犯罪嫌疑人或被告人辨认*

根据辨认主体在诉讼中的身份不同，辨认可以分为证人辨认、被害人辨认和犯罪嫌疑人、被告人辨认。主体不同，辨认结果的法定证据形式就不同。因为各主体与案件的利害关系不同，辨认结果的证明力，审查判断证据的方法、原则也有所区别。

2. *人身辨认、物品辨认、场所辨认*

根据辨认对象的不同，可将辨认划分为人身辨认、物品辨认和场所辨认。对不同对象的辨认，相关程序的要求有所不同。人身辨认包括对活体的辨认和对尸体的辨认，其目的主要是解决人身是否同一的问题，如确认犯罪嫌疑人是否为实施犯罪行为的人；某无名尸体是否为某失踪人。物品辨认的对象包括与案件有关的各种物品，如作案工具、现场遗留物、作案标的物等，其目的一般是解决物体是否同一的问题，如确认某物品是否属于某人所有；某物体是否曾被某人加工或使用。场所辨认的对象包括案件现场和相关场所，其目的是解决场所是否同一的问题。

3. *公开辨认和秘密辨认*

根据辨认活动是否为辨认对象及其持有人所知，辨认可分为公开辨认和秘密辨认。秘密辨认是指公安司法人员在被辨认人或被辨认物的持有人不知晓的情况下，组织辨认人进行的辨认。相应地，所谓公开辨认即被辨认人或被辨认物的持有人对辨认活动知情的辨认。常见的公开辨认有：对犯罪现场的辨认，对犯罪嫌疑人、逃犯的辨认，对无名尸体、无主物品或者现场遗留物的辨认等。秘密辨认常用于对犯罪嫌疑人、赃物的辨认。必须指出的是，秘密辨认的结果只能作为破案的线索，供公安司法人员参考，不能直接作为证据使用。

4. *直接辨认和间接辨认*

根据辨认时辨认人与辨认对象的接触方式不同，可将辨认划分为直接辨认和间接辨认。直接辨认，是指辨认人通过对辨认对象的直接观察或感知而进行的辨认。间接辨认则指通过某种中介了解辨认对象的特征，并以此为基础进行的辨认。常见的辨认中介有照片、模拟画像、录音、录像等。间接辨认结论的可靠性虽不如直接辨认，但较简便，司法实践中常采用。

（三）辨认的程序

1. *辨认前的审批程序*

组织辨认前应履行必要的审批程序。根据相关司法解释，对犯罪嫌疑人进行辨认，应当经公安机关办案部门负责人批准，如为检察院侦查的案件，则须报请检察长批准。虽然辨认不会对犯罪嫌疑人、辩护人的人身、财产、自由造成侵害，但为避免这一措施被滥用，从而导致辨认活动因准备不足而使辨认结论失去客观性，各国立法多对辨认设置了审批程序。其他辨认活动则无须经过审批。

---

① 何家弘，刘品新．证据法学．北京：法律出版社，2004．224

2. 辨认前的准备

（1）询问辨认人。辨认前除了要注意避免辨认人见到辨认对象，还应当详细询问辨认人关于他们看见辨认对象的有关情况，以及他们据以作出辨认的具体特征、特点，并在此基础上安排辨认对象。

（2）确定辨认时间和地点。公开辨认的时间和地点应尽量安排在符合辨认人原感知条件的时间和地点，各种条件要与原条件相似，以免影响辨认结果的准确性。秘密辨认除了考虑辨认人原来的感知条件，还应注意辨认的保密性，不能让辨认对象察觉。根据司法解释，对犯罪嫌疑人的辨认，辨认人不愿意公开进行时，可以在不暴露辨认人的情况下进行，侦查人员应当为其保守秘密。

（3）辨认对象的准备。根据相关司法解释，公安机关组织辨认犯罪嫌疑人时，被辨认的人数不得少于七人；对犯罪嫌疑人照片进行辨认的，不得少于十人的照片。人民检察院组织辨认犯罪嫌疑人时，受辨认人的人数不得少于五人，照片不得少于五张。辨认物品时，同类物品不得少于五件，照片不得少于五张。辨认前不仅应按此要求作辨认对象数量上的准备，还应避免辨认对象在关键特征上与陪衬人选出现强烈的差异，以免对辨认人产生暗示作用，最终影响辨认结论的客观性。

如果尸体面貌特征损害严重，对尸体进行辨认之前需作必要的整容，再组织直接辨认或拍照后间接辨认；对于腐烂严重甚至已白骨化的尸身，可根据人的生理结构特点制作复原像或模型，供辨认使用。

辨认前除准备好比对的客体外，还应准备好必要的器材，如播放图像、声音的设备、记录用的器材等。

（4）邀请见证人。必要的时候，可以邀请见证人到场见证。人民检察院主持进行辨认，可以商请公安机关参加或者协助。

3. 辨认前的告知

为了防止辨认人对辨认对象产生预断或偏见，国外常见做法是要求侦查人员必须在正式辨认之前明确告知辨认人，他以前见到的人或物可能在也可能不在辨认对象中，并且如果辨认人对自己的辨认不能作出肯定时，他应该如实说明。辨认前告知规则的主要内容还包括辨认目的的解释、辨认人的权利，以及辨认过程可能被拍照或者录像的情况。我们可以借鉴这些做法。《人民检察院刑事诉讼规则》第211条要求告知辨认人有意作假辨认应负的法律责任。总而言之，组织者在辨认之前与辨认人的谈话以必要为原则，谈话宜少不宜多。

4. 辨认的具体规则

（1）个别辨认规则。几名辨认人对同一被辨认人或者同一物品进行辨认时，应当由每名辨认人单独进行。不能让辨认人有任何谈话交流的机会。

（2）不被暗示规则。辨认人的辨认应该独立完成，任何人不得对其作任何提示，即使嫌疑人在辨认对象中。辨认对象在体重、身高、年龄与种族上应当大致相同；且列队辨认中其穿着应当类似；说话内容、动作要求必须一致。总而言之，任何可能使嫌疑人、特定物等异于其他辨认对象，从而使辨认人受到暗示将其挑出的行为都不被允许。

（3）全程记录规则。这一规则要求在进行辨认时必须以书面、录音、录像等方式将辨认的全过程如实记录下来，辨认过程所形成的结论、数据应完整呈现附入卷证。根据相关司法解释，我国刑事诉讼中的辨认以制作笔录为法定的固定手段。笔录应由侦查人员签名，辨认人、见证人签字或者盖章。

项目三　运用犯罪嫌疑人、被告人供述和辩解

补强规则，为数量规则之一。数量规则，乃认某种证据存在弱点，须与其他证据合并提出之规则，如主要待证事实，须有二人以上之证人或某种供述证据，须以其他证据补强之，借以担保其真实性之价值。

——陈朴生

【引　例】

1996 年 6 月 19 日，某机电学院西大门东侧的水塘里发现一具浮尸，经打捞、辨认，确认死者是该院女职工陶某。专案组在清理陶某遗物时，发现该院副教授刘某有作案的嫌疑。受办案机关的聘请，某大学警察技术培训中心研究人员对刘某进行测谎后，当场宣布："刘某，你就是杀人犯。" 9 月 30 日刘某作有罪供述并被刑事拘留。

同年 12 月 27 日，某市中级人民法院公开开庭审理此案。刘某在庭上辩解：以前在公安机关作的有罪供述是公安机关诱供逼供所致，是假口供。但法院依然采信了刘某所谓的"假口供"，即庭前的有罪供述，至于庭上的无罪辩解则被斥为"狡辩"，没有引起重视。12 月 30 日，法院宣判：刘某犯故意杀人罪，判处死刑，剥夺政治权利终身。刘某不服，上诉至高级人民法院。1998 年 4 月，高级法院以一审事实不清，证据不足为由裁定撤销原判，发回重审……2001 年 4 月 27 日，该案在历经 5 年 6 审后，终以宣告被告人刘某无罪而终结。①

问：在已有犯罪嫌疑人供述的情况下，侦查机关应当如何收集补强证据？补强证据有哪些法律上的要求？

【基本原理】

口供相对于其他证据种类而言，具有自身的特殊性。一方面，口供蕴涵了最丰富的案件信息，曾有"证据之王"的称谓，历来为办案人员所钟情；另一方面，口供具有极大的虚假性，既可能最真，也可能最假。鉴于口供的这种独特之处，为确保口供的真实性，同时制裁侦查人员的非法行为、保护口供者的自愿性，各国立法均为之建立了一系列严密的证据规则。

关于犯罪嫌疑人、被告人供述和辩解，我国现行刑事诉讼法规定了以下基本的规则：

一、非法证据排除规则

非法证据排除规则要求，对犯罪嫌疑人、被告人供述和辩解的收集，必须依法进行，违反法律规定获得的口供将依法被排除，不得作为认定案件事实的依据。《刑事诉讼法》第 43 条、《最高人民法院关于执行〈刑事诉讼法〉若干问题的解释》第 61 条表明，我国已经初步确立了非法言词证据的排除规则，其中包括非法口供的排除。2010 年 5 月，最高人民法院、最高人民检察院、公安部、国家安全部和司法部发布的《关于办理刑事案件排除非法证据若干问题的规定》，在刑事诉讼非法证据排除规则的立法

① 顾永忠. 中国疑难刑事名案程序与证据问题研究. 北京：北京大学出版社，2008. 199

进程中再次迈出了重要的一步。非法证据排除规则是人道主义精神、个人自由和自由主义精神在刑事诉讼立法上的体现，有利于被追诉个体的人权保障，防止警察滥用权力侵犯公民的自由、财产和隐私权。

1. 非法证据的内涵

结合立法及司法解释，刑事诉讼中的非法证据是指采用刑讯逼供等非法手段获取的犯罪嫌疑人、被告人供述和辩解，以及采用暴力、威胁等非法手段取得的证人证言、被害人陈述等言词证据。非法证据不仅指非法获取的口供，也包括非法获得的证人证言、被害人陈述。但非法证据仅适用于言词证据，目前我国还没有关于非法实物证据的规定。换言之，物证、书证、视听资料等实物证据的获得程序还缺乏相关的制度规范，如果程序有违公平、公正，也不能将其予以排除。

2. 非法取证的法律后果

非法证据不能作为定案的根据，这是非法取证行为的制裁性后果。如果允许使用非法收集的证据认定案件事实，则非法取证行为将无法予以遏制，难以有效保障公民权利。排除非法证据是由该规则的立法旨意所决定的。

3. 非法证据的认定

根据中央五部门新颁布的《关于办理刑事案件排除非法证据若干问题的规定》，非法证据的认定按照如下步骤进行：①被告人启动审前供述合法性的审查程序。被告人有权提出其审前供述是非法取得的意见，并提供相关线索和证据。②法庭初步审查。被告人启动审前供述合法性的审查程序后，合议庭应当予以审查。如对审前供述的合法性持有疑问，则由公诉人对该事实进行举证。③公诉方证明。关于审前供述取证手段的合法性，由公诉方承担证明责任。公诉人应当向法庭提供讯问笔录、原始的讯问录音录像等证据，提请法庭传唤讯问人员或者讯问时的在场人员、其他证人等出庭作证。④双方质证。⑤法庭处理。根据公诉方提交的证据，法庭对审前供述的合法性作出裁定。如果公诉方的证明达到确实、充分的程度，法庭应确认该证据的合法性，准许当庭宣读、质证，否则，法庭应予以排除，不得作为定案的根据。

法规链接

《刑事诉讼法》第43条：审判人员、检察人员、侦查人员必须依照法定程序，收集能够证实犯罪嫌疑人、被告人有罪或者无罪、犯罪情节轻重的各种证据，严禁刑讯逼供和以威胁、引诱、欺骗以及其他非法的方法收集证据。

《最高人民法院、最高人民检察院、公安部、国家安全部、司法部关于办理刑事案件排除非法证据若干问题的规定》第1~15条：

《最高人民法院关于执行〈刑事诉讼法〉若干问题的解释》第61条：严禁以非法的方法收集证据。凡经查证确实属于采用刑讯逼供或者威胁、引诱、欺骗等非法的方法取得的证人证言、被害人陈述、被告人供述，不能作为定案的根据。

《人民检察院刑事诉讼规则》第265条第1款：严禁以非法的方法收集证据。以刑讯逼供或者威胁、引诱、欺骗等非法的方法收集的犯罪嫌疑。（以下略）

二、口供补强规则

（一）口供补强规则的含义

我国《刑事诉讼法》第46条规定："对一切案件的判处都要重证据，重调查研究，不轻信口供。只有被告人供述，没有其他证据的，不能认定被告人有罪和处以刑罚；没有被告人供述，证据充分确实的，可以认定被告人有罪和处以刑罚。"据此，被告人的认罪供述不能独立成为认定被告人有罪的根据，只有与其他有罪证据相互印证才能成为定案的根据。此即口供补强规则，俗称"孤证不能定案"，即除非被告人的口供有其他证据加以补强其证明力，否则不得仅依靠此单一证据就对被告人定罪量刑。

在现代证据制度中，法律一般不对证据的证明力作出规定，而是交由法官根据经验自由判断，但是被告人有罪供述的证明力则是为数不多的几个例外之一。补强规则不仅存在于刑事诉讼，我国在民事诉讼中的运用更为广泛。所谓补强证据规则，是指法律规定因某一证据的证明力较弱，不能将其单独作为认定案件事实的依据时，只有在其他证据以佐证方式对其证明力给予补充、加强的情况下，法院才能将该证据作为认定案件事实的依据的规则。

"补强规则，为数量规则之一。数量规则，乃认某种证据存在弱点，须与其他证据合并提出之规则，如主要待证事实，须有二人以上之证人或某种供述证据，须以其他证据补强之，借以担保其真实性之价值。"补强规则主要适用于言词证据，包括口供的补强和其他证据的补强两种情形，而对于口供的补强又成为各国关注的重点。其意义不仅有利于防止被告人作虚假供述，帮助准确认定案件事实，更有助于防止被告人受非法讯问而作出虚假供述，保障被告人的人权。因此，口供补强规则的功能主要是防止虚假供述，确保口供的证明力，对于防止非法获取但内容真实的口供则作用有限。

（二）补强证据的运用规则

依据证据能否对案件主要事实起主要的证明作用和一方对另一方有担保依赖关系为标准，可以把证据分为主证据和补强证据。[①]"主证据，是指基于证据本身的特殊性质，需要其他证据增强或担保其证明力的作为认定案件主要事实的主要根据的诉讼证据。""补强证据是与主证据相对应的证据，是专指为了增强、担保主证据的证明力而提出的诉讼证据。"[②] 引例中的被告人的有罪供述即证明力薄弱的主证据。在诉讼证明中，主证据不得单独作为定案根据。为了补充、增强主证据的证明力，防止错误地认定事实，需要收集、运用补强证据。如何收集、运用补强证据，正是引例给我们提出的问题。

补强证据的收集运用，应当遵守以下一般原则：

（1）补强证据本身必须具备证据能力。任何证据作为诉讼主张的证明根据，均以获得法庭采信为目标。符合法庭采纳证据的标准是实现这一目标的前提，补强证据也不例外，具备证据能力才可能获得法庭的采纳。

（2）补强证据必须具有独立于口供的来源。补强证据的使命是增强口供的证明力，如果补强证据本身就来源于口供，则无法实现这一使命，补强的意义就不存在。

---

① 顾永忠．中国疑难刑事名案程序与证据问题研究．北京：北京大学出版社，2008. 213

② 刘金友．证据法学（新编）．北京：中国政法大学出版社，2003. 164

（3）补强证据与主证据的证明方向一致。补强证据只有与主证据的证明指向一致，才能起到印证、增强主证据证明力的作用。如果补强证据证明被告人没有作案的可能，证明方向与主证据（即口供）相反，两种证据必有一假，则必须进一步查证。

（4）补强证据应当达到一定的充分性。没有补强证据，主证据固然不能作为定案的根据，但也不是只要有了补强证据，主证据就一定可以作为定案的根据。只有做到补强证据与主证据相互印证，且补强证据具备一定的数量、其补强作用相当充分，才能确保所认定案件事实的客观真实性。判断补强证据的充分性，应结合其证明作用具体分析。如果补强证据为直接证据，则证明力较强，可以很充分地补强口供；如果补强证据为间接证据，则应遵循间接证据的运用规则来分析其充分性，只有各个间接证据能够互相印证、协调一致，所得出的结论具有唯一性，形成一个完整的证据锁链，方能认定案件事实。

引例中侦查人员在已有犯罪嫌疑人供述的情况下，应当遵循上述原则进行补强证据的收集和运用。司法实践中多起冤案正是由于忽略了这一点所造成，不是通过补强证据来检验口供的真实性，而是通过口供人为地制造虚假补强证据来"印证"虚假口供的真实性，最终酿成大错。这些收集、运用主证据、补强证据的错误，务必引以为鉴。

三、犯罪嫌疑人、被告人应如实回答的规则

根据无罪推定原则，对于被告人有罪这一主张应当由控诉方来证明，不能因为被告人不能或没有证明自己无罪便认定其有罪，不能将被告人的沉默作为认定其有罪的根据。因此，沉默权成为很多国家赋予被告人的一项重要诉讼权利。我国《刑事诉讼法》虽然禁止非法获取被告人的有罪供述，但并没有赋予犯罪嫌疑人、被告人以沉默权。而是在《刑事诉讼法》第93条规定："侦查人员在讯问犯罪嫌疑人的时候，应当首先讯问犯罪嫌疑人是否有犯罪行为，让他陈述有罪的情节或者无罪的辩解，然后向他提出问题。犯罪嫌疑人对侦查人员的提问，应当如实回答。但是对与本案无关的问题，有拒绝回答的权利。"要求犯罪嫌疑人、被告人如实回答，实际上就是否定了被追诉者的沉默权。其立法理由是为了有利于发现案件的真实情况，重视供述的证据价值，强调被追诉者对国家权力的屈服，以提高诉讼效率。我们认为这样的规定不仅背离相关国际条约，而且容易导致侦查人员过分依赖口供，滋长刑讯逼供的非法办案习惯。

贯彻犯罪嫌疑人、被告人如实回答规则，必须强调提问的相关性，同时还必须强调不能仅凭被告人的沉默就推定被告人有罪。虽然立法未承认被告人的沉默权，但显然立法也未赋予司法机关仅凭被告人的沉默推定其犯罪的权力。认定被告人有罪和处以刑罚，必须根据证据能够证明的事实为之。

思考与练习

1. 如何理解犯罪嫌疑人、被告人供述和辩解的特点？
2. 犯罪嫌疑人、被告人供述和辩解在诉讼中有什么重要意义？
3. 如何理解不被强迫自证其罪规则？
4. 如何理解补强证据规则？

拓展阅读

1. 樊崇义. 从“应当如实回答”到“不得强迫自证其罪”. 法学研究，2008（3）
2. 沈德咏. 试论口供中的几个理论问题（上）. 中国法学，1986（12）
3. 沈德咏. 试论口供中的几个理论问题（下）. 中国法学，1987（3）
4. 杨宇冠. 论不强迫自证其罪原则. 中国法学，2003（2）
5. 徐美君. 口供补强法则的基础与构成. 中国法学，2003（12）
6. 讯问嫌疑人同步录音录像开启刑事取证现代化之门. 见 http：//news. xinhuanet. com/misc/2006－03/11/content－4289692. htm

---

【实训部分】

【情境设计】

2009年3月16日下午，广东省深圳市罗湖区王某（女，18岁）向公安机关报案，控告她的上司李某对她实施强奸，并提交了留有李某精液的内裤一条。公安机关立案侦查，掌握了以下线索：①王某的同事张某证实：事发当天上午，他与王某、李某一同去××大厦。上司李某吩咐王某跟随他上楼拿资料，其余人留在车上等待。大约一个小时后才见二人下楼来。当时王某妆容不整，神情异常，上车后一路未语。②大厦监控录像证实：3月16日上午10：32时，王某跟随李某进入大厦电梯；11:45时二人乘坐电梯下楼离开。③大厦清洁工董某证实：3月16日上午11时左右，她到大厦26楼清理垃圾。经过2608室（李某住处）时，隐约听见房里传来女人低声哀求、哭泣的声音，因为忙于工作，并未进一步留意。根据以上情况，侦查人员将李某拘留审查。随即展开第一次讯问：

问：李某，你知道你为什么被拘留吗?

答：我不知道。我什么也没干。

问：你知不知道党的政策是“坦白从宽，抗拒从严”? 隐瞒罪行对你是没有好处的。

答：我真的没干什么，不信你们可以去调查。

问：我们已经做了大量的调查，事情已经很清楚了，你老实交代吧，你犯了什么罪?

答：我的确没有犯什么罪。

问：你想抵赖是不行的，人证、物证俱在，你隐瞒得了吗? 你还是老实交代吧，争取宽大处理。

答：我不知道你们要我交代什么?

问：那我们告诉你：王某控告你强奸了她。

答：什么?! 我强奸了王某? 简直是无稽之谈!

问：你听着（宣读被害人王某的控告），“……他把我按倒在沙发上，掐我的脖子，还威胁要杀死我。我一边哀求，一边挣扎，但还是抵不过他，被他强奸……”你怎么解释?

答：这纯粹是诬陷！那天我是跟她在一起，也确实发生了关系。但那是她自愿的！公司里大家都知道她喜欢我……

问：你说她是自愿的，那她为什么还要控告你？

答：那我怎么知道，反正我没有强奸她，跟我发生关系那是她自愿的。

问：你有没有跟公司其他女员工发生过性关系？或者有没有干过其他什么坏事？

答：没有，我敢保证我没干过什么坏事，你们可以去调查了解。

……

【训练方法】

讨论、分析、评价情境设计中的讯问方法；模拟讯问。

【实训任务】

通过讨论和模拟演练，掌握讯问犯罪嫌疑人的基本步骤和方法，能够制作规范的讯问笔录。

【实训步骤】

步骤1：分析、讨论讯问存在的问题。

明确讯问的种类，从讯问的主体、时间地点、讯问方法、步骤以及讯问的固定保全方法等要素全面分析情境中存在的问题。

步骤2：安排一名学生模拟犯罪嫌疑人。

要求该生熟悉相关案件材料，掌握案件具体情况，为模拟讯问提供素材。

步骤3：讯问前的准备。

安排讯问人员、确定讯问时间地点、制作讯问提纲。讯问提纲的制作，应结合刑法关于强奸罪构成要件的规定，明确讯问需要查明的具体要件事实，思考哪些情节能够体现特定要件事实，据此制定讯问提纲。

步骤4：讯问。

注意讯问步骤、方法的合法性及其在笔录中的体现。

步骤5：讯问笔录的签认。

笔录的签认应规范，内容、时间、指印等缺一不可。

单元七

当事人陈述

引 言

传统的法谚云："任何人不得在自己的诉讼中充当证人（No one can be a witness in his own）。"盖因与自己的利害关系密切，有失客观性之疑义，然而又因当事人本人为最知悉纠纷事实的人，故最有可能提供案情资料，协助法院发现事实真相以及促进诉讼。因此，当事人陈述是我国法律规定的七种证据之一，但相比其他证据方法，其概念、性质及作用在理论上似乎很难处理把握。

【知识目标】

掌握当事人陈述的特征；掌握自认的定义、构成要件和法律效果；掌握被害人陈述的概念和特征。

【能力目标】

能对当事人陈述进行审查和判断；熟悉撤回自认的程序；能对被害人陈述进行审查和判断。

【内容结构图】

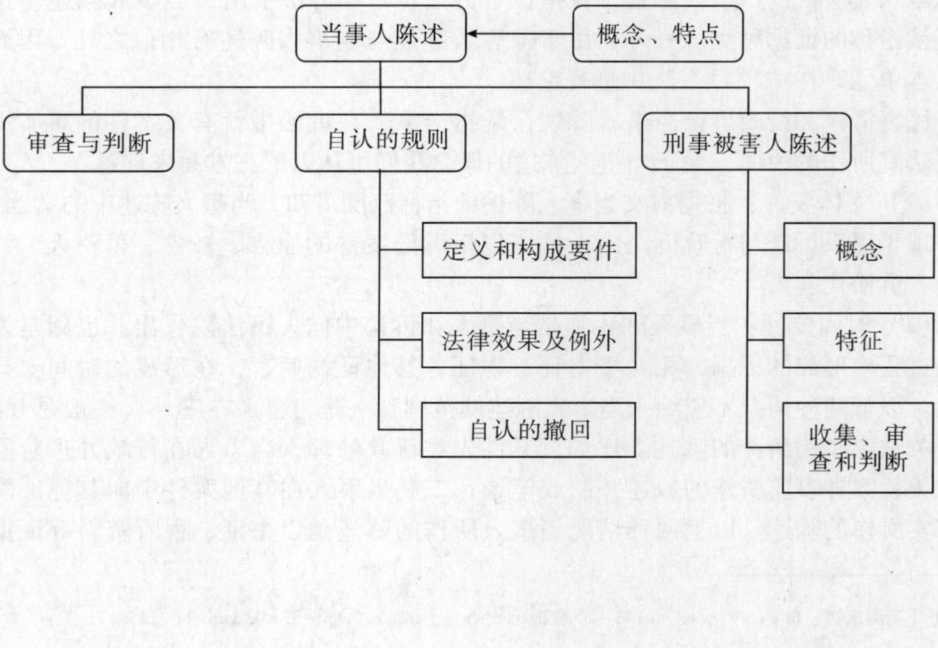

项目一　认识当事人陈述

双方当事人对诉讼结果有最大限度的利益，因此他们是最差的证人。

——佚名

【引　例】①

某男青年甲在申奥成功之夜，在广场参与大狂欢。因人多，随人流进入喷泉池。喷泉管理者乙单位未经完全清退喷泉中的游人，突然开启喷泉。因无思想准备，甲的肛门及直肠被高压水柱冲破，形成重伤。在该案的审理过程中，原告某甲提供了他受伤后乘坐的士的司机的证言，证明其在喷泉附近上了车，其车座上染有血迹；另提供有首次接诊医生的证词及住院病历，均证明某甲就诊时的原始陈述。他很明确地告诉医生，其受伤系被告管理的喷泉水柱冲击所致。相反，被告单位乙没有提供任何证据。在庭审过程中，辩方律师的主要理由就是原告方缺乏直接证据，间接证据尚未形成证据链。

问：在本案中，法院应如何认定原告诉称的事实是真实的还是虚假的，其效力如何？

【基本原理】

一、当事人陈述的概念

当事人陈述是指当事人就自己所知道的案件事实情况向公安司法机关所作的陈述。我国《民事诉讼法》第63条第1款第（5）项、《行政诉讼法》第31条第1款第（5）项和《刑事诉讼法》第42条第2款第（3）项和第（4）项均有明文规定。然而，因刑事诉讼自身的特点及程序的特殊性并未使用“当事人陈述”这一术语进行表达，而分别是以被害人陈述及犯罪嫌疑人、被告人供述和辩解这两种独立的证据种类表现的。所以本项目所说的当事人陈述，仅指民事诉讼、行政诉讼中用“当事人陈述”这一术语直接指称的证据种类。另外，由于被害人陈述与当事人陈述有相似之处，因而将其纳入本单元，在“项目三”中进行论述。

民事诉讼和行政诉讼当事人陈述，是指当事人在诉讼中就有关案件的事实情况向人民法院所作的说明。关于当事人陈述的概念我们可从以下三方面来理解：

（1）主体要件：根据前文当事人陈述的指称范围可知，当事人陈述中的“当事人”只出现于民事诉讼与行政诉讼中，具体包括诉讼案件的原告、被告、第三人、共同诉讼人、诉讼代表人。

（2）时间要件：当事人陈述须是当事人在诉讼中向人民法院作出。也即是说是在诉讼过程中形成的证据，相对于书证、物证等其他证据而言，在形成的时间上具有事后性。以下两种情况不应纳入当事人陈述的范围：一是当事人在庭外（一般是开庭前）向有关法定机构所作的陈述。比如，案件先经行政处理，当事人在行政处理阶段向行政机关就案件事实所作的叙述并制成笔录；二是当事人在其他案件中向其他法院就案件事实所作的陈述。以上两种情况当事人所作的陈述是以书证、视听资料等证据形式

① 案例来源：http：//www. hn148. com/lawyer/show_ article. asp？id =43&article_ id =173

出现。因此，在时间上，要求当事人“必须在诉讼开始到当事人最后陈述程序结束这一段时间内”作出的陈述作为构成“当事人陈述”的要件。案例中原告向医生所作“其受伤系被告管理的喷泉水柱冲击所致”之陈述，并非是当事人陈述。陈述的内容经医生转述而形成证人证言。

（3）内容要件：当事人陈述的内容是关于案件的事实。在诉讼过程中，当事人的陈述各种各样，如果加以划分，可包括以下几个内容：①关于案件事实的陈述；②关于诉讼请求的说明和案件处理方式的意见；③对证据的分析和应否采用的意见；④对系争事实的法律评断和适用法律的意见。在这些内容中，只有当事人对案件事实的陈述具有证据作用，可以独立或者与其他证据相结合，成为法院认定事实的依据。

二、当事人陈述的特征

（一）真实性

一方面，当事人是指引起争议的实体法律关系发生、变更和终止的行为实施者，是案件事实的亲身经历者，较其他诉讼参与人，如证人、鉴定人、勘验人等对争议的案件事实了解得更直接、更全面。因此，从应然的意义上讲，当事人陈述比任何其他证据形式都更能反映案件的事实情况。另一方面，当原告认为自己的合法权益受到了侵犯，为了“讨回公道”，使自己的权利恢复到未被侵害的状态或使自己获得恰当的补偿，会积极向法庭陈述案件的真实情况。当被告认为原告的主张不合理时，也愿意向法院陈述案件真实情况以保护自己的合法权益。

（二）虚假性

由于当事人与案件处理结果有直接的利害关系，在利己主义心理的驱动下，当事人陈述的内容又通常难以确保其全面性、客观性，往往在真实的陈述中渗入虚假的成分，并始终带有有利于陈述者一方的主观性和片面性。因此，从实然的意义上看，当事人的陈述不可避免地有虚假、片面的因素。其可靠性和客观性都是令人质疑的，这无疑在很大程度上削弱了当事人陈述的证明价值。

三、当事人陈述的运用和审查判断

由于当事人陈述具有虚假性和片面性色彩，当事人陈述的证明力通常要弱于其他证据，正如有些学者指出：当事人陈述一般不能独立成为认定案件事实的依据。故此，《民事诉讼法》对其证明力进行了明确的限制，第71条规定：“对当事人的陈述，结合本案的其他证据，审查确定能否作为认定事实的根据。”同时，《最高人民法院关于民事经济审判方式改革问题的若干规定》第21条又进一步规定：“当事人对自己的主张，只有本人陈述而不能提出其他相关证据的，除对方当事人认可外，其主张不予支持。”

我国的《民事诉讼法》和有关法规、司法解释对当事人陈述的规范比较粗陋，缺乏具体的运用规则。鉴于当事人陈述所具有的特点及其证明力的薄弱，在这一证据的运用和审查判断中应当注意以下几个问题：

（1）针对当事人陈述的虚假性特征，法院应当对当事人陈述的真实性和可靠性进行认真审查。一方面，应当综合双方当事人的陈述进行比较和认证，分析他们所作陈述是否存有矛盾之处，从而确定其可信度；另一方面，要结合案件其他的证据来审查当事人陈述的可靠性，看其是否与其他证据协调一致，能否成为认定事实的依据。原则上，不能采纳与其他证据相矛盾的当事人陈述，也不能在没有其他证据印证的情况下独立采纳当事人陈述作为定案根据。当然，当事人陈述是否具有证明力、能否作为定案根据，应当由法官根据具体案情依其心证予以判断。案例中法官对案情的了解来源于原告在法庭上对案件事实的陈述（当事人陈述），以及事发当晚原告向接诊医生陈述受伤原因（证人证言），即案件的事实实质均系源自于原告的陈述。虽然当事人陈述具有虚假性的特征，但我们不能一概否认其证据效力。如果说怀疑某甲在庭上为了私利说谎，是可以理解的，但怀疑他当晚对接诊医生也说谎则显然是荒谬的，因为任何有理性的人都知道，谎报病情，可能会危及生命，某甲也断不至于冒此风险，从一开始就设计陷害某乙。如果某甲的伤不是水冲而是异物所致，医生听信他的陈述不进行细致的伤口清理，该后果的严重性，是谁都能够预料的。而在被告喷泉周围，并不存在足以冲伤原告的其他高压水柱。据此，我们可以推断，某甲的陈述，虽然是于己有利的陈述，但并非虚假陈述，理应采信为直接证据，而该案事实清楚，已达到了理性的证明标准。①

（2）建立当事人的出庭陈述和询问制度。尽管一般认为当事人陈述既可是书面的，也可以是口头形式的，但当事人的陈述原则上应当在法庭上以口头形式进行，方符合直接言词审理的原则。我国的有关法律对当事人陈述缺乏具体的规范，这与其在实务中的重要性是极不相称的。我国应借鉴大陆法系国家的当事人询问制度，建立询问当事人的具体规则，强调当事人当庭进行陈述，并接受法院和对方当事人询问的义务，以便于对其陈述的真实性进行审查。有关当事人的询问，可以参照证人出庭作证以及询问证人的有关规则进行。

项目二　运用当事人陈述

——自认规则

有错误时不能视为同意（Non videntur qui errant consentire）。

——佚名

【引　例】

在十运会女子万米决赛后的兴奋剂检查中，著名运动员孙英杰尿样呈阳性。十运会组委会随即取消了孙英杰继续参加十运会的比赛资格。之后，中国田协对孙英杰处以不少于两年的停赛处罚。

事发后，孙英杰一直认为自己被人陷害。为了寻找证据，孙英杰和她的教练王德显进行了秘密调查，最后，他们将目标锁定在运动员于海江身上。

由于被告是黑龙江省五大连池市人，孙英杰向五大连池市人民法院提起诉讼，要求于海江对其名誉损害进行赔偿。于海江在法庭上承认了自己“投药”（“强力补”）的事实，声称动机是想帮她出好成绩，因为孙英杰是他心中的偶像。

问：本案中疑点丛生，但被告承认侵权，法院是否还要查个水落石出？

---

① 刘大华. 论民事诉讼的证据及证明标准（一）——证人证言及当事人陈述的证据效力. http：//www.changsha.cn/layer/f2/t20040117_102640.htm

【基本原理】

一、自认的定义和构成要件

自认，是指在诉讼上，一方当事人就对方当事人所主张、不利于己的事实作出明确的承认或表示，从而产生相应法律后果的诉讼行为。

我国民事诉讼法对自认问题未作规定，但相关的司法解释对自认制度予以明确和细化。《最高人民法院关于适用〈民事诉讼法〉若干问题的意见》以及《最高人民法院关于民事诉讼证据的若干规定》规定了当事人诉讼上自认的核心内容。

法规链接

《最高人民法院关于适用〈民事诉讼法〉若干问题的意见》第75条：下列事实，当事人无须举证：(1) 一方当事人对另一方当事人陈述的事实和提出的诉讼请求，明确表示承认的……

《最高人民法院关于民事诉讼证据的若干规定》第8条：诉讼过程中，一方当事人对另一方当事人陈述的案件事实明确表示承认的，另一方当事人无须举证。但涉及身份关系的案件除外。

对一方当事人陈述的事实，另一方当事人既未表示承认也未否认，经审判人员充分说明并询问后，其仍不明确表示肯定或者否定的，视为对该项事实的承认。

当事人委托代理人参加诉讼的，代理人的承认视为当事人的承认。但未经特别授权的代理人对事实的承认直接导致承认对方诉讼请求的除外；当事人在场但对其代理人的承认不作否认表示的，视为当事人的承认。

当事人在法庭辩论终结前撤回承认并经对方当事人同意，或者有充分证据证明其承认行为是在受胁迫或者重大误解情况下作出且与事实不符的，不能免除对方当事人的举证责任。

上述司法解释涵盖了自认的分类、自认的效力以及自认的撤回等多项内容，建立起了自认制度的基本框架。根据上述的规定，诉讼上自认的构成应当具备以下几方面的条件：

1. 主体要件：自认主体的限制性

自认主体只能是当事人与部分代理人。具体而言包括原告、被告、共同诉讼人、第三人、诉讼代表人、法定代理人和经特别授权的诉讼代理人。除此以外的人对案件事实和诉讼请求所作的承认并不具有自认的性质。

2. 时间要件：自认必须是在诉讼中作出

当事人作出自认的时间，必须是在诉讼过程中。在诉讼程序开始之前或结束之后对他方陈述的案件事实作出承认的表示，并不构成当事人的自认。所谓诉讼过程，是指从诉讼开始到最后一次庭审辩论终结这一期间，如原告在起诉状中表示承认，被告在答辩状中表示承认，以及当事人在开庭审理过程中表示承认等。此外还应注意：当事人只有在该案审理的过程中，审判员在场的前提下对不利于己的事实作出的承认，才构成自认。如果在诉讼过程中，当事人作出承认的意思表示不是向审理该案件的审判人员作出的，而是向其他审判人员或者仅向对方当事人作出的，同样不属于诉讼上的自认。

知识链接

当事人自认存在着诉讼上的自认和诉讼外的自认的理论分类。本文中的自认仅指在诉讼上的自认，我国法律规定诉讼上的自认才具有免除举证责任的功能和效力。当事人在诉讼外作出的自认只是一种证据，其证明力如何应当由法院按照一般证据的运用规则，并结合其他证据进行审查判断，这种自认通常非经当事人援用，不得作为法院裁判的依据。

3．内容要件：自认的事实须是对自己不利的案件事实

自认属于免证事实的一种，是裁判者认定案件事实的一种方法，其内容仅限于对方当事人所主张的、于己不利的案件事实。至于对对方诉讼请求的承认通常称为“认诺”，其不属于证据法上当事人承认的范畴，而是属于诉讼过程中当事人对实体权利的处分。认诺成立后的法律效果是承认者承担败诉的风险。诉讼上的自认是当事人陈述的内容之一，或者说是后陈述的一方当事人所作的与先前一方当事人陈述内容相同的陈述。自认通常在对方当事人主张该事实后才作出，且该事实必须是对方当事人提出的对己不利的事实而不是有利的事实。

4．形式要件：自认须以书面方式或口头方式明确表示

根据《最高人民法院关于民事诉讼证据的若干规定》第 74 条：“诉讼过程中，当事人在起诉状、答辩状、陈述及其委托代理人的代理词中承认的对己方不利的事实和认可的证据，人民法院应当予以确认，但当事人反悔并有相反证据足以推翻的除外。”由此可见，自认须以书面或者是口头方式作出。自认对当事人举证责任的免除和对法院法定程序的改变，充分说明了自认对民事诉讼的拘束力和影响力。为了确保自认的真实性和自愿性，《最高人民法院关于民事诉讼证据的若干规定》对自认的成立限定了较为严格的条件，即自认必须是明确表示承认。所谓“明确表示”是指当事人对对方当事人陈述的事实明白、确定、无误地加以承认。应当注意的是，默示的方式，即如果当事人既未明确表示承认也未加以否认的，在一定条件下也视为自认。《最高人民法院关于民事诉讼证据的若干规定》第 8 条第 2 款规定：“经审判人员充分说明并询问后，其仍不明确表示肯定或者否定的，视为对该事实的承认。”作为一种将导致严重法律后果的诉讼行为，本不应允许以默认的方式为之，最高人民法院作此规定，旨在提高审判效率，故而赋予审判人员作适当指导的义务，以保护当事人的诉讼权利。

案例中的被告于海江在法庭上对侵权事实全盘承认，已构成“自认”。

二、自认的法律效果及例外

（一）自认的法律效果

根据《最高人民法院关于民事诉讼证据的若干规定》第 74 条的规定：“对于当事人自认的事实，法院应当予以确认。”由此可知，自认的法律效果在于，法院在作出判决时必须受到当事人自认事实的约束，法院在适用法律时，应以当事人自认的事实为基础。具体而言，可从以下两方面理解：

1．自认对当事人的法律效力

首先，免除对方当事人的举证责任。根据《最高人民法院关于适用〈民事诉讼法〉若干问题的意见》第 75 条和《最高人民法院关于民事诉讼证据的若干规定》第 8 条第

1 款的规定："当事人自认的事实属于无须举证的事实范畴，即当事人一方对于对方主张的不利于己的事实予以承认时，对方得以免除对该主张的事实所负的举证责任。"

其次，当事人在自认后应受其自认的拘束，即自认一经作出，不得任意将其撤回。自认一经作出，就使自认的事实作为一种真实来看待，而无须将其作为一种证据提交当事人进行答辩，法院必须以其作为裁判根据。因此，除法律规定的情形外，不得任意提出相反的主张或者提出撤回。即使案件进入第二审或者再审程序，亦不得随意地撤回在第一审中的自认。

自认对当事人的约束来源于禁反言原则或诚实信用原则，即当事人在实施一定诉讼行为之后，如没有正当理由不得实施否定或与前一行为相矛盾的诉讼行为，法律有规定的除外。

2. 自认对法院的法律效力

自认对法院的法律效力分两方面：

一是对裁判的约束力。经当事人自认的事实，法院应当认定其为真实，并会因自认而将当事人相一致的主张作为裁判的根据。

二是对调查取证权的限制。法院对于当事人自认的事实不得再动用职权对自认的事实进行调查，更不能作出与自认事实相反的事实认定。

自认对法院的约束力并非来源于该事实的真实性，即不因为双方对该事实的认可或认识的一致性而具有一般真实或盖然真实性，而是源于民事诉讼法中辩论主义这一基本原则。根据辩论主义的基本原理，当事人所主张的事实对法院有约束力，法院不得以当事人没有主张的事实作为裁判的依据。一方当事人对对方当事人主张的主要事实的承认，就使该当事人主张的事实已经成立，法院当然应当受到该事实的约束。

案例中被告于江海的行为已构成"自认"，具有免除对方当事人举证责任的作用，自认的事实有约束法院的效力，法院应以自认的事实为裁判基础，不必进行审查，不得作相反的认定。在民事诉讼中，法院裁决的是当事人之间的民事争议，是一种私权纠纷，当事人可以主动地行使自己的实体权利和诉讼权利，如果当事人对某项事实和主张都无异议，那就没有必要非要查个水落石出。因此，法院没有必要查个水落石出。[①]

（二）自认效力的例外

自认虽然具有免除举证责任、约束法院和当事人的效力，但其效力并非绝对，并非当事人所有的自认都会产生完全的法律效力，而应根据具体情况来确定自认的适用范围。鉴于某些案件的特殊性和自认作为证明方式的局限性，无论在学理上还是立法上，都应根据案件和事实的性质及事实的真实与否，对自认的法律效力加以必要的限制，以更好地发挥自认这种证明方式的功能。

1. 自认不适用于身份关系案件

根据《最高人民法院关于民事诉讼证据的若干规定》第 8 条规定："涉及身份关系的案件不适用自认规则。"因为身份关系的案件，不但涉及当事人双方的私人利益，更涉及多数关系人的利益，甚至影响社会秩序和国家利益。身份关系的案件包括两类，一类是婚姻关系案件，如离婚、宣告婚姻无效、撤销婚姻、确认婚姻成立或不成立、

---

① 张卫平. 被告承认侵权，还要查个水落石出？——从孙英杰诉于海江投放兴奋剂一案看民事诉讼中"自认"的效力. 张卫平，汪建成，何家弘主讲（晏向华整理）. http：//www. civillaw. com. cn/article/default. asp？id =25902

解除同居关系等案件；另一类是亲子关系案件，如撤销收养、终止收养、认领子女、否认子女关系等案件。其他案件，如选民资格案件、撤销失踪、宣告死亡及撤销监护权等案件也属于身份关系案件。

人身权是自然人与生俱来的民事权利，它与其他民事权利的区别在于它没有直接财产利益的属性，而主要体现的是人格关系与身份关系中的精神权益与价值理念。因而人事诉讼直接涉及人的基本权利，决定了一个社会赖以维系的公序良俗，有必要启动一种社会公共权益保障机制来加以维护。故此，人身诉讼中不适用自认规则。

2. 在法律上属于法院依职权查证的事项，自认的效力受限制

涉及国家利益、社会公共利益或者他人合法权益的事实不受自认规则的限制，是依据《最高人民法院关于民事诉讼证据的若干规定》第 13 条、第 15 条的规定。该规定第 13 条明确："对双方当事人无争议但涉及国家利益、社会公共利益或者他人合法权益的事实，人民法院可以责令当事人提供有关证据。"若当事人不提供，根据第 15 条规定："法院也可依照职权收集相关证据。"由此可见，对于上述事项即使当事人已经作出了自认，也不会产生自认的效力，不会对法院的裁判形成约束力。

3. 与免证事实相冲突的事实

免证事实是指法官在案件审理过程中，对于应当适用的法律或某些特定的待证事实，无须当事人举证证明即可认可其真实性，并把它作为认定事实、据以作为裁判的依据。在我国，《最高人民法院关于民事诉讼证据的若干规定》第 9 条中明确规定："免证事实主要包括六项：①众所周知的事实；②自然规律及定理；③根据法律规定或者已知事实和日常生活经验法则，能推定出的另一事实；④已为人民法院发生法律效力的裁判所确认的事实；⑤已为仲裁机构的生效裁判所确认的事实；⑥已为有效公证文书所证明的事实。"需要指出的是，这里"与免证事实相冲突的事实"中的"免证事实"是指当事人没有相反证据足以推翻的事实。免证事实与当事人自认的事实都具有免除当事人举证的效力，然而当两者发生冲突时谁的效力优先，法律并无明文规定。我们认为应当具体案件具体分析。如果当事人自认的具体事实明显与真实情形或其他为法院予以免证的事实相悖，则应认定该自认为无效。因为免证事实具有公认的或法律上的效力，对法院和当事人都有着当然的约束力，法院必须接受这些事实而排斥与之相反的事实，当事人既不能对这些事实发生争议，更不得主张与之相反的事实，因此这些事实排斥自认的适用。

4. 共同诉讼中一部分人所自认的事实

在现实诉讼中，诉讼双方当事人为多人的共同诉讼形式时有出现。

知识链接

共同诉讼又有普通共同诉讼与必要共同诉讼之分。一般来讲，普通共同诉讼由于完全出于提高诉讼效率，节约诉讼成本的考虑而存在，各共同诉讼人之间权利义务具有可分性，决定了各个共同诉讼人的自认并不会对其他共同诉讼人权利行使造成影响。而在必要共同诉讼中，各共同诉讼人对争议的法律关系享有共同的权利，承担共同的义务，一方的自认必然会牵涉到其他共同诉讼人的利益。

我国《民事诉讼法》第 53 条第 2 款规定："共同诉讼的一方当事人对诉讼标的有共同权利义务的，其中一人的诉讼行为经其他共同诉讼人承认，对其他共同诉讼人发

生效力；对诉讼标的没有共同权利义务的，其中一人的诉讼行为对其他共同诉讼人不发生效力。”这就意味着在必要共同诉讼中，其中一人作出的自认若要对全体共同诉讼人都产生约束力，必须经过全体共同诉讼人的同意，否则不发生自认的效力，而只能作为一种证据来使用。而在普通共同诉讼中，其中一人的自认无论是否得到其他主体的承认都不会对共同诉讼中的其他主体发生效力。

5. 诉讼调解、和解的自认

调解、和解让步存在诉讼中，但当事人的让步一般是为求得平息争端而作出的。协议未能达成或当事人在协议生效前表示反悔的，在案件继续审理中不得将其让步作为自认。这是因为自认的客体是案件的事实和材料证据，自认的法律后果是把该事实和证据材料视为真实。而调解、和解让步并不是对案件事实或证据材料的真实性的肯定，当然不能以此推定该事实或证据材料为真实。[①] 因此，《最高人民法院关于民事诉讼证据的若干规定》第 67 条规定：“在诉讼中，当事人为达成调解协议或者和解目的作出妥协所涉及的对案件事实的认可，不得在其后的诉讼中作为对其不利的证据。”由此可见，若是为了达成调解协议或者和解而对案件事实作出的认可不构成自认。

三、自认的撤回

自认的撤回，是指撤回由于一方当事人的自认行为而在程序上所已产生的证明效果。在讨论该问题时，有时也使用撤销这一概念，两者没有明确的区别以及不同的构成要件，因而常常互换。当事人的自认从自认成立之时起，便对作出自认的当事人和法院发生拘束力，原则上当事人不能随意撤回自认或者再作相反的主张。一方面根据民事诉讼的诚实信用原则，当事人在诉讼中实施一定的诉讼行为后，没有正当的理由不得随意实施否定前一行为或与前一行为相矛盾的诉讼行为。另一方面，自认具有免除当事人举证责任和约束人民法院的效力，如果允许当事人随意撤回自认，势必导致对方当事人对有关待证事实的举证负担的复位，从而给审判造成极大的混乱，对诉讼效力也会造成消极的影响。因而各国立法对自认的撤销大多持严格限制的态度。根据我国法律的规定，自认的撤回必须满足以下两方面条件：

1. 实质要件

（1）自认撤回的主体只能是自认人或其特别授权的代理人。

《最高人民法院关于民事诉讼证据的若干规定》只规定自认撤回的主体为当事人，而对于委托代理人撤回自认的效力未作规定。我们认为，应参照自认成立的主体要件的规定：“经特别授权的代理人的自认视为当事人自认。”因此，“当事人委托代理人参加诉讼的，代理人在代理权限内，对当事人的自认予以撤回的，视为当事人本人的撤回，具有撤回自认的效力”。自认人与诉讼代理人都到庭参加诉讼，对诉讼代理人不论其是否在代理权限内，或超越代理权或没有代理权而作出的自认表示，在本案法庭辩论结束前，本人都可以适时撤销代理人的自认。

（2）在客观上必须满足以下三种情形之一：

第一，一方当事人提出撤销自认的意见经对方当事人同意。自认对自认人自身的约束力旨在维护对方当事人对自认的信赖。当自认人作出自认后，对方当事人的证明

---

① 余文唐. 自认构成探微. 证据学论坛（第四卷）. 北京：中国检察出版社，2002

责任便被免除，对方也就不会基于证明责任的压力而全力收集和注意保存已有的证据资料。允许当事人任意撤回将对对方当事人造成损害。但如果对方当事人同意自认人撤回，就应该解除这种拘束。

第二，有充分证据证明自认行为是由于受胁迫、欺诈或其他与违法犯罪等有关原因所致。例如，对自认人实施暴力犯罪行为。只要自认人作出自认是因为对方当事人或第三人对自认人实施了应受惩罚的行为，则不管自认的事实是否是真实的，自认人都可以撤销自认。

第三，自认是在发生重大误解的情况下作出的且与事实不符。自认通常符合案件的真实情况，若当事人的自认是在某种特殊的情况下违反了自认人的意愿而作出的非真实自认，当事人能够证明其承认行为是在受胁迫或重大误解情况下作出，并且能够证明其自认的事实不真实，与案情不符的，应当允许当事人撤回对于不真实事实的自认。但是自认人必须就上述撤回自认的原因和理由举证证明。

2. 程序要件

(1) 撤回的时间必须是在诉讼过程中，且于法庭辩论终结之前。

《最高人民法院关于民事诉讼证据的若干规定》对第一种情形规定在法庭辩论终结之前，而对于第二种情形的撤回时间条件未作规定。我们认为，自认撤回是对因自认而产生的错误行为的救济，从时间要求上看应晚于自认发生的时间，但从法院判决的稳定性出发，这种自认的撤回，应受到时间的限制，应于法庭辩论终结前提出。如果发现自认错误是在法庭辩论之后判决之前，甚至在判决之后提出撤回，在这种情况下不适用自认撤回，而应寻求其他救济方法。

(2) 自认撤回必须由当事人申请，并经法院确认。

自认的撤回必须由当事人申请，法院不得依职权撤销当事人的自认。但《最高人民法院关于民事诉讼证据的若干规定》对于申请的方式，法院作出确认的时间等没作具体规定，法院有自由裁量权。

项目三　被害人陈述的调查和运用

被害人在经历了犯罪人、警察、检察官和辩护律师的不正当待遇之后，希望法官能最终实现他们寻求的正义。

——安德鲁·卡尔曼

【引　例】

2004年5月26日，被告人甲租住某市的某出租屋，并伙同另外两名男子（在逃）预谋在该处进行抢劫。然后被告人甲通过男同性恋网站上网聊天的方式认识被害人乙，在聊天时乙提出与被告人甲搞同性恋，随后双方约定到某大酒店门口见面。之后，被告人甲将事主乙带到其租住的出租屋，两人正在亲热时，甲的同伙冲进房间里对被害人乙实施抢劫，用刀将乙砍伤，并将乙的手机（价值人民币550元）和人民币1 800元抢走，得手后他们立刻逃离现场。但被告人甲被受害人乙和群众当场抓获。认定上述事实的证据主要有：证人证言、涉案的赃物、法医鉴定、被告人的供述材料等。其中被害人乙的询问笔录证明：两名男子冲进房里来，把他和甲的裤子脱下来扔到洗手间，将两人捆绑并用封口胶封住了嘴。实施完抢劫后，乙问抢劫犯说："你们是一伙的？"他们都承认了（此时，其中一抢劫犯早已离开现场去取钱）。后来被告人甲和抢劫犯用家乡话说要逃跑（此外，由于被害人在询问笔录上提供的全是虚假的电话和地址，导致法院无法找到他本人，因而未能将其传唤出庭进行质证）。丙等证人证言：抢劫结束后看到被告人甲和被害人乙二人在推搡，听到被害人乙说被告人甲伙同他人对其实施了抢劫。①

问：综合各项证据材料，分析本案被告人甲的犯罪事实是否成立？

【基本原理】

一、认识被害人陈述

（一）被害人陈述的概念

被害人陈述，是指受到犯罪行为直接侵害的人向公安机关、人民检察院或人民法院就其遭受犯罪行为侵害的事实和有关犯罪嫌疑人、被告人的情况所作的陈述。被害人陈述包括在公诉案件中被害人的陈述和在刑事自诉案件中自诉人的陈述、在刑事附带民事诉讼案件中原告人的陈述。我们可从以下三个方面理解被害人陈述：

1. 作证的主体是被害人

对于被害人应明确以下三点：

（1）被害人是合法权益遭受犯罪行为直接侵害的人。合法权益是指法律赋予人们为一定行为或不为一定行为以及要求他人为一定行为或不为一定行为的能力及由此而产生的利益。它包括人身权利、财产权利，也包括其他方面的权利和利益。从被害原因上看，被害人合法权益遭受的是来自犯罪行为的直接侵害。未受犯罪行为侵害或受间接侵害的都不是被害人。例如，张三被杀害，张三是刑事被害人，张三的母亲因张三遇害而精神失常，张三母亲的健康虽因犯罪行为受到了侵害，但遭受的是间接的侵害，因此不是被害人。另外，有些犯罪行为所侵害的客体是公共秩序或社会利益，它虽没有直接的、明显的被害人，但仍存在间接的、潜在的被害人。如贩毒案件，由于吸毒者自愿购买毒品而不能成为受害者，但实施戒毒，吸毒者家属或社会为此支付的高昂费用，使吸毒者家属或纳税人成为间接受害者。但这种间接被害人一般也不被看作是刑事被害人。

（2）被害人既可以是自然人也可以是法人或非法人单位。传统的刑事诉讼理论一直把自然人作为被害人。但近年来，法人或非法人单位可以作为被害人的观点已得到认可。当法人或非法人单位遭受犯罪行为直接侵害时，可以通过其法定代表人或诉讼代理人，就本单位被犯罪侵害的事实和案件情况向公安司法机关陈述，这些陈述也是被害人陈述。

当被害人是自然人时，既可以是成年人，也可以是未成年人（包括婴儿）；既可能是精神正常的人，也可能是精神疾病患者。

（3）被害人具有不可替代性。由于被害人的身份是犯罪行为造成的，是特定的人，所以具有不可代替性。被害人的特定性决定了其陈述的专属性，即不能由其他人来代替被害人陈述案件事实和被害的经过。如果其他人感知了这一犯罪事实，也只能以证

---

① 案例来源：http：//huang li hong yue hong. blog. 163. com/blog/static/169603455201072111100

人身份来作证。即使是被害人的法定代理人或诉讼代理人有权代理被害人参加诉讼活动，提出具体的诉讼要求，也不能代替被害人陈述案情，提供被害人陈述这种证据。至于一个案件有没有被害人，或有几个被害人，则因案而异。

2．被害人陈述属于证据的内容

被害人陈述属于证据的内容主要有两个方面：一是被侵害的事实情况，二是犯罪分子的情况。有的被害人虽然不知道犯罪分子是谁，但对犯罪发生的时间、地点、目的、手段、后果等这些方面可能有所了解；而有的被害人在陈述中能够具体描述出犯罪分子的情况，甚至直接控告犯罪人。如果被害人与犯罪分子有过直接的接触，会对犯罪分子的外貌特征等作出清楚的描述，这对于查获犯罪分子和提供嫌疑人的线索具有重要意义。当然，被害人作为当事人为维护自己的合法权益，在陈述时可能会提出各种惩罚犯罪的要求和对案件的处理意见，甚至还有可能举报与本案无关的犯罪分子的其他情况。从证据学的角度讲，被害人的请求和意见都是维护自己合法权益而行使的诉讼权利，不属于被害人陈述这一证据种类的内容。同样，举报符合证人证言的性质和特点，也不属于被害人陈述。

3．被害人陈述通常是指向司法机关所作的陈述，不包括对其他机关和个人所作的陈述

在司法实践中，被害人在受害后可能向其单位领导或者亲友等讲述了被害的经过，这时的陈述不是被害人陈述。只有被害人直接向公安机关、检察院、法院所作的口头或者书面陈述才属于被害人陈述。

（二）被害人陈述的特征

1．被害人陈述的特定性与综合性

被害人陈述的特定性是指被害人陈述的主体和内容的特定性。被害人向司法机关所作的陈述才可以作为被害人陈述发挥认定犯罪的证据功能。被害人陈述的内容是对合法权益遭受直接侵害的有关犯罪事实。被害人对与其合法权益遭受侵害无关的犯罪行为或情况的陈述只能是证人证言。由于被害人亲身经历了全部或部分案件事实，因此，被害人经常能准确地描述犯罪发生的时间、地点、犯罪手段、犯罪目的和后果等，对侦破案件，认定犯罪事实具有重要意义。

被害人陈述的综合性是指其陈述的内容不仅是对犯罪事实的叙述与说明，还可能包括对作案人的指责、对犯罪的控诉、对社会或有关人员的抱怨、对司法机关的要求等。而且这些内容往往是交织混杂在一起的。其中与犯罪事实无关的内容并不具有证据的作用，但是司法人员也要认真听取并记录下来，然后综合识别和评断。

2．证明的直接性

被害人因合法权益直接遭受犯罪行为侵害，对犯罪事实有亲身感知和体验，其陈述直接源于案件事实，是原始证据。它对犯罪事实的证明更直接、更具体。这是其他证据无法比拟的，特别是在犯罪事实难以为其他人感知的情况下，被害人的陈述证明的直接性更加明显。

3．被害人陈述具有真假难辨、虚实交叉的特点

由于种种复杂原因，被害人陈述也可能有意或无意地夸大或缩小客观事实。还有人故意捏造事实，谎报案情。其具体表现为以下几个方面：①由于身受犯罪行为的侵害，而产生报复心理，情绪偏激，夸大事实情节，导致陈述的虚假性；②在一些案件中，由于被害人精神高度紧张，观察不细，记忆模糊，而导致陈述不清，甚至是主观

推断的虚伪陈述；③个别被害人出于个人私利或者其他不可告人的目的，无事生非，制造假陈述，诬告陷害他人；④有的被害人出于个人的种种考虑，如前途、名誉、家庭关系、子女利益等，不敢理直气壮地揭露犯罪，大事化小，小事化了；⑤有的被害人出于亲情，或者请客送礼，或者金钱收买，或者外界干扰、威逼恐吓，而作虚假陈述等。

知识链接

在国外大都将被害人陈述作为证人证言的一种，主要是因为被害人陈述和证人证言的证明作用，收集途径、方法等方面有诸多相似的地方。但两者区别也是显著的，不可混为一谈。具体而言，区别有：

1．主体与案件结局关系不同。被害人陈述主体与案件有直接利害关系；而证人证言主体与案件结局没有直接利害关系。

2．主体虚伪陈述的法律后果不同。被害人如果捏造事实陷害他人可能构成诬告陷害罪；而证人故意作虚假证明可能构成伪证罪。

3．主体作证的心理基础不同。被害人合法权益被侵害，往往会积极主动配合作证；而证人因为不是当事人，往往不愿意作证。

二、被害人陈述的收集

关于被害人陈述的收集，具体请参见证人证言的收集。

三、被害人陈述的审查和判断

被害人陈述具有真假难辨、虚实交叉的特点，运用过程中应认真审查判断，审慎对待。依据相关法律实践及中央五部门联合发布的《关于办理死刑案件审查判断证据若干问题的规定》和《关于办理刑事案件排除非法证据若干问题的规定》，审查被害人陈述的证据能力及证据力的大小应注意以下六个方面：

1．审查被害人陈述的来源

首先要查明被害人陈述的内容是直接感知的，还是由他人告知的，或是自己想象、推测的。若是亲身感知，应了解当时的环境条件及被告人的注意程度、心理状态。比如夜色已深的环境下，被害人由于极度恐惧，其对犯罪人相貌的描述有失真的可能，须详细了解情况，以免发生错案。被害人陈述的内容如果是听他人告知的，应问清是在什么时间、地点、听什么人说的，并尽力向直接了解案件情况的人进行调查、核实。如果是被害人的推测，可以要求其说明推测的根据，以供分析研究时参考，以利于进一步收集证据。

2．审查被害人与犯罪嫌疑人、被告人的关系

如果被害人与犯罪嫌疑人、被告人素不相识或关系正常，一般来说，故意捏造事实、提供虚伪陈述的可能性较小。如果被害人与犯罪嫌疑人、被告人有冤仇或者关系密切，则较容易作虚假的陈述。

3．分析被害人陈述的内容是否合情合理

犯罪案件的发生、发展及变化存在内在的逻辑规律，被害人陈述的犯罪情况应当符合事件本身的规律。因此，须审查被害人陈述本身是否合情合理，有无前后矛盾之处。如果发现被害人陈述的内容不合情理或是前后矛盾，就应进一步询问或采取其他

方法进行核实。引例中，被害人的陈述明显与常理相违背：首先，其中一名抢劫犯那时已离开现场去取钱，怎么可能有三个人都承认？其次，被告人和被害人嘴都被封口胶封住了，怎么可能说话？另外，被告人和抢劫犯假如真的用家乡话说要逃跑，被害人很有可能听不懂。

4. 审查被害人陈述与案件其他证据有无矛盾

被害人陈述应与收集的其他证据对比分析，互相印证。如果发现被害人陈述的内容与其他证据有矛盾，就应分析矛盾的内容，或再行收集证据，并以确实的证据来解决矛盾排除怀疑，从而肯定或否定被害人陈述的证据价值。

5. 审查被害人作证能力及品格

在生理上、精神上有缺陷或者年幼、不能辨别是非，不能正确表达的人，不具有作证能力，其陈述不能成为定案的根据。对于某些生理上、精神上有缺陷，但对具体的案件情况能够辨别是非、正确表达的，其陈述经查证属实可以成为定案的根据。对年幼被害人陈述进行审查判断，要特别注意查清其是否受人暗示、指使、引诱。为此，应查清被害人最初是在什么情况下说出被害情况的，是主动向家长、教师等讲的，还是在家长、教师等的查问下讲的；被害人陈述的语言词汇是否为未成年人通常使用的；被害人陈述的内容与被害人的智力水平、分析判断能力和表达能力是否相称等，以利于从中发现问题。

被害人的品格也会影响被害人陈述的真实性、客观性。因此司法人员在审查被害人陈述时应考虑被害人的人品问题。注意被害人是否诚实可信，思想品质的优劣是否影响了陈述的客观性，应结合全案中其他证据全面审查，发现矛盾之处，应深入调查研究，排除矛盾，作出正确的解释。引例中，被害人乙在询问笔录上提供的全是虚假的电话和地址，导致法院无法找到他本人，他提供虚假的电话和地址这一行为本身也足以说明他这个人言行不可信。

6. 审查被害人陈述的取得是否符合法定程序

根据立法及相关司法解释，采用暴力、威胁等非法手段取得的被害人陈述，属于非法言词证据，不得作为定案的根据；询问被害人没有个别进行而取得的证言、没有经被害人核对确认并签名（盖章）、捺指印的书面证言以及询问聋哑人或者不通晓当地通用语言、文字的少数民族人员、外国人，应当提供翻译而未提供的，都不能作为定案的根据。

思考与练习

1. 当事人陈述与其他证据种类相比较有何特点？
2. 如何认定当事人陈述的证明力，是否对其他证据的认定产生影响？

拓展阅读

1. 余文唐. 自认构成探微. 证据学论坛（第四卷）. 北京：中国检察出版社，2002
2. 毕玉谦. 民事证据法判例实务研究（修订版）. 北京：法律出版社，2001
3. 宋世杰. 证据学新论——证据运用问题研究. 北京：中国检察出版社，2002

【实训部分】

【情境设计】

原告：某食品厂

被告：孙某

原告与案外人某食品有限公司素有业务往来。2005 年 6 月，双方发生合同纠纷，经某区人民法院调解，双方达成协议：就双方之间发生的欠款，确定食品厂应支付某食品公司货款 36 000 元，于 2006 年 3 月至同年 8 月每月月底前各支付 6 000 元。2006 年 4 月 27 日，食品厂向食品公司支付了 36 000 元，并由孙某出具的收条证实。嗣后，某食品公司否认收到此款，并通过某法院执行到 24 120 元，案件执行终结。因此，食品厂要求被告孙某返还不当得利的 36 000 元。为此，食品厂提供收条 1 份，证明其已交付孙某 36 000 元。关于收条的形成过程，食品厂的法定代表人黄某陈述道，收条上载明的“今收到某食品厂还款计人民币叁万陆仟元整。欠款全部结清，特此为据”的内容是由其本人所写，而所署收款人为“孙某某”以及日期为“2006 年 4 月 27 日”。

被告孙某辩称：食品厂诉称的调解情况属实，但调解协议形成后，先提交的 6 000 元支票未兑现，其与其他两位同事曾于 2006 年 4 月 27 日到食品厂调换支票，当时食品厂收回了支票，另给付现金 6 000 元，其书写了收条，但不是食品厂提供的收条。之后，因食品厂未再付款，食品公司才向某法院申请执行，并因其中一个月的付款已过申请执行期限，仅申请执行余款 24 000 元。为此，提供进账单及退票凭证各 1 份，证明食品厂曾提交支票 1 张，但未兑现。

由于否认收条的真实性，经申请，一审法院对该收条进行了委托鉴定，并形成鉴定结论。鉴定结论认为，收条系原件，收款人处签名系孙某所写。被告孙某仍否认收条的真实性，申请重新鉴定。由于孙某没有提出足以支持重新鉴定的证据，法院根据《最高人民法院关于民事诉讼证据的若干规定》第 27 条之规定，驳回其申请。但是，由于食品厂法定代表人黄某在陈述中强调收条中的日期系孙某所写，而此项内容一审没有鉴定，因此，双方均同意仅就此内容进行补充鉴定。鉴定结论认为，该日期不是孙某所写。

另外，法院对食品厂向孙某交付 36 000 元的过程，分别询问了食品厂法定代表人黄某及其丈夫周某。黄某陈述：2006 年之前，公司无专职财务人员，由其本人经手现金，2006 年 4 月 27 日当天是其与丈夫共同从开户银行内提取 36 000 元后，用现金方式支付孙某，孙某收钱后在收条上签名并具写日期，在此之前没有其他支付行为。而周某则提供了这样的证词：按照法院调解书，食品厂曾经开具 6 000 元的支票用于归还 36 000元的债务，确因账户内余额不足被退票。事隔几个月后，即一次性支付了孙某 36 000 元，交付的 36 000 元是其一个人到开户银行提取，孙某拿到现金后，在黄某具写的收条上签了名。

【训练方法】

参训的学生分成若干组，扮演法官角色。每组学生根据上述案例制作一份判决书。判决书只需写明认定的案件事实及其具体理由（即证据的分析、采纳），可忽略法律适用部分。

【实训任务】

结合案例、《最高人民法院关于民事诉讼证据的若干规定》和证据的认定规则，能够厘清案件事实。

【实训步骤】

步骤1：将当事人提供的证据进行分类。

步骤2：分析本案中当事人陈述的特点。

步骤3：分析本案中当事人陈述对其他证据的证明力有何影响。

步骤4：综合案件中的证据材料，运用相关知识，认定案件事实。

【文书样式】

××××人民法院

民事判决书

（××××）×民初字第××号

原告……（写明姓名或名称等基本情况）

法定代表人（或代表人）……（写明姓名和职务）

法定代理人（或指定代理人）……（写明姓名等基本情况）

委托代理人……（写明姓名等基本情况）

被告……（写明姓名或名称等基本情况）

法定代表人（或代表人）……（写明姓名和职务）

法定代理人（或指定代理人）……（写明姓名等基本情况）

委托代理人……（写明姓名等基本情况）

第三人……（写明姓名或名称等基本情况）

法定代表人（或代表人）……（写明姓名和职务）

法定代理人（或指定代理人）……（写明姓名等基本情况）

委托代理人……（写明姓名等基本情况）

……（写明当事人的姓名或名称和案由）一案，本院受理后，依法组成合议庭（或依法由审判员×××独任审判），公开（或不公开）开庭进行了审理。……（写明本案当事人及其诉讼代理人等）到庭参加诉讼。本案现已审理终结。

原告×××诉称，……（概述原告提出的具体诉讼请求和所根据的事实与理由）

被告×××辩称，……（概述被告答辩的主要内容）

第三人×××述称，……（概述第三人的主要意见）

经审理查明，……（写明法院认定的事实和证据）

本院认为，……（写明判决的理由）

综上所述，依照……（写明判决所依据的法律条款项）的规定，判决如下：

……（写明判决结果）

……（写明诉讼费用的负担）

如不服本判决，可在判决书送达之日起十五日内，向本院递交上诉状，并按对方当事人的人数提出副本，上诉于××××人民法院。

审判长×××

审判员×××

审判员×××

××××年××月××日

书记员×××

单元八

视听资料

引 言

视听资料是随着现代科学技术的发展而产生的。在西方工业革命以前，人们主要通过书面记录来存储事件的发生，对事件进行描述和重现。工业革命以后，特别是声音存储工业的发展和影像工业的发展，使事件以声音或影像的形式被记录下来得以实现。

1877 年，爱迪生发明的一种录音装置，录下了世界录音史上的第一声。随后，爱迪生成立制造留声机的公司，将声音的存储商业化和普及化。几十年后，德国柏林的通用电气公司通过磁带录音机，使声音的存储技术得到了空前的普及，许多信息以声音的形式存储下来，以声音为表现形式的证据也越来越普遍地运用于司法实践中。

1839 年，鸦片战争前夕，法国人路易·雅克·芒戴·达盖尔运用卤化银的方法成功将客观图像忠实地记录了下来，摄影术宣告诞生。1894 年，一些摄影家们用手摇放映机，将一幅一幅照片连续放映，形成了连续的影像，后来发展成了运用连续胶片记录影像的录影技术。在现代，计算机技术的发展使影像记录一步跨入了数码时代，数码相机和数码摄像机已经成为了新的影像存储设备，数码载体成为了今天影像记录新的主要载体。

在我国，视听资料属于较新的一种证据种类。1978 年，我国最高人民法院在审判林彪、"四人帮"反革命集团案件中就曾经使用过视听资料，如关于江青使用煽动性语言进行演说的录音等视听资料。在音像设备和计算机等高科技设备走进寻常百姓家，治安视频监控越来越普及的今天，视听资料已经广泛运用于一些普通的刑事、民事和行政案件审理当中，成为一种越来越普遍的证据种类。学习和研究视听资料，加强视听资料的收集手段和收集意识，已经成为司法人员侦办案件的必要素质。

【知识目标】

掌握视听资料的概念和特点；了解视听资料的各种表现形式；掌握视听资料收集、获取、保管的方法；能够理解并运用非法证据排除规则。

【能力目标】

具备对视听资料进行分析和判断的方法和技巧，了解收集和保存视听资料的程序和方法。

【内容结构图】

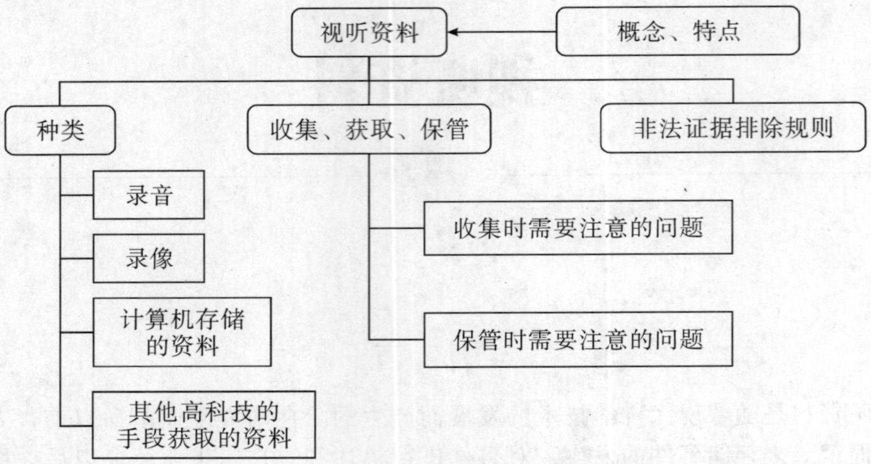

项目一　认识视听资料

所信者听也，然听犹不可信；所信者目也，而目犹不可信；所恃者心也，而心犹不足恃。

——孔子

【引　例】

全国“扫黄打非”办接到群众举报电话，反映甲市某商场盗版光盘库房储存大量盗版、淫秽光盘。在全国“扫黄打非”工作小组“及时立案、深入查处”的指示下，甲市“扫黄打非”办迅速协调公安部门对该地区进行布控。经过近1个月的前期侦查，该商场所在区“扫黄打非”办组织公安、新闻出版、文化等部门140多名执法人员同时行动，一举查获了甲市某商场涉嫌储存的大量盗版、淫秽光盘，共收缴各类非法音像制品41.5万余张，其中淫秽色情光盘1.5万余张、盗版光盘40万余张，处理相关信息的电脑20余台。在缴获的电脑中发现该工厂进行生产监控的录像资料以及和相关取货人员的录音文件若干。17家涉嫌销售、储存大量盗版、淫秽光盘的门店和仓库分别被查处、鉴别、清点及登记，22名嫌疑人抓获归案，其中2人已被刑事拘留，5人被行政拘留。

问：案件中的光盘是否应当认定为视听资料？电脑中的录像和录音是否为视听资料？应当如何依法对视听资料进行取证？如何保管？

【基本原理】

一、视听资料的概念

视听资料是依照我国法律规定，以录音、录像、记录影音或信息数据的电子计算机存储媒介等高科技手段获取的信息来重现或证明案件有关事实的证据。

视听资料是独立的法定证据种类。在英美法系，视听资料不被列为独立的证据种类，而通常被视为书证的一种，部分国家将其纳入物证的范畴。在大陆法系，视听资料一般被视为广义上的书证。具体来说，视听资料和一般的书证比起来，其载体和表现特点不同，但其本质是以其载体所记载的意思内容来证明案件事实，与一般书证相同。因此，一些国家以书证的相关调查取证规定规制视听资料的调查取证，甚至有部分国家将视听资料归属于书证。在我国，虽然理论学界对于视听资料是否应当作为独立的一种法定证据有一定的争议，但是在立法以及司法实践中将视听资料作为一种法定的独立证据予以适用。我国 1982 年《民事诉讼法（试行）》第一次对视听资料以法律条文的形式确立了其名称和法定证据地位。在 1990 年颁布的《行政诉讼法》、1991 年颁布的《民事诉讼法》以及 1996 年修改后的《刑事诉讼法》中，均无一例外地以法律条文的形式确定视听资料在我国三大诉讼法中为一种独立的法定证据。

视听资料的形式表现为广义上的物证形式，但其本质不是物证。视听资料以一定的存储媒介为客观表现形式，在法庭上展示时需运用设备以多媒体方式进行。视听资料的存储媒介表现为磁带、光碟、硬盘等，其展示设备表现为录像机、录音机、投影仪、电脑等，这些都是物证的表现形式。另外，必须注意并非所有以多媒体方式进行展示的证据都是视听资料，例如，勘验现场时取得凶器的照片、证人证言的录音、被告人陈述时的录像等。

视听资料记录的是案件相关客体的客观情况，不同于书证。视听资料体现的是案件发生过程中的声音特征和形象特征。视听资料以录音、录像的方式，以声音、图像及其组合的形态，生动、直观、形象地再现案件发生时的客观情况，并以一定的存储形式得以保留。电子计算机存储的数据电文记录的是案件中相关的文件内容及材料，并不是记录案件当中的声音特征和形象特征，不具有视听资料的记录特点，不应当认定为视听资料。例如，在毒品犯罪现场缴获的电脑中存储了犯罪计划文本，也存储了进行交易的视频，则计划文本应当认定为数据电文，交易视频应当认定为视听资料。

二、视听资料的种类

按照视听资料的获取手段以及表现形式，可以将其分为以下四个种类：

（一）录音

录音是指运用了声学、电学、化学、机械学等科学技术手段，将与案件事实发生过程中产生的有关声音记录下来，并以一定媒介存储，进而可以重现该声音，以证明案件事实的一种证据材料。

每个人的声音由于音色的不同而具有独特性，录音技术能使声音以载体的形式记录下来，并可以重复播放，因此录音被誉为“会说话的证据”。录音能直观地表现讲话人的音质、心情、语言习惯以及讲话时的环境等各方面因素。如果某人的讲话被录音，那么他本人以及对他的声音熟悉的人均能够很容易地辨认出来，并且也不能对说话的内容进行随意的否认，因此，录音较其他证据而言更可信。

（二）录像

录像是指运用了影像学、电学、化学、机械学等科学技术手段，将与案件事实发生过程中产生的有关影像记录下来，并以一定媒介存储，进而可以重现当时的影像，从而证明案件事实的一种证据材料。

录像资料能够直观、生动、连贯地将事件发生的过程以再现的方式客观记录下来，并可以反复播放。录像资料资讯容量大，能够再现事件发生时的各个要素，如出现的人物、物品、场所、动作等，使司法工作人员可以方便、直接、全面地了解事件发生时的各个要素的具体情况。录像资料客观真实，它的产生以事件的发生为基础，并以当时事件的发生内容为其具体内容的呈现，以动态的形式“重现”事件，具有很强的客观性，证明力很强。录像资料发展到今天已经可以做到实时收录，实时调取，同步观看。目前已经被广泛运用到治安监控、监管监控等方面。

（三）计算机存储的资料

以电子数据为形式，运用计算机科学手段得以存储并重现的证据材料，称为计算机存储的资料。随着电子计算机技术的飞速发展，计算机以及网络的普及，计算机存储资料的形式和方式已经越来越多元化。而且，随着电子商务的爆炸性发展，数据电文的使用已经深入到每一个普通人的生活中。从计算机发明时存储的简单电文到现在放在大型存储器中供网络共享的大量电文、声频以及影像，科技带给我们的信息大爆炸仍然在不断地壮大和丰富。

我国法律理论学界对于计算机存储的资料是否应当认定为视听资料众说纷纭，我国法律对于这一问题也是互相矛盾，难以有判断的准绳。我国《合同法》第 11 条规定：“书面形式是指合同书、信件以及数据电文（包括电报、电传、传真、电子数据交换和电子邮件）等可以有形地表现所载内容的形式。”但同时，我国《民事诉讼法》第 68 条和《最高人民法院关于执行〈刑事诉讼法〉若干问题的解释》第 53 条分别规定“书证应提交原件”、“收集、调取的书证应当是原件……”我们都知道，电子数据大部分情况下是按照预先程序自动生成、传输、交换的，有时则是录入人员录入后销毁了底稿，有时还可能是作者在没有底稿的情况下直接键入的，这时我们很难得到“原件”。

那么，我们如何对电子计算机存储的资料是否属于视听资料进行判断呢？首先，我们必须认识到，并不是所有的与案件有关的电子数据都是视听资料。视听资料一个最显著的特征是其以声音或影像直观地记录并重现案件发生的经过，体现案件客观方面的性质，从而证明相关事实。其次，电子计算机存储的资料有很大一部分其本质是物证、书证、证人证言、当事人陈述等证据种类的表现形式。最后，按照我国认可的部分国际条约相关电子证据的法律规定，以及我国关于电子证据运用的行政法规，我国电子证据有其独特的地位，部分的电子证据如电子签名、电子数据交换、电子公告等有其不同于其他证据种类的特点，应当区别对待。

（四）其他高科技手段获得的信息

专业人员通过对高科技仪器的操作，运用高科技手段对相关客体进行分析和处理，取得能直接证明案件相关案情的相关检测信息以及科学数据。这些检测信息及科学数据在案件发生过程中形成，能直接通过相关高科技仪器显示出来，用以作为证明案件事实真相的证据材料，应当被认定为视听资料的一部分。

现代科学技术的发展日新月异，犯罪的手段也逐步趋向高科技化，近年来，已经出现用放射性元素、毒物、激光等方式制造医疗事故、慢性中毒、使人猝死的案件。为了侦破这些借助高科技犯罪手段展开的案件，我们必须使证据现代化，必须借助现代科学技术和相关仪器，对相关事项进行检测和分析，取得科学数据和科学依据，从而认识案件实情，破获案件。例如，英国科学家运用中子活动分析的方法，将拿破仑的头发裁成一毫米长的小段，分别放入原子反应堆中，接受了中子束照射，再经过仪器自动分析后，显示出头发中含砷量比正常人高 40 倍，这证明了拿破仑是因砷中毒而身亡。又如，2009 年，H1N1 流感病毒在全球盛行期间，各国机场都有红外观测装置，只要有乘客体温超过 37 度，在监视仪上便可很清晰地发现。在一些大型超市中，出口处都配备有感应装置，只要有携带未经付账的货物通过感应器，感应器便会发出警报。这些都是仪器在检测过程中按照其自身技术设计而得出相关直观的结论，应当属于视听资料，不属于鉴定结论。这是因为它的结果都是纯粹经过仪器本身的处理过程而得出，不必经过专门人员的鉴定，任何一个普通人通过学习仪器的使用说明后，都可以使用该仪器而得到直观的结果。

三、视听资料的特点

（一）视听资料以一定的科技载体形式存在并表现出来

任何一种证据都有其具体的表现形式以承载证据的内容。各种证据中，除鉴定结论的表现形式具有一定的科技成分外，视听资料的表现形式也不同于一般证据种类，具有较高的科技成分。鉴定结论的科技成分主要在鉴定人进行鉴定的过程中和作出的鉴定结论上，而视听资料的科技成分主要在视听资料的形成和存储方式上。例如，录音借助录音器材对声音进行存储，录像借助录像器材记录音像材料，计算机资料则以计算机形成并以能够读取的数据形式存储在计算机存储载体内。两者的形成过程不同，存储载体不同，造成了两者的显著区别。

在目前科技发展的程度下，视听资料的科技载体主要包括以下几种形式：磁盘、磁带、胶片、光盘、计算机硬盘、闪存、移动硬盘、网络存储等。各种不同的存储载体也直接影响视听资料的存储环境和存储年限，例如：磁盘在潮湿的天气很容易霉变而导致数据损坏；光盘读取次数过多或碟面划痕会导致数据读取缺失；网络存储盘必须要有网络设备以及计算机的硬件支持才能调取等。因此，对于视听资料的科技载体，我们应当注意其特点，针对不同存储介质的特性，更加妥当地保存，以便更加便利地调取视听资料。

（二）视听资料具有高度的准确性

视听资料是在案件发生过程中形成，以一定的科技存储载体表现出来的，具体表现为对案件情况的再现。视听资料是对案件的一种重现形式，具有高度的准确性。

由于视听资料的形成必须依靠科技手段，因此相关器材以及存储手段的差别直接影响到视听资料的证明力。例如：闭路电视虽然记录下了案件的发生过程，但是由于像素不高，距离较远，不能辨认犯罪嫌疑人的特征；采用磁带式录音机进行录音时，磁带在保存中由于霉变，不能重现录取的声音等。在进行视听资料的采集以及保存的过程当中，应当注意所采用的科技手段和存储手段，以免影响视听资料的准确性。

（三）视听资料具有很强的直观性

视听资料能够直观地记录案件发生过程的声音或者影像；记录声音特征和形象特征，使人们能够通过科技手段再现记录的声音或影像，从而比较真实、全面地了解案件的相关信息。例如：闭路电视记录下犯罪嫌疑人作案的全部过程，公诉方在庭审时进行播放，能够使人们直观地了解当时的现场情况。

（四）视听资料具有综合性

运用视听资料证明案件事实具有综合性。例如，2009 年 6 月，广州某高速路口附近经常发生大货车司机停车休息期间，大货车备用轮胎被盗的案件。广州警方通过多次对相关案发地点的监控录像进行研究，发现该犯罪团伙经常使用同一类套牌的面包车或货运车，在货车附近伺机三五人短时间内团伙作案，并在作案后迅速驶向附近的城中村。经查发现，附近城中村有一个二手轮胎交易市场，警方最后在市场处将该犯罪团伙全部抓获。正是由于警方综合了多个监控录像的内容，才能够综合分析该犯罪团伙的特征、作案的手法、作案的工具等各种情况，确定侦破方向，布置好侦破方法，最终将犯罪分子绳之于法。

项目二　收集视听证据

外观往往和事物的本身完全不符，世人都容易为表面的装饰所欺骗。

——莎士比亚

【引　例】

2009年1月至3月间，天津市宝坻城区连续发生盗窃电动自行车案，嫌疑人在夜色掩护下驾驶机动车“整车搬运”电动自行车。窃贼盗车地点不固定，作案迅速，快速逃离，未在现场留下任何痕迹，给侦破工作带来困难。为保护群众财产，警方成立专案组，全力展开侦破工作。公安宝坻分局刑侦一大队民警调取被盗现场监控录像，发现盗车贼为两名男子，运输工具为一辆无牌“五菱之光”面包车，随即向分局相关警种通报警情，展开巡逻控制工作。3月13日21时许，巡警支队二大队民警发现两名男子驾驶一辆“五菱之光”无牌面包车，可疑人员与嫌疑人体貌特征相符，民警遂追踪，后在宝坻城区南三路西南楼菜市场截获可疑车辆。经审理，嫌疑人郭某、孙某均为22岁，北辰区人。事实面前，他们交代了从2007年12月底至案发，先后在宝坻城区盗窃电动自行车30多辆，赃车均变卖给北辰区的“二弟”。3月14日，民警寻迹追踪，顺藤摸瓜，抓获“二弟”苏某。

问：该案中是否有视听资料证据？其在案件中有什么作用？收集时应当注意些什么？

【基本原理】

一、视听资料的收集和获取

视听资料的调查收集是指司法人员或律师依照法定的程序和方法，制作或者依法向有关单位或个人调取视听资料的专门活动。视听资料的调取和获取有很多渠道，如提取治安监控录像、调取公民自行录制的音频和录像，可以通过勘验、检查、搜查、扣押等手段取得。

（一）取证主体

依照国家有关法律规定，司法人员和律师都可以成为取证主体。

1. 司法人员依法有权及时向有关单位和个人调查收集视听资料

有关单位或个人对司法人员调取相关视听资料，相关单位或个人应当予以积极配合。我国《刑事诉讼法》第111条规定：“任何单位和个人，有义务按照人民检察院和公安机关的要求，交出可以证明犯罪嫌疑人有罪或者无罪的物证、书证、视听资料。”我国《国家安全法》以及《人民警察法》规定：“国家安全机关和公安机关，经过严格的审批手续，执法人员可以在采取监听或者监视措施过程中制作视听资料。”

2. 律师也可以依法获取视听资料

我国《律师法》第35条规定："受委托的律师根据案情的需要，可以申请人民检察院、人民法院收集、调取证据或者申请人民法院通知证人出庭作证。律师自行调查取证的，凭律师执业证书和律师事务所证明，可以向有关单位或者个人调查与承办法律事务有关的情况。"

（二）取证程序

1. 取证主体应当依照法律规定的程序取证

国家安全机关和公安机关的执法人员取证时，须经过严格的审批手续，依法可以使用监听或者监视手段获取视听资料。一般的行政执法人员、检察机关人员、审判机关人员取证时不得使用监听或者监视的手段。律师自行取证时应当出示身份证明，并征得被取证人的同意。另外，依照法律规定，律师也可以申请人民检察院、人民法院收集、调取证据。

2. 取证主体应当在取证时按要求记录相关信息

取证主体进行取证时不能仅完成视听资料的收集行为，在收集视听资料后，应当对视听资料所涉及的相关信息以文字的形式进行记录，并进行分类，建立独立的档案，进行归档。

3. 取证主体取证后应当对取得的视听资料进行鉴别

取证主体取证完毕后应当注意视听资料有无被拼接、剪辑、消磁、删减、增加或篡改。取证人员可以用以下方法进行视听资料的真伪鉴别：第一，通过声纹识别、图片识别技术、面像识别技术等科学技术鉴别视听资料的真伪。第二，通过对视听资料中所呈现的时间、地点、场景进行核对鉴别视听资料的真伪。第三，通过对视听资料的制作人、被记录人和提供人进行调查，确定其是否与案件或当事人存在利害关系。第四，将视听资料与案件中的其他证据进行相互印证，结合全局案情全面分析判断其真实性。

（三）取证方法

不同的视听资料有不同的特性和不同的证明效果，我们应当根据不同视听资料的特点依照法律规定的程序进行取证。

1. 录音

录音证据通过录取的声音所表达的内容证明案件事实，具有直观和可重现的优点。录音的取证包括现场录音和提取已录制的录音证据。

取证人员进行现场录音时，应当将录音的时间、地点，被录音者的基本信息，录音的目的等信息在进行录音时说明，并选择声音干扰程度较少的地点进行录音。在录音过程中，应注意两个问题：第一，应当注意存储媒介的存储时间长度，避免录音内容超出存储时间的限度而导致取证失败。第二，应当注意避免其他声音的干扰。录音完成后应当对相关信息进行登记，并将录音存储媒介以合适的方式保存妥当。在录音完成后，应当对录音的内容以文字的形式进行记录。

取证人员对已经录好的录音证据进行取证时，应当对录音形成的时间、地点、被录音者的基本信息、录音的内容进行记录，并对该录音进行备份。同时，取证人员应当对取得证据的时间、地点，被录音者的信息，获取的方式等信息进行记录。在必要的情况下，应当将录音内容以文字的形式进行记录。

另外，取证时应当注意录音证据的媒介所固有的物质特性。录音可以通过磁带录音和数码录音实现，随着科技的进步，磁带录音正逐渐被数码录音所取代。磁带录音的媒介是磁带，磁带易发霉，必须以适当方式保存并及时备份。数码录音的载体是数码存储载体，数码存储载体能较好地保存录音，影响因素较少，比较容易保存，但也应注意对其按时备份。

除此以外，我们还可以结合其他科学技术手段，对录音证据的真实性进行鉴别。例如，声纹识别技术可以通过对所录声音的情况进行分析，以确定录音内容是否有损坏和篡改，从而确定被录音者是否为取证人员所登记的录音者。

2. 录像

录像证据兼具声音和影像的记录，通过声音和影像记录的内容证明案件事实。录像证据具有动态、直观、声音图像集于一身的特点。录像证据的取证包括现场录像取证和对已录制的录像证据取证。

现场录像是指在案发后，工作人员对现场进行录像所形成的录像证据。工作人员进行现场录像时应当注意以下几个方面。首先，应当对录制的时间、地点、录制内容、录制对象进行一定的说明，并在录制完成以后进行登记。其次，工作人员在进行录像时，应当着重于与案件事实有主要关联的事物，并同时注意对周围环境的录制。再次，工作人员对人物进行录像时，应当注意选择适当的录制环境，注意捕捉被录像人员。在一定情况下还可以对被录像人员进行一定的引导，要求其配合录像工作。最后，应当以文字的形式对录像的时间、地点、内容、录制人和被录人等相关信息进行记录。另外，现场录像还可以预先设置录像设备进行定时录制，比如火车站的治安监控摄像、小区内设的治安监控录像、车辆违法交通规则的实时录像等。

对已录制的录像证据进行取证与现场录像的要求有一定的区别。在对已录制的录像进行取证时，取证人员应当出示相关文件证明取证行为的合法性。一般情况下，取证人员应当在得到被取证人的许可后，再进行取证。取证人员对已录制的录像一般以拷贝的方式进行取证，拷贝时必须依照具体工作章程，以正确的程序和方式进行拷贝。对已录制的录像证据进行取证必须注意对以下两个方面的问题进行审查：第一，该录像证据的获取手段是否合法；第二，该录像证据是否曾经被剪接、篡改。

3. 其他高科技手段获得的信息

使用其他高科技手段获取的信息也是视听资料。该类视听资料虽然经专业的高科技手段获取，但该信息是直接由机器经过精密处理后得出的结果，只需要工作人员对得出的结果进行记录即可。在获取这类视听资料的时候，需注意以下几个方面：第一，工作人员应当严格按照该高科技仪器的操作步骤进行操作；第二，工作人员应当确定被处理的对象属于该高科技仪器能够处理的对象范围之内；第三，工作人员应当依照仪器的操作说明如实记录该仪器处理的结果；第四，工作人员应当对取得信息的时间、地点、使用的仪器、取得方式、信息内容进行记录。

4. 照相

虽然理论学界对照片是否属于一种视听资料目前尚存在争论，但拍照取证的手段已经越来越广泛地被运用在行政执法和司法活动中。在一些经济较发达的城市，我们经常会见到由配备数码相机的交警对违章车辆的情况用数码相机进行拍照取证，然后进行行政处罚的执法形式。在一些工商执法人员进行工商执法的过程中，也经常见到执法人员拍照取证。甚至在一些刑事案件的案发现场，我们也常见到侦查人员进行拍照取证。

进行拍照取证时，应当至少拍摄两张：一张记录取证现场的大环境；另一张记录取证对象的具体情况。比如车辆违章停车时，应当拍摄一张该车违章的全景照片，再拍摄一张能体现该车的车牌、车型、颜色、特征的照片。

需要说明的是，在证据法学中，照片常被认定为其他证据种类的载体。照片记录的对象是该证据种类的，应当认定该照片为该证据种类的载体。比如某车主涉嫌交通肇事罪，侦查人员现场拍下的肇事车辆照片，应当被认定为该肇事车辆的载体，即该照片为物证的一种表现载体。而对肇事车辆的违法行为进行拍照取证所获得的照片记录，其指向的对象是违法行为，应当认定为视听资料。比如某车违章停车时所拍的该车违章的全景照片，说明了车主违章停车的违法行为，此时该照片应当被认定为视听资料，而不认定为该违章车辆的载体。

二、视听资料的保管

视听资料有直观、生动、准确等优点，但同时也有易被篡改、损坏和丢失等缺点。视听资料由人进行记录和修改，以一定的化学或物理特征存储于一定的载体内。视听资料对高科技设备依赖性较大，对存储技术和存储载体的要求比较高。这些特点导致视听资料容易损坏、被篡改和丢失。因此，在保管视听资料的时候，取证人员必须对视听资料进行分类，按照其载体特性进行保管，并及时做好备份，将易损坏的资料进行更为妥当的存储载体转换。例如，将磁带录音备份至电脑硬盘上，将电脑硬盘存储的视听资料用光盘进行备份。同时，我们还必须要求取证工作相关人员将取得的视听资料与案件当中搜集到的其他证据进行互相印证，防止被篡改的视听资料成为定案证据。

项目三 运用视听资料

——非法证据排除规则

法律的力量仅限于禁止每一个人损害别人的权利，而不禁止他行使自己的权利。

——罗伯斯庇尔

【引 例】

1997 年，一家兄妹几人凑钱买下了一家快倒闭的小工厂，当时商量好为合伙经营。由于妹妹是原工厂的职工，懂得业务，就由她办理执照，经营也由她负责。买厂子时花费了十几万，而现在厂子升值到 80 万元以上，生产效益也很好，纠纷也随之产生。纠纷由妹妹引发：经营已经有了赢利，但她从不与哥哥们分红，也没开过股东会。为此，他们举行过一次家庭会议，由老父亲出面协调此事。会上，包括妹妹在内大家都说得明明白白，当初是合资买厂，属于入股经营，如有赢利理应分红。

此后不久，妹妹却改变了说法，她不承认是入股，坚持是借钱，这个厂子属她个人所有，并且还逼着住在厂内的一个哥哥搬出去，要收回房子以供生产用。那个哥哥之所以住在厂内，是因为当初凑钱买厂时他把自己的住房卖了，他当然不同意搬出去，况且在别处也没房子，他能往哪儿搬？于是，妹妹一纸诉状送到法院，告哥哥侵占了自己的房屋所有权。由于是家庭合伙经营，都是口头协议，没形成任何文字材料，所以哥哥一方拿不出证据来；而妹妹一方却有经营执照等作为证据支持自己的诉讼请求。

然而，意想不到的事在案件中是屡见不鲜的。就在那次家庭协调会上，有一个哥哥偷偷录了音，其中有妹妹承认是入股经营的话。录音带立马被交给法庭。但这也仍然于事无补。妹妹在质证中提出两条：①录音带上的话不是我说的；②这样的录音用科技手段可以伪造。法院最后判决妹妹胜诉。

哥哥一方对判决不服，告到了市检察院，并提交了微型录音带一盘。2007 年 3 月中旬，当地检察机关将录音带送到鉴定中心委托鉴定。得出的鉴定结论是：录音带无剪辑，几名说话者身份均被认定。根据这一结论，当地检察院准备对此案的判决提出抗诉。

问：你怎样看待案中各方对该录音证据的不同认定结论？

【基本原理】

一、民事诉讼以及行政诉讼中的禁止性规定

视听资料必须依照法定程序取得，经过法庭质证、认证后才能作为定案依据。在一些情况下，假如应用视听资料证明案件时违反了程序性规定，而证据本身具有真实性，是否应当将其在法庭上进行质证、认证，并最后作为定案依据呢？随着科技的发展，以往在间谍情报活动中才能使用的偷拍、偷录器械已经日趋平民化，互联网计算机技术以及手机技术的发展衍生出许多新的获取视听资料的渠道，通过这些渠道获得的视听资料是否符合法律的有关规定，能否作为定案依据而被法庭采信呢？

关于这个问题的法律条文，最早出现在最高人民法院 1995 年 3 月 6 日作出的《关于未经对方当事人同意私自录音取得的资料能否作为证据使用问题的批复》，该批复指出："证据的取得首先要合法，只有经过合法途径取得的证据才能作为定案的根据。未经对方当事人同意私自录制其谈话，系不合法行为，以这种手段取得的录音资料不能作为证据使用。"这一法律条文现在已经被我国 2002 年 4 月出台的《最高人民法院关于民事诉讼证据的若干规定》第 68 条所替代，该条法规明确规定："以侵害他人合法权益或者违反法律禁止性规定的方法取得的证据，不能作为认定案件事实的依据。"同时，我国《最高人民法院关于行政诉讼证据若干问题的规定》第 58 条也作了相同的规定，而且第 57 条第（2）项进一步明确"以偷拍、偷录、窃听等手段获取侵害他人合法权益的证据材料"不能作为定案依据。

结合以上两个司法解释，我们可以知道，在民事诉讼以及行政诉讼中，对于未经对方当事人同意而私自录制的视听资料，只要不侵害他人的合法权益，不违反社会公共利益和社会公德，不违反法律的一般禁止性规定，就不能视为非法证据，从而具有证据能力和证明力。这样的视听资料经过质证，可以作为定案依据。相反，只要偷拍偷录符合以下两种情况：第一，侵犯了他人的合法权益、违反社会公共利益和社会公德；第二，违反法律禁止性规定而收集的视听资料，应当认定为非法证据，依法予以排除。

在上述案例当中，哥哥除了该录音以外，没有其他证据可以证明自己的事实主张，如果依照 1995 年的法律规定，该录音不能作为证据被采信，哥哥必然败诉。但是依照 2002 年的法律规定，该录音虽然是偷录取得，但由于并没有侵犯他人的合法权益，没有违反社会公共利益和社会公德，也没有违反法律禁止性规定，因此可以作为证据在

诉讼中使用，当地检察院可以依照该证据提起抗诉。

二、刑事诉讼中的相关规定

在刑事案件的实践中，司法工作人员可以依据法律规定，按照程序在授权的具体范围、方式和程序下进行视听资料的收集，必要时甚至可以强行取证。但是我国法律法规在具体实际程序的规定方面还属于立法空白，尚未有规格较高的法律法规予以规制，仅散见于最高人民检察院《关于人民检察院实施〈刑事诉讼法〉规则（试行)》以及各地方规定。

我国最高人民检察院《关于人民检察院实施〈刑事诉讼法〉规则（试行)》第165条规定："进行搜查的人员，应当遵纪守法，不得无故损坏搜查现场的物品。对于查获的重要书证、物证、视听资料及其放置地点应当拍照，并且用文字说明有关情况，必要的时候，可以录像。"第227条规定："人民检察院对物证、书证、视听资料、勘验、检查笔录存在疑问时，可以要求侦查人员提供物证、书证、视听资料、勘验、检查笔录获取、制作的有关情况。必要时也可以询问提供物证、书证、视听资料的人员并制作笔录，对物证、书证、视听资料进行技术鉴定。"从这些规定当中我们可以看到，进行视听资料的收集时，司法工作人员可以采取强制的手段，并且在人民检察院认为相关证据存在疑问时，可以要求侦查人员提供相关情况、进行询问或进行技术鉴定。

另外，我们也应当认识到，刑事诉讼当中对于视听资料的收集限制明显低于民事诉讼以及行政诉讼。在民事诉讼以及行政诉讼就视听资料的证明力以禁止性的法律条文加以规制的情况下，在刑事诉讼方面也应当以相类似的规定加以规制，以期达到立法上的形式统一，方便法律的适用。例如，在陈界融教授执笔的《中国证据法学者建议稿》当中，第19条第（2）项提到侦查机关、检察机关"没有依照法律规定的授权范围、方式、程序等条件进行监视、监听所取得的视听资料"，人民法院应当根据法益权衡原则，审酌人权保障和公共利益维护间的平衡，决定其有无证据能力。

思考与练习

1. 视听资料有哪些种类，有哪些特点？我们应该怎样看待视听资料的特点？

2. 作为一名司法工作人员，应当怎样依法进行视听资料的收集与运用？在收集与运用的过程中需要注意哪些问题？

3. 在民事诉讼、行政诉讼和刑事诉讼中，怎样的视听资料属于非法证据而需要被排除？

拓展阅读

1. 张斌．视听资料研究．北京：中国人民公安大学出版社，2005
2. 何家弘．电子证据法研究．北京：法律出版社，2002
3. 刘品新．中国电子证据立法研究．北京：中国人民大学出版社，2005
4. 郭美松．视听资料的证据能力及采信规则．现代法学，2004（1）
5. 李秀芬．视听资料的合法性审查与运用．现代法学，2001（3）

单元九

鉴定结论

引　言

在诉讼过程中，往往需要就案件涉及的专门问题进行检验、鉴别并加以判断。由于要作出正确的判断需要专门的知识、经验和技能，有的还需要借助专门仪器和技术手段，而一般人不具备相应的条件，需要指派或者聘请具备相应条件的鉴定人从事这方面的工作，由此产生鉴定人和鉴定人制度。这些人往往是特定领域的专家，具备专业的知识和技能，因而有些国家把鉴定人称为“专家证人”。实践证明，在许多案件中，将专门性问题交付鉴定是诉讼中不可或缺的环节，鉴定结论具有其独特的诉讼价值。

【知识目标】

理解鉴定结论这种证据形式的特点以及在诉讼中的重要作用；明确作为鉴定人应该具备的资格和条件。

【能力目标】

学生在掌握基本理论的基础上，熟悉我国司法鉴定的程序；了解常见的鉴定种类和鉴定的方法。

【内容结构图】

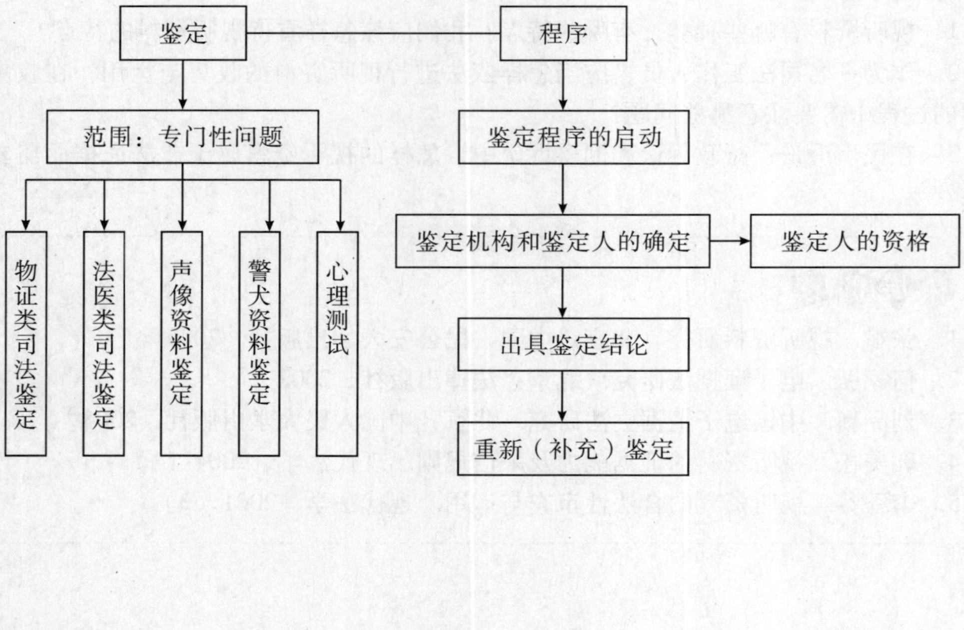

项目一　认识鉴定结论

狱事莫重于大辟，大辟莫重于初情，初情莫重于检验。盖死生出入之权舆，幽枉屈伸之机栝，于是乎决。

——宋慈

【引　例】

2000年8月21日，河南省焦作市路通律师事务所律师于萍、助理律师卢鑫接受涉嫌贪污犯罪的马明刚之妻朱克荣的委托，担任马明刚案的一审辩护人。2000年11月1日，沁阳市人民检察院以贪污罪对马明刚提起公诉，并向沁阳市人民法院移送了该案主要证据的复印件6本，共计421页。同年11月3日，朱克荣得知该案已到法院后，即告诉于萍。当日下午，于萍即安排卢鑫前来沁阳，并与马明刚的亲属朱克荣、马峰、马明魁等人一同来到沁阳市人民法院立案庭。卢鑫依照规定办理了有关手续后，将检察机关移送到法院的马明刚贪污案主要证据卷宗材料全部借出，并予以复印。复印后，朱克荣向卢鑫提出看一看复印的案卷材料，卢鑫没同意，答复要请示于萍同意。随后，马明魁用手机拨通了于萍的电话，向于萍提出要看复印材料。于萍表示同意，让马明魁把手机电话交给卢鑫，并在电话中交代卢鑫把复印材料留下。卢鑫按照于萍的安排将复印的案卷材料留下后返回焦作。当晚，朱克荣等人对照起诉书及案卷材料进行了研究。次日，马峰到焦作给卢鑫归还了复印的案卷材料。朱克荣根据案卷材料反映的情况，对所涉及的证人逐一进行联系，并做了相应工作。同年11月8日、10日，马明刚贪污案的有关证人张云田、吕学旗、侯清刚等人在于萍来沁阳调查、取证时，均出具了虚假证明。

2000年11月11日，被告人于萍到沁阳调查、取证后回焦作时，因未能取到王全胜（案卷材料所涉及的证人）的证明，又将复印的案卷材料留下给朱克荣。11月13日，朱克荣找到王全胜，让王全胜阅读了马明刚的供述，王全胜根据马明刚的供述出具了虚假证明。

2000年11月15日，马明刚贪污案公开开庭审理时，被告人于萍出具了有关证人的虚假证言及证明材料后，检察机关两次提出延期审理建议，决定对马明刚案补充侦查。

经河南省国家保密局、河南省焦作市国家保密局鉴定，被告人于萍让马明刚家属所看的马明刚贪污案的案卷材料均属机密级国家秘密。公诉机关以被告人于萍涉嫌故意泄露国家秘密起诉至人民法院。

问：案中保密局的鉴定结论可否作为定案的依据？

【基本原理】

一、鉴定结论的概念

鉴定是为了查明事实，对案件中的专门性问题进行鉴别的一种诉讼活动。鉴定结论是指司法机关为了解决案件中某些专门性问题，指派或聘请具有这方面专门知识和技能的人，进行分析、判断后所作的书面结论。常见的鉴定结论通常有法医学鉴定、物品与痕迹鉴定、会计鉴定、事故鉴定、产品质量鉴定等。

《刑事诉讼法》第119条规定："为了查明案情，需要解决案件中某些专门性问题的时候，应当指派、聘请有专门知识的人进行鉴定。"《民事诉讼法》第72条和《行政诉讼法》第35条都规定："人民法院对专门性问题认为需要鉴定的，应当交由法定鉴定部门鉴定；没有法定鉴定部门的，由人民法院指定鉴定部门鉴定。"以上规定说明了四个层次的意思，一是鉴定的启动是因为司法机关在办案过程中遇到专门性问题需要解决时提起；二是提起鉴定的机关应是司法机关；三是指派或聘请，即提起鉴定后，由哪里鉴定须指派、聘请，也就是说司法机关和鉴定机关的关系是"指派"和"聘请"，而且应具备相应的形式要件；四是法定部门，没有法定部门的由法院指定。

在英美法系中，鉴定人被称为专家证人，鉴定结论被称为专家证言，为传闻证据规则的重要例外。专家证人系为法院诉讼程序之目的提供或准备证据的专家，故当事人的技术顾问提供的证据，虽然其中涉及专门性问题，也只能作为普通专家证人证言。

在大陆法系国家和我国，证人与鉴定人是不同的，有关证人与鉴定人、证人证言与鉴定结论的适用范围和有关规则也存在着差异，所以对两者加以区别是十分必要的。一般认为，证人与鉴定人存在如下主要区别：

其一，证人陈述的是自己所感知或接触过的具体事实，而鉴定人鉴定的结果即使是对案件事实的结论，也并非是其耳闻目睹的事实。

其二，证人因亲身感知过案件事实而具有不可替代性，鉴定人却可以被替换。

其三，为防止拒绝提供证言，对证人能力通常不加以限制，对鉴定人则有资格限制及回避要求以保证鉴定的科学性和公正性。

其四，为了作出科学的结论，鉴定人拥有高于一般证人的特权，比如有权要求了解有关案情或阅览有关的案卷材料、鉴定人共同鉴定时可以相互讨论等，而证人无权阅览案卷材料（有关其证言笔录除外）、作证期间证人之间不得相互接触和讨论、对证人的询问应个别进行。

二、鉴定结论的特点

1. 鉴定结论属于"科学证据"，具有较强的客观性

鉴定结论是鉴定人运用一定的科学知识，采用一定的科学方法，对案件专门问题进行分析、检验后得出的结论，具有较强的科学性。诚然，鉴定的对象和方法是多种多样的，科学技术的含量也是各不相同。有的鉴定使用先进的仪器设备进行，自动化程度很高；有的鉴定凭手工完成，主观经验性很强。但是，任何鉴定结论都必须以一定的科学技术为基础，因而鉴定结论属于"科学证据"的范畴。不过，鉴定结论的科学性并不等于说所有的鉴定结论都是科学可靠的。再先进的科学仪器都是人操作的，任何鉴定结论最终也都是人作出的，因而鉴定活动不可避免地要受到鉴定人的业务水平、专业经验、职业道德等因素的影响。

2. 鉴定结论的作用在于补充事实裁判者在专门问题上认识能力的不足

一般来说，事实裁判者的认识能力是不需要，甚至是排斥各种形式的"补充"的。事实认定方面的能力被认为是每个人与生俱来的，它只能意会不可言传，更不会成为一种专门化的知识；相反，面对变幻莫测的案件事实，任何试图将这种事实认定能力专门化的倾向，都存在着造成偏见的危险。

然而，在司法实践中，案件事实所涉及的信息量又常常会有超出一般生活经验范围之外的情形。这时，缺少有关专门知识作支撑的单纯的判断力便失去了用武之地，而不得不借助有关专业人士的帮助。因为我们虽然可以推定事实裁判者具备所有应当具备的常识，并可以通过各项措施尽量满足这一推定，但是却不可能要求他们对于超出一般常识范围之外的各个专门领域也都有深入研究。于是，鉴定人便成为一个重要角色。鉴定人的作用便是根据超出一般常识范围之外的那部分专门知识，就专门问题作出判断，以弥补事实判决者在专门问题上认识能力的不足。

3. 鉴定结论属于“意见证据”，而非最终的结论

这包括两层含义：其一，鉴定结论是鉴定人对案件中的专门性问题提出的理性意见，不是感性认识。鉴定的目的是解决案件中凭借普通常识无法判明的专门性问题，因此鉴定人不能只报告他所观察到的事实，必须在观察或检验的基础上作出理性的分析和判断，即意见。其二，鉴定人所提供的意见，只能解答事实认定问题，不解答法律争议问题，后者属于司法人员的职能范围。如走私的动物是否是穿山甲可鉴定，但其是否属于珍稀动物，取决于法律法规是否已将其确定为珍稀动物。这需要通过对法律的审查来判断，这显然是法律适用问题。

单从形式上看，鉴定结论作为一种意见证据，与裁判者作出的事实认定一样都是在一定事实基础之上运用判断力得出的结论；同时由于鉴定人在有关专业领域相对于普通人占有知识上的优势地位，这就使得其所作出的鉴定结论具有了较高的权威性。但是，这些都不足以使鉴定结论获得与裁判者作出的事实认定同样的终局性的效力。鉴定结论仍然仅仅是证据的一种，其证明力同样要接受裁判者的判断。

三、鉴定的范围

鉴定结论所针对的必须是借助于专门知识和技能才能认定的事实问题，即有鉴定之必要性的问题。鉴定人不能对普通经验层面的事实问题发表意见，根据一般理性认定案件事实是裁判者的职权。因此，通常情况下，证人只能就其所感受到的客观事实进行陈述，而不得加入主观推测的成分，这一点在英美国家被称为意见证据的排除规则。而鉴定结论作为遇到专门性问题时的一项例外举措，则必须严格遵守其职责范围。

但是，所谓“专门知识和技能”也不是一个拥有确定范围的概念，它与普通知识之间难以进行明确的区分，二者之间的模糊状态，在英美国家，由于其诉讼模式的特点，可以不必深究，因为无论是普通证人还是专家证人都是由控辩双方提供的。因而，英美法系国家的专家范围较广，他们并不仅限于少数具有大学或研究生学历的专业队伍，对于诸如砖瓦工、测量工、木工和电工等也被归入专家行列的现象并不存在多少异议。但在大陆法系国家，鉴定决定权与当事人举证权分离的现状决定了必须在“专门知识技能”与普通知识之间作出一个非此即彼的明确区分，以划定鉴定权与举证权的界限。

绝大多数大陆法系国家都把鉴定的决定权交给法院，这意味着，在是否属于“专门知识和技能”的问题上，由法院行使判断权，并且对这种权力几乎不加限制。原因就在于案件事实的复杂多样和科学知识的不断发展，使立法者不可能制订出一条整齐

划一的标准，而不得不由法官依据具体情况加以个别判断。有的学者在对实践考查的基础上，归纳出了一些通常有鉴定之必要性的事项，如死因鉴定、伤害鉴定、精神鉴定、麻醉药品分析鉴定、枪械鉴定、文书鉴定、指纹足迹鉴定、血液鉴定、尿液鉴定、交通事故原因鉴定等。但这种归纳很大程度上只是一种经验的总结，在规范层面的意义不大。

特别应当指出的是，我国《刑事诉讼法》第119条规定："为了查明案情，需要解决案件中某些专门性问题的时候，应当指派，聘请有专门知识的人进行鉴定。"从这一规定表明：我国法律也没有对何为"专门性问题"给出确定的标准，这一点本无可厚非。但是由于我国现行的是一套在鉴定决定权上的不平等模式，公诉方与法院共同享有鉴定的决定权，而被告人却不具有此项权利。赋予法院鉴定权固然是职权主义诉讼的应有之义，但同时也给公诉方任意解释"专门知识和技能"的范围以剥夺被告人举证权提供了可乘之机，从而造成双方举证能力实际上的不平等。

项目二　鉴定人的资格与权利义务

鉴定人传达推论，证人传达事实；鉴定人提出大前提，证人提出小前提；证人是证据方法，鉴定人是法官的辅助者。

——上野正吉

【引　例】①

某区人民检察院指控被告人王某、赵某犯侵犯著作权罪，向某区人民法院提起公诉。起诉书称：2009年3月，被告人王某伙同被告人赵某密谋做盗版软件生意。两人利用工作便利条件，盗取所在公司享有版权的"滚石KTV宽带服务系统软件"后，经复制销售，违法所得人民币25万元。

两被告人对指控的事实拒不承认，辩称其所销售的软件为两人共同开发，两人对其享有著作权，其销售行为并未侵犯他人权利。

中国科学技术法学会华科知识产权鉴定中心对两被告人所有的笔记本电脑中所载忆维斯软件的源程序代码进行鉴定，经与被害公司所有的"滚石KTV宽带服务系统软件"比对、分析，得出结论：两个软件所涉及的目录和文件，程序逻辑流程完全一致，有95%的代码内容完全一致，忆维斯软件是在滚石KTV系统的基础上进行少量开发完成。可以确认忆维斯软件是对滚石KTV软件的复制。

被告人的辩护律师认为，该鉴定结论所鉴定的对象是两被告人笔记本电脑中载有的软件，并非实际销售给客户的软件，鉴定对象错误；且该鉴定结论只有鉴定组组长签字，没有所有鉴定人的签字，故鉴定结论不科学，不能作为定案的依据。

问：1. 上述鉴定中心出具的司法鉴定书的鉴定人资格这一形式要件是否合法？

2. 鉴定中心所出具的鉴定结论是否具有可采性？

---

① 宋随军等．刑事诉讼证据实证分析．北京：法律出版社，2006．142～147

【基本原理】

一、鉴定人的资格

（一）鉴定人的一般资格

鉴定人的鉴定资格是鉴定结论具有证据能力的一个当然条件。鉴定资格主要包括两个方面的内容：

1. 鉴定人应当具备鉴定所需的专门知识和技能

就像无法对所有需要鉴定的问题作出列举性规定一样，法律也不可能对于具备何种知识程度的人可以在具体案件中担任鉴定人给出一个确实的标准，而必须在个案中加以判断。在西方国家，即使对于那些被列入鉴定人名册的人，法律也不排除控辩双方对其是否具有专门知识和技能提出质疑。但是，在特殊情况下，法律可能会对某些特定的鉴定人资格加以具体规定。如我国《刑事诉讼法》第120条第2款规定："对人身伤害的医学鉴定有争议需要重新鉴定或者对精神病的医学鉴定，由省级人民政府指定的医院进行。"据此，对于本条指出的鉴定，只有省级人民政府指定的医院才有权进行，其他单位作出的鉴定结论一律不具有证据能力。但是，符合本条规定只是证据能力的一个最基本的条件，仅此并不能使其鉴定结论当然具有证据能力。如果法院认为该省级人民政府指定的医院不具备鉴定所需的有关专门知识和技能，则其所作出的鉴定结论同样不能作为证据作用。

2. 鉴定人应在案件中保持中立性

鉴定结论是一种意见证据，鉴定人作出鉴定结论的过程是一个判断的过程，因此，为了减少这一判断过程中外界因素的干扰，尽可能保证鉴定结论的客观真实性，一般都要求鉴定人像法官那样，在控辩双方之间保持中立性。各国基本都规定了鉴定人回避的条款，当鉴定人与案件有利害关系或者其他关系时应当回避，否则其所作出的鉴定结论不具有证据能力。

但是，回避条款所列举的各种情况就保障鉴定人的中立性而言是不够的。有时鉴定人即使与双方当事人均无利害关系，也可能会由于某种不经意间形成的预断或偏见而丧失中立性。导致鉴定人对案件产生预断或偏见的原因多种多样。其一，过早或过多地了解案情。如果鉴定人对与鉴定无关的事实了解太多，则难免会形成某种预断，从而影响其鉴定的客观真实性。其二，当鉴定人由控方选任时，他与控方之间本身便具有了一种牵连关系，人们完全有理由怀疑其在鉴定过程中会倒向控方而对被告人心存偏见。目前，对于这种有预断和偏见嫌疑的鉴定结论，很难完全否认其证据能力，而只能作为对其证明力进行判断的一个考虑因素。

（二）从事司法鉴定业务的资格

2005年2月28日第十届全国人民代表大会常务委员会第十四次会议通过了《关于司法鉴定管理问题的决定》，其中第四条明确规定，具备下列条件之一的人员，可以申请登记从事司法鉴定业务：

（1）具有与所申请从事的司法鉴定业务相关的高级专业技术职称。

（2）具有与所申请从事的司法鉴定业务相关的专业执业资格或者高等院校相关专业本科以上学历，从事相关工作五年以上。

（3）具有与所申请从事的司法鉴定业务相关工作十年以上经历，具有较强的专业技能。

因故意犯罪或者职务过失犯罪受过刑事处罚的、受过开除公职处分的，以及被撤销鉴定人登记的人员，不得从事司法鉴定业务。

二、鉴定人的权利与义务

（一）鉴定人的权利

1. 了解有关案件事实的权利

鉴定活动是一项将专门性知识与技能运用于具体案件事实的活动，而不仅仅是提供纯粹的专门知识和技能。为了鉴定活动顺利有效地进行，必须赋予鉴定人在一定程度上了解案件有关事实的权利。如德国《刑事诉讼法典》第 80 条规定："为了准备鉴定，依鉴定人要求可以许可他通过询（讯）问证人、被指控人进一步了解事实。为了同一目的，可以许可鉴定人查阅卷宗、询（讯）问证人、被指控人时在场以及直接向他们发问。"我国法律对此未作具体规定，但学术界的普遍观点认为鉴定人有权查阅卷宗和其他与案件有关的材料，有权询问当事人和证人。

需要注意的是，如果鉴定人超出鉴定所需的范围，过多地掌握案件事实和证据，则又会带来另一种负面影响。我国台湾学者蔡墩铭通过对审判心理学的研究指出，鉴定人过早检阅卷宗是产生鉴定错误的重要原因之一，因为这很容易使鉴定人产生先入为主的印象，从而影响鉴定结论的客观性。① 可见，在赋予鉴定人了解有关案件事实的问题上，如何尽量保障其客观中立的地位就成为一个值得研究的问题，而这一问题在大陆一直没有引起注意。

2. 自主鉴定的权利

司法机关委托数人共同鉴定时，鉴定人之间可以就鉴定事项进行讨论，但意见不一致时，各鉴定人有单独出具鉴定意见的权利。

鉴定结论是鉴定人根据自己的专门知识和技能作出的判断。各鉴定人针对某一鉴定事项拥有的专门知识和技能是同样的，因此，对于同一问题也应当拥有同等的发言权。在科学问题上，多数人的观点不一定具有当然的正确性，每个人都有保留自己观点的权利。而且，鉴定结论是证据的一种，其证明力要由法官进行判断，因此，它不需要像合议庭制作判决一样必须得出一个最终结论。相反，一个明确反映各鉴定人意见的未经妥协的鉴定结论更有助于法官对其证明行使判断权。

此外，我国相关法律还明确规定了鉴定人依法享有的报酬请求权，以及因鉴定而使自身及近亲属的人身财产受到威胁时的请求保护权。

（二）鉴定人的义务

1. 鉴定的义务

受法庭选任担任鉴定人的人，具有认真负责、客观公正地进行鉴定的义务，无正当理由不得拒绝。需要强调的是，负有此项义务的仅限于依法具有从事鉴定业务资格的单位或个人；除此之外，虽具有某种专门知识和技能，但并不从事鉴定业务，只是在某一具体案件中受到法院聘请进行鉴定的人，不负有强制鉴定的义务。目前，我国鉴定机构中的一大部分设于侦查和检察机关内部，鉴定人拒绝鉴定的情况一般不会发生，因此，有关拒绝鉴定的强制措施尚未引起学界的广泛注意。

---

① 蔡墩铭．审判心理学．台北：水牛出版社，1986．409~410

2. 应法院要求出庭就鉴定结论接受质证和审查的义务

鉴定结论是特定的鉴定人运用其专门知识和技能作出的推论性意见，它属于人证的范围，应当以人证的方式予以调查。即应当要求鉴定人像证人一样出庭作证，对其鉴定结论加以说明，并接受控辩双方的质证和法官的审查。如果允许鉴定人以提交书面意见的形式代替出庭，即将鉴定结论仅仅视为一种书证，则很难完全揭示其中隐含的信息。而且鉴定结论由于其所包含的专门知识的因素超出一般人所能理解的范围，在很多情况下比证人出庭作证更加具有必要性。全国人大常委会《关于司法鉴定管理问题的决定》第13条规定："经人民法院依法通知，拒绝出庭作证的，省级人民政府司法行政部门给予停止从事司法鉴定业务三个月以上一年以下的处罚；情节严重的，撤销登记。"

项目三　鉴定的程序

我坚持的原则是，刑事科学是不能被金钱收买的。

——李昌钰

【引　例】

2003年2月24日，湖南省湘潭市临丰学校年仅21岁的女教师黄静死在校内宿舍的床上，一床棉被平整地盖过她的鼻梁。棉被下，黄静浑身赤裸，脸色苍白，床边有几张揉成团的白色纸巾。急救记录上记录着："已死多时，全身皮肤淤斑，散见斑块。"

关于黄静的死因，湘潭市雨湖区公安分局、湖南省公安厅先后作了三次鉴定，认定黄静属于心脏死和肺脏死，排除脑死亡。

在舆论的帮助下，死者家属也先后委托了非官方的南京医科大学和中山大学法医鉴定中心就死因进行鉴定。南京医科大学的审查结论认定"黄静属非正常死亡，因风心、冠心病或者肺梗死猝死的根据不足"；中山大学的专家因为受到某些势力的处处刁难，以及黄静的心脏标本被毁、尸体高度腐败等因素，也未能确定黄静的具体死因，但同样认为有关部门的鉴定结论证据不足，有待进一步检查。

2004年8月2日，最高人民法院司法鉴定中心认定："被鉴定人黄静在潜在病理改变的基础下，因姜俊武采用较为特殊方式进行的性活动促发死亡。"

湘潭市雨湖区人民检察院采用了湖南省公安厅的鉴定结论，以被告人姜俊武涉嫌强奸（未遂）起诉至湘潭市雨湖区人民法院。

问：对于这起因为多种鉴定结论矛盾和以网络为主的公众高度关注而成就的"中国网络第一大案"，你认为审判机关应采信哪份鉴定结论？该案反映了鉴定程序的什么问题？

【基本原理】

一、鉴定程序的启动

《刑事诉讼法》第119条规定："为了查明案情，需要解决案件中某些专门性问题的时候，应当指派、聘请有专门知识的人进行鉴定。"《民事诉讼法》第72条和《行政诉讼法》第35条都规定："人民法院对专门性问题认为需要鉴定的，应当交由法定鉴定部门鉴定；没有法定鉴定部门的，由人民法院指定鉴定部门鉴定。”

在司法实践中，鉴定究竟是在立案前还是在立案后，即鉴定程序何时启动。多数办案人员认为，根据《民事诉讼法》第64条“谁主张谁举证”这一重要举证原则，鉴定结论作为一种证据，应当由当事人或其辩护人自行委托鉴定。事实上，由当事人自行委托鉴定存在很多问题的。鉴定结论是一种特殊的证据，相对其他证据来说，其特殊性表现在于它针对的是办案过程中的专门性问题，办案人员对专门性问题无法鉴别和判断时，运用的是专门的科学技术或者科学知识，专业性较强。它还是三大诉讼法明文规定的应由司法机关提起，法律严肃性较高。而且，鉴定本身有一套鉴定程序，程序性较强。以法医学鉴定为例，如果由当事人自行委托鉴定，首先它不能保证案情、伤情、病情的真实性。被鉴定人为了自己的利益，扭曲案情、夸大伤情、隐瞒病情，使鉴定结论的客观性不能得到保障。其次，自行鉴定也不能保证损伤与案件事实的因果关系。被鉴定人为了加大赔偿范围、增加对方的刑事责任，把自己因意外致伤、其他原因造成的损伤，以及原来的损伤或疾病加在一起要求鉴定，致使鉴定结论与损害行为的关联性不能得到保证。再则，鉴定结论的合法性也不能得到保障。我国证据采用标准中规定，证据主体必须具备法定条件，证据应当由法定人员依法定程序予以收集，还须具有合法来源。按照三大诉讼法规定，这样的鉴定结论是不合法的鉴定结论，不具证明力，不能作为诉讼证据。另一方面，目前的鉴定体制对于当事人自行委托鉴定具有一定的困难，并且《民事诉讼法》第64条的规定还包含了“当事人及其诉讼代理人因客观原因不能自行收集证据或者人民法院认为审理案件需要的证据人民法院应当调查收集”。根据最高人民法院有关司法解释，人民法院认为需要鉴定、勘验的证据由人民法院负责调查收集。所以无论是从法律规定鉴定提请的程序来说，还是从鉴定结论作为证据的三大属性来说，鉴定程序的启动应是在立案后，通过司法机关委托才启动的。在刑事诉讼案件中，从侦查阶段、起诉阶段和审判阶段都可能启动鉴定程序。公安机关在接到报案后，就应立案调查，收集证据，提请鉴定，以明确案件性质，是自杀还是他杀，是一般伤害或是重伤害。然后，根据不同性质的案件作出不同的处理。对于检察机关，在批准逮捕和审查起诉过程中为明确案件的真实情况也可以审查、复核侦查阶段的鉴定结论，同时还可以提出重新鉴定，或对新的专门性问题提出鉴定。法院作为审判机关也是一样的，只要符合立案条件，就应先立案再鉴定。但需要指出的是，在这里所阐述的由司法机关委托鉴定并不排除当事人主张鉴定，当事人主张鉴定的可以通过向司法机关申请，由司法机关审查决定是否鉴定。这一点应该已达成共识，无须赘述。

二、鉴定机构与鉴定人的确定

关于鉴定机构与鉴定人的确定方式，基于案件性质的不同，刑事诉讼与民事诉讼存在着较大的差异。如前所述，在刑事诉讼中，根据《刑事诉讼法》第119条的规定：“必须由负责办案的司法机关指派或者聘请有专门知识的人进行鉴定，当事人只有补充或重新鉴定的申请权，无法自行选择鉴定机构或者鉴定人员。”而根据《最高人民法院关于民事诉讼证据的若干规定》第26条的规定：“在民事诉讼中当事人申请鉴定经人民法院同意后，由双方当事人协商确定有鉴定资格的鉴定机构、鉴定人员，协商不成的，由人民法院指定。”

三、鉴定结论的出具

司法实践中，无论是刑事技术鉴定还是针对其他专门性问题的鉴定，鉴定结论都是以鉴定书（检验报告）的形式出现。鉴定书必须具有规范的格式和内容，一般包括首部、正文和尾部三部分。

（一）首部

首部主要是制作单位和文书名称，如“×市公安局枪弹痕迹鉴定书”。

（二）正文

正文主要包括四部分内容：

（1）绪论。主要包括送检情况、简要案情、检材情况和鉴定要求。

（2）检验。主要包括对检验客体的描述，检验、实验的步骤、方法、手段和检验中所得的数据、特征和图形等。

（3）论证。是对检验中发现的特征、数据的综合分析，是作出鉴定结论的科学依据。

（4）结论。即鉴定结果，主要是说明经过检验是否证实了《鉴定聘请书》或送检单位的要求鉴定的项目。如果因条件不够而无法作出肯定性鉴定结论的，也可以是分析性意见。

（三）尾部

尾部是鉴定人和检验人、复核人的签名以及加盖鉴定单位的鉴定专用印章。

下面是一份完整的手印鉴定书：

×市公安局

手印鉴定书

×公刑技检字［×］×号

一、绪论

送检单位　×市公安局刑警大队

送检人　张×

送检时间　×年×月×日

简要案情

20××年3月20日晚12时许，××市东关派出所民警李某某在追捕犯罪嫌疑人途中，被犯罪嫌疑人枪杀。经现场勘查，在犯罪嫌疑人遗留于现场的“五四”式手枪枪柄上提取指纹壹枚。侦查中发现邱××（男，29岁，××市某村人）有重大嫌疑，并捺其十指指纹一同送检。

送检材料：

1. “五四”式手枪枪柄上提取的指纹壹枚；

2. 邱××十指指纹捺印卡壹份。

鉴定要求：“五四”式手枪枪柄上提取的指纹是否为邱××所遗留。

二、检验

该项检验由××市公安局刑事技术鉴定人柯××、李×承担，于20××年3月24

日上午8时开始检验。"五四"式手枪枪柄上提取的指纹类型为双箕斗（见照片一），指纹不完整，只有部分中心花纹出现，纹线较清晰，有鉴定价值。经仔细寻找，发现稳定的细节特征9个，将现场指纹与邱××的十指指纹逐一比对检验，发现邱××的左手拇指指纹出现9个细节特征与现场指纹的9个细节特征相吻合，构成了同一认定的依据。检验鉴定于20××年3月24日上午10时20分结束。

三、论证

经过比对检验，现场提取的指纹与邱××的左手拇指指纹花纹类型、纹线流向以及各个细节特征的大小、长短距离、位置均相一致，可以作为同一认定的依据。

四、结论

现场"五四"式手枪枪柄上提取的指纹是邱××的左手拇指所遗留。

鉴定人　柯××　助理工程师（签名）
鉴定人　李×　工程师（签名）
二〇××年三月二十四日

（照片略）

四、补充鉴定与重新鉴定

为最大限度地保证鉴定结论的准确性，三大诉讼法都有对于可能发生错误的鉴定结论进行重新鉴定的规定，启动重新鉴定程序时应注意以下四个问题：

（一）启动时间

鉴定结论是诉讼证据之一，它的正确性受鉴定资料的客观真实性及鉴定人的知识水平、主观思维所选用的科技手段等因素的影响，因而其证明效力必须经过庭审质证后，才能确定。故启动重新鉴定的时间应在庭审质证之后，作出判决之前进行。

在二审中，当事人因对一审所依据的鉴定结论所作出的判决不服，提出重新鉴定申请时，二审应对一审所采信的鉴定结论，根据当事人提出的疑问进行审查。若疑问成立，应以事实不清，证据不足发回重审；若申请理由不能成立，应驳回当事人的重新鉴定申请。

（二）启动主体

除刑事案件对鉴定结论有疑问和《民事诉讼法》第64条规定的由人民法院负责调查收集的证据、"人民法院认为需要鉴定的、勘验的"证据，由人民法院启动重新鉴定程序外，一般应由当事人提出申请，才能启动重新鉴定程序。若法官经对鉴定书审查，认为有必要进行补充鉴定或重新鉴定应行使阐明权，告知当事人鉴定结论对其不利，当事人有提出申请补充鉴定或重新鉴定的权利，而法院不直接启动重新鉴定程序。

（三）必备条件

如果当事人对人民法院委托的鉴定部门作出的鉴定结论有异议而申请重新鉴定，必须具备《最高人民法院关于民事诉讼证据的若干规定》第27条规定的四种情形之一。若不具备其中之一的情形，仅有重新鉴定申请，也不能进入重新鉴定程序，法官不能行使鉴定决定权。

对一方当事人自行委托鉴定机构作出的鉴定结论，另一方当事人提出异议，申请重新鉴定，必须同时提供充足的反驳证据，否则法官也不能仅凭对方当事人的申请，而行使鉴定决定权。

（四）限制条件

《最高人民法院关于民事诉讼证据的若干规定》第27条第2款，对重新鉴定作出了严格的限制规定："对有缺陷的鉴定结论，可以通过补充鉴定、重新质证或补充质证等方法解决的，不予重新鉴定。"该条的立法原意可以理解为尽量不进行重新鉴定，减少当事人的诉累和提高审判效率，尽可能避免鉴定与鉴定之间产生矛盾，影响案件的审理。故法官在对待重新鉴定问题上，对有缺陷的鉴定，能通过补充鉴定、重新质证或补充质证等方法解决的，不应准予重新鉴定。若提供证据足以否定鉴定结论并能证实客观事实的，就不要启动重新鉴定，而可直接引用证据裁判。

项目四　常用鉴定的种类和方法

不仅是指纹和脚印，还有头发、衣服纤维、破损的玻璃、罪犯遗留在现场的作案工具的商标、油画上的一道划痕和血迹都能成为无声的证据。因为这些证据不存在因记忆偏差而出现错误的问题，也不会因为当时环境的刺激或紧张而意识混乱，它们不会成为假证词。只有在发现、分析和对这些证据得出结论的过程中，人为犯下的错误才能使它们丧失价值。

——**埃德蒙·洛卡德**

【引　例】①

据"东方法眼"网站载：日前，江苏省淮安市检察院对一起受贿案件提出抗诉，经省高级人民法院开庭审理，依法改判。案情如下：

被告人吴某自2003年春节至2004年9月，利用职务便利，非法收受他人财物计4万余元人民币和800美元。法庭上，对于其中一笔2万元受贿事实，吴某辩称是借款，自己有借据，行贿人也到庭推翻自己原来行贿的证词。一审法院以被告人吴某是否完全占有该2万元尚有不确定性为由认定为借贷关系，对其他事实则以受贿罪判处被告人吴某有期徒刑3年。

淮安市检察院认为，吴某串通行贿人以借钱名义打了张借条，以掩盖自己受贿的犯罪事实，原审法院认定事实错误，依法提出抗诉。省检察院复核了全部案件事实证据，并对2万元借条进行笔墨书写时间的刑事科学鉴定，鉴定结果表明借条上字迹形成时间与借条上所标称的时间不符，即借条不是在被告人和行贿人所说的时间段书写，而是案发前补写的。于是，省检察院依法支持抗诉。省高级人民法院通过开庭审理，依法撤销一审判决，改判被告人吴某有期徒刑5年，并处没收财产人民币1万元。

文中提到的笔墨书写时间的刑事科学鉴定即字迹形成时间鉴定，它是文件形成时间鉴定的一个内容，也是文件检验技术中的一个难题。在一些涉及经济纠纷的案件中，作案人常常事后通过伪造此前某一时期的文件，篡改事实以达到个人目的。此种情况

---

① 案例出自：http：//www. dffy. com/faxuejieti/xingzhen/200605/20060521214811. htm，最后访问日期：2009－03－22

下，可疑文件上字迹形成时间与标称时间是否一致，常常成为鉴别文件真伪的一个重要依据。处理此类案件时需要对收据、借条、合同、契约、批件等可疑文件上的字迹的相对形成时间进行鉴定。

字迹形成时间鉴定的工作始于1904年，早期是对钢笔墨水的字迹进行研究，圆珠笔油墨字迹的研究工作是1937年圆珠笔问世后才开始的。一个世纪以来，世界各国的法庭科学家们针对字迹书写时间鉴定这个难题一直进行着不懈的努力。但由于墨水成分复杂（含有溶剂、着色剂、表面活性剂及其他添加物），且字迹形成后受保存环境（温度、湿度、光照、氧气等）和其他干扰因素（纸张种类、书写笔力、笔画粗细等）的影响而发生氧化、分解、交联、挥发等一系列物理化学变化，因而难以完全掌握字迹随时间变化的规律。字迹书写时间鉴定一直是困扰国内外法庭科学工作者的一大难题。目前主要是鉴定字迹形成的大致时间和相对时间，并且已经建立了有效的方法，而对鉴定字迹书写绝对时间可靠的方法很有限。所谓字迹大致形成时间，是指字迹形成的大致年代或年月；相对形成时间是指同一文件中某些可疑字迹和其余字迹是否同时书写。

鉴定字迹书写时间是利用化学试剂与字迹墨水起反应，或者利用仪器分析法对墨水成分随时间的变化进行分析，来判断字迹形成时间。常用的方法有压印法、溶剂提取法、硫酸根扩散程度测试法、薄层色谱法、高效液相色谱法、毛细管电泳法、气相色谱法和气质联用技术、傅立叶红外光谱法、拉曼光谱法、显微分光光度法、场解析质谱法、X射线电子能谱法、人工老化法等。

这些检验方法依据不同的原理，各有优势和缺陷，在不破坏检材的情况下还可以结合使用。比如，利用溶剂提取法可以得出三年内圆珠笔油书写字迹的变化规律；利用高效液相色谱法通过比较蓝色圆珠笔油墨中染料的变化情况能够得出字迹五年内的变化规律；利用气相色谱法和气质联用技术可以得到字迹在几个月内的变化规律；压印法能鉴别四年之内，时间间隔为半年的钢笔、圆珠笔和部分签字笔的相对书写时间，且不破坏检材；硫酸根扩散程度测试法能够鉴定书写时间一年以上，时间间隔为半年的蓝黑和纯蓝墨水字迹的相对书写时间；X射线电子能谱法可以鉴定20天内蓝黑墨水字迹的相对书写时间。除此之外，文件上印章色痕的形成时间的鉴定也是文件字迹形成时间鉴定的一部分，可以运用高效液相色谱法对红色原子印章色痕的形成时间进行研究。

【基本原理】

在司法实践中，根据司法活动的类型、阶段和案件的不同性质和特点，对鉴定的划分标准也不一致。如以鉴定人接受委托形式的不同，可分为指定鉴定和委托鉴定；依据鉴定程序的不同，可分为首次鉴定、复核鉴定与补充鉴定、重新鉴定、共同鉴定等。

对证据调查与运用而言，从鉴定学科分类角度来理解鉴定种类更有利于有效获取、审查、利用和评价证据。依据鉴定学科较为通行的分类法是将鉴定划分为物证类鉴定、法医学鉴定、声像资料鉴定及其他鉴定。

一、物证类鉴定

物证类鉴定的物证概念是区别于诉讼法中的物证概念的。根据鉴定科学的学科分类，物证鉴定中的物证主要指以自身外观形态特征、物质结构特征、反映形象特征和理化性质、存在状态来反映客观事实的客体。物证鉴定是指通过对物证的检验和分析，确定其外观形态特征、物质结构特征、反映形象特征和理化性质、存在状态，进行种属鉴别和同一认定的过程。物证鉴定活动中，通常需要鉴定人对物证的特征进行揭示和解释后才能显示出其与案件的真实关系。

物证鉴定通常划分为痕迹鉴定、文书鉴定、理化鉴定、电子证据鉴定等鉴定项目。痕迹鉴定、文书鉴定和理化鉴定是具有悠久历史的传统鉴定项目，随着光学、医学、材料学、分析化学等基础科学的不断发展，痕迹鉴定、文书鉴定和理化鉴定被不断赋予新的内涵，在证据调查中发挥着巨大的作用。电子证据鉴定是一门新兴的鉴定项目，随着电子技术越来越广泛的应用和电子产品的不断普及，它在证据调查中的功能也被不断发掘。

（一）痕迹鉴定

痕迹鉴定是指运用痕迹学的原理和方法对涉及案件的痕迹，依据同一认定的理论和方法进行科学判断的活动。其鉴定对象通常是在作用力的作用下造痕客体对承痕客体形成的印痕类反映形象。根据造痕客体种类的不同，痕迹鉴定通常分为手印鉴定、足迹鉴定、工具痕迹鉴定、枪弹痕迹鉴定和其他痕迹鉴定。

1. 手印鉴定

人体手指、手掌皮肤表面存在乳突线、屈肌褶纹和皱纹，它们共同构成了手纹。手纹中的乳突线自胚胎期形成，除非伤及皮肤的真皮层，否则乳突线纹型终身不变；不同人的皮肤表面一定范围内的乳突花纹类型不可能完全一致，故乳突花纹具有各人不同、终身稳定的特点。手指关节和手掌上的屈肌褶纹也是自胚胎期形成，其主要纹线也是终身不变，具有相对稳定性。但手上的皱纹的稳定性较低。

当手接触物品时，手上的汗液、油脂等物质会遗留在物品表面，物理表面会产生手纹的平面反映形象；当物体表面相对手纹具有可塑性时，手纹还会使物体表面发生形变，形成手纹的立体反映形象。手纹的反映形象就是手印。手印鉴定就是对案件中某特定手印和是否某一手纹所遗留而形成的鉴定，根据手部不同位置的手纹的特点，手纹鉴定分为指纹鉴定、掌纹鉴定和指节纹鉴定。

2. 足迹鉴定

足迹是指人的足在同地面等承痕客体发生相对运动关系时对承痕客体形成的痕迹。根据足上是否着鞋、袜，足迹分为赤足足迹（赤脚印）、穿鞋足迹（鞋印）、穿袜足迹（袜印）。足迹所反映出来的内容有两个方面，一是足迹本身的结构形态特征；二是足迹同地面等发生相对运动关系时形成的运动习惯特征（又称行走习惯动作特征）。足迹鉴定分为步法特征赤足足迹鉴定，鞋印、袜印形象特征鉴定和行走习惯动作特征鉴定。

3. 工具痕迹鉴定

工具痕迹通常指案件中，造痕客体（工具）对承痕客体的施以作用力而使承痕客体局部发生塑性形变而遗留的反映形象。通常指以施力（击打、撬压、擦划、剪切、割削等）为目的，使用造痕物对承痕物进行作用形成的形象；除了承痕客体上形成反映造痕客体和作用力方式的痕迹外，在施力过程中造痕客体本身也可能形成特定痕迹，在对此特定痕迹进行研究时，造痕客体转变为承痕客体。

工具痕迹鉴定即对工具痕迹的造痕客体、承痕客体和作用力进行研究并对造痕客体作出鉴别或认定的活动。

根据形成痕迹的作用力方式的不同，工具痕迹鉴定通常分为撬压痕迹、击打痕迹、擦划痕迹、剪切痕迹和刺切痕迹、割削痕迹鉴定，对开锁过程中开锁物（原配钥匙、增配钥匙、万能钥匙等）使锁具形成痕迹的鉴定通常也列入工具痕迹鉴定中。

4．枪弹痕迹鉴定

枪弹痕迹是枪支发射过程中，在射出弹头、弹壳、枪支和击中物上形成的痕迹。枪弹痕迹鉴定包括对枪支射击过程中在弹头、弹壳上形成的反映枪支机件的外表结构特征的痕迹；在击中物上形成的弹孔、弹道、弹着点等痕迹和火药、金属屑、枪油、烟垢等射击残留物的鉴定。

枪弹痕迹鉴定可以对发射枪支进行种类鉴别和同一认定；可以对射击过程、射击人和枪支状况进行认定，可以同枪支档案进行比对，确定枪支来源。

5．其他痕迹鉴定

此外，在痕迹学的研究领域内还包括车辆痕迹、牙齿痕迹、整体分离痕迹和牲畜蹄迹等，证据调查工作也常常需要对这些痕迹的鉴定，它们在证据调查工作中也发挥着巨大的作用。

（二）文书鉴定

文书鉴定又称文件物证鉴定，习惯上简称文检。它是指对案件中有关文书的制作、变造方法，文书的物质材料，文书中的言语、笔迹的鉴定。文书鉴定对象有文书的形成和损坏，文书的笔迹、言语和图形。司法实践中文书鉴定通常包含笔迹鉴定、印章印文鉴定、印刷文书鉴定、不易见文字鉴定、文书形成时间和材料鉴定和伪造文书、货币、票证鉴定、言语识别等。

1．笔迹鉴定

笔迹是书写文字、符号的表现形式，是书写人运用书写器官控制书写工具将书写动作轨迹遗留在纸上等物品上的一类痕迹。书写运动习惯体系的反映形式是笔迹；书写运动习惯体系具有特定性和相对稳定性，即书写运动习惯体系具有人各有不同的特性。在一定时期内，书写运动习惯体系具有稳定性，而在整个书写能力发展过程中，书写运动习惯体系又具有延续性和变化性——这些特性构成了笔迹鉴定的科学基础。

笔迹鉴定就是通过对笔迹特征中所反映的个人书写运动习惯的研究，来确定不同笔迹是否是同一个人的书写习惯体系的反映的活动。

2．印章印文鉴定

印章是法人或自然人为了确认效力或表明权属而按照一定规范刻制成载有固定文字、图形信息的专用印记。印章的核心部分是印面，印面是形成印文的造形体。印面上文字、图形相对印面凸出的称为阳文，印面上文字、图形相对印面凹入的称为阴文。

印文是印章的印面通过作用力在文书表面上形成的印迹，当印章黏附印泥、印油等盖印物质时，印文通常为有色的平面加层印迹，当印章不使用盖印物质而直接作用于文书上时，印文是无色的立体印迹。

对印文的文字、图形特点、油墨性质；印章印面上的文字、图形的特点，印章的使用磨损特征、印章的材质、制作工艺进行检验，确定相关印文是否同一枚印章盖印形成、盖印时期，确认相关印章的真伪、制作方法、使用时期、手工雕刻印章的制作工具、制作人等的鉴定就是印章印文鉴定。

3. 印刷文书鉴定

印刷是对印版或原稿进行复制的一种文书制作方式。根据原稿类型的不同，印刷文书分为直接印刷文书和间接印刷文书。直接印刷文书通常具有固定印版，包含制版印刷文书、誊印文书、机械式打字机打印文书；间接印刷文书指由数字信号转印而成的文书，印刷原稿是由计算机程序控制生成的虚拟稿，包含电脑打印机打印文书和静电复印文书。

印刷文书鉴定是指根据文书的印刷制作原理对文书的印制方法进行研究，确定印刷文书的真伪、印刷设备的种类和个体、印刷文书的来源等的活动。

4. 不易见文字鉴定

不易见文字是指人在裸眼视力下，使用常规视光学工具无法看到或者辨认的文字。不易见文字包括压痕文字、消褪文字、被掩盖文字、烧毁文书文字、被锉削金属上冲刻文字、被擦刮文字、退色文字，对上述类型文字进行检验，恢复、辨认和确定其记载信息内容的活动称为不易见文字鉴定。

5. 文书形成时间和材料鉴定

文书形成时间和材料鉴定包括：制作文书的纸张等载体形成时间和材料的鉴定；文书上文字、图形等内容形成时期的鉴定；文书上文字、图形形成先后顺序的鉴定；表现文书内容的色料物质形成时间和材料的鉴定等。其中，对文书的载体、内容、色料形成时期的鉴定称为文书形成绝对时间鉴定；对文书纸张、内容、色料形成先后顺序的鉴定称为文书形成相对时间鉴定。

6. 伪造文书、货币、票证鉴定

伪造文书、货币、票证鉴定是指根据常见仿真方法的特点和真实文书、货币、票证的制作方法和特点对疑为仿制品的物品进行检验，确定其真伪的活动。

常见文书、货币、票证仿真方法有照相、扫描制版法、复印法、手工雕刻制版法、描摹法、拓印法、彩色打印法。此外，还有直接伪造法和部分伪造（变造）法等伪造方法，部分伪造时一般使用添改、擦刮、添写、挖补和揭贴、拼凑等方法。

对伪造文书、货币、票证进行鉴定时一般可用真样对照检验或使用专用仪器进行鉴别。

7. 言语识别

语言是由语音、词汇和语法构成的符号系统，是人类交际的手段之一。言语是人在交际活动中使用语言的行为和结果。言语是人对特定语言的具体运用，它除了体现出语言的规范性以外，还体现着人使用语言的特殊性。言语识别就是运用语言学及相关科学的原理和方法对语音或文字言语材料上所反映的言语人的言语特点进行分析，并以此判断言语人的社会属性或认定言语人的活动。言语识别技术可以用来分析言语人的性别、年龄、职业、方言习惯、生活地域、文化水平、精神状况、表达能力状况和直接认定言语人。

（三）理化鉴定

理化鉴定是指应用物理、化学基本原理和仪器分析技术对未知物或争议物的组成成分、含量、形态结构和物理、化学性质进行检验，以达到种属鉴别和同一认定的目的的鉴定活动。由于现代仪器分析技术的进步和发展，分析灵敏度和精度的大幅提高，通常只需要极其少量或微量的物证就可以进行理化鉴定，故理化鉴定又常被称为微量物证鉴定。理化鉴定的主要内容有毒物、毒品、药品鉴定，炸药、爆炸残留物、助燃剂鉴定，塑料、橡胶、油漆、纤维鉴定和其他微量物质鉴定。

（四）电子证据鉴定

电子证据是随着电子技术、网络技术发展和电子设备的不断普及而出现的一类新兴证据方式。电子证据是指在电子设备运行过程中产生的，反映案件或事件情况信息的数字存在方式。电子证据是一种证据存在方式，通过电子证据鉴定技术，将只能被电子产品所识别的数字信息转换为可以被人直接感知和识别的信息后，电子证据才能以法定证据形式来表现客观事实，为诉讼服务。电子证据鉴定是通过识别、发现、提取、保存、恢复、显示和分析电子设备中存留的数字信息，将只能被电子产品所识别的数字信息转换为可以被人直接感知和识别的信息的鉴定活动。电子证据鉴定的对象包括各种电子设备和部件，电子设备中存贮或运行的数字信息。

二、法医学鉴定

从我国古代的法医学名著《洗冤集录》、《平冤录》、《无冤录》等书名中的“洗”、“平”、“冤”即可窥知法医学是为侦查、审判、调解等司法活动服务，研究与案件和纠纷有关的医学问题的一门学科。

法医学是运用医学、生物学、化学和计量、测量学等自然科学的理论和技术，研究和解决司法活动中有关人身损伤、死亡和精神状况、种族、种属关系、个体识别及其他医学问题的一门医学科学。它为揭露和证实案件或事件事实提供科学证据；为定罪量刑和认定民事权利义务关系提供判断标准；它研究与立法有关的医学问题，为法律的制定和解释提供参考依据。

结合当前医学科学的发展状况和司法活动的实际，参考国际惯例，我国的法医学通常划分为以下几个专业学科：以尸体为对象，应用病理学的理论和技术研究各种暴力死亡和自然死亡的病理发生发展规律，鉴定死因、暴力种类及死亡方式、推断和认定致伤工具的法医病理学；以活体为研究对象，应用临床医学的理论与技术确定需要明确的某种病理或生理状态及其成因和对生理功能的影响的法医临床学；以司法活动中的生物学检材如血液或血痕、精液（斑）、毛发、骨骼、唾液（斑）、器官组织块等为研究对象，应用医学、生物学和其他自然科学的理论与技术对生物检材进行鉴定和检测，确定种属关系和进行同一认定的法医物证检验学；应用毒理学的理论与技术，研究各种毒物、药物以及环境危害的中毒机制、临床症状、尸体征象及其分离、提取与鉴定的法医毒理学；利用神经科学、心理学、精神病学、神经病学及脑电图学、头颅放射学等理论和技术，研究诉讼当事人有无精神病、精神病的种类、发病原因、发病规律，明确其在行为时有无辨认和控制能力，以评定其是否具备法律规定的行为能力和责任能力的法医精神病学；运用体质人类学的理论和方法，研究解决司法实践中涉及人的种族、性别、年龄、身高以及面貌特征的法医人类学。

法医学鉴定是指受司法机关的指派或聘请，具有法医学鉴定资格的人或具有相应学科知识的医学专家、教授应用法医学的理论与技术对司法实践中未知或有争议，需要明确的法医学问题检验，对检验结果进行分析，就委托的问题进行说明，最后提出结论的过程。

根据法医学的学科体系，法医学鉴定分为法医病理鉴定、法医临床鉴定、法医物证鉴定和法医毒理鉴定、法医精神病鉴定、法医人类学鉴定等六个鉴定方向。

根据法医学的专业体系和法医学鉴定方向，法医学鉴定的方法通常有如下五种：

（一）现场勘查

现场是证据存留最多的地方，只要现场存留需要运用法医学知识和技术解决法医学专门的法医学现象，法医都应尽可能参与现场勘查。在现场勘查中法医能够对现场的死伤状况进行最早的检查；能够对现场上存留的有法医学鉴定价值的物证进行最大限度的发现、固定、提取和保全；能够对现场的最初状况作最详尽、真实的记录。这些记录和物证是鉴定中的重要材料，是诉讼中重要的证据，对确定案件性质起着重要的作用。同时，法医参与现场勘查还有利于对现场尸体、活体和人体组织、器官上附着的其他物证的发现、固定、提取和保全。

（二）尸体检验

尸体检验是法医病理鉴定的主要工作和重要步骤，尸体检验包括尸表检查和尸体解剖。尸体检验具有确定死亡原因、推断死亡时间、推断和认定致伤物、分析致伤方式、人身识别等作用。尸体检验应该根据案件的性质、诉讼需要和鉴定要求来进行。全面系统的尸体解剖应包括胸腔、腹腔、颅腔及颈部器官组织的肉眼观察和病理组织学检查，必要时，还应检查其他部位（如脊髓、四肢）和进行特殊理化检验。在故意杀人、故意伤害致死、强奸、过失致人死亡等侵犯公民人身权利案件和对死因争议较大的自杀、意外死亡事件中应当进行全面、系统的尸体检验。

（三）活体检查

活体检查是法医临床鉴定的主要手段，主要包括：

（1）损伤鉴定。多见于故意或过失伤害案件或交通事故、工伤事故时损伤程度的评定。有时也需分析致伤方式和判断致伤物、评价预后和治疗终结时间等。

（2）劳动能力或残废鉴定。劳动能力的永久性丧失即为残废。根据劳动能力的丧失程度的不同将残疾划分为十个等级。残废既可能是损伤的后果，也可以由先天的和后天的疾病所引起。残废等级的评定结果是民事赔偿标准划分的依据。

（3）性问题检验。如确定是否受到性侵害；性交、妊娠、分娩或堕胎历史和状况；性交能力等。主要在强奸、强制猥亵、侮辱妇女、猥亵儿童罪、卖淫、聚众淫乱等案件和婚姻家庭纠纷案件中应用。

(4) 精神病鉴定。精神病医生或相关专业法医结合有关病历和调查资料对被鉴定人的精神状态进行观测和检查，确定其有无精神病及精神病的类型、程度，以评定其是否具备法律规定的行为能力和责任能力。

（四）法医学物证检验

法医学物证检验是法医物证鉴定、法医毒理鉴定和法医人类学鉴定的常用方法。如对血液（痕）、精液（斑）、唾液（斑）、毛发、排泄物、分泌物、器官等的检验，可以进行种属认定和个体识别；利用颅像重合技术来确定身源、尸源；利用 PCR 和 DNA 技术来进行个人识别及血缘关系鉴定；对食品、药品、餐饮、医疗用具、生活环境中的毒物进行定性、定量和致毒原理、作用机理分析。

（五）文书审查

文书审查常见于因各种原因，在无法对尸体、活体、物证等鉴定对象进行直接分析和鉴定的情况下，法医鉴定人员根据现场记录、检验记录、病历或原鉴定材料对案件中需要明确有争议的或未知的法医学问题进行分析和评价的一种方法，是一种结合技术分析手段和逻辑分析手段对书面材料进行审查的鉴定方法。如果具备条件，应尽量调取原始资料，或重新参与检验、调查。

三、声像资料鉴定

在鉴定科学领域里，声像资料指的是记录和存储了关于场所、物证、事件和人相的图像、录像和声音信息的录音带、录像带、磁盘、光盘、照片等载体。

声像资料鉴定，主要包括以下部分的内容：对声音信息的真实性、完整性进行鉴定，确定其是否经过编辑或篡改，对其中的语音信息进行分析、识别和同一认定；对关于人相、场所或物品信息的图像真实性进行鉴定，确定其是否经过编辑、篡改，对图像中的特定内容进行同一认定；对录像信息的真实性、完整性进行鉴定，确定其是否经过剪接、编辑或篡改；对图像、声音和录像信息进行人像照片组合、模糊图像处理、优化、修补编辑等技术鉴定。

四、警犬鉴别和心理测试

在刑事诉讼活动中，警犬鉴别和心理测试也是常见查明案件真实情况的方法，尽管其结论目前还不能作为证据使用，但其在刑事诉讼活动中也发挥着重要的作用。

警犬鉴别是利用犬类具有特别敏感的嗅觉和气味分辨能力的特性，使用经过训练的警用工作犬，在警犬驯导员的指令下，按照一定的程序对案件或场所、人身的特定气味进行种属鉴别或同一认定的过程。警犬鉴别技术广泛应用于侦查活动和安全保卫工作中，在对犯罪嫌疑人或当事人的追踪、搜索、辨认和对毒品、爆炸物等特定物品的辨别中起着重要的作用。

心理测试技术应用生理学、心理学、医学、电子学、计量学等多学科的原理和技术对人在听到、看到特定信息时的生理指标进行测定，对测定结果进行科学分析，从而得出被测试人与特定信息之间的关联性。由于心理测试技术可以通过测试分析出被测试人对特定信息是否知晓，从而判断被测试人的言语是否真实，故也常被称为测谎技术。除了应用于刑事侦查活动外，心理测试技术还常常被用于对特定职位招聘人员的审查和选拔等民事活动中。

五、其他鉴定

在诉讼活动中，时常出现一些专业性较强的技术问题，根据司法鉴定法规的规定，当诉讼中需要对存在争议或尚不明确的诸如会计资料、工程质量、产品质量、知识产权等问题进行审查时，可以依照法律规定启动司法鉴定程序，聘请或指派具有相关专业知识的人对上述问题进行鉴定。

思考与练习

1. 如何正确理解鉴定结论在诉讼中的作用?
2. 作为鉴定人应具备什么样的条件?
3. 在民事诉讼常见的鉴定争议有哪些?

拓展阅读

1. 赵峰，韩冰．建立我国行政诉讼专家证人制度的思考．当代法学，2003（3）
2. 韩萌．诉前自行鉴定行为的法律分析．法学论坛，2007（1）
3. 汪建成，吴江．司法鉴定基本理论之再检讨．法学论坛，2002（11）
4. 季美君．英国专家证据可采性问题研究．法律科学，2007（11）
5. 邹明理．司法鉴定概论（第5版）．成都：成都科技大学出版社，1998

【实训部分】

【情境设计1】

2009年5月23日，××市公安局接到报案称在东城区汽车站候车大厅洗手间门口发现一遗弃的行李箱。该局立刻派出排爆人员对该行李箱进行检查，经检查后，排除箱内藏有爆炸物品的可能性。侦查人员遂打开该行李箱进行检查，发现箱内有白色粉末两大包、通讯录一本、手机一个、手机卡两张、光盘一张、衣服若干、太阳帽一个、《读者》杂志一本、塑料梳子一把、已经贴好邮票尚未邮出的明信片一张。

【训练方法】

请大家根据案例，对现场出现的各种物品进行分析，发掘其证据价值。

【实训任务】

阅读上述案例后，请提取案件中的相关物证，并说明各项物证可以用于何种鉴定所用。

【实训步骤】

步骤1：分析案情，确认可提取的物证种类。

步骤2：分析所提取的物证可用于鉴定的种类。

步骤3：列好物证提取清单，提出鉴定要求。

【情境设计2】

聘请具有丰富经验的司法鉴定方面的专家进行讲座，开阔学生视野。

【训练方法】

组织学生旁听讲座，并撰写心得体会。

【实训任务】

通过讲座，使学生对我国司法鉴定的现状及发展前景有个大致的了解。

【实训步骤】

步骤1：收集学生感兴趣的课题和内容，与聘请的专家协商确定讲座内容。

步骤2：要求学生认真准备讲座所涉及的基本理论，并确定讲座后的提问内容。

步骤3：学生参加旁听讲座。讲座结束后组织学生与专家互动。

步骤4：组织学生就讲座内容进行讨论并撰写心得体会。

步骤5：教师点评。

单元十

勘验、检查及现场笔录

引　言

在我国刑事、民事、行政诉讼法律规定的法定证据中分别包含了勘验、检查笔录和现场笔录。那么，作为法定证据形式之一，什么是勘验、检查及现场记录，它们如何取得，又有什么作用?

【知识目标】

掌握勘验、检查的概念和任务；了解勘验、检查的意义；掌握现场的概念，深入了解现场的要素；知道现场的种类，掌握现场的特点；掌握勘验、检查的组织和实施方法和步骤；了解勘验、检查笔录的概念和意义；了解现场笔录的概念和作用。

【能力目标】

通过学习和训练，具有勘查一般现场的能力；能够掌握常见现场的勘验、检查方法和步骤，能够根据案件基本情况对现场勘验、检查提出指挥意见；能够制作勘验、检查笔录。

【内容结构图】

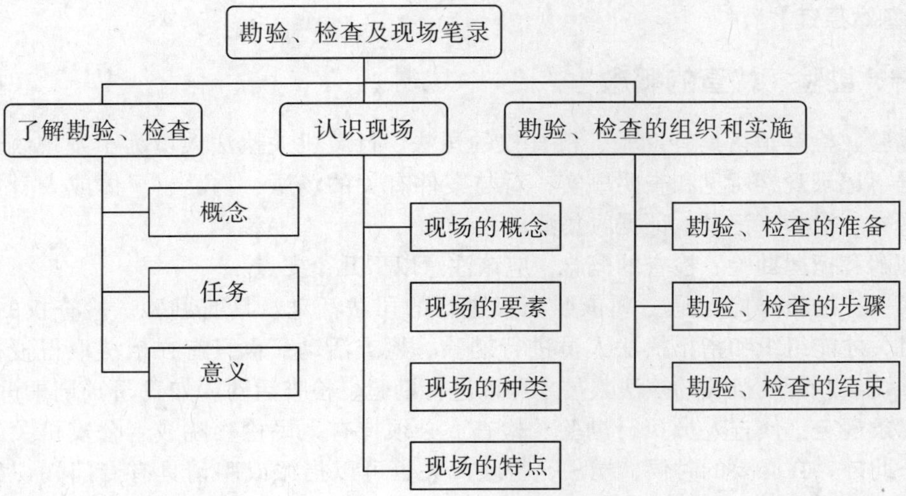

项目一　了解勘验、检查

你可以结两次、三次婚，都没关系，但犯罪现场侦查只有一次机会！

——李昌钰

【引　例】

2009年2月9日，×县公安局南郊派出所接到群众报案称，南郊森林公园后门外山坡山发现一具女尸，公安机关赶赴现场后对现场进行了勘验，并制作了勘验笔录。根据现场收集到的线索，公安机关迅速抓获了犯罪嫌疑人张某。张某交代，案发当日晚上，他在朋友家喝了酒，在回家的路上，经过森林公园后门附近时发现前面有一女青年单独行走，遂酒壮色胆，将李某挟持至僻静处进行猥亵。纠缠过程中，张某发现李某难以制服，遂捡起手旁一根手腕粗的木棍对李某头部猛击几下，将李某击昏。在张某脱去李某衣服实施猥亵的过程中，李某苏醒过来并大声呼救，张某遂用左手掐住李某脖子，并用右手再次捡起木棍猛击李某头部，直到李某没有动静，张某迅速逃离现场。根据张某的交代，作案所用的木棍被他随手抛在现场附近。但侦查人员在勘验笔录中没有发现有搜获该木棍的记录；勘验人员回忆，在现场勘验时，也没有发现该木棍的印象；而对现场进行重新勘验时还是未发现该木棍。

该局局长闻讯后立即组织专案组成员召开会议，并查看现场录像情况。在现场录像中，有民警发现，勘验过程中，现场附近有一堆篝火尚未燃尽……

经过调查发现，南郊派出所民警和治安员首先到达现场后，在等待县局勘查人员到达的过程中，由于天气寒冷，就在现场附近找了一些枯草、树枝、木棍等物品堆放在一起点火取暖。专案组民警推断，作案所用的木棍很可能已经被烧掉。

问：这个案件的问题出在哪里，犯罪嫌疑人的命运会如何呢？

【基本原理】

一、勘验、检查的概念

勘验、检查是指具有勘验、检查权的司法、行政机关执法人员为了发现线索、搜集证据、记录观察所见和查明事实，对与案件有关的场所、物品、尸体或人身依法进行的观察、检验、记录、证据收集活动。

理解和把握勘验、检查的概念，应该注意以下几个要点：

第一，勘验、检查是一项依照职权进行的司法活动。具有勘验、检查权的司法、行政机关才能组织和指派执法人员进行勘验、检查活动；也只有在依法取得授权的情况下，司法、行政机关的执法人员才可以进行勘验、检查活动。如我国《刑事诉讼法》第103条规定：侦查人员执行勘验、检查，必须持有人民检察院或者公安机关的证明文件。此外，在必要的时候，司法、行政机关也可以指派或聘请具有专门知识的人在侦查人员等执法人员的主持下进行勘验、检查。

第二，勘验、检查的目的是发现线索、搜集证据、记录观察所见和查明事实。在勘验、检查过程中，查明事实，主要是对已经发生的事实基本情况进行了解，通过观察、检验来确定其基本性质、主要后果；同时对现场中存在的线索进行发掘，证据进行收集；对勘验、检查所见进行客观记录。

第三，勘验、检查的对象是与事实有关的场所、物品、尸体或人身。其中，勘验的对象是场所、物品和尸体；检查的对象是人身。对场所、物品和尸体的勘验，通常又称为对现场的勘验，具体化的现场即一定的场所及场所内所存在的物品、人身和现象。为了确定被害人、犯罪嫌疑人或者其他当事人的某些特征、伤害情况和生理状态，可以对人身进行检查，但检查妇女的身体，应当由医生或者女性工作人员进行。需注意检查同针对人身的法医学鉴定的区别：检查主要是对不需要进行专门甄别和分析的某些特征、伤害情况和生理状态进行观察和客观记录；而针对人身的法医学鉴定主要是对相关医学专门问题进行分析和判断并作出结论，检查的结果通常是法医学鉴定的材料之一。

第四，勘验、检查的主要方法是观察、检验、记录和证据收集。勘验、检查的主要方法是观察、检验和记录，通过对相关物品、尸体的状况和现场的现象进行观察和检验，对观察和检验的过程和结果进行记录，并依法对需要收集的实物证据进行提取、固定和保全。

二、勘验、检查的任务

通过勘验、检查活动，必须解决一定的问题，即应当了解事实的基本情况及显见的后果，为是否受立案提供依据，为进一步调查、侦查活动提供线索、证据和奠定物质基础。

1. 分析事实的性质

事实发生后即成为事件或案件存在，但通常事实的性质并不显知。例如发生了一辆车翻在路边，车内驾驶员没有声息的事实，那么在该事实中，驾驶员有无伤亡；是驾驶员突发疾病导致的意外事件；还是车辆质量原因导致的意外事件；或是有人以伤害、杀害驾驶员或骗取保险为目的制造的刑事案件；甚至仅仅是行为艺术爱好者在进行行为艺术表演？显然，不经过勘验和检查，无法确知究竟发生了什么事实，造成了什么后果；是否发生了案件，案件的性质是什么；是否达到了立案标准，是否需要继续调查。只有通过勘验、检查，通过对现场发生事实的性质、后果进行分析后，才能解决上述问题、决定是否启动诉讼程序进行受立案、调查和侦查。当然，并不是每一件事实的性质都能在初期勘验、检查中就能被查明。当事实后果严重，情况复杂、性质难以查明时，常常先行立案。

2. 分析事实发生的要素

当经过勘验、检查发现确实存在一定事实时，就必须进一步分析该事实的要素，如发生时间、地点，参与人、物，发生原因、经过、产生后果，反常现象等。通过对现场存留的现象、物品、尸体、人身及其特征的分析、判断和确认，查明部分或全部事实。

3. 发现、提取、固定和保全证据

现场中总是大量存在能够表明事件或案件事实的证据，它们有的以其存在状态来表明事实，有的以其发生过程来表明事实，有的以其变化的结果来表明事实。例如，事实发生的结果，本身就是一种证据。这些证据，总是能以各种形式来表明自身跟特定人、特定时间、特定事实的关系。发现、提取、固定和保全证据是勘验、检查的主要任务；证据，也是勘验、检查结果的物质基础。

4. 记录勘验、检查时的客观情况

证据作为一种物质存在，处于不断的运动和变化之中。现场中的证据及其相互关系总是随着时间的变化而变化。它既以其独立存在表明一定的事实，又需要以它与其他证据的相互关系来表明事实存在的客观情况，勘验、检查结束后，证据被提取和转移，现场被清理，证据间的相互关系发生变化。勘验、检查的重要任务就是记录勘验、检查时所发现、观察、检验、提取证据的存在状态、空间位置及其相互关系。

三、勘验、检查的意义

任何事实的发生都是一种客观实在，是一个物质运动的过程，必须在一定物质对象上发生、发展和消亡，也必定导致一定的物质发生、发展和消亡。这个物质对象即现场，现场及其所包含的场所、物品、尸体和人身都是勘验、检查的对象，是勘验、检查的物质指向。勘验、检查，就是对事实的发生、发展和消亡的过程中对客观物质世界产生的变化的客观记录过程。勘验、检查有着重要的意义：

1. 勘验、检查是司法、行政活动的起点和物质基础

对案件的侦查、调查等司法、行政活动的起点是指发生了什么事实，终点是指事实如何发生，如何处理，属于由果及因的事物分析方法。勘验、检查的过程是对案件现场所发生现象客观记录的过程。勘验、检查活动是对案件发生结果客观记录的活动，是“果”，它是分析现象与造成现象原因的基础。一切司法、行政活动都必须以此为起点和物质基础。

2. 勘验、检查所获取的材料是司法、行政活动的客观依据

勘验、检查有及时性、全面性的特点，它是案件发生后最先对案件发生的结果进行客观记录的法定程序，是最及时、最全面的基础资料。后期的调查、侦查等司法、行政活动都必须在此基础上进行，勘验、检查所形成的笔录材料，所保存的物证资料是进行调查、侦查、调解、审判的客观依据，也是决定进一步司法、行政活动方式、方法、方向的客观依据。

3. 勘验、检查是发现线索和获取证据的重要手段

勘验、检查的对象是现场及其所包含的场所、物品、尸体或人身，其本身就是一种发现线索和寻找证据的活动；勘验、检查过程中所形成的各种形式的记录，本身就是一种证据，对其进行寻求和发现的思路及理解本身就是一种线索；勘验、检查过程中所提取的各类材料和物品本身就是几种诉讼中诸多证据种类的重要组成部分。各诉讼中的七种法定证据形式通常与勘验、检查有着密不可分的联系。

项目二　认识你的现场

现场，无非是一些人、一些事在时间和空间里的堆砌而已！

——佚名

【引　例】

2009 年 7 月 12 日，A 市公安局经侦支队接到群众举报称，A 公司伪造某著名运动

服装品牌的注册商标，并将该商标用于其仿造的服装上进行销售，数额巨大。接报后，该支队支队长带领民警赶往该公司登记注册的办公地点B大厦2305房。到达该公司后，经过搜查，民警发现，其办公地点既没有存放现金，又没有存放账本，还找不到其生产的产品，整个公司就三张办公桌、几张椅子、两台电话、一部传真机、两台电脑、一台打印机、两个装了废纸的垃圾篓。大队长吩咐新来的民警小刘把两个文员带回局里问话。小刘问道："还没有写勘查笔录呢?"大队长说："经济犯罪案件哪里有什么现场，现场都没有，写什么笔录！把人带回去就行了。"

问："经济犯罪案件没有现场"是很多办案民警的印象。那么，什么是现场，现场在哪里，有没有没有现场的案件?

【基本原理】

一、现场的概念

现场是勘验的对象，是一个时空概念，即一定时间范围内的空间范畴。抽象的理解，现场是一切遗留有反映法律事实发生、发展、消亡的物品、尸体和现象的空间范围。其中，"现"表明了时间的进行性，即事实发生、发展、消亡的时间经过；"场"表明了空间的存在性，即事实发生、发展、消亡的空间范围。具体的理解，现场就是发生了法律事实并遗留了相关痕迹、物品、尸体的场所。实际勘验时，应当充分运用抽象现场观念去指导勘验工作的整体规划，运用具体的现场观念来指导勘验工作的具体实施。

从勘验工作的任务可知，在勘验结束前事实的性质通常并不明确，故而需要进行勘验，以分析和审查事实的性质。现实生活中，现场的类型多种多样，总体来说有自然因素形成的现场，如洪涝灾害、雷击等气象灾害现场，火山、地震、泥石流等地质灾害现场；也有人为因素导致的现场，如道路交通事故现场、产品质量事故现场、重大责任事故现场、刑事案件现场。当勘验正在进行，现场发生的事实性质尚不明确时，我们使用已经知晓的事实来对现场进行分类；随着勘验的进行，现场性质不断明确，我们应当依据所发生的具体事实及其对应的法律关系来对现场进行分类和标记。

二、现场的要素

构成现场，应当具备如下要素：

1. 时间、空间要素

如前所述，现场就是一定时间内的空间范畴。时间和空间是现场的存在形式，也是现场的要素。任何行为人（自然因素）实施（发生）某种活动并促成一定法律事实，总是在一条时间轴上进行的，这个时间轴贯穿事实发展的整个过程，不间断，不重复；在时间轴上的任一位置，一个行为人只能在某一空间内实施某种活动并促成一定事实。诸如犯罪之类的任何违法或纠纷活动都是一种物质运动，必须依附一定的时间和空间进行，离开时间和空间，物质运动就失去了客观基础，现场无法形成，痕迹无法遗留。

现场存在时间是指形成法律事实的具体活动从开始到结束的时间。现场存在空间是指行为人实施行为及其结果所触及的处所。无论一个事实中有多少人在实施多少活动造成多少结果，它总要遵守时空规律。时间具有不可逆转、无法停顿性，任何人的任何活动都必须而且只能在某一时间内发生。同样，空间具有不可重叠、无法脱离性，在同一时间内任何人的任何活动，必须而且只能在一定空间内发生。在进行现场勘验时，必须始终根据时间、空间的特性，牢牢把握时间、空间要素。

2. 行为（作用）要素

人（自然）的行为（作用）要素是构成现场的核心。任何现场都依人行为的发生而发生，也依人行为的结束而结束。离开人的行为，就无法发生法律事实，不能形成现场。

勘验现场，首先应查明事实情况，是否发生了法律事实形成导致案件发生，而法律事实的成立，依赖于人行为的发生，没有人具体行为的地点或场所就不是现场。在证据调查实践中，事实情况往往复杂多变，在没有对现场进行勘验前较难分辨。

3. 行为对象及周围物质环境变化要素

行为对象及周围物质环境的变化是人实施行为的必然结果。法律事实是一个客观存在，它的发生必然导致现场中行为对象及其周围物质环境（包括人、事、物）的变化。例如有一个人被发现死在马路边，那么一定是一定行为（疾病、衰老、暴力等）导致他死亡这一法律事实的发生，死亡这一结果与尸体现象及周围环境的变化都属于现场要素。如果他是自然死亡，那么现场和尸体现象必然会反映自然死亡的特点；如果是猝死，现场和尸体现象必然会反映猝死的特点；如果是被人杀害，那么现场和尸体上必然会反映杀人案件的特点。现场上这种行为对象及周围物质环境的变化是不可避免的，如果没有这种变化，就没有因特定行为所导致的任何结果，也就不存在现场。

认识行为引起的变化和结果，对确定现场性质非常重要。有些现场由于行为人的伪装、毁坏或自然条件（雨、雪、风、霜）的破坏掩盖了这种变化，事实真相反映不明显。因此，应当细致地勘查现场，寻找各种事物的变化，发现各种矛盾并加以全面分析研究，然后再确定现场是否有伪装或破坏。

但是，无论行为人怎样伪装、掩盖自己的行为或故意毁坏某种行为痕迹或其他物质，都不可能做到彻底改变现场、一点儿痕迹也不留。从另一方面看，行为人的伪装、掩盖、破坏行为又引起了现场客体新的变化。

现场三要素相互关联、彼此依存，缺一不可。人的行为，必然与时间、空间、现场变化同时存在，这是现场存在的重要内容和基本要件；空间、时间要素是现场的基本条件；行为对象及其周围物质环境变化是现场存在的必然结果。

三、现场的种类

由于导致事实的原因多样，现场情况复杂多变，根据不同的事发原因，对不同的后果对象和现场变化的不同程度，对现场种类作科学划分，有利于有针对性地采取相应勘验方法，在最短时间内最大限度地接近事实真相。

理论界和实践中一般对现场作如下分类：

1. 依据导致事实发生原因的可预见性、可控制性的不同，分为事件现场和案件现场

通常，对气象、地质、野兽等自然因素及其他在一定历史条件下人类不可预见、不可控制的因素造成人类利益受到损失，权益受到侵害之事实的现场，我们称为事件现场。如野生动物伤人事件现场、雷击事件现场、因地质原因导致的溃坝事件现场。

对因为人为因素导致发生一定事实的现场我们称之为案件现场。

2. 依据诉讼内容分为刑事案件现场、民事案件现场和行政案件现场

在不同诉讼活动中，对现场进行勘验的程序、勘验主体、勘验目的、勘验重点皆不相同。同时，在此分类下，依据具体侵犯的社会关系或纠纷的不同，各类现场又进一步细分。例如刑事案件现场中根据罪名可分为杀人案件现场、交通肇事案件现场、爆炸现场等。

3. 依据现场整体形态是否发生显著变化分为原始现场和变动现场

原始现场是指事实发生后到勘验人员进行勘验前，整体形态没有因自然因素或人为因素导致发生显著变化的现场。这类现场保留着事实发生结束时的基本状态，它能客观、真实地反映参与事实的人和物在事实发生过程中的行为方式、作用过程和相互关系。各种相关证据和线索的保留较为完备，存留信息较为充分，有利于发现各种相关证据和线索，有利于体现各种相关证据和线索的价值。

变动现场是指事实发生后到勘验人员进行勘验前，部分或全部的形态因自然因素或人为原因而发生了显著变化的现场。如露天现场因遭遇雨雪风霜等天气变化；当事人为了查看损失而对现场物品进行翻动；急救人员为了抢救伤病员而进入现场等。在这类现场中，事实发生结束时的基本状态已经部分或全部改变，现场遗留的痕迹、证据等已经受到了破坏，或已经灭失，参与事实的人和物在事实发生过程中的行为方式、作用过程和相互关系难以被直接和客观反映。这给发现线索、提取证据、分析事实情况都带来了较大的困难甚至导致调查、侦查方向的偏差和错误。但是，它也保留了造成现场变化的因素作用过程遗留的信息，利用已有的材料和现场的遗留信息，同样有可能对事实发生过程进行还原。在对这类现场进行勘验之前，要注意应当首先了解现场变动的情况，并做好记录。

4. 依据事实发展过程和阶段的地位、重要性不同，将现场分为主体现场和关联现场

任何事物发展都是由主要矛盾和次要矛盾共同推动的，其中主要矛盾起着主要、决定性的作用，次要矛盾起着辅助、补充性的作用。在现场中同样如此，分析和把握导致事实发生的主要矛盾和次要矛盾十分重要，在现场勘验中，要抓住主要矛盾、厘清次要矛盾。

主体现场通常称为中心现场，是指主要事实发生空间范围，通常是导致事实的主要原因和结果、后果发生的场所。主体现场比较集中地反映了事实发生过程中参与人、物的行为和作用方式，反映了导致事实发生的主要原因的信息，也较充分地保留了事实的结果、后果。主体现场遗留的反映事实发生的信息较多，能为证据调查人员提供认识和揭露事实的主要情况。

关联现场通常称为外围现场，是指与主要事实发生、发展密切相关的场所。同事实的主要原因、事实目的或结果、后果发生紧密相连。在时间上，关联现场与主体现场有着天然的继承性，在事实发生、发生、消亡的时间轴上紧密相连，相继或交替进行；在空间上，关联现场与主体现场有着天然的因果关系，在事实发生、发展、消亡的逻辑关系上互为因果。

尽管关联现场的作用通常不如主体现场大，证据调查价值不如主体现场高，但是在实践中，很多重要调查、侦查活动都是从关联现场开始的。关联现场作为事实发生的次要矛盾集中场所，通常不为当事人所重视，因而，被伪装、被掩盖的可能性小。也正是因为关联现场不是事实发生主要矛盾集中的场所，同样容易被证据调查人员所忽略，因而，在进行现场勘验时，要充分重视关联现场的作用，对主体现场进行勘验，发现异常现象时要充分考虑是否有关联现场没有被发现，一旦发现了关联现场，应当认真勘验。如果从主体现场中获取的信息同从关联现场获取的信息存在矛盾，则一定要去伪存真，客观、综合、辩证地分析，以揭露事实的真相。

5. 根据现场是否因以掩盖事实真相为目的的人为原因而产生变化将现场分为真实现场和伪装现场

真实现场是指事实发生后，行为人没有实施以掩盖事实真相为目的故意处置现场的行为的现场。即行为人在实施了非法行为导致法律后果以后即停止了在现场中的活动，而没有为了掩盖事实发生的原因、经过或事实结果而对现场进行清理、破坏等。真实现场能够较为真实地反映事实发生的过程。

但是通常在以实施犯罪或获取其他不当利益为目的的案件中，真实现场极为少见。行为人或多或少都会对现场进行破坏、清理或伪装，以达到掩盖事实结果、原因、事实与自身的关系或嫁祸他人的目的。这样，现场就变成了伪装现场（又称变造现场）。

故而，伪装现场是指行为人实施一定行为以后，为了达到掩盖其行为、事实的因果、事实与自身的关系或嫁祸他人等目的，而实施破坏、清理或其他伪装行为的现场。

这类现场的特点是真相与假象并存，真相往往被假象所掩盖。但无论如何掩盖和伪装，事实发生以后，事实对客观世界造成的物质变化是客观存在的，掩盖、伪装这一行为本身作为一个客观事实，同样对客观世界造成影响，使得现场产生变化并留下相应的信息。无论如何去掩盖和伪装，掩盖和伪装本身的痕迹是无法消除的。对这类现场进行勘验，主要是解决一个去伪存真的问题，善于从现场发现反常的现场，善于从现场不同要素中发现矛盾。在勘验过程中，不能有先入为主的思想，一定要在全面、细致地对现场进行勘验后再对现场进行全面分析。

在现场分类中，根据事实发生时间、地点、性质等的不同还可对现场作其他分类，如根据空间位置的不同分为室内现场、室外现场；根据案件性质不同分为杀人现场、盗窃现场、抢劫现场；根据事实发生时间关系的不同分为第一现场、第二现场……

这些不同的分类方法，在证据调查活动中，有利于证据调查人员从不同角度去发现问题和矛盾，充分估计和应付可能发生的各种情况，针对事实的具体情况制定更为妥当的勘验计划，采取更为科学、合理的勘验手段。

四、现场的特点

构成现场的因素的特点决定了现场具有如下特点：

1. 因果必然性

现场中必然保留行为对行为对象及周围环境所产生作用的痕迹，即现场中必然保留着任何原因产生的结果。任何行为必然导致现场及其周围环境发生变化这一结果。

同样，现场及其周围环境发生变化的结果都必然源于一定行为的作用。这是现场勘验的理论依据。

进行现场勘验，必须从现场及其周围环境中存在的一切变化入手，对现场上存在的一切现象都要客观记录，并分析其形成原因。无论反常现象还是正常现象，其必然都是一定行为形成的结果，看似没有任何反常变化的现场，其本身就是一种反常变化。例如某盗窃案件现场中，门窗都紧闭且没有被破坏性进入痕迹，从常理可以推知，盗窃人应当具有正常进入现场的条件；如果在现场没有发现手印、脚印等痕迹，那么可以推知，盗窃人应当具有相当的反侦查意识，且作案时间充沛，容许他在作案以后对现场进行处理。因此，对于现场中的任何现象和变化都必须给予足够的重视，应当采取从因及果、由果及因的思维方式来分析。

2. 物质承载性

物质承载性是指现场中，任何行为都必然作用于一定的具体物质，该物质具有可反映性。传统观点认为，不是每一个案件都有现场，还有的观点认为，金融诈骗、贪污犯罪等案件即便有现场存在，也常常无法勘验或无勘验价值，这是对现场概念和特点不全面理解所致。我们认为任何案件都必然发生在一定时空内，并作用于某具体物质并使其发生变化，遗留可被人感知、具有可反映性的证据。基于法律调整对象的客观实在性，这种变化必然产生客观实在的结果才能被法律所调整，没有客观实在的变化，没有对客观世界发生作用，仅仅存在于思想内的变化是无法被法律调整的，也无法形成现场。随着现代科学技术的发展，勘验技术的不断变革，传统观点认为没有现场，或者没有勘验价值的现场正在逐渐被实务界所重视。例如在互联网中，某一活动发生之后，只有人的感官曾经感受过这一活动所带来的变化，而具体的证据无法寻找。但实际上，人之所以能感觉到变化，是因为发生了光、声、电等客观物理现象，这一物理现象必然在一定的物理环境下发生，这个环境就是网络设备的硬件环境，物理现象的发生必然使硬件设备发生变化。通常，就是在磁记录介质上存留下变化的依据——电子证据，它的存在确实看不见、摸不着，但是确是一种客观变化，这种变化在现代科学技术手段下可以被反映。

物质承载性是现场勘验的物质基础。当然，受限于科学技术的发展水平和人感官的感知能力，在一定历史条件下，这种变化不一定能被还原或者被感知，但这并不能掩盖他的客观实在性，使这些变化能够被还原、感知也正是现场勘验技术发展的要求。

3. 发展、变化性

从现场存在开始，它就处于不断发展、变化中。现场的形成本身就是发展、变化的结果；现场形成后，也处于不断发展、变化中。这种发展和变化可能源于人为因素，也可能源于自然因素。认识、注意现场的发展和变化对现场勘验十分重要。现场的形成，本身就是行为人和行为对象在时间、空间中变化的结果。现场形成后，这一变化还继续存在。这种变化也是不同性质现场存在的重要原因，如前所述的变动现场、原始现场、真实现场、伪造现场等。在现场勘验过程中，应当充分认识现场中的一切变化，认识形成一切变化的因素，以辨别和查明现场的类型和性质。基于现场的这一特点，在接到现场勘验命令后，应当及时对现场进行勘验，在现场变化时间尽可能短的情况下对现场进行勘验，对于得到更为接近真实的事实记录尤为重要。

项目三　勘验、检查的组织和实施

现场采证人员要完成以下任务：现场保全、记录、识别、保存、重建现场等方面任务，这几项任务都有关联性。

——李昌钰

【基本原理】

勘验、检查笔录包括刑事诉讼中的勘验、检查笔录，民事诉讼中的勘验笔录和行政诉讼中的勘验笔录。勘验、检查是收集和制作勘验、检查笔录的必然来源。根据法律规定，司法、行政人员为了发现和提取证据，依法对与案件有关的场所进行勘验和检查，并制作勘验、检查笔录。勘验、检查，必须依照法律和一定的行业标准及科学程序进行。

一、勘验、检查前的准备

（一）了解现场的情况，采取合理措施对现场进行保护

司法、行政机关在受理报案或因案件办理需要，要对相关场所、人身进行勘验、检查前，应当了解现场的情况。对于尚未采取合理措施进行现场保护但又容易发生变动和被破坏的现场，应当立即指导相关人员对现场进行合理保护，以最大限度地使现场保留其原始状态。对于因各种因素已经发生较大变动或遭受较大破坏的现场，应当详细了解现场变动的情况。

（二）确定参加勘验、检查的人员及其分工

司法、行政机关应当根据所掌握的现场的基本情况，来确定参加勘验、检查的人员。尤其是现场上存有特殊的物证或者需要具有专门知识人员来处理某些问题时，应当聘请相关专家或者技术人员来协助进行勘验和检查，例如现场存有大量计算机数据、存有大量会计资料等。

（三）完备相关法律手续，通知相关机构或部门

进入现场进行勘验、检查前，相关法律手续一定要完备，各类司法文书应当携带齐全。见证人应当邀请到场，其他需要到场的当事人也应当通知到场。因案件勘验或者抢救需要通知的医疗、消防等部门应当通知到场。

做好上述准备后，勘验、检查指挥员应当确定勘验、检查人员的分工。在对重大案件或具有较大影响的案件现场进行勘验时，尤其需要注意预留合适数量的人员及交通、通讯设备作为机动，以备现场出现特殊、紧急情况能够有效处置。例如在现场中或现场周围发现犯罪嫌疑人，现场出现毒、爆、火灾等紧急情况，当事人突发疾病情况，群众因被煽动而聚集干扰勘查的情况等。

二、勘验、检查的步骤

（一）确定勘验的范围和程序

进行勘验时，应当首先确定勘验的范围，明确勘验重点，并根据勘验进行的情况对勘验的范围和程序作适当调整。勘验的基本原则是破坏最少，提取最多。一般来说，

可以将勘验的空间范围划大一点儿，先勘验外围现场，再勘验中心现场；先对现场进行静态勘验，再进行动态勘验。

（二）摄影、摄像人员在勘验中的作用

实践证明，摄影、摄像技术是最有效的保存现场原始状况的技术方法。在其他勘验人员巡视现场的同时，摄影、摄像技术人员应当同步进行摄影、摄像。在其他勘验人员对现场局部进行静态勘验时，摄影、摄像技术人员应当同步进行摄影、摄像。在其他勘验人员进行动态勘验和物证提取时，摄影、摄像人员应当将其他勘验人员的勘验过程和物证状况记录下来。在整个勘验过程中，摄影、摄像人员应当根据勘验的具体情况，综合运用普通摄影、摄像技术和特种摄影、摄像技术对勘验的全过程和场所、物品、尸体的状况进行记录，并保持与其他勘验人员的合理交流和沟通。

（三）整体勘验和重点勘验相结合

进行勘验时，在了解现场基本情况，进行整体勘验以后，应当抓住重点，着重对重点现场，或现场的中心位置，进行全面勘验，综合运用各种技术手段全面搜寻现场的证据，并记录现场的一切正常和非正常情况。当现场较大，不易区分中心现场和外围现场时，可以对现场进行分段勘验或分片勘验。

（四）检查

检查主要针对人身进行，在进行检查时应当注意以下事项：

（1）检查妇女的身体，应当由医师或女性工作人员进行，并要注意对妇女隐私的保护。

（2）对身上可能携有危害检查人员健康和生命安全的物品的人进行检查时，应当注意个人安全防护。检查时应当戴手套进行，翻动其口袋时，要注意防止其身上藏有的针头、玻璃碎片等物品划伤手指。在检查其行李时，需防止行李内易燃、易爆、剧毒、强腐蚀性物品的伤害，防止行李中可能藏有具有攻击性的动物的伤害。

（3）对可能具有人身危险性的人进行检查时，应当注意保持安全距离，并需要在有其他同事对其进行合理控制，消除其人身危险性的情况下对之进行检查。

三、勘验、检查的结束

结束勘验、检查是勘验、检查的最后程序。结束勘验、检查前，勘验人员应当按照结束勘验的条件，对现场勘验的全过程进行梳理总结，并做好现场勘验后的处理工作。

①现场主要事实已经查明；②调查、侦查范围、重点或审判的难点已经确定；③相关法律手续齐备；④对现场相关人员已经采取了合理的措施；⑤其他需要注意的事项已经确认无误。

对上述几项进行检查后，认为还有不足之处时，应当根据情况继续勘验或补充勘验，认为已经达到勘验的目的时，可以结束勘验。

结束勘验、检查时应当做好如下几个方面的工作：

（1）对需要长期保留的现场采取封锁等方式进行保留，对不需要进行保留的现场撤销现场保护。

（2）对相关物证、人员的运送、转移做好妥善、安全的安排。

（3）对遗留在现场的器材、物品的残渣做好回收处理，对其中可能危及人身安全或者污染环境的器材、物品按照规定做好无害处理。

【实训部分】

【情境设计】

2009年2月2日（正月初五），××银行的两名金库保管员来到了一座灰色的楼房前，这座楼房的底层，就是他们银行的金库。他们揭开金库大门上的封条，打开通向金库的两扇大铁门时，发现库内一片狼藉，满地是散落的钞票，铁门对面墙上离地2米高的排气扇被撬烂，放在架上的几捆钞票不翼而飞。

【训练方法】

参训学生采用模拟现场方式进行案件现场勘验实训。

【实训任务】

作为现场勘查指挥员，通过对具体案件的分析，谈谈你如何开展本案件的勘查指挥工作。

【实训步骤】

步骤1：划定现场范围、确定勘查重点。

步骤2：明确人员分工。

步骤3：明确需要当场调查清楚的问题，指出需要重点注意寻找的物证。

项目四　勘验、检查及现场笔录的制作

勘查无论怎样周密细致，如果不能将其结果正确表现在笔录上，也是没有意义的。笔录的使命就是为在日后看到它的第三者，特别是检察官、审判官面前能再现勘查时的情况，像直接见到活生生的现场一样容易被理解、被认识，从而充分发挥其作为证据的价值。

——钢川正雄

【引　例】

问：钱某的行为存在什么问题？2009年8月23日，×村村民唐某回家后发现家里房门被撬开，卧室橱柜里面的衣物等被翻乱，存放首饰等贵重物品的抽屉被砸开，里面的贵重物品尽数被盗，遂向村治保主任报告。治保主任钱某系退伍士官，退伍前在部队保卫处服役，有较丰富的现场勘验经验。接到报告后，钱某带领村治保队员对唐某家进行了勘验。勘验时发现，唐某家窗户外的湿泥地里有一串立体足迹，钱某认为该足迹非常可疑，担心被路人破坏，于是带领治保队员选择了其中比较完整、平整的足迹，用铁锹铲了出来放在唐某家的客厅内晾放。钱某让治保队员制作了勘验笔录，让唐某的邻居邹某和李某在见证人栏签了名，并提取了被撬坏的锁头等物品。勘验完毕后，钱某将勘验笔录和物证等整理好，一起送到了镇上的派出所。

问：钱某的行为存在什么问题？

【基本原理】

一、勘验、检查笔录的概念和意义

勘验、检查笔录是指具有勘验、检查权的司法、行政机关执法人员在对与案件有关的场所、物品、人身、尸体等进行勘验、检查时所作的记录，并有勘验、检查人员

和见证人等有关人员签名的书面文件。

勘验、检查是发现、提取物证、书证的重要手段；勘验、检查笔录的记录对象常常也是鉴定的对象，但勘验、检查笔录同物证、书证和鉴定结论又有着本质区别。物证、书证是独立于案件客观存在的，反映着案件客观事实；鉴定结论是鉴定人对于案件有关的物品、现象等进行鉴定后得出的科学判断依据；而勘验、检查笔录是勘验、检查人员对与案件有关的场所、物品、人身、尸体等进行勘验、检查的过程和结果的客观记录，是一种独立的诉讼证据。

在合法、科学、全面的勘验、检查基础上所形成的合法、客观、全面的勘验、检查笔录是重要的证据，是司法、行政人员分析案件、确定案件性质的重要依据，是鉴定活动的重要材料，也是审查其他证据的重要依据。在必要的时候，调查、侦查、审判人员可以依据勘验、检查笔录对案件情况进行还原。通过对勘验、检查笔录的审查，还可以确认勘验、检查活动是否合法、客观。

二、勘验、检查记录的内容及制作

就记录形式而言，勘验、检查笔录通常以文字形式记录，此外还可能包括绘图、照相、录音和录像等记录形式。在当代诉讼实践中，对于重大、复杂的案件，以尽可能多的形式从不同角度完整反映现场状况，客观记录勘验、检查的过程和结果，准确记录现场各类证据的发现、提取情况尤为重要。就记录内容而言，通常包括现场勘验笔录、物证检验笔录、尸体检验笔录、人身检查笔录、侦查实验笔录和搜查笔录。

（一）勘验笔录

勘验笔录，是指记载现场实地勘验、检查结果的书面材料。它通常由前言、叙述事实和结尾三个部分构成。

（1）前言部分。包括：受理报案的情况；现场保护的情况；参加勘验指挥员和侦查、技术人员的姓名、单位、职务；被邀请的见证人的姓名、职业和住址；勘验的日期和起止时间，当时的气候、光线和温度条件等。

（2）叙述事实部分。包括：现场的方位、地址、范围、处所以及现场周围的环境、道路等；现场状态，现场建筑及装饰物的结构、用途、状态、变动情况和痕迹等证据的分布状态；检验方法、步骤与结果；勘验中发现的矛盾和反常情况。

（3）结尾部分。包括：对现场发现的尸体等的处理情况；发现提取的证据及物品的名称、数量、状态；记录现场图的种类、数量，照相、录像的内容和照录镜头的数量；参加勘验的指挥员、侦查和技术人员签名；见证人签名。

（二）勘验笔录的制作要点

（1）笔录记载的顺序应当与现场勘验的实际顺序一致。即先勘验的部分先记录，后勘验的部分后记录，要避免记载出现紊乱、重复或遗漏。

（2）笔录记载的内容要客观、准确。笔录中的内容应当使用描述性的语言客观记录，而不得将主观推断和分析的过程及结果记录在勘验笔录中。对于记录内容中涉及重量、大小、数量等计量性内容，应当使用国家统一规定的计量单位，用阿拉伯数字表明。

（3）笔录应当当场制作定稿，经有关人员特别是见证人签字后不能改动。如果发现笔录中有错误或遗漏之处，可另作更正或补充笔录。

（三）检查笔录

检查笔录，是司法行政机关对与案件有关的物品、人身、尸体进行检查时所制作的客观记录。它通常包含物证检查笔录、尸体检查笔录、人身检查笔录、侦查实验笔录和搜查笔录等。

检查笔录能够客观地记载检查工作情况和被检查的物品、人身或尸体的特征，是证明案件事实的诉讼证据。同时，检查笔录所记载的内容，又可以成为审查、鉴别检查程序方法和手段是否科学、是否合法的重要根据。制作检查笔录也可以使用文字、照相、录音、录像和绘图等多种记录手段进行。

检查笔录只是刑事诉讼证据，我国《民事诉讼法》和《行政诉讼法》均未将检查笔录列为证据形式。

（四）检查笔录的类型

1．物证检查笔录

物证检查笔录是对物证进行检查时制作的笔录，是以文字记录、绘图、照相和录像等形式对物证进行检验的过程以及发现物证的位置和性状予以记录，往往以勘验笔录的附件形式出现。

2．尸体检查笔录

尸体检查笔录是对尸体进行外表检验或解剖检查时制作的笔录，通过文字记录、照相等形式对尸体检查的过程和发现的诸如伤口、尸斑、尸温等尸体变化情况予以记录。

3．人身检查笔录

人身检查笔录是对活人的身体进行检查时制作的笔录，通过上述形式对检查人员、过程和人体特征、生理状态和损伤情况等予以记录。

4．侦查实验笔录

侦查实验笔录是侦查人员或司法人员为了验证案件中某些事实或情节是否存在或可能发生而进行的模拟实验或其他实验时制作的记录。

5．搜查笔录

搜查笔录是侦查人员对有可能隐藏有证据或罪犯的场所和人身进行搜索和检查这种强制性侦查措施时制作的记录，内容包括搜查的人员、对象、过程以及搜查中发现和提取的证据等情况。

在刑事案件证据调查过程中，根据中央五部门《关于办理死刑案件审查判断证据若干问题的规定》的规定：“勘验、检查笔录存在明显不符合法律及有关规定的情形，并且不能作出合理解释或者说明的，不能作为证据使用。”

三、现场笔录

现场笔录是行政诉讼中的法定证据形式，指国家行政机关对违反行政法规的当事人在现场实施具体行政行为时由其执法人员所作的关于现场情况的书面记录。目的是为行政机关实施具体行政行为提供依据，是行政复议和行政诉讼的重要证据。现场笔录应当由作出具体行政行为的行政机关的执法人员当场制作，在内容上要直接反映实施具体行政行为的现场当时的情况及其他有关事项。在行政诉讼中，作为被告的行政机关应当向法院提供现场笔录。

现场笔录既包括对现场进行调查、勘验和对人身进行检查所制作的现场勘验笔录，也包括对当事人、证人等制作的询问笔录。

与勘验、检查笔录一样，现场笔录除了主要使用文字记录以外，还可以包括绘图、照相、录音、录像等多种记录形式。

思考与练习

1. 谈谈你对“抽象现场”这一说法的理解。

2. 时下，各地公安机关都招聘了一些辅警和治安员帮助工作，在进行现场勘验时，他们应处于何种地位？

3. 勘验检查过程中，有人煽动群众扰乱勘验、检查秩序时该如何处理？

拓展阅读

1. 管光承. 现场勘查. 北京：法律出版社，2000

2. 李昌钰，夏珍，邓洪. 重返“3·19”枪击现场. 桂林：广西师范大学出版社，2005

3. 李昌钰，刘永毅，季树仁. 美国世纪大审判. 桂林：广西师范大学出版社，2007

4. 王达人，曾粤兴. 正义的诉求——美国辛普森案和中国杜培武案的比较. 北京：法律出版社，2003

5. 宋随军. 刑事诉讼证据实证分析. 北京：法律出版社，2006

【实训部分】

【情境设计】

对“项目三”中的现场进行勘查后，公安机关获取了以下情况：

1. 金库外离地面2.7米高的墙壁上的通风窗竖放着一把木梯子，通风窗的铁丝网被扳开，6根14毫米的护窗铁杆被扭弯了4根，排风扇被折断一页，一片扇页落至墙下。

2. 现场遗留有25件全新的北京吉普车随车修理工具及棕色皮袋一个，其中的一把新铁锤上有三道新锯痕。

3. 在传达室大门侧面放煤的小房内发现窗户有由内向外被撬的痕迹，并有由内向外攀、蹬、爬的痕迹。

4. 煤房内发现了一件深褐色的滑雪衫，衣服袋内有若干毛发。经测量，衣服的主人身高170cm左右。衣服款式较新，成色较新，但内外都很脏，很像入冬以来一次性穿上而未洗过。

5. 经清点，被盗现金共达272 999.83元，连同包装重量达30多公斤。

6. 金库大门的封条是1月28日（大年三十）贴上的。金库门外每日均安排两人值班。金库外值班室大门每日晚11时关闭。金库内无电视监控设备和报警器。

【训练方法】

设置模拟现场，参训的学生推选出现场勘验指挥员，由指挥员对学生进行分组对现场进行勘验。

【实训任务】

勘验该现场，并制作勘验、检查记录。

【实训步骤】

步骤1：将全班学生分成三至五组，每组推选出一名现场勘验指挥员。

步骤2：指挥员对本组勘验成员进行分工。

步骤3：根据指挥员的分工对现场进行勘验。

步骤4：勘验结束后，制作现场勘验、检查笔录。

单元十一

证据保全

引　言

若纠纷当事人通过法律手段解决矛盾，那么决定结果的关键就是证据，因此，证据的灭失对于当事人来讲是无法挽回的损失。证据保全制度的设置正是法律高度关注证据的表现——证据被尽可能地保存下来，使纠纷解决机制得以在更贴近事实真相的情况下发挥作用。本章将以证据保全在诉讼活动中的适用为主线，对证据保全制度进行系统的介绍。

【知识目标】

熟悉采取证据保全措施的实质条件；掌握诉讼证据保全与诉前证据保全的相关知识，能够明确两大证据保全制度的异同；着重掌握证据保全具体实施的措施与方法；了解被保全的证据具有何种效力。

【能力目标】

能够分析具体案件应否采取证据保全措施；能够熟练运用不同的证据保全方法；能够灵活掌握诉讼证据保全与诉前证据保全的程序，熟知具体案件流程。

【内容结构图】

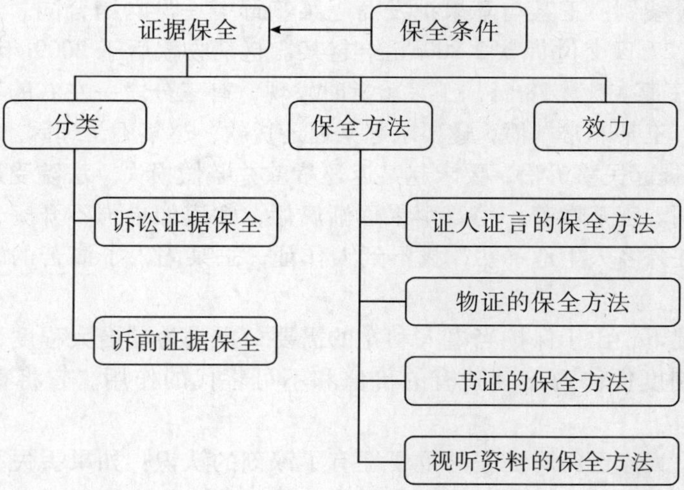

项目一　认识证据保全

证据是不以人的意志为转移的客观事实，证据的客观性决定了证据材料必然要受时间、地点、气候环境等客观环境和人文环境诸因素的制约。当这些制约因素达到一定的饱和度时，证据材料就要发生相应的变化。

——田平安

【引　例】

陈某到朋友张某家做客时不慎打碎了张某珍藏的古董花瓶，当时有两人共同的朋友李某在场。张某要求陈某赔偿，陈某不予理睬。张某欲向法院起诉，请求李某为其作证。李某同意作证，但表示其已办理签证，10天后将启程前往加拿大留学，3年内不会回国。张某在法院工作的朋友告知张某从受理案件到开庭审理可能要经过1个月左右的时间。如果李某届时离开中国，将无法作证。

问：张某该如何保障自己的合法权益呢?

【基本原理】

诉讼或其他纠纷解决机制，都只能存在于纠纷发生之后，但其决定性因素——证据，往往在纠纷发生之前或纠纷发生的过程中就已经出现了。在这个层面上，从证据产生到其被使用之前，有一个或长或短的时间差。而时间恰是证据保存最大的敌人。社会生活的复杂性与多变性导致许多证据在取得后无法或难以长期保存，一旦庭审时无法出示有利证据，本应胜诉的一方可能会因此而败诉。

随着近年来普法活动的开展，普通公民对于证据的重要程度有了更清晰的认识，开始学会用录音、录像、保存书面凭证等方法取得证据，以保障自己的合法权益。然而，并非所有的当事人都有能力长时间保存一份极易消失的证据。

有这样一个案例：王某与苹果批发商赵某签订了一份购销合同。合同约定：王某于2009年6月27日交付货款2 800元给赵某，赵某收款后于2009年6月28日交付1 000斤苹果给王某。6月28日，王某验货时发现，有三分之一左右的苹果已经出现不同程度的腐烂。王某非常气愤，遂要求赵某返还货款，赵某不予理睬。于是，王某于6月29日向法院提起民事诉讼，要求赵某返还货款并赔偿损失。法院受理该案，但迟迟不通知开庭时间。王某看着一箱箱苹果逐渐腐烂，知道如果再不开庭，证据即将完全灭失。由于身在外乡人生地不熟，找不到人作证，王某陷入了痛苦的思考当中，他该怎么办呢?

在这种情况下，出于保护当事人利益的需要，也是为了更大程度地实现公平与正义，证据保全制度便体现出其独有的价值和不可替代的作用。它将替王某解决这一难题。

通过引例，大家已经对证据的重要性有了深刻的认识：如果丢失了对己方有利的证据，对于当事人来说将是一个极大的损失，甚至有可能直接导致败诉这一后果。而证据保全制度的应用能够在很大程度上减小证据丢失的可能性，它在诉讼过程中担任证据保护者的角色。

一、概念与意义

根据我国法律的相关规定，关于证据保全，可以作出如下解释：证据保全，即证据的固定和保管，是指在证据可能灭失或者以后难以取得的情况下，由人民法院或公证机关在诉讼前或诉讼过程中依利害关系人的申请，或者人民法院在诉讼过程中依职权采取必要措施将对案件有证明意义的证据予以提取、保存或者封存的制度。

为避免在诉讼过程中由于证据的灭失或难以取得给案件的审理造成困难，维护当事人的合法权益，我国相关法律法规均对证据保全作出了规定。进行证据保全，就是为了保护证据，既要防止证据材料遗失或被替换，又要防止证据材料变质或被损坏，更要防止证据材料因保管手续不健全而失去法律效力。证据保全作为一项证据制度，既是保障当事人举证权的补救方法，也是人民法院调查收集证据的一种手段，其目的在于保障诉讼活动的顺利进行，保证人民法院作出正确的裁判。

法规链接

《民事诉讼法》第 74 条：在证据可能灭失或者以后难以取得的情况下，诉讼参加人可以向人民法院申请保全证据，人民法院也可以主动采取保全措施。

《行政诉讼法》第 36 条：在证据可能灭失或者以后难以取得的情况下，诉讼参加人可以向人民法院申请保全证据，人民法院也可以主动采取保全措施。

《商标法》第 58 条：为制止侵权行为，在证据可能灭失或者以后难以取得的情况下，商标注册人或者利害关系人可以在起诉前向人民法院申请保全证据。人民法院接受申请后，必须在四十八小时内作出裁定；裁定采取保全措施的，应当立即开始执行。人民法院可以责令申请人提供担保，申请人不提供担保的，驳回申请。申请人在人民法院采取保全措施后十五日内不起诉的，人民法院应当解除保全措施。

二、证据保全与证据保存

证据保存，又称行政证据保全，是行政行为中的一种证据保全措施，规定于行政处罚法当中。《行政处罚法》第 37 条第 2 款规定："……行政机关在证据可能灭失或者以后难以取得的情况下，经行政机关负责人批准，可以先行登记保存，并应当在七日内作出处理决定，在此期间，当事人或者有关人员不得销毁或者转移证据。"证据保存与证据保全具有一定的相似性，其采取措施的手段、条件均具有一定程度的共性，所以经常会被混淆，请大家注意区分：①性质不同：证据保存是一种行政行为，是行政机关为了使行政工作能够顺利进行而作出的一种保全措施；证据保全是一种诉讼制度，是为了保护争议的双方当事人以及利害关系人的诉讼利益而设立的。②主体不同：证据保存由行政机关作出，而证据保全的主体是法院或者公证机关。③程序不同：证据保存由行政机关主动采取，证据保全由法院主动采取或由当事人申请启动。

三、适用条件

证据保全制度并非在任何情况下都可以被启动，也并不是所有的证据都可以被保全。根据相关法律的规定，只有在证据可能灭失或者以后难以取得的情况下，法院才能采取证据保全措施。具体包括以下三种情形：

（一）证据有可能灭失

这里灭失指的是永久性的消灭，无法再取得。如有的物证易于腐烂，不易保存，可能在质证时无法提交，需采取特殊措施予以保全。又如证人身染重病，随时可能死亡，无法出庭作证，需及时取证并加以保存。本章引言中提到的苹果购销合同案，就属于这种情况。案件的关键证据——苹果是一种易于腐烂的证据，如果不予保全，将很容易灭失，最终会导致王某败诉。

（二）证据以后难以取得

在这种情况下，证据虽然不会永久地灭失，但在法庭质证的当时可能无法取得。如证人在出国留学、定居等情况下，难以出庭作证，需提前取证并加以保存。比如本节引例，就属于证据难以取得的情况。证人李某是案件的唯一证人，但其即将出国留学，无法出庭作证。此时，被打碎花瓶的张某就可以申请启动证据保全程序，来保全证人的证言，以保护自己的合法权益。

（三）证据可能会被故意毁损、灭失

由于证据能够证明一定的待证事实，极有可能对一方当事人产生不利影响，所以就不能排除有些当事人可能会不顾法律的禁止性规定，毁损对自己不利的证据。如果证据被故意毁损而灭失，就无法还原案件原貌，无法追究本应败诉一方的法律责任。所以法律规定在证据有被毁损之危险的情况下，当事人可以申请证据保全。

如果不存在上述三种情况之一，保全机关不能够进行诉讼保全。一般来讲，争讼双方提出自己的诉讼观点，即有义务提供能够支撑自己观点的证据，只有在其确实有证据而且确实无力取得的情况下，审判机关才能够介入。在提供证据这一环节中，审判机关只能是帮助者，而绝不是主角。诉讼当事人应当承担自己的证明责任，而不是将提供证据的责任全数推到审判机关身上，否则与法院在诉讼中处于中立地位这一诉讼的根本原则不符，且在现实中，审判机关也不可能投入那么多司法资源进行证据的收集。所以，能够进入证据保全程序的证据毕竟是少数，证据保全不是诉讼的必经程序，而是诉讼顺利进行可选择的保障性手段。

项目二　证据保全的分类

执法官吏的最大事功，是找证据，而不是随便入人以罪；执法界的最大英雄是找证据的天才，而不一定孔武有力，亦不一定是神枪手。

——梁厚甫

【引　例】

1992年8月，申请人福建省厦门特区锦江贸易公司（以下简称锦江公司）与德国五矿贸易公司（以下简称五矿公司）签订进口2 000吨A00铝锭的合同。铝锭价格条件为CIF厦门（卖方承担成本加保险费加运费，厦门为目的港），付款方式为D/P（指付款交单）。合同约定起运港为巴西伊塔基港，装船期为1992年8月。合同签订后，五矿公司租用被申请人天津远洋运输公司所属“大丰”轮承运。1992年11月27日，“大丰”轮驶抵厦门东渡码头。申请人经估算，“大丰”轮从伊塔基港航行至厦门东渡码头约需40天航程，实际航行60天，船期过长。由于货物迟到，国内铝锭价格下跌，对申请人履行国内贸易合同产生了不利的影响。申请人自称将因此承担200万元巨大经济责任。申请人怀疑“大丰”轮在伊塔基港倒签了提单（指承运人应托运人的要求在货物装船后，提单签发的日期早于实际装船完毕日期），遂上船查阅了该轮的航海日志、工班表等资料，证实其判断是正确的。申请人向五矿公司提出交涉时，该公司要求申请人提供确实有力的证据。申请人为了维护其合法权益。于1992年12月2日向厦门海事法院提出证据保全申请，同时提交人民币10万元的担保金，保证如因上述保全措施给被申请人造成损失时，愿承担赔偿责任。

厦门海事法院接到申请人的证据保全申请后，经审查申请人提供的有关资料，认为其怀疑“大丰”轮倒签提单是有依据的。鉴于该案情况紧急，如不及时对“大丰”轮的航海资料采取证据保全措施，有关证据可能灭失或者以后难以取得，将会影响当事人向法院提起诉讼。据此，厦门海事法院于1992年12月2日裁定如下：一、准予申请人关于诉前证据保全的申请；二、被申请人所属“大丰”轮应向法院提供该轮1992年8月27日至9月10日的航海日志、工班表及相关理货单据等；三、被申请人所属“大丰”轮船长、大副应如实回答法院的询问。

裁定发出后，厦门海事法院的审判人员即对“大丰”轮的航海日志、工班表、装船记录、事实记录及相关的理货单据予以保全。经过这些资料的核查和和对船长、大副的询问，确认了申请人的两票铝锭中的一票提单的装船时间被倒签的事实。对此，“大丰”轮船长、大副均无异议，并在确认倒签提单的调查笔录上签了字。

随后，申请人根据已保全的证据，向发货人德国五矿贸易公司索赔，寻求协商解决，却未向法院起诉。厦门海事法院依法裁定解除“大丰”轮航海日志、工班表等书面证据的保全措施，将其返还被申请人。申请保全证据的费用人民币5 000元由申请人负担。[①]

【基本原理】

证据保全制度是保障诉讼（或仲裁）顺利进行的手段，为了实现对诉讼的全面支持，并非只能出现在诉讼过程当中。我国的证据保全制度根据申请保全的时间不同，可以划分为诉讼证据保全与诉前证据保全两大类。简单来说，诉讼证据保全，即诉讼中的证据保全，发生于诉讼过程当中，诉前证据保全发生于诉讼开始之前。下面，我们将具体地阐述证据保全的两大种类。

一、诉讼证据保全

诉讼证据证据保全，又称诉讼中的证据保全。根据《民事诉讼法》第74条规定：“在证据可能灭失或者以后难以取得的情况下，诉讼参加人可以向人民法院申请保全证据，人民法院也可以主动采取保全措施。”该法条将证据保全的申请人列明为“诉讼参加人”。诉讼参加人是诉讼过程中进行诉讼活动的原告、被告、共同诉讼人、第三人、诉讼代理人、法定代表人的总称，这说明申请保全证据时案件已经进入诉讼阶段。所以，我们认为该法条是有关诉讼中证据保全的规定。

诉讼证据保全包括刑事自诉中的证据保全、民事诉讼中的证据保全和行政诉讼中

---

① 案例出自 http：//hi. baidu. com/naa70/blog/item/7c54ea23aa32ec41ac34de1c. html，最后访问日期：2009－07－13

的证据保全。

（一）诉讼证据保全的主体

诉讼证据保全的主体是人民法院。这是由《民事诉讼法》第 74 条明确规定的："在诉讼过程中，如果出现需要进行诉讼保全的情况，将由法院裁定并执行。"但该法并未规定证据保全的管辖法院，也就是说，虽然法律规定了要向人民法院提出证据保全申请，但并没有告诉申请人到底该向哪一所法院提出。根据常识判断，虽然法律没有作出专门的规定，但是证据保全自然地应由受诉法院管辖。诉讼正在哪一所法院进行，证据保全申请就自然而然地由哪一所法院主持。

一般情况下，证据保全的申请应向受诉法院提出：在一审程序中申请保全证据的，由一审法院裁定并执行；在二审程序中申请的，则应由二审法院受理。但此做法在实践的过程中体现出某些弊端：若当事人于广东发生纠纷，一审程序在广东省高级人民法院进行，诉讼过程中当事人未申请证据保全。判决后当事人对一审判决不服，提起上诉，最高人民法院受理，二审程序在北京进行。当事人在二审过程中申请法院保存证据。那么，当事人应当向最高人民法院提出证据保全申请，由最高人民法院裁定并执行。执行法院在北京，而需要保全的证据却在广东。要求位于北京的法院对位于广东的证据进行保全不但会大量消耗司法资源，且会延长证据保全所需时间，延误保全证据的最佳时机。

我国台湾地区的《民事诉讼法》中对于起诉后有急迫情形时之管辖法院有特殊规定：如果需要保全的证据不在受诉法院所在地，向受诉法院申请保全，不能达到保全证据的效果，则可以由证人、鉴定人居住地或证书、勘验物所在地的地方法院管辖，可使法院行使职权、调查证据更为便利。但我国内地立法中并无涉及。

关于这一问题，许多学者认为可以这样操作：由受诉法院受理申请，一般情况下由受诉法院执行证据保全；紧急情况下，受诉法院（包括各级人民法院）在受理申请后，可转交给证人、鉴定人居住地或证书、勘验物所在地的地方法院帮助执行。如果管辖问题不明确，在现实当中，很容易出现各法院间的互相推诿，非常不利于诉讼的正常进行。应该说，这在立法技术上是一疏漏。

虽然法律对诉讼过程中的证据保全管辖问题没有具体规定，但对于证据保全在仲裁过程中的管辖还是有所涉及的。根据我国相关司法解释的规定：在国内仲裁过程中，当事人申请证据保全的，经仲裁机构提交人民法院，由证据所在地的基层人民法院裁定并执行。在涉外仲裁过程中，当事人申请证据保全的，经仲裁机构提交人民法院，由证据所在地的中级人民法院裁定并执行。

（二）诉讼证据保全的程序

1. 提起诉讼证据保全的主体

（1）依职权的证据保全。启动者为人民法院。根据《民事诉讼法》第 74 条的规定，人民法院可以主动采取保全措施。在这种情况下，不需要申请人，法院可以直接启动保全措施。

（2）依申请的证据保全。根据《民事诉讼法》第 74 条的规定，证据保全的申请人为诉讼参加人，包括原告、被告、共同诉讼人、第三人、诉讼代理人、法定代表人。诉讼参加人都有权利向法院申请证据保全，诉讼代理人的申请不需要经过当事人的特别授权。

2. 申请诉讼证据保全的方式

《最高人民法院关于民事诉讼证据的若干规定》第23条规定："当事人向人民法院申请保全证据，不得迟于举证期限届满前七日。"需要注意的是，"举证期限届满前七日"是法定不变期间，不存在中止、中断和延长的情形，如果诉讼参加人违反此规定，将失去向法院申请证据保全的权利。这是当事人提出申请的时间要求。

申请一般应采用书面形式。申请书中应列明下列内容：①当事人及其基本情况：姓名、性别、年龄、民族、家庭住址等；②申请保全证据的名称、质量、规格、特征及处所；③申请保全证据的作用和所证明的内容；④申请保全的理由、事实和法律依据。

申请提交后，并不代表一定能启动证据保全的程序。要进行证据保全，还需要人民法院的审查批准。

3. 申请诉讼证据保全的担保

根据《最高人民法院关于民事诉讼证据的若干规定》第23条第2款："当事人申请保全证据的，人民法院可以要求其提供相应的担保。"证据保全可能会给被申请人的财产带来一定程度的损失，若由于申请人的原因导致被申请人财产损失的，申请人应当对被申请人进行赔偿。为避免申请人滥用权利，也是为了对被申请人的利益进行保护，法律规定人民法院可以要求申请人提供担保。关于担保的问题，法条中的用语是"可以"，即担保不是必须提供的，是否需要提供，由人民法院决定。

4. 对诉讼证据保全的审查

根据我国《民事诉讼法》的规定："人民法院接到当事人证据保全的申请后，先进行审查，然后作出裁定。"人民法院收到申请后，如果认为符合采取证据保全措施条件的，应裁定采取证据保全措施，如果认为不符合条件的，应裁定驳回。关于作出裁定的具体时间，法律还没有相关规定。

注意：在当事人申请启动证据保全程序的情况下，保全证据的范围以申请人的申请为限，人民法院依申请进行证据保全不得及于申请人没有要求保全的证据。

二、诉前证据保全

诉前证据保全指利害关系人及其委托的代理人在证据可能灭失或者以后难以取得的情况下，在诉讼之前，向人民法院申请保全证据，对证据加以固定和保全的制度。

我国现行立法只对诉讼证据保全制度作了粗略的规定，关于诉前证据保全，立法很少提及。但是，由于很多证据实际上早在诉讼开始之前已经出现，并面临灭失或庭审时难以取得的危险，仅规定诉讼证据保全是远远不够的，诉前证据保全制度的完善迫在眉睫。我国在立法上首次规定诉前证据保全制度的是1999年颁布的《海事诉讼特别程序法》，2001年修订的《著作权法》和《商标法》再次对诉前证据保全制度予以确认。2002年施行的《最高人民法院关于民事诉讼证据的若干规定》，以司法解释的形式规定："法律、司法解释规定诉前保全证据的，依照其规定办理。"

法规链接

《海事诉讼特别程序法》第63条：当事人在起诉前申请海事证据保全，应当向被保全证据所在地海事法院提出。

《著作权法》第50条：为制止侵权行为，在证据可能灭失或者以后难以取得的情况下，著作权人或者与著作权有关的权利人可以在起诉前向人民法院申请保全证据。人民法院接受申请后，必须在四十八小时内作出裁定；裁定采取保全措施的，应当立即开始执行。人民法院可以责令申请人提供担保，申请人不提供担保的，驳回申请。申请人在人民法院采取保全措施后十五日内不起诉的，人民法院应当解除保全措施。

《商标法》第58条：为制止侵权行为，在证据可能灭失或者以后难以取得的情况下，商标注册人或者利害关系人可以在起诉前向人民法院申请保全证据。人民法院接受申请后，必须在四十八小时内作出裁定；裁定采取保全措施的，应当立即开始执行。人民法院可以责令申请人提供担保，申请人不提供担保的，驳回申请。申请人在人民法院采取保全措施后十五日内不起诉的，人民法院应当解除保全措施。

综上可知，诉前证据保全制度主要适用于知识产权案件和海事诉讼案件，对于其他民事诉讼案件，一般不能适用诉前证据保全。

（一）诉前证据保全的主体

1．公证机关

根据我国《公证暂行条例》第4条规定，公证机关的业务包括保全证据。公证机关从事保全证据的公证业务，一般是在诉讼尚未形成之前进行的，并且只能根据当事人的申请。我国《民事诉讼法》第67条规定："经过法定程序公证证明的法律行为、法律事实和文书，人民法院应当作为认定事实的根据。但有相反证据足以推翻公证证明的除外。"根据《最高人民法院关于适用〈民事诉讼法〉若干问题的意见》第75条的规定，已为有效公证书所证明的事实，在诉讼上不需要证明即视为真实，可免除当事人的举证责任。

据此，公证机关有权在当事人提出申请的情况下进行证据保全，且其出具的公证书的效力能够得到法院的承认。

2．人民法院

人民法院可以进行诉前证据保全并不是由《民事诉讼法》规定的，而仅规定于海事和知识产权方面的法律当中。所以，人民法院进行诉前证据保全的案件是有限制的，权限不能及于所有性质的案件。

《海事诉讼特别程序法》第63条规定："当事人在起诉前申请海事证据保全，应当向被保全的证据所在地海事法院提出。"《最高人民法院关于诉前停止侵犯注册商标专用权行为和保全证据适用法律问题的解释》第1条第1款规定："根据商标法第五十七条、第五十八条的规定，商标注册人或者利害关系人可以向人民法院提出诉前责令停止侵犯注册商标专用权行为或者保全证据的申请。"

（二）诉前证据保全的条件

1．情况紧急

为了制止侵权行为，在证据可能灭失或者以后难以取得的情况下，可以申请诉前证据保全。

2．有申请可依

与诉讼证据保全不同的是，诉前证据保全不能由人民法院或公证机关主动进行，必须有申请人提出申请才可以启动。

（1）向公证机关的申请。公证程序规则对证据保全公证的申请未作明文规定，理论上证据保全公证的申请，并非必须书面申请，也可以口头提出申请，但必须由公证员制成笔录。一般情况下，向公证机关提出证据保全请求，应当提交公证申请表。公证申请表应当包括以下内容：申请证据保全的目的和理由；申请证据保全的种类、名称、地点和现存状况；证据保全的方式；其他应当说明的内容。

（2）向人民法院的申请。向人民法院提出证据保全请求，应当提交书面申请书，应当载明被调查人的姓名或单位名称、住所地等基本情况，所要调查收集的证据的内容，需由人民法院调查收集证据的原因及其要证明的事实。

对于提出申请的时间，不论是向公证机关还是法院提出，都没有明确限制，只需在诉讼发生前提出即可，如在诉讼后提出，则为诉讼证据保全。

3. 提供担保

申请人申请诉前保全证据可能导致被申请人财产损失的，人民法院可以责令申请人提供相应的担保。申请人不提供担保的，驳回申请。

4. 证据有关联性

当事人申请保全的证据应当与待诉的案件存在关联性。

（三）诉前证据保全的程序

1. 申请人

诉前证据保全的申请人是纠纷当事人及利害关系人。由于诉讼尚未开始，因此申请人不可能是诉讼参加人，而只能是纠纷当事人及利害关系人。

2. 审批

（1）公证机关的审批。公证机关实施审批时，首先应进行条件审查，符合诉前证据保全条件的，应在正式提出申请后的七日内作出受理决定，并书面通知申请人；不符合条件的，应在正式提出申请后的七日内作出拒绝受理的决定，书面通知申请人并告知对拒绝受理不服的行政复议程序。

《公证程序规则》第 17 条第 1 款规定：“（一）申请人与申请公证的事项有利害关系；（二）申请人之间对申请公证的事项无争议；（三）申请公证的事项符合规定条件的，属于公证处的业务范围；（四）申请公证的事项属于本公证处管辖。”符合条件的，公证机构应予受理，并书面通知申请人；不符合规定条件，公证机构应作出不予受理的决定，书面通知申请人并告知对拒绝受理不服的行政复议程序。房屋拆迁证据保全公证细则第 7 条第 3 款规定：“受理或拒绝受理的决定，应在申请人依据本细则正式提出申请后的七日内作出。”

（2）人民法院的审批。人民法院在接到申请人的申请后，必须在 48 小时内作出裁定。裁定进行证据保全的，应当立即执行。对于不符合证据保全条件的，裁定驳回申请。参照《海事诉讼特别程序法》的规定，申请人可以在收到驳回申请的裁定书之日起 5 日内申请复议一次，人民法院应当在收到复议申请之日起 5 日内作出复议决定。复议期间不停止裁定的执行。

3. 诉前证据保全的解除

申请人在人民法院采取保全措施后 15 日内不起诉的，人民法院应当解除保全措施。对此造成的一切不利后果，由申请人承担。（注意：向公证机关申请证据保全的，则无此项限制。）同时，保全证据的范围，应当限于申请人申请的范围。

本节引例当中申请诉前证据保全的福建省厦门特区锦江贸易公司，通过诉讼保全程序，取得了有利于自己的证据，完全有可能胜诉。但在厦门海事法院采取保全措施后，申请人却没有寻求诉讼这一救济途径解决纠纷，而是希望通过协商解决问题。该行为违反了我国法律对于诉前证据保全制度的规定，导致了两个不利结果：一是证据保全被解除，申请人失去了支撑自己观点的证据；二是要承担证据保全费用。这些不利结果都是由于申请人没有依法在人民法院采取保全措施后15日内起诉造成的。

4. 申请错误的赔偿

证据保全申请人一方并非当然胜诉，证据保全的不当给被申请人带来损失的情况是可能的。因申请人的申请错误发生的损失，应由申请人承担赔偿责任。法院有过错的，被申请人可要求法院进行适当赔偿。法院在作出裁定的时候会考虑这个因素，要求申请人提供担保。

三、诉讼证据保全与诉前证据保全的区别

（一）实施保全的主体不同

诉讼证据保全的实施主体是法院；诉前证据保全的实施主体既可以是法院，也可以是公证机关。

（二）发生的时间不同

诉讼证据保全发生在诉讼开始之后，至举证期限届满前7日；诉前证据保全则发生于诉讼程序开始之前。

（三）启动方式不同

诉讼证据保全可以由诉讼参加人申请，也可以由人民法院主动启动；诉前证据保全则只能由当事人申请启动。

（四）作出裁定的时间不同

诉讼证据保全对于作出裁定的时间没有限制；诉前证据保全则必须在接受申请后的48小时内作出裁定（公证为7日内作出决定）。这是因为诉前证据保全往往发生于情况比较紧急的情形下，如不立即采取措施则很可能导致证据灭失等结果出现。

（五）适用的范围不同

诉讼证据保全适用于刑事自诉案件、民事诉讼和行政诉讼案件；而诉前证据保全仅适用于知识产权案件与海事纠纷案件（公证机关处理证据保全案件不受此限）。有很多学者认为，人民法院进行诉前证据保全的范围，应当扩展到更多的案件，而不应严格限制在知识产权和海事纠纷案件中。但现行法律尚未作出此类规定。在本章引言当中，我们提到的王某买苹果的纠纷，就不能够向法院申请诉前证据保全，但可以向公证机关提出申请，保全证据，保护自己的合法权益。

项目三　证据保全的方法和效力

为了防止证人因各种原因不能出庭作证给诉讼带来困难，民事案件当事人应注意对证人证言进行公证保全，这样，可以在一定程度上提高案件的胜诉率。

——丁培培

【引　例】

2007 年，宜春市中级人民法院成功执行了一起诉前证据保全案，通过对物证的保全有效地保障了当事人的合法权益。江西雪岭木业有限公司在宜春建材大市场发现两家装饰材料店正在出售假冒“新雪岭”牌板材，为取得有力证据，避免证据的流失，该公司立即向宜春市中级人民法院申请诉前证据保全。宜春市中级人民法院及时对江西雪岭木业公司的申请依法认真审查，在确认有侵权事实的情况下，积极、慎重地适用诉前证据保全措施，对价值近 2 万元的侵权产品进行了查封。两名法院工作人员在两家装饰材料店的店主在场进行见证的情况下，将侵权产品统一放置于箱内并用胶带封箱，胶带封口处标明提取的时间、地点。提取证据后，法院工作人员向两家装饰材料店的店主出具了收条，就证据保全的过程进行了现场记录并出具清单，店主与法院调查人员均在其上签字盖章。这一保全行为防止了证据因被销售或销毁而灭失。

【基本原理】

一、证据保全的方法

证据保全的方法，又可以称作证据保全的措施，是指证据保全主体在保全证据的过程当中对于证据的保全所采取的具体方法。由于需保全的证据种类繁多，性质与特征又各不相同，证据保全方法必须与证据种类和特征一致，证据保全措施和方法因不同的证据而有不同的保存和固定方式，所以证据保全的方法也是多种多样的。根据《最高人民法院关于民事诉讼证据的若干规定》第 24 条的规定，人民法院进行证据保全，可以根据具体情况，采取查封、扣押、拍照、录音、录像、复制、鉴定、勘验、制作笔录等 9 种方法。

从该条文可以看出，司法解释以列举的方式规定了证据保全的具体措施。对于某种证据应使用何种保全方法，法律没有作出具体规定。但根据证据的种类和特征，大概可以作出如下划分：

（一）对“证人证言”、“被告人供述”一类的言词证据进行保全的，一般应采用笔录的方法固定

笔录必须如实记载陈述内容，并且应经陈述人核对无误后由其本人签名或盖章。在某些情况下，不方便进行笔录的，也可以采用录音、录像的方法对言词作出证据进行固定。

证人证言有书面证言和口头证言两种表现形式。书面证言由证人自行书写后交调查人员；口头证言则由调查人员作文字记录，形成证人询问笔录。制作证人询问笔录需遵循“个别询问原则”。为避免证人在接受询问的过程中受到干扰，形成与事实不符的个人主观意见，确保最大限度地透过证人证言还原事实真相，应确保证人询问笔录的可靠性与真实性，调查人员在询问证人时应当进行单独询问。所谓单独询问，是指在除证人与调查人员或笔录人员外没有第三者在场、没有人群围观的情况下进行访问。在保全共同犯罪的被告人供述的过程中，为防止被告人互相串供，制作笔录也应当分开进行。

证人询问笔录必须达到客观、准确、全面、合法这四项基本要求，才具有可采性。它只能是证人陈述的真实反映，不能加入笔录人员自己的主观推断。笔录人员在记录过程中要尽量做到言词准确，在关键问题上一定要记录陈述人的原话。当被询问人讲述完毕后，应将笔录稿交其核对，也可向其宣读。经核对无误后，询问人与被询问人需于笔录末尾签字或盖章（如笔录人与询问人不是同一人，则笔录人也需签字或盖章）。

公证机关对证人的口头证言采取证据保全措施的，必须要有两名以上公证员在场，在场人必须在询问笔录上签名。一般情况下，询问由公证员进行，但若有证人仅接受律师询问等特殊情况出现时，也可以由律师在公证员的监督下进行询问。由律师询问当事人的，公证员需对保全过程进行全程监督，以保证在询问时证人不受律师的诱导、误导。询问笔录要真实反映证人的陈述，不得断章取义。在进行公证前，公证员要认真确认证人的行为能力，证人是未成年人的，应有其监护人在场，对于间歇性精神病人或智障人员，由于公证员没有能力鉴定证人在陈述时的身体、精神状态，一般公证机关不受理。询问证人后，公证员要认真撰写公证词，公证词中要详细记载询问的时间、地点、询问期间证人的精神状况以及询问过程。

（二）对物证进行保全，最关键的问题是要保证物证的客观真实性与完整性

保全物证，可以通过制作勘验笔录或者拍照、录像等方法来完成。对于某些可能被毁损的证据，应尽快采取强制办法加以扣押；对于不动产等无法移动或不易移动的物品则应当予以查封；如系银行存款，可以通知银行冻结或出具相关材料证明。但需要注意的是，对于物证，应尽可能地提取原物。只有在原物灭失或无法搬动等情况下，才可以提取副本或照片。

在所有种类的证据当中，物证的运用最广泛也最复杂。对于不同的物证，调查人员需根据其自身的性质采用不同的保全方法。对于某些性质比较特别的物证，要采用特殊的方法来保全：

1. 指纹、脚印等人身痕迹的保全

对于本身有颜色或具有凹凸状等肉眼可视的指纹，可以直接照相固定；对于表面光滑而干燥、不易发现的指纹，可以用特定的显影粉末刷显或抖显，然后立即照相记录。拍摄指纹最好以 1:1 的比例摄下，除此之外，还需摄下整个载纹物体，以及该物体所处的位置。同时，要在现场笔录中记载指纹的基本情况。除了照相记录外，调查人员还可以在拍照后用透明指纹胶带粘取指纹，在胶带反面记载提取的时间、地点、载体。

由于脚印极易被破坏，所以能够完整提取脚印的机会并不多。对于脚印这种物证，仍然可以采用拍照的方法来保全。除此之外，通过石膏水溶液制模提取的方法也可以采用。

2. 玻璃等易碎物品的保全

调查人员在提取证据的过程中应佩戴手套，避免在物品上留下自己的指纹。提取后，需将物品放入垫有软布或棉花的盒内，上面用软填充物塞满，最后用胶带封口并进行标注。

3. 对血液的保全

血液具有容易变质的特性，作为物证，应置于实验室保存。血液的保存应当选择尽量低温的环境，要防止在高热和日晒环境下存放，但也不能温度过低，比如不能放入冰箱冷冻室进行冷冻，否则也会导致血液变质。

4. 对于易腐烂物品的保全

本章项目一中的苹果买卖合同纠纷案例，王某可以通过向公证机关申请证据保全来维护自己的合法权益。苹果是易灭失的物证，执行保全措施的工作人员可以通过拍照的方式保存证据。两名保全证据的人员，在采取保全措施后，需为相关的情况制作工作记录。记录的内容应当包括：勘验的时间、地点；办理证据保全的工作人员及在场的相关人员的人数、姓名；保全对象的基本情况；保全的方式、方法；证据取得的时间、地点、方式或者证据的存放方式、地点、现状；取得的证据数量、种类、形式等。提取证据后，各方应在该工作记录上签字或盖章。

（三）对于书证，可以进行拍照和复制

书证是用文字内容证明案件事实的证据。对于记录在墙壁等不方便搬动的物品上的书证，在诉讼过程中可能不方便提供，也容易丢失。公证机关或法院工作人员可以在两名以上工作人员同时在场的情况下，将其内容摘录到纸张上，并签名或盖章，也可以用拍照的方式对证据予以固定。

如在勘查刑事案件现场的过程中发现与案件有关的书证，应当先照相固定发现时的位置与状态，然后用镊子或戴手套提取证据，放入物证袋中，封缄并标注。非负责检验工作的调查人员不得在现场对提取的书证材料进行研究，尤其要注意避免破坏其上的黏附物或指纹。提取证据后，调查人员须会同文件持有人或见证人当场清点，开具清单与收条一式两份，注明提取时间、地点以及提取证物的名称、数量等，经各方签字后，一份交文件持有人，一份附卷备查。

对于书证的保全，必须注意以下几点：

（1）保全书证时要尽量提取证据原件。如果原件难以或无法取得，则可以提取复印件，只要复印件与原件完全吻合，则具有与原件同样的证明力。具体要求参见书证单元的最佳证据规则。

（2）提取证据后应向证据持有人出具收条。

（3）证据保全的程序不仅包括证据的提取，还需要涉案各方于证据清单上签字或盖章。

（四）电子邮件（E-mail）、**电子公告**（BBS）、**电子聊天**（E-chat）、**电子数据交换**（EDI）**与电子签名**（E-signature）**等网络证据的保全**

由于网络证据具有一般证据所没有的特性，容易被删除和修改，网络证据保全在电子、网络无孔不入的时代变得尤为重要。网络证据主要采用以下方法进行保全：

1. 一般的保全方法

对网络证人证言、网络当事人陈述而言，主要保全方法为询问和录制资料等；对网络物证和视听资料而言，主要的保全方法是勘验、制作勘验笔录、绘图、拍照或录像，在条件许可时可以加以扣押或封存、提取原始介质；对网络书证而言，常用的保全方法除了扣押外，还包括缩微、复制、存档等；对网络笔录的保全，常用的方法是打印出来，加以核对，然后由笔录人签字盖章封存，附案卷保管。

但是，电子文件证据在传统公证框架下，只能进行现场见证公证。因为经过创制、传输或保存等手段，由公证人员接受或重新读取到的是否为原件，很难断定。现场见证公证，要求公证员参与或现场见证申请人计算机操作、浏览、信息处理过程，对电子文件的生成、传输和存储过程的真实性和合法性作出确认，出具公证书。这种现场见证公证可以达到对生成的电子证据的真实性及合法性进行认证的目的，必要时可以进行电子拷贝或纸面打印封存。

但是这一方法存在一个明显缺陷，即计算机网络是全天候、终年不息的，要求保全证据的工作人员对每一个电子交易或其他涉及电子网络的行为实行现场见证是不现实的，而且成本过大。为适应这种情况，在线公证便诞生了。

2. 网络公证保全方法

网络公证保全就是一种在线公证方法。在线公证，就是将传统的公证业务应用于网络上进行，而公证人员不再需要进行全方位的现场监控，只需要在网络这一平台上履行公证职责。在线公正才是真正意义上的网络公证，它不需要公证员亲临现场，而只需要通过在线审查申请人的电子文件，即可以确认该文件的真实性和合法性。而网络公证保全并不能由一般的公证机关进行，它更强调专业性，一般由特定的网络公证机构，利用计算机和互联网技术，对互联网的电子身份、电子交易行为、数据文件等提供增强的认证和证明以及证据保全等服务。

在实践中，因不同的证据有不同的保存与固定方式，特别是随着科技的发展以及新鲜事物的出现，如现在流行的网上侵权诉讼，如果仍然采用列举的方式规定保全措施，根本无法满足科技发展的需要。因此，证据保全措施应当随着科技的不断发展而不断地予以完善。

仍需注意的是，用各种证据保全方式收集的刑事诉讼证据都必须符合中央五部门颁布的《关于办理死刑案件审查判断证据若干问题的规定》和《关于办理刑事案件排除非法证据若干问题的规定》的要求，否则不具备证据效力。

二、证据保全的效力

【引　例】

2004 年 3 月，毛某到被告鲁某处从事驾驶装载机工作。工作期间，毛某在驾驶装载机工作的过程中不慎从装载机上跌落受伤，左肱骨下段骨折住院治疗。第一次住院花费医疗费 1.3 万元。后来，他在医院的建议下又休息了 4 个月，并进行了第二次手术。

2005 年，毛某向海安县法院起诉，要求鲁某给付其误工工资 3 930 元并赔偿因伤造成的经济损失。但因证据不足，毛某又向法院申请撤回诉讼。4 个月后，他再次提起诉讼，并在法定期限内向法院申请证人到庭作证。但是，法院开庭审理时，他申请的证人未能到庭。毛某称，鲁某获知其向法院申请证人到庭作证后，威胁并阻止证人到庭作证。鉴于这种情况，他向海安县公证处提出证据保全申请。海安县公证处分别对证人曹某、唐某就该案所作证言进行了公证，并向法庭提交了公证书。被告鲁某对毛某提供的公证书提出异议，认为公证书仍属于证人证言，证人应当到庭接受质询，如果证人没有到庭接受质询，其证言不能作为定案的证据。双方围绕着公证书的效力问题进行了激烈的辩论。①

问：被保全的证据是否能够直接作为定案证据使用？证据被保全后又将具有怎样的效力？

在我国，证据保全一般将产生如下效力：

① 案例出自 http：//www.jcrb.com/n1/jcrb842/ca416215.htm，最后访问日期：2009-08-03

（一）对于被保全的证据，双方当事人均可加以利用

在一般情况下，被保全的证据往往能够证明申请保全一方的主张，但并不排除这些证据某些时候也可以支持对方当事人的诉讼观点，对对方当事人有利。比如，张某与陈某签订土地使用权转让合同，后出现纠纷。张某申请对该合同进行保全，作为诉讼证据。在法庭上，张某出示该证据，说明双方存在合同，要求陈某履行；陈某也可出示被保全的合同，说明该合同内容无效，要求解除合同。由此可见，证据只要被法庭采纳，双方当事人均可加以利用。

（二）被保全的证据效力并不必然支持诉讼主张

证据有直接证据与间接证据之分，直接证据可单独证明案件事实，间接证据则需要形成一定的证据链条才能达到支撑当事人主张事实的目的。若被保全的证据为间接证据，那么其效力与当事人的主张并无必然的关系。比如在一起侵权赔偿案件当中，原告张某主张被告陈某对自己进行人身损害赔偿，原因是陈某曾殴打自己，请求法院保全其验伤报告。但该验伤报告被保全后，仅能证明张某曾受过一定程度的身体伤害，并不能证明陈某就是侵权责任人，须对该起伤害事件承担责任。“陈某就是侵权责任人”这个待证事实还需要其他证据证明。形象地说，所保全的证据仅是一块砖；但证明待证事实还需要各式各样的“砖”砌成一面墙，方能认定。仅凭所保全的证据就认定待证事实的做法显然有违证据裁判原则。

（三）被保全的证据并不等同于定案证据

如果要成为定案证据，一定要经过庭审质证的程序。由法院依职权保全的证据，可直接作为定案证据，而依当事人申请保全的证据则仍需当事人向法庭提交。

我国台湾地区学者认为，《民事诉讼法》应适用于当事人主义。所谓当事人主义，是指诉讼的发动、继续和发展主要依赖于当事人，诉讼过程由当事人主导，法官仅处于消极的中立的裁判者地位，在举证方面，当事人有提出证据与否的自由。因此证据保全后，应当由当事人在庭审过程中依法出示，法院才可将其采纳为裁判的基础。如果当事人保全了证据，但在庭审时并不出示该项证据，那么法院将不得以该项证据为审判依据。

我国大陆学界有一种观点则认为，证据保全的效力，等同于法院调查取证的效力。已为人民法院保全的证据，可免除当事人相应的举证责任，不需要当事人再提出，人民法院自动将其作为当事人已经提出的证据处理，但仍须经过庭审质证，才能作为定案的根据。在这种观点的指导下，法院只要采取了证据保全措施，该项证据就相当于已经在法庭上出示，但尚未进入质证阶段，要成为定案证据，还需进一步质证。我国在实践当中更倾向于这种观点。

如果证据是由公证机关来采取保全措施的，那么便不存在是否需要当事人在法庭上提出的问题。因为在当事人向法院提交证据之前，法院并未接触过该项证据。即使经过公证机关的保全，证据仍需由当事人向法院提交。

需要注意的是，上述两种观点有一个共同之处，那就是，被保全的证据无论是否需要当事人出示，都不能够直接作为定案的证据。一项被保全的证据如果要成为定案证据，必须经过庭审质证。所以上述案例中毛某申请公证机关保全的证人证言，还需要进行法庭质证才能真正成为定案证据。

思考与练习

1. 民事借款诉讼在立案前可否申请证据保全?

2. 在证据可能灭失或以后难以取得的情况下，代理律师可以直接向法院申请证据保全吗?

3. 一方申请证据保全公证后对方当事人是否可以查看被保全的证据?

4. 在什么情况下才能进行证据保全?

5. 被保全的证据可以直接成为定案依据吗?

拓展阅读

1. 李孝霖. 关于网络证据保全公证相关问题的探讨. 中国版权，2009 (3)

2. 陈清. 关于证据保全概念的界定. 天水行政学院学报，2009 (2)

3. 梁成林. 电子证据保全研究. 山东省工会管理干部学院学报，2009 (1)

4. 许少波. 证据保全制度的功能及其扩大化. 法学研究，2009 (1)

5. 安婧. 证据保全，铁证如山. 中关村，2009 (1)

6. 杜庆娟. 网络证据保全公证初探. 中国公证，2008 (6)

【实训部分】

【情境设计1】

2005 年 9 月 11 日上午，某县邮政局职工罗某在送报途中失踪。经四年多的寻找仍下落不明。罗某所在的县邮政局于 2005 年 10 月停发罗某的工资，并解除了与罗某的劳动合同。2009 年 12 月 5 日，经罗某妻子的申请，法院判决宣告罗某死亡。罗某的妻子认为丈夫在送信过程中失踪，县邮政局所属的市邮政局应对其家属进行补偿，但市邮政局认为罗某系非工伤死亡。

罗妻遂向法院提起诉讼，要求市邮政局对其进行赔偿，法院受理了该案。有一位证人王某能够证明罗某 2005 年 9 月 11 日上午到他家送《中国剪报》的事实，且答应为罗妻作证，但由于工作的调动，王某在法院开庭前就要离开该县到较远的城市工作，无法出庭作证。罗妻向法院申请证据保全。①

【情境设计2】

A 公司与 B 厂签订协议成立合资企业 C 公司，A 公司根据协议约定，在合资企业中控大股。因出资问题，A 公司依据仲裁条款以 B 厂出资不实为由向中国国际经济贸易仲裁委员会（以下简称贸仲会）申请合资争议仲裁。贸仲会予以受理。B 厂收到仲裁申请书后，于 2009 年 8 月 30 日向贸仲会提出证据保全申请，要求对合资企业 C 公司 2009 年 6 月之前的所有账册凭证进行证据保全。理由为：仲裁焦点在于是否存在出资不实的事实，此节事实合资企业 C 公司账上应该能清楚反映，有据可查，因此合资企业 C 公司的账册、凭证在仲裁中起着至关重要的作用；而合资企业目前在 A 公司的控制下，证据极有可能

① 改编自 http://km.xxgk.yn.gov.cn/canton_model19/newsview.aspx?id=571650，最后访问日期：2009-12-26

被涂改、灭失，为维护合法权益，便于顺利仲裁和裁决公正，故申请。①

【实训任务】

结合引例和相关知识，通过训练，学生能够了解我国证据保全的启动和保全方式；能分析不同的证据应采用怎样的方法来进行保全。熟练办理证据保全相关法律事务。

【训练方法】

1. 参训学生7～10名为一组，分角色扮演。由2～3名学生分别模拟证据保全申请人罗妻，4～6名学生模拟法官及法院工作人员，1名学生模拟证人王某。

2. 参训学生8～12名为一组，分角色扮演。由2～3名学生分别模拟证据保全申请人B公司代表人，2～3名学生模拟仲裁员及仲裁机构工作人员，4～6名学生模拟法官及法院工作人员。

【实训步骤】

步骤1：根据案件基本情况，提出证据保全申请。

①根据案件基本情况，判断该案能否申请证据保全。即判断案件是否符合证据保全的条件。

②符合证据保全条件的，提出申请书。

步骤2：审查证据保全的申请。

①法院审查是否具备证据保全的条件。

②对于具备证据保全条件的申请判断是否需要申请人提供担保。

③最后，通知申请人是否进行证据保全。

步骤3：进行证据保全活动。

①对被申请证据的类型进行判断。

②判断该类型的证据应当采取何种方式保全。

③在基本判断后进行证据保全。

【情境设计3】

2005年，天津市第二中级人民法院受理了一起不正当竞争纠纷案件。原告美国万宁药业有限公司（以下简称美国药业公司）为证明案件事实，在诉讼过程中请求该院依法保全被告天津万宁保健品公司的有关生产、经营、销售相关系列保健食品的账册、发票、仓储记录、销售记录以及订单、收货记录、付款凭据、保健食品外包装的相关记录等有关资料作为案件证据。

【训练方法】

参训学生6～9名为一组，分角色扮演。由2～3名学生分别模拟证据保全申请人美国药业公司代表，2～3名同学模拟被申请人万宁保健品公司代表，4～6名学生模拟法官及法院工作人员。

【实训任务】

结合引例和相关知识，通过训练，让学生能够分析不同的证据应采用怎样的方法进行保全，熟练办理证据保全相关法律事务。

【实训步骤】

步骤1：根据案件基本情况，提出证据保全申请。

---

① 改编自 http://www.sifa365.com/zongheziliao/fenxitiziliao/75835311241223.html，最后访问日期：2009－12－26

①根据案件基本情况，判断该案能否申请证据保全。

②符合证据保全条件的，提出申请书。

步骤2：审查证据保全的申请。

①法院审查是否具备证据保全的条件。

②判断是否需要申请人提供担保。

③通知申请人是否进行证据保全。

步骤3：进行证据保全活动。

①判断证据的类型。

②判断该类型的证据应当采取何种方式保全。

③在判断后进行证据保全。

单元十二

证明概述

引 言

证明在我们的生活中非常普遍。在日常生活中，人们就某一问题发生争执时都会摆出自己的观点，用许多方法去证明自己的观点正确，并反驳他人的观点，科研人员也会寻找许多途径证明自己的猜想正确或某些自然规律客观存在，这些例子都是人们证明的活动。然而，并不是所有的证明都属于司法证明。司法证明有自己的概念和特点，有具体的法律意义，我们应当对司法证明和其他证明加以区分。在证据法学中，证据论和证明论是证据法学组成的两大基础部分。证据论主要研究各种证据的法律规定、特点以及实际运用中存在的一些问题，是静态的。而证明论主要研究证据在诉讼中的动态活动，是证据的证明价值得以实现的必经阶段，是司法证明活动的理论基础。证明是证明论当中的核心概念，证明有其自身的特点、方法和理论分类，对证明进行深入的了解，能够更好地理解证明活动的具体制度设置，为司法工作人员形成良好的工作能力打好理论基础。

【知识目标】

通过学习，理解证明的概念和特点，理解证明的要素，了解证明的种类，基本理解证明的相对性。

【能力目标】

在掌握基本理论的基础上，能够运用证明要素的相关知识对具体案件的证据就相关案情的证明进行分析，能对相关证明进行种类上的区分。

【内容结构图】

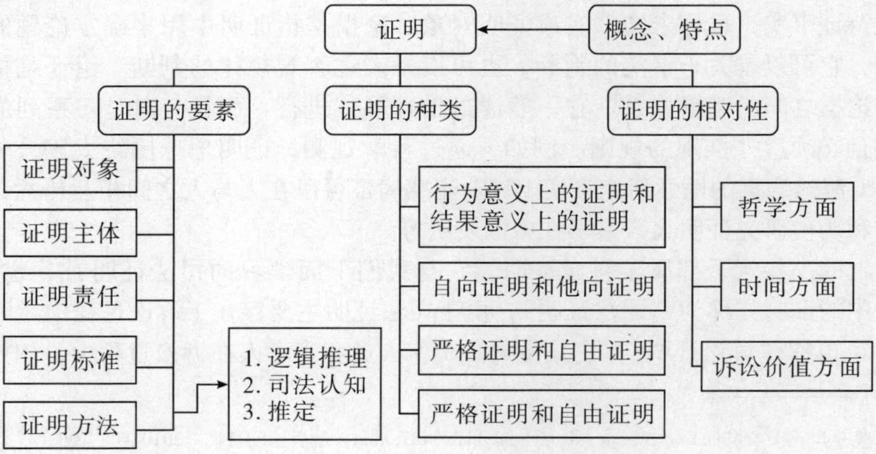

项目一 证明的概念

当事人给法官事实，法官给当事人法律。

——西方法谚

【引 例】

2002年8月4日，周某因脑膜瘤住进南通市港闸区一家医院，先后两次接受手术治疗。但在术后护理中，医护人员错将B型血输入到血型为O型的周某体内，致使她出现严重视力障碍等并发症。

南通市医学会鉴定周某的伤残等级为四级，但在认定其“双目失明”是否因治疗中存在差错所致时却认为，尽管输入其他血型的血液导致周某出现溶血反应，但由于医院及时采取措施，未造成其器官功能障碍。周某术后视力障碍加重，属并发症，与输入血型错误的血液无关。

周某对这一结果不服，便到江苏省医学会再次进行鉴定，这次鉴定的结果是，周某的病例属四级医疗事故，医院应承担完全责任。医院在周某术后治疗出现的差错，属违规过失行为，它与患者出现视力障碍间“不能确定因果关系”。

因赔偿问题有分歧，周某将医院告上法庭，要求对方返还其支付的医疗费5.6万余元，赔偿精神损失2.32万元。港闸区法院在案件审理中，认定江苏省医学会的鉴定更具权威和公正性，予以采纳。该院认为结合医疗侵权纠纷实行因果关系推定、举证责任倒置的原则分析，应认定医院举证不能。医院已构成医疗侵权行为，应承担赔偿责任，并据此作出一审判决，判令医院退还周某医疗费5 154元，赔偿精神抚慰金2.32万元。①

问：根据案件中的证据和事实，你如何理解该一审判决？

【基本原理】

一、证明的概念

依《辞海》解释，证明是指根据已知真实的判断来确定某一判断的真实性的思维形式，由论题、论据、论证三部分组成。论题是指证明中需要确定其真实性的判断，也就是待证事实，也称未知事实或证明对象。论据是指证明中用来确定论题的真实性的根据，它可以是关于事实的判断，也可以是表述客观规律的判断。论证是指证明中论题和论据之间的逻辑关系。它一般通过推理形式进行，而且有时是一系列的推理形式，并且必须遵守推理的规则。例如，通过科学观测，证明地球围绕太阳公转；通过对H1N1流感病毒的医学研究证实H1N1流感病毒可以在人与人之间相互传播；通过考古活动和历史研究证明火药最早在中国发明等。

以上的一些例子都属于科学证明，它与我们下面学习的司法证明有一定的区别。诉讼当中的证明亦称为“司法证明”，由于司法证明主要存在于诉讼过程中，因此“司法证明”也称“诉讼证明”，它是指司法工作人员和当事人在诉讼过程中，依照法律规

① 参考 http：//china. findlaw. cn/yiliao/ylsgal/hlal/3487. html，最后访问日期：2010-05-06

定和法定程序，通过不同的证明方法，运用证据确定相关案件事实的法律活动。

这里的司法证明主要包括两层含义：

第一，司法证明是司法工作人员和当事人在诉讼过程中依法进行的证明活动。其他人进行的证明活动，不在诉讼过程中进行的证明活动，非法律允许范围内进行的证明活动，都不是司法证明。

第二，司法证明是在法律规定范围内，通过一定的证明方法，使用证据证明相关案件事实的活动。在法律规定范围外，不使用证据证明的活动，也不是司法证明。

从广义上来说，司法证明的内容除了诉讼中的证明，还包括仲裁、调解等非诉讼程序当中的法律法规、证明方法和证明活动。这些证明虽然都属于法律意义上的证明，但是并不属于证据法意义上的证明。本书所讲述的司法证明是指诉讼当中的证明活动，是狭义的诉讼证明，是证据法意义上的证明，仅限于诉讼程序当中所开展的诉讼证明活动。

下面我们就科学证明与司法证明的不同进行详细分析：①

第一，证明对象不同。科学证明的证明对象是规律、现象，或者事物的合理性等；司法证明的证明对象是案件当中争议的法律事实。

科学证明的着眼点是事物背后的规律和原因，它不以人的意志为转移，具有客观真实的绝对性和时间上的永久性；而司法证明的着眼点是法律意义上的案件事实客观真实性，只是追求所证明的待证事实符合案发当时的客观真实性，它会受到证据、时间、环境等因素的影响，具有客观真实的相对性和时间上的历史性。事物背后的规律和原因由于隐藏在事物的表象之后，因此比较难以发现，而司法证明追求的案件真相是指，待证事实经过司法证明程序后所确定下来的具有法律意义的客观真实性。因此，我们可以很清楚地看到，科学证明的证明对象具有绝对性、隐藏性和永久性，而司法证明的对象具有相对性和历史性。

第二，证明的方法不同。科学证明的证明方法有许多种，如猜想、实验、论证等；司法证明的证明方法预知不同，具体包括逻辑推理、司法认知、推定等。

科学证明需要经过大量的实验、论证、检验等步骤才能得出相应的结论，这是因为科学证明的对象是客观规律或客观现象，不为人的意志而转移。科学证明的目的是发现并说明客观规律或客观现象，这就要求人们以最客观的角度去进行研究，从而谨慎地得出结论。因此，科学证明的方法显得更加复杂化和多样化。而司法证明是通过举证、质证、认证等法定程序，证明案件相关事实是否符合法律意义上客观真实性的活动。它是一个司法证明主体就案件相关证据和事实进行论证的过程，是一个人们在法律规定下思维推理的过程。因此，司法证明的方法包括一部分人类解决问题的逻辑方法和一部分法律规定如何解决问题的方法。

第三，证明的标准不同。科学证明的标准是严格的标准，要求其假想符合自然客观规律，并排除一切其他的可能性；而司法证明的标准则由法律规定，不同的案件按照不同的法定标准进行处理。

科学证明的标准是纯粹的客观真实的证明标准。科学证明的标准从两方面展开，一方面，科学家通过试验等各种科学证明方法的成功证明自己的设想符合某一客观规

① 何家弘，张卫平. 简明证据法学. 北京：中国人民大学出版社，2007. 67~69

律；另一方面，科学家通过试验等各种科学证明方法证明别人的设想不符合客观规律。因此，不论科学家怎样证明，证明的标准都是不以人的意志为转移的自然客观规律或客观现象，设想是否符合客观规律或客观现象是科学证明的唯一标准。

司法证明的标准是人们在法律意义上的客观真实的证明标准。司法证明的标准则是由法律在诉讼开始前预先设定好的，它要求当事人在进行举证和质证的过程中必须达到法律所规定的一定程度，否则将承担败诉的后果。当事人在进行诉讼的过程中，必须按照法律要求的程度和法律要求的程序提交相关证据，证明相关的法律事实真实性。审判人员则应当在法律规定的范围内，依照法律法规，平衡法律价值的冲突，确定当事人主张事实的确定性程度是否达到法律规定的确定性程度。如果已达到法律要求的程度，就应当支持当事人的主张，否则应当判决当事人承担败诉的后果。

二、证明的特点

（一）证明具有对抗性

证明的对抗性是指在进行司法证明活动的过程中，诉讼的双方当事人、诉讼代理人或辩护人在审判人员的主持下进行举证、质证，支持自己的诉讼主张，反驳对方的诉讼主张。

英国法谚有云："诉讼一方的陈述等于无陈述；裁判者应听取双方的陈述。"在诉讼中，双方当事人、诉讼代理人或辩护人从支持自己的诉讼主张、反驳对方的诉讼主张两方面进行举证和质证。控方会从控方的角度构建自己的证据链条，形成证据体系，证明案件事实。辩方会提出不利于控方的证据，用以打断控方的证据链条。同时，辩方也会从辩方的角度构建自己的证据链条，形成体系，证明案件事实。而控方也会就辩方的证据体系进行反驳。如此一来，往复不断，针锋相对，便是证明对抗性的具体体现。在证明的对抗性下，案件事实在审判人员的主持下，由控辩双方针锋相对，相互印证证据，可以使事实越辩越清。这样既节省了审判资源，又使审判人员能够更好地认定案情，作出裁判。

（二）证明具有时效性

西方法谚有云："迟来的正义非正义。"任何案件应当在一定期限内审理终结，审理过程假如超过一定期限，必然导致审判权威受损、实际损失扩大、责任追究难度增大等问题。证明的时效是指依照法律规定，有关司法证明行为应当在特定的时间范围的实施，否则将承担不利的法律后果。不利的法律后果依法律规定有如下五种："不予采纳"、"不能用于证明特定的事实主张成立"、"视为没有证据"、"视为举证不能"和"视为放弃举证能力"。下面对这五种法律后果进行具体分析：

（1）"不予接纳"是指人民法院对逾期提交的证据原则上不组织质证。对于"不予采纳"的证据，依法规定不属于"新证据"范畴的，在原则上予以排除。

（2）"不能用于证明特定的事实主张成立"，是对特定事实不能使用该证据予以证明，但该证据可以证明除该特定事实外的其他事实主张成立。比如，在行政复议程序中，逾期提交的证据，不能用来证明具体行政行为合法，但可以用来证明具体行政行为违法。

（3）"视为没有证据"的法律后果是直接在法律上不承认证明具体行政行为相关证据的证据资格，对这种证据在法律上绝对排除，法官没有自由裁量的余地。

（4）“举证不能”是指由于当事人自己的过错，导致逾期举证，不能证明相关事实，法律直接认定当事人不能举证。

（5）“放弃举证权利”是指在这些情况下逾期提供证据的，视为当事人自动放弃举证的权利。法院可以自由裁量是否采信这些证据。

项目二　证明的要素

证明责任乃诉讼的脊梁。

——罗森贝克

【引　例】

2004年7月，某甲向某乙借款4 000元，双方约定半年内还款。半年期满，某乙向某甲提出还款要求，某甲称该款是当时做生意某乙承诺支持他而资助给他的，在甲乙生意往来过程中早已归还。某乙怒，遂将某甲告上法庭，要求某甲还款。在庭审过程中，某甲承认自己收过此款，但坚持辩称该款是某乙当时对自己生意上的资助，早已在生意往来中归还。而某乙则坚持这4 000元是自己借给某甲的，并说好半年归还，遂要求某甲归还。双方各执己见，但是都没有证据证明自己的事实主张。

问：某甲和某乙之间的债权债务关系是否成立？某乙是否履行了债务？

【基本原理】

无论是在民事诉讼、行政诉讼还是刑事诉讼中，司法证明都是一个动态的证明过程，它由证明对象、证明主体、证明责任、证明标准和证明方法这几个要素组成。若如西方法谚所言“证明责任乃诉讼的脊梁”，那么证明对象便是手脚，证明主体便是头颅，证明标准便是五脏，证明方法便是六腑。这几个诉讼要素是一个有机的整体，它们相互作用，相互影响，在具体案件的司法证明活动中特别能够体现出来。比如，在民事侵权案件中，原告应当提出侵权行为的违法事实及其造成的侵权结果，并对侵权行为与侵权结果之间的因果关系进行证明，证明加害人有过错；而被告则有权证明自己的行为并非违法侵权行为或自己的行为与侵权结果无因果关系。在这里，不同的证明主体对不同的证明对象负有不同的证明责任，不同的证明责任对应不同的证明标准，以不同的证明方法进行证明。因此，在实务中，司法工作人员必须对证明对象、证明主体、证明责任、证明标准和证明方法有综合的、系统的认识，捋清事情的脉络，清晰地抓住具体案件中的各个要素，找到适当的视角，发现主要问题，解决主要问题，完成案件的处理。

一、证明对象

证明对象是指在司法证明活动中，需要证明的各种案件事实，又称待证事实或要证事实。通俗地说，证明对象就是在司法证明过程中，司法工作人员和诉讼当事人以及律师在诉讼中必须运用证据认定的事实。深入地了解这一概念有助于司法工作人员在开展工作过程中准确定位案件矛盾点，集中主要力量解决相关问题，使诉讼有针对性地、有效率地开展起来。依照我国法律的相关规定，我国三大诉讼的证明对象各有不同，刑事诉讼的证明对象主要是指有关犯罪行为构成要件和量刑情节的事实；民事诉讼的证明对象主要是民事纠纷产生、发展和消灭的事实；行政诉讼的证明对象主要是与具体行政行为合法性相关的事实。然而，在具体案件当中，由于具体争议的事实不尽相同，因此具体的证明对象也不尽相同。

作为一个司法工作人员，如何才能在诉讼当中准确地把握具体案件中的证明对象呢？我们应当认识证明对象在具体诉讼活动中的具体表现形式，更好地对证明对象的范围作出界定。一般来说，诉讼当中的证明对象有以下四种界定方式：

（一）法律规定

在我国，证明对象主要由实体法规定。我们应当在实际操作中注意法条中所表述的证明对象，从而在进行诉讼活动的过程中更好地把握具体案件中的证明对象。如《刑事诉讼法》第43条规定："审判人员、检察人员、侦查人员必须依照法定程序，收集能够证实犯罪嫌疑人、被告人有罪或者无罪、犯罪情节轻重的各种证据。"该条规定了在刑事诉讼中犯罪嫌疑人、被告人有罪或者无罪、犯罪情节轻重属于刑事诉讼证明对象的实体要件事实，理解该条款对于证明对象的规定，司法工作人员就能够在具体案件中把握住具体的证明对象。

（二）司法解释的相关规定

在我国，司法解释作为诉讼实务中重要的法律指引，对具体案件的审理起着举足轻重的作用。司法解释对于证明对象的规定主要通过对现行法律法规的扩大、补充、修改三种方式对证明对象的范围界定进一步细化和完善。

（三）当事人的主张

当事人的主张必须具有争议性，才能被作为证明的对象，没有争议的主张不属于证明对象。作为证明对象的当事人的主张，应当具有以下几方面特点：首先，当事人在起诉时，应当提出诉讼请求，主张自己的实体权利；其次，在诉讼中，为支持其诉讼请求，当事人应当就案件的有关事实提出证据参加举证、质证和认证。当事人通过以上两个步骤将证据运用到证明活动当中，支持自己的诉讼主张，通过证明活动实现证据与诉讼主张的联系。因此，当事人的诉讼主张也应当属于证明的对象。在具体的案件当中，我们必须联系实体法，判断案件争议的主要事实，划定当事人的事实主张范围。在本节引例当中，某甲主张自己已归还某乙款项，已经履行了合同义务。某乙则主张某甲未按照约定按期还款，要求其尽快归还欠款。

（四）其他事实情况

没有相关的法律规定，也没有相关法律解释，当事人又没有提起，而在庭审中为作出判决又必须要予以认定真伪的事实，也应当属于证明的对象。由于法律在制定的时候必然存在滞后性，而法律解释又不能在短时间内穷尽社会新发生的各种情况，当事人由于法律意识的缺失而不能完全从法律角度充实自己的主张，因此，审判人员在出现这种情况时应当参照相似法条或依照法理对这些事实情况进行分析：假如该事实情况对案件主要事实真伪的认定有实质法律意义，从而有可能影响最终的审判结果的话，那么该事实情况应当被作为证明的对象，进行质证和认证，否则该事实不应当作为证明的对象。

由此可见，证明对象通过上述几种方式表现出来。另外，在证明对象中，需要特别注意推定和司法认知，详细内容将在第十三单元中进行介绍，此处不再重复。

二、证明主体

证明主体是指依法进行诉讼证明活动，承担诉讼义务，享有诉讼权利的人。按照我国法律的有关规定，当事人、诉讼代理人、辩护人和司法机关都是证明活动的主体。

（一）当事人

当事人是主要的证明主体。依照相关法律的规定，在民事诉讼和行政诉讼中，当事人包括原告、被告、第三人、共同诉讼人以及法定代理人；在刑事诉讼中，当事人包括被害人、自诉人、被告人、犯罪嫌疑人、附带民事诉讼原告、附带民事诉讼被告以及法定代理人。

当事人在不同案件的司法证明中承担不同的证明责任，享有不同的诉讼权利。一般来说，当事人承担证明责任遵循“谁主张，谁举证”的原则，但为使证明责任得到公平的分配，法律亦规定有例外。

（二）诉讼代理人和辩护人

诉讼代理人和辩护人凭借一定的法律专业知识帮助诉讼当事人参与诉讼，进行诉讼活动。诉讼代理人和辩护人基于当事人的授权代理与其成立合同上的代理关系，在当事人的授权范围内代理当事人处理相关事宜。因此，诉讼代理人和辩护人并不享有当事人在诉讼上的所有法律权利。诉讼代理人和辩护人的权利有两方面的限制：第一，诉讼代理人和辩护人只能在法律规定的范围内参与诉讼；第二，诉讼代理人和辩护人只能在当事人的授权范围内参与诉讼。另外，诉讼代理人和辩护人承担与当事人同等的证明义务。在辛普森案件的刑事审判当中，辛普森的律师团队发挥了极大的作用，使案件的审理过程变得跌宕起伏，影响了最终的判决结果。

（三）司法机关

在我国，司法机关包括人民检察院和人民法院。人民检察院在依法行使检察权的过程中，部分职权行为属于司法证明的范畴。

人民检察院依法行使检察权。检察权包括两大部分：第一，就刑事案件进行审查并出庭支持公诉；第二，对刑法明文规定由检察院展开侦查的案件，依法进行侦查。人民检察院依法就刑事案件出庭支持公诉的相关活动就属于司法证明活动。

人民法院依法行使审判权。人民法院在依法受理案件的基础上，开庭审理案件，在诉讼双方各自提出其诉讼主张，提交相关证据后，主持诉讼双方进行举证和质证，充分听取诉讼双方的意见，在认定一定的案件事实基础上依法作出裁判，判定法律责任的最终分担。因此，人民法院依法行使审判权，不承担证明责任，该行为不属于司法证明活动。

三、证明责任

证明责任是指进行诉讼证明活动的人，依法对其主张的事实有予以证明其真实性的责任，如果不能依法证明相关事实的真实性，则应当承担其主张不被法庭支持的法律后果。从证明责任的概念中我们可以看到，证明责任实质上包括两种不同的情况，一种是行为意义上的证明责任，即当事人不能证明则承担其诉讼主张不被支持的法律后果；另一种是结果意义上的证明责任，即当事人不能证明则承担败诉的法律后果。

行为意义上的证明责任在庭审中由当事人的一系列具体主张和具体证明行为产生，

由法官依自由裁量权进行确认是否达到证明责任的要求。就结果意义上的证明责任来说，当事人需要承担的结果由法律规定表现出来。在本节案例当中，某甲与某乙都有自己的诉讼主张，都应当对自己的诉讼主张承担证明责任，但是原、被告双方都没有证据证明自己的诉讼主张。根据《最高人民法院关于民事诉讼证据的若干规定》第5条规定，双方对合同的成立、生效发生争议时，由主张合同成立、生效的一方就成立、生效的事实承担举证责任。该规定第5条第2款规定："合同是否履行发生争议的，由负有履行义务的当事人承担举证责任。"在本节案例中，某乙主张某甲应当归还欠款，虽然某乙没有证据证明双方的债权债务合同关系成立，但是某甲当庭承认了拿到4 000元款项的事实，因此某乙的诉讼主张中，某甲取得4 000元款项的事实得到了证明。另一方面，某甲提出自己已经履行该借款合同的诉讼主张，但是其没有证据证明自己已经履行了借款合同的义务，其诉讼主张不能得到支持。综上所述，某甲应当承担举证不能的法律责任，归还欠款。

四、证明标准

证明标准是指司法人员查明案件事实、当事人证明案件事实需要达到的程度。在世界各个国家当中，由于经济、政治、法律、风俗、思维方式等社会背景的不同，造成证明标准的尺度也多种多样，纷繁复杂。具体来说，发展出了包括"优势证据"、"排除合理怀疑"、"优势盖然性"等不同的司法证明标准。在英美法等国家中，法律都会要求证明主体对不同类别的法律事实以不同的司法证明标准进行司法证明，这种证明标准的法律规定被称为"多元化"的证明标准。

在我国，法律明文规定的证明标准表述基本一致："案件事实清楚、证据确实充分。"我国《刑事诉讼法》第162条规定："在被告人最后陈述后，审判长宣布休庭，合议庭进行评议，根据已经查明的事实、证据和有关的法律规定，分别作出以下判决：(一) 案件事实清楚，证据确实、充分，依据法律认定被告人有罪的，应当作出有罪判决；(二) 依据法律认定被告人无罪的，应当作出无罪判决；(三) 证据不足，不能认定被告人有罪的，应当作出证据不足、指控的犯罪不能成立的无罪判决。"我国《民事诉讼法》第153条、《行政诉讼法》第54条也作了类似规定。

然而，我国已经开始在立法方面就民事诉讼的证明标准进行层次上的区分。在2002年出台的《最高人民法院关于民事诉讼证据的若干规定》第73条规定："双方当事人对同一事实分别举出相反的证据，但都没有足够的依据否定对方证据的，人民法院应当结合案件情况，判断一方提供证据的证明力是否明显大于另一方提供证据的证明力，并对证明力较大的证据予以确认。"因此，也有学者认为我国的"一元化"证明标准体系已经逐渐被打破。

五、证明方法

证明的方法是指在司法证明活动过程中，依法运用的思维方法和法定认定事实的方法，具体来说包括逻辑推理、司法认知、推定等。

（一）逻辑推理

恩格斯曾指出："逻辑是关于思维过程本身的规律的学说。"[①] 逻辑研究的是思维的形式和思维的规律。而逻辑推理就是从已知的事实或判断，通过一定的逻辑规律或逻辑规则，推理出新的事实或判断的思维过程。

通过逻辑推理得到的结果并不一定都是正确的。逻辑推理必须按照一定的规律和规则，假如违反这些规律和规则进行推理，必然导致思维上的混乱，造成推导的结果不正确。

然而，是否完全按照逻辑推理所要求的规律和规则进行逻辑推理，就必然得到正确的结论呢？逻辑推理是人们思维的过程，按照逻辑推理所要求的规律和规则进行推理仅仅是在思维过程上符合了思维的形式性要求。人们并未将推理所得的结果与客观事实进行对比，因此，推理的结果仅仅符合人们思维上的形式要求，并未符合客观上的事实要求，并不一定符合客观事实。在司法证明中，要通过逻辑推理获得客观真实的结论，除了在推理过程中遵守一定的逻辑规律和规则之外，还要用案件证据和其他事实进行检验，要符合人们的经验法则。

逻辑推理主要分为演绎推理和归纳推理。简单来说，演绎推理是从一般到个别，归纳推理则是从个别到一般，两者的思维方向相逆。

演绎推理是从一般的原则推导出个别结论的逻辑思维方法。典型的演绎推理是"三段论"。"三段论"由两个基础判断和一个结论判断组成，两个基础判断是前提，一个结论判断是通过思维模式推导出的新结论。在一个三段论中，如果两个基础判断均为真实，那么结论判断必然真实。通过演绎推理，我们可以依据已知的事实，通过一定的思维模式得到新的未知事实。因此，演绎推理在司法证明活动中被广泛应用于案件事实的调查，证据的核实。在运用演绎推理进行司法证明时必须注意两点：第一，基础判断不仅要客观真实，而且在法律意义上也必须真实；第二，不论是基础判断还是结论判断，都必须符合经验法则和法律的规定。例如，所有的犯罪嫌疑人未经定罪均不得认定为罪犯，犯罪嫌疑人某甲未经审判定罪，所以不能认定犯罪嫌疑人某甲为罪犯。在演绎推理所得到的结论符合以上各个条件之后，才能认定该事实符合真实性和可靠性，能够被用作定案事实予以采信。

归纳推理是通过对很多个别事实情况进行总结归纳，推导出一般性结论的逻辑思维方法。归纳推理是普遍性结论的来源，我们生活中的经验法则，审判中的指导性原则，司法证明中的证据规则，都是通过归纳推理所得到的结论。归纳推理的重要作用是形成具有普遍性的结论，从而使具有普遍性的结论指导人们认识其他一般的个别事实情况，也就是个别到一般，再从一般到个别的思维方式运用。归纳推理以一定数量的个别性事实情况为前提，推导出一个一般性的结论。使用归纳推理必须注意以下几点：第一，一定数量的个别性事实情况必须都确定为真实，否则会影响一般性结论的真实性；第二，在一定数量的个别性事实情况为真实的前提下推导出的一般性结论未必都是正确的。第三，符合一般性结论的个别性事实情况越多，一般性结论的真实性越大。举个例子：证人A说当天看见某甲持刀行凶，证人B也说当天看见某甲持刀行凶，证人C也说当天看见某甲持刀行凶，那么，应当认定某甲当天持刀行凶。但是，

① 马克思恩格斯选集（第四卷）. 253

经过警方调查发现，某甲当天只是在附近买刀，案件另有罪犯。

（二）司法认知

司法认知，也被一些学者称为审判上的认知和审判上的知悉。它是指在案件审理过程中，审判人员对于需要认定的事实，无须经过当事人的举证和质证，直接依法予以确认其是否符合法律规定，用作定案事实的一种司法证明方法。本章作简单介绍，证明对象单元将作详细介绍。

依照我国相关法律的规定，司法认知的范围主要包括：

1. 众所周知的事实

众所周知的事实是指一般人凭借基本生活经验和社会经验所应当知道的事实。生活经验和社会经验具有地域性，因此，众所周知的事实是在一定地区范围内的人所普遍了解的事实。比如，在中国，人们都知道“天狗吃月”的现象是指月食；十月一日是国庆节；在夏天白天比较长，等等。

2. 自然科学定律

自然科学定律是指经过科学研究证实，符合自然规律，能够被人们所理解并运用的原理。科学家们通过猜想、实验、推理等方法，不断积累科学知识，深化理解，从而提炼出对自然界一些规律的总结，用等式、语言等方式表达出来，并为人们运用到生活中。自然科学定律涵盖自然科学的各个方面，包括数学定律、物理定律、化学定律，等等。比如欧姆定律、万有引力定律等。

3. 国家机关公报的事实

一些事实通过国家机关的相关程序进行了认定之后，通过一定方式公报出来，具有较高的公信力和真实性。国家机关公报的事实如何进行司法认定与公报事实的具体国家机关有关系。对有立法权的国家机关公报的事实进行司法认定的时候，人民法院应当直接以司法认知确定其真实性，无须进行审查。对没有立法权的国家机关所公报的事实进行司法认知时，人民法院应当对相关事实进行审查和核对，确认与事实情况无任何矛盾后才能以司法认知确定其真实性。

4. 生效的裁判、公证文书和行政行为确认的事实

在我国，审判机关、公正机关和行政机关依法行使审判权、公证权和行政权。在执行公务的过程中，必然会对一些有争议的事实进行确定，并以一定的文书形式表现出来。这些文书当中所确认的事实由于经过国家机关的确定，因此有国家公信力给予支持，应当在庭审中被作为司法认知的范围。

5. 当事人承认的事实

在庭审过程中，当事人有权对一些不利于自己的事实予以承认，放弃一些反驳的权利。这些事实经法庭确认不会引起双方当事人的矛盾后，应当减轻庭审的压力，减少庭审的时间，提高庭审效率，列为司法认知的一部分。需要注意的是，我国《刑事诉讼法》第46条规定：“只有被告人供述，没有其他证据的，不能认定被告人有罪和处以刑罚。”因此，在刑事诉讼当中，对于被告人承认的事实可以通过司法认知进行认定，但不能仅凭该事实定罪量刑，必须有其他证据相互印证，才能作出最后裁判。本节案例中，某甲承认自己已经取得款项的事实便属于当事人承认的事实。

6. 其他明显的、当事人不能提出合理怀疑的事实

对于一些显著客观存在的事实，假如当事人不能提出有效的合理怀疑，法庭应当

确认该事实确实存在。该事实是指符合一般人的知识水平或日常生活经验即能确定真实与否的事实。比如，某人从广州到北京仅用了3个小时，那么他用的交通工具是飞机；2001年9月11日美国纽约发生了“9·11”事件。

（三）推定

推定是指法官依照法律规定或者经验法则，根据一个已知事实推断出另一个未知事实的一种司法证明方法。推定在司法证明当中经常使用，前提事实是基础，审判人员依照法律规定或经验法则推断出另一个事实，称为推定事实。推定由前提事实、法律规定或经验法则、推定事实三个部分组成。前提事实的不真实，法律规定或经验法则的运用不当，都会导致推定事实不真实。因此，我们在进行推定时，应当注意前提事实的真实性和适用法律规定或经验法则的正确性。

根据推定时适用的是法律规定还是经验法则，推定可分为立法推定和司法推定。立法推定的依据是法律法规。当前提事实和推定事实相对稳定时，就可以立法的方式固定这种推定形式，在司法实践中依法使用。司法推定的依据是逻辑思维和经验法则。当前提事实符合一定程度逻辑思维的正常推断或经验法则上的当然性，就可以依照逻辑思维和经验法则推断出推定事实。

项目三　证明的相对性

一个人不能两次踏入同一条河流。

——赫拉克利特

【引　例】

（见单元十七辛普森案）

【基本原理】

证明的相对性是指由于证明的主体、依据、对象、程序等因素的影响，在权衡正义、公平、平等、效率等诉讼价值后，在客观真实性上不可能达到绝对客观真实的程度。司法证明作为证明的一种，证明的相对性必须从以下三个方面综合认识：

一、哲学方面

辩证唯物主义的认识论指出，人能够能动地认识世界，甚至认识世界的规律，但是不能穷尽对所有知识的认识。这是由于人们的认识受到事物的变化性、自然条件、经济条件、科学技术条件等这些客观条件以及人的主观能动性、知识构成、历史认识水平等这些主观条件的限制所造成的。人们总是在不断地发展科学技术，加深对自然规律的认识，但是人们总是无法认识所有科学技术和自然规律，人们还是有诸如疾病、生命起源等很多问题无法解决。每一个时代的人都有不一样的经济、社会和科学技术发展背景，每一个时代的人认识水平都不同。比如原始时代的人不懂得使用电力，奴隶时代的人不懂得互联网。但是随着时代的进步，人们会懂得使用电力，使用互联网。这说明了这样一个事实，人们虽然可以认识事物，但是由于客观条件和主观条件的限制，人们不可能完全认识所有的事物，而只能认识到一部分事物。也就是说，人们在认识事物的过程中，并不能达到绝对的、完全的认识，而只能达到相对的、片面的认识。恩格斯在《反杜林论》中就明确指出："一方面，人的思维的性质必然被看作是绝对的，另一方面，人的思维又是在完全有限地思维着的个人中实现的。这个矛盾只有在无限的前进过程中，在至少对我们来说实际上是无止境的人类世代更迭中才能得到解决。从这个意义上来讲，人的思维是至上的，同样又是不至上的。它的认识能力是无限的，同时又是有限的。按它的本性、使命、可能和历史的终极目的来说，是至上的和无限的；按它的个别实现和每次的现实来说，又是不至上的和有限的。"

司法证明就是一种人们认识事物的过程。通过司法证明，法官和诉讼当事人能对案件事实有一定的认识，并依照法律的相关规定确定法律责任的分配。但是，人们对案件事实的认识都属于认识的"个别实现"，都是在完全有限地思维着的个人中实现的，都是不可能无止境，无限期地进行下去的。而且由于客观条件和主观条件的限制，通过司法证明并不能完全还原案发当时的所有情况。比如，案发时当事人的心理状态变化、案发时几分几秒被害人死亡、案发时被告人离开案发现场步行了多少步等都难以完整地被人们所认识。这样，我们通过司法证明所认识的事实并不是绝对的、完全的案发事实，而只能达到相对的部分的认识。因此，依法经过法庭审理以后，法庭据以宣判的事实认定并不能穷尽对案件所有情况的认识，只能达到相对的真实。正如列宁在《唯物主义和经验批判主义》中指出的："马克思和恩格斯的唯物主义辩证法无疑地包含着相对主义，可是它并不归结为相对主义，这就是说，它不是在否定客观真理的意义上，而是在我们的知识向客观真理接近的界限受历史条件制约的意义上，承认我们一切知识的相对性。"

二、时间方面

司法证明是一种"历史证明"，亦有学者称为"回溯证明"。只有在案件发生之后，司法工作人员才能进行侦查活动，诉讼双方才能开展司法证明活动。因此，司法证明活动都是在案件发生以后才得以开展，证明的对象也只有在案件发生以后才能予以确认。司法证明具有时间上天然的滞后性，司法证明不可能与案件同步进行。在时间上来说，司法证明都是正在进行司法证明的主体对以前的、历史的事实进行追查和核实，以确定当时的案件真实情况符合自己推测的事实情况的一种历史证明，这说明司法证明在时间上具有相对性。也就是说，在时间上，司法证明的事实总是发生在案发的事实后面。这样就会造成以下后果：证人可能因为时间的流逝而忘记了目击的部分案件情况；物证可能因为时间的经过造成特性的变化或形态的转变而灭失；被害人的尸体或伤势因为时间的经过而产生变化，导致鉴定结果的不准确等。

由于司法证明与案件真实情况在时间上的相对性，司法证明不可能达到对案件真实情况的完整"重现"，只能"重组"案件真实情况，使案件真实情况尽可能地接近案件发生时的真实情况。在辛普森案件中，警方的侦查和取证都是在案件发生以后才进行的，证人对所知道案情的描述更是在庭审时才能被知晓，警方的鉴定结论也是在案件发生后才能进行。每一项证据都是在案件发生以后才被调取，并用来证明已经成为历史的案件真实情况。所有证据都在庭审时才被用来进行案情的"重组"，以说服陪审团和法官承认本方所"重组"的案情，并不能使"重组"的案情与案发当时的所有客观情况、心理情况、环境情况等完全吻合。因此，陪审团和法官据以认定案情作出裁判的"案件事实"并不是案发当时的案件事实，而是经过"加工"的案件事实，自然就会受到时间的影响，不能达到完全的吻合。

三、诉讼价值方面

诉讼有正义、公平、平等、效率等法律价值。法律追求正义公平的审判结果，但是，在实际审判过程中必须同时兼顾平等和效率。假如为了追求绝对的公平正义而忽视平等，则可能导致诉讼资源的分配不均，导致审判结果没有说服力；假如为了追求绝对的公平正义而忽视效率，则可能导致审判的结果实际上没有意义或者现实法律效果降低。

假如司法工作人员为了追究犯罪嫌疑人的刑事责任，百般阻挠其代理律师进行证据收集，则破坏了律师依法享有的取证权，忽视了诉讼权利的平等，这就有可能造成司法不公。在著名的辛普森案件中，警方在取证过程中对“血袜”这一重要证据的不当处理，导致控诉方的证据链条出现漏洞，而辛普森的律师就是抓住了这一条，反驳了警方的指控，并最终使辛普森无罪释放。假如法院不理会辛普森律师团队的意见，仅仅采纳或过于重视警方的证据和指控，进而作出有罪判决，那么这个判决则是建立在非平等的诉讼上。即使是正义的，也无法说服辛普森和其他民众。

通过司法证明所获得的案件事实虽然是定案事实，但并非案件的真实客观历史全貌。也就是说，在实际的庭审中，用来作为审判依据的定案事实不是完美的事实，其自身必然存在缺陷。那么，用存在缺陷的案件事实定案，判决双方承担相应的法律责任是否违背了法律对正义、公平价值的追求呢？并非如此。正如西方法谚所言：“迟到的正义非正义。”诉讼作为一种在法律上解决人们矛盾的机制，必须有时效性。假如法庭为追求完美的案件事实，对该案进行了为期80年的审理，宣判时诉讼双方当事人早已死去，那么审判结果对于诉讼双方当事人而言毫无意义，法律也就失去了权威性。同理，我们应当认识到，早到的正义，亦非正义。

诉讼作为人们平息争端、解决纠纷的一种方式，要求在一定的时间内，尽量地达到公平正义，这就必须同时兼顾诉讼的平等和效率价值。通过司法证明所得到的案件事实只能达到相对真实，这也是诉讼的法律价值冲突的结果。

项目四　证明的种类

问题在于用事实证明有理，没事实，有理也不值一文。

——罗曼·罗兰

【引　例】

7岁小童甲与8岁小童乙在一楼顶比赛抛掷石块谁比较高，两人同时抛出两个石块后，石块掉落楼下，不慎将行人丙头部击伤，导致行人丙昏迷住院。经医院检查，确认行人丙的受伤乃当时楼上掉落的两块石头的其中一块石头击中头部所致。丙经治疗苏醒后神志清醒，遂将两小童告上法庭。在法庭上，7岁小童的父亲发现合议庭中一名审判员是丙的兄弟，遂向法庭提出申请，要求该审判员回避。

问：案例中的证明行为有哪些？请就这些证明行为进行分析。

【基本原理】

一、行为意义上的证明和结果意义上的证明

依照证明动态的表现形式，可以将证明分为行为意义上的证明和结果意义上的证明。行为意义上的证明是指证明主体通过证据对案件事实进行确认的过程，具体分为取证、举证、质证和认证一系列动态过程。结果意义上的证明是指证明主体通过已知的案件事实认定案情的最终结果。行为意义上的证明强调的是证明主体在进行证明的动态过程，结果意义上的证明强调的是证明主体对于证明行为的最终结果形态上的认定。[①] 如本节案例中，对7岁小童甲和8岁小童乙一起抛掷石块的行为进行确认的取证过程，对行人丙的伤势鉴定过程即为行为意义上的证明。而对于合议庭中一名审判员为丙兄弟，法庭作出其必须回避的决定的证明，即为结果意义上的证明。

区分行为意义上的证明和结果意义上的证明有助于我们从动态过程和静态结果两个层面理解证明活动。任何动态过程的证明行为最终都会形成审判人员对案件的认定结果。

二、严格证明和自由证明

依照证明行为所需要遵守的法律规定严格程度，和证明对象的证明程度不同，分为严格证明和自由证明。严格证明所需要遵守的法律法规较多，规定相对较为严格，其证明对象一般为实体法事实。自由证明所需要遵守的法律法规较少，规定相对较为宽松，其证明对象一般为程序法事实。比如，在一起民事侵权案件中，原告必须举证证明被告人作出了侵权行为，该侵权行为造成了原告的实际损害，对这些事实所展开的证明活动属于严格证明的范畴。而被告提出审判庭中有审判员是原告的兄弟，提出回避申请，对于申请回避所依据的事实进行的证明活动属于自由证明的范畴。

严格证明和自由证明的本质区别在于他们所针对的证明对象不同，严格证明所针对的证明对象为实体法事实，而自由证明所针对的证明对象为程序法事实。两者在法律规定上的区别直接体现了两者在本质上的区别。下面我们看看两者在表现形式上即法律规定上的区别:[②]

第一，就证明的程序来说，严格证明以法律禁止性规定予以规范，即违反相关法律规定所采取的其他证明方法一律无效；而对于自由证明，极少法律禁止性规定，一般由审判人员依自由裁量予以确认证明方法是否有效。

第二，就证明的具体方法来说，严格证明的具体证明方法由法律明文规定，凡采取非法律明文规定的方法进行的证明一律无效；而自由证明的具体证明方法，只要没有法律明文规定禁止，都可以被法庭采信。

第三，就证明标准来说，严格证明的证明标准是“案件事实清楚、证据确凿充分”；而自由证明的证明标准相对较低，只要能够达到“合理的可能”即可。

---

① 樊崇义．证据学．北京：中国人民公安大学出版社，2003．215

② 何家弘，张卫平．简明证据法学．北京：中国人民大学出版社，2007．74

三、自向证明和他向证明[①]

依照证明行为所指向的主体为区分标准，证明可以分为自向证明和他向证明。自向证明是指所证明主体作出的证明行为是为了向自己证明相关问题。他向证明是指证明主体作出证明行为是为了向证明主体之外的其他人证明相关问题。司法证明一般指的是他向证明，即向事实裁判者进行的证明。比如，检察机关侦查部门为了查明某一贪污案件的相关案情，向犯罪嫌疑人所在单位调取证据，向其存款的银行核实情况等侦查行为即为自向证明；检察机关公诉部门查明该贪污案件后向法院提起公诉，进行举证和质证，向法院和被告人说明案情的行为即为他向证明。

由此可知，同一个机关在不同阶段可以成为自向证明的主体，也可以成为他向证明的主体。在上例中，检察机关在侦查阶段是自向证明的主体，而在审判阶段中，则是他向证明的主体。司法证明一般指的是他向证明，即向事实裁判者进行的证明。因此，人民法院是自向证明主体，而非他向证明主体。

区分自向证明和他向证明，有利于我们更好地把握证明行为所指向的对象主体，从而更好地把握具体诉讼阶段中证明行为所需要达到的程度。

四、正向证明和反向证明[②]

依据对案件事实证明的方式为积极方式还是消极方式，证明分为正向证明和反向证明。正向证明是指以积极的方式证明案件相关事实成立或真实存在的证明方式。反向证明是指以消极的方式证明案件相关事实不成立或不真实存在的证明方式。在反向证明中，如果证明主体不能拿出充分证据证明所主张的事实不成立或不真实存在，则应当认定该事实成立或真实存在。反向证明常被运用在举证责任倒置的情况下。例如，我国《最高人民法院关于民事诉讼证据的若干规定》第 4 条第 7 项规定："因共同危险行为致人损害的侵权诉讼，由实施危险行为的人就其行为与损害结果之间不存在因果关系承担举证责任。"依照该规定，本节案例中，小童甲和小童乙抛掷石块导致丙受伤，小童甲和小童乙共同实施了抛掷石块的危险行为，他们应当就其抛掷石块的行为与丙被石块砸伤的不存在因果关系承担举证责任。

人们认识事物都可以从正反两方面进行，证明活动也不例外。人们在认识事物的时候，从正面认识事物时都必须对事物建立一个完整的、正确的认识体系，使正面认识能够经得起考验。而当人们从反面认识事物，否定事物时，仅需要举出反例打破正面的认识体系即可。我们可以发现，从正面认识事物较从反面认识事物相对困难，正面认识的事物说服力要比反面认识的事物说服力大，正面认识的标准比反面认识的标准要高。

正向证明和反向证明正是从正反两方面深化人们对案情的认识，从而使案情能够更加清晰，使审判人员作出正确裁判。正向证明的证明难度较大，标准较高，但证明力较强；反向证明的证明难度相对较小，标准较低，但证明力相对较弱。因此，法律为平衡正向证明和反向证明，通常通过举证责任倒置平衡诉讼双方的举证责任，提高诉讼的对抗性。

---

① 何家弘，张卫平．简明证据法学．北京：中国人民大学出版社，2007．74

② 何家弘，张卫平．简明证据法学．北京：中国人民大学出版社，2007．75

思考与练习

1. 司法证明与其他证明有什么不同？司法证明有什么特点？
2. 证明由哪些要素组成？三大诉讼中的证明要素有什么不同？
3. 你怎样理解证明的相对性？如何在实践中把握证明的相对性？

拓展阅读

1. 何家弘. 神证·人证·物证. 北京：大众文艺出版社，2003（5）
2. 何家弘. 论司法证明的基本范畴. 北方法学，2007（1）
3. 乔纳森·科恩，何家弘. 证明的自由. 外国法译评，1997（8）
4. 樊崇义. 客观真实管见——兼论刑事诉讼证明标准. 中国法学，2000（2）
5. 罗玉珍，高委. 民事证明制度与理论. 北京：法律出版社，2003
6. 何家弘，张卫平，简明证据法学. 北京：中国人民大学出版社，2007
7. 高家伟，邵明，王万华. 证据法原理. 北京：中国人民大学出版社，2004

单元十三

证明对象

引 言

开展司法证明活动，前提是必须确立证明对象，明确证明活动的方向，做到有的放矢。取证、举证、质证、认证等各个证明环节，均以证明对象为出发点和归宿。证明对象的确定，主要依据实体法，但程序法要求的一些事实，也会成为证明的对象。证明对象不仅因案件性质不同而不同，甚至在同类型案件中也会因案而异。证明对象的不同，决定了证明主体的不同。故证明对象要素在司法证明中具有举足轻重的地位。在证明活动中，基于证明的必要性、证明的现实困难等考虑，一些本来属于证明对象的事实，会被排除在证明对象范围外，成为免证事项。

【知识目标】

掌握证明对象的概念和范围；熟知三大诉讼各自的证明对象，理解民事诉讼证明对象划分的理论依据；知晓免证事项与司法认知的概念、特点和区别，熟知免证事项的范围；掌握推定的概念、种类和适用规则，熟知常用的法律推定。

【能力目标】

通过学习和训练，具有根据实体法规范分析、归纳案件证明对象的能力；能够识别免证事项；具有从基础事实推导推定事实、运用证据反驳事实推定的证明能力。

【内容结构图】

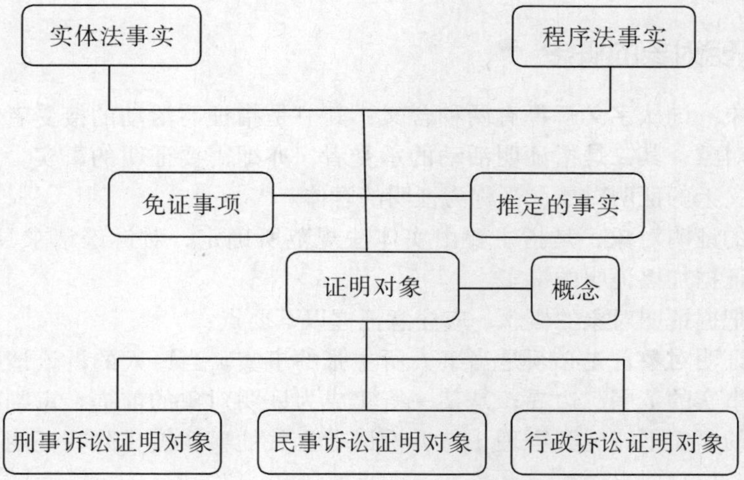

项目一　证明对象的概述

法官要作出裁判，对法规和事实两个方面都必须认定……但是，作为证明对象最普通的还是事实，即当事人所主张的具体事实是否存在问题……在这些事实中，当事人没有争执的事实，就不需要法院认定，并且法院对显著事实的认定不需要证据。

——兼子一、竹下守夫

【引　例】①

原告徐某向法院诉称，2006 年 11 月 20 日上午，原告在本市水西门公交车站等 83 路车。9 点半左右，2 辆 83 路公交车进站，原告准备乘坐后面的那辆，在行至前一辆公交车后门时，被从车内冲下的被告彭某撞倒，导致原告左股骨颈骨折，住院手术治疗。因原、被告未能达成调解协议，故原告诉至法院，请求判令被告赔偿原告医疗费等各类损失及精神抚慰金等，并由被告承担本案诉讼费。

被告彭某辩称，被告当时是第一个下车的，在下车前，车内有人从后面碰了被告，但下车后原、被告之间并没有碰撞。被告发现原告摔倒后做好事对其进行帮扶，而非被告将其撞伤。原告没有充分的证据证明被告存在侵权行为，被告客观上也没有侵犯原告的人身权利，不应当承担侵权赔偿责任。请求法院依法予以驳回。

法院认为，案件的基本事实，即 2006 年 11 月 20 日上午原告在本市水西门公交车站准备乘车过程中倒地受伤，原、被告并无争议。但对于原告是否为被告撞倒致伤，双方意见不一。根据双方诉辩观点，将案件的争议焦点归纳为：①原、被告是否相撞；②原告损失的具体数额；③被告应否承担原告的损失。

法院最终认定：原告赶车到达前一辆公交车后门时和刚从该车第一个下车的被告瞬间相撞，发生事故。原告在乘车过程中无法预见将与被告相撞；同时，被告在下车过程中因为视野受到限制，无法准确判断车后门左右的情况，故对本次事故双方均不具有过错。因此，应根据公平责任合理分担损失，判令被告补偿原告损失的 40%。

【基本原理】

一、证明对象的概念

证明对象一词从字义解释有两种含义：其一是指证明活动的接受者，或曰证明活动欲说服的对象；其二是指证明活动的承受者，亦即需要证明的事实。本单元讨论的是第二种含义上的证明对象，又称为证明的客体。

诉讼上的证明对象，是指主要由实体法规范所确定、对诉讼请求具有法律意义、从而需要由证据加以证明的事实。

理解和把握证明对象的概念，应注意把握以下要点：

第一，证明对象首先必须是当事人所主张的事实。当事人的诉讼请求和事实主张界定了待证事实的范围、边界，是某一事实成为证明对象的前提。审判机关对于当事人没有主张的事实不能展开审理，与诉讼请求无关的事实被排除在证明对象之外，该

---

① 案例出自：http：//bbs. voc. com. cn/topic－770090－1－1. html，最后访问日期：2009－03－22

事实也就不可能成为证明对象。

第二，证明对象还必须是当事人之间存在争议的事实。换言之，成为证明对象应该具备证据的必要性。只有需要证据证明的案件事实才能成为证明对象。如果某个案件事实不证自明，或者无须证明，那就不会成为证明的对象。例如根据我国《继承法》第 17 条的规定，代书遗嘱应当由两个以上见证人在场见证，由其中一人代书，注明年、月、日，并由代书人、其他见证人和遗嘱人签名。为此，在诉讼中，当代人代书的遗嘱是否为伪造而成为争议事实时，它就成为诉讼中的证明对象，或称待证事实。当事人虽无争议，但属于人民法院依职权应当查明的事实除外，如是否存在诉讼中止、诉讼终结、延期审理、回避必要等事实。这些事实不属于当事人承担证明责任的范畴，而属于法官保障程序正义的管理职责范畴。引例中原告在乘车过程中倒地受伤的事实双方没有争议，法庭则未将其列为证明对象。双方是否相撞、原告损失数额等存在争议的事实才可能成为证明对象。

第三，证明对象具有法律规范的决定性。证明对象主要由实体法律规范所确定，取决于实体法规定的归责要件。因为当事人的诉讼请求是依据实体法规范提出的，则实体法规范要求的事实要件就成为证明对象。这是具有法律意义的事实，是立法者预先在法律规范中规定的事实。在诉讼上，直接表现为法官归纳的事实争执点与法律争执点。引例中原被告是否相撞、原告损失的具体数额、被告应否承担原告的损失等事实即为对案件处理具有法律意义的实体法事实。程序法规范分配给诉讼主体的诉讼权利义务，也是某些程序事项成为证明对象的依据。

第四，证明对象与证明责任密切相关。证明责任是针对一定的证明对象而言的，凡证明对象都要求有相应的证明责任。证明对象的分类历来是证明责任分配的基础，二者的关系密不可分。

证明对象在我国还不是一个法律概念，法律条文中也没有“证明对象”这样的名词，但这不妨碍司法实践对这一证明要素的研究和归纳。

二、证明对象的范围

（一）实体法事实

证明对象本质上是由实体法规制的。诉讼的启动和运作，始终是基于实体法律规范对实体法律关系主体之间所存在的权利义务关系的调整。实体法详细规定了在什么条件下、需要具备哪些要件事实才能课以当事人法律责任。因此欲追究被告（人）的法律责任，证明主体就必须证明要件事实的客观存在。实体法事实是主要的诉讼证明对象。

（二）程序法事实

实体法事实决定了诉讼的目标和归宿。而对该事实的认定还需要一个正当的程序过程，只有经过必要的、正当的程序过程，才能产生法律意义上的案件“事实”。因而程序法所确定的事实也应当作为诉讼上的证明对象。一些重大的程序事实，如关于回避的事实、不可抗力耽误诉讼期限的事实、违反法定程序的事实等，甚至可能对诉讼产生实质性的影响，把程序法事实排除在证明对象范围之外是不可取的。

证据事实是否证明对象？证据之所以能够证明案件事实，是因为其本身记载和反映了与待证事实相关的一定事实，这些事实就是所谓的证据事实。证据事实是证明待证事实的手段，不属于证明对象。如果因为证据事实需要审查判断而将其列为证明对象，势必陷入定义的自我循环，导致证明对象失去其特定的内涵而造成范围的无限扩大。但必须强调，证据事实虽不属于证明对象，但显然也需要查证属实，否则不具备成为证明手段的资格。

如前所述，证明对象是未知的、有争议的事实，如果某一事实属于实体法事实，或者某一程序法事实需要证据加以证明，但这些事实却属于已知的或者没有争议的事实，则无必要进行证明。这类事实称为免证事项。所谓免证事项，顾名思义就是本为证明对象、应予证明，鉴于事实本身的情况免除当事人的举证责任，无须证明的事项。主要包括众所周知的事实、自然科学定理、国家机关公报的事实、生效裁判、公证文书确认的事实、当事人承认的事实以及推定的事实等。最高人民法院的《民事诉讼法》意见第75条、《最高人民法院关于民事诉讼证据的若干规定》第9条、《人民检察院刑事诉讼规则》第334条第2项等对免证事项均作了具体规定。

项目二　三大诉讼的证明对象

世上万物皆不相同，即使在茂密的树林里也找不出两片完全一样的树叶。

——亚里士多德

【引　例】

某市人民检察院向某市中级人民法院提起公诉，指控被告人张某犯故意杀人罪。起诉书称：2003年3月，张某与村民朱某因房屋宅基地发生口角后，张某便蓄意谋害朱某家人。3月10日，张某见朱某七岁的男孩小宇与儿童孙某、葛某一同玩耍，便把早已准备好的一包蛋糕拿出来分与几名儿童食用，其中给了小宇一块掺入剧毒农药的蛋糕，小宇送入口中，因味道不好意欲吐出，被告人连忙递给他一杯水冲下。小宇服用后不久就出现腹痛、呕吐现象，在送院途中死亡。该事实有儿童孙某、葛某以及朱某的证言、法医鉴定结论予以证实。

被告人辩解没有实施杀人的行为，因为其他儿童也吃了蛋糕，拒不供述。

朱某向人民法院提出刑事附带民事诉讼，请求人民法院判处被告人赔偿各项损失人民币13万元。

被告人辩护律师提出案件事实不清，证据不充分，尤其是张某犯罪动机不明、毒物来源不清，因此不能排除被害人小宇误食其他毒物的可能，而且，检察院审查起诉的期限超过了法律规定的一个半月。

经补充侦查，公诉机关又向法庭提供了村民彭某、郑某、蛋糕售货员何某的证言、在被告人张某家后院搜出的物证——一瓶钾胺磷农药，以及儿童孙某、葛某对农药气味的辨认笔录。

人民法院重新开庭对公诉机关提供的证据进行核实。经审理，认为本案被告人虽不供认投毒杀人的事实，但本案事实清楚，证据充分，足以认定。以故意杀人罪判处被告人张某死刑，剥夺政治权利终身。

问：对被告人张某进行定罪量刑需要证明哪些事实？对其民事责任的认定又需要证明什么事实？检察院办案超出法定期限的辩护理由是否证明对象？

【基本原理】

不同的诉讼，其需解决的实体争议不同。刑事诉讼解决罪与非罪的问题，民事案件处理民事的权利义务纠纷，而行政诉讼则要认定具体行政行为的合法与否，诉讼客体的不同决定了证明对象内容的区别。

一、刑事诉讼的证明对象

刑事诉讼中的证明对象，即需要运用证据加以证明的刑事案件事实的范围。刑事诉讼主要解决犯罪嫌疑人、被告人的刑事责任，即犯罪嫌疑人、被告人的行为是否构成犯罪、构成何种罪行、罪责轻重、应否处以刑罚以及处以何种刑罚等问题，凡是与犯罪嫌疑人、被告人刑事责任的认定有关的一切需要证明的事实，都是刑事诉讼的证明对象。

法规链接

《刑事诉讼法》第43条规定："审判人员、检察人员、侦查人员必须依照法定程序，收集能够证实犯罪嫌疑人、被告人有罪或者无罪、犯罪情节轻重的各种证据。"此规定可以作为确定刑事诉讼证明对象范围的基点和原则。为便于操作，有关司法解释据此又作了进一步的规定，如《最高人民法院关于执行〈中华人民共和国刑事诉讼法〉若干问题的解释》第52条规定："需要运用证据证明的案件事实包括：（1）被告人的身份；（2）被指控的犯罪行为是否存在；（3）被指控的犯罪行为是否为被告人所实施；（4）被告人有无罪过，行为的动机、目的；（5）实施行为的时间、地点、手段、后果以及其他情节；（6）被告人的责任以及与其他同案人的关系；（7）被告人的行为是否构成犯罪，有无法定或者酌定从重、从轻、减轻处罚以及免除处罚的情节；（8）其他与定罪量刑有关的事实。"公安部颁布的《公安机关办理刑事案件程序规定》第56条也作了类似的规定。

根据相关法律规范，可将刑事诉讼的证明对象归纳为以下三方面：

（一）有关犯罪构成要件的事实

犯罪构成要件由刑事实体法规定，是确定犯罪是否成立的先决条件，也是刑事诉讼的主要证明对象，是司法工作人员办理刑事案件首先需要查明的问题。具体包括犯罪客体、犯罪主体、犯罪的客观方面和犯罪的主观方面等四个要件，可进一步分解为"七何"要素（何人、何时、何地、基于何种动机和目的、采用何种方法和手段、实施何种犯罪行为、造成何种危害后果），英美国家刑事证据理论将这些要素概括为七个"W"，即Who（何人）、When（何时）、Where（何地）、Why（何故）、How（如何实施犯罪）、Which（侵害何种对象）、What（产生何种危害后果）。[①] 这七个方面的内容并非每一个犯罪都必须具备，而犯罪的四个构成要件则是每个犯罪行为所应该具备的、必不可少的要件事实。引例中，村民彭某证实被告人与朱某发生口角，并声称要让朱某"断子绝孙"的事实，是有关犯罪动机的证言；儿童孙某、葛某的证言，被告人院中搜出的剧毒农药，法医鉴定结论等证据证明的是犯罪客观要件事实；村民何某关于被告人生性吝啬、不轻易给他人东西，尤其是被告人一般不买蛋糕吃的证言，以及被告人无悔罪表现的事实证明了被告人主体方面的事实。

---

① 毕玉谦．民事证据原理与实务研究．北京：人民法院出版社，2003．568

关于犯罪主体，即“何人”要素，涉及犯罪嫌疑人、被告人身份的事实，包括姓名、性别、年龄、民族、籍贯、职业、住址、是否受过刑事处分或者其他处分以及犯罪前后的表现等。犯罪嫌疑人、被告人的身份，有些属于犯罪构成要件事实，有些则是影响行为人刑事责任轻重的事实。例如，犯罪嫌疑人、被告人的年龄，如果不满16周岁或者实施故意杀人、故意伤害致人重伤或者死亡、强奸、抢劫、贩卖毒品、放火、爆炸、投放危险物质等犯罪时不满14周岁，则是不负刑事责任的年龄；如果已满14周岁而不满18周岁，则是应当从轻或者减轻处罚的年龄。

（二）有关罪行轻重的各种量刑情节的事实

刑事诉讼不仅要解决犯罪嫌疑人、被告人罪与非罪的认定，还要在此基础上解决对犯罪分子是否判刑、判处何种刑罚、多长刑期的问题。准确量刑需要参考量刑情节。量刑情节分为法定量刑情节和酌定量刑情节。

法定情节具体包括：

（1）从重处罚的事实。例如，累犯，教唆不满18岁的人犯罪，司法工作人员滥用职权非法搜查他人身体、住宅或者非法侵入他人住宅等。对于这些情节，法院可在法定刑的限度内判处较重的刑罚。

（2）从轻处罚的事实。例如，预备犯、未遂犯、从犯、犯罪后自首、未成年人犯罪等，对于这些情节，法院可以在法定刑的限度内判处较轻的刑罚。

（3）减轻处罚的事实。例如，预备犯、未遂犯、从犯、胁从犯、犯罪后自首、又聋又哑的人或者盲人犯罪、正当防卫和紧急避险超过必要限度造成不应有的损害的、被教唆的人没有犯被教唆的罪等，对于这些情节，法院可以在法定刑以下判处刑罚。

（4）免除处罚的情节。例如，预备犯、犯罪后自首且犯罪较轻、犯罪后自首又有重大立功表现等，减轻处罚的情节事实大多也是免除处罚的情节。对于这些情节，法院可以对犯罪分子作出有罪宣告，同时免除其刑罚处罚。

酌定情节不是法律的明文规定，而是根据刑事立法精神和司法实践概括出来的、在量刑时酌情考虑的情节。常见的酌定情节主要有犯罪动机、犯罪手段、犯罪时的环境和条件，特别是当时的政治、经济形势和社会治安状况、犯罪造成的损害后果、犯罪侵害的对象情况、犯罪分子的一贯表现、犯罪后的态度等。每个案件都存在酌定情节事实，但不一定都有法定情节事实。

（三）排除行为的违法性、可罚性和行为人刑事责任的事实

刑事诉讼的目的不仅限于打击犯罪，还承担着保障人权的任务，通过打击犯罪和保障人权最终实现对国家宪政体制和秩序的维护。实现这两重并举的任务，要求将涉及排除行为违法性、可罚性以及行为人刑事责任的事实作为诉讼上的证明对象来看待。第一，排除行为违法性的事实。某些行为在外观上类似犯罪行为，但由于具备法律规定的正当事由，刑法明确否定这类行为的犯罪性质。刑法规定属于这种性质的情节事实主要有正当防卫、紧急避险以及行使职权等事实。第二，排除行为可罚性的事实。犯罪行为成立后，如果存在排除行为可罚性的情节事实，将不产生相应的刑事责任。我国《刑事诉讼法》第15条规定的依法不追究刑事责任的情形基本上是排除行为可罚性的事实，如犯罪已过追诉时效的、经特赦令免除刑罚的、依照刑法告诉才处理的犯罪，没有告诉，或者告诉后又撤诉的、犯罪嫌疑人、被告人已经死亡等。第三，排除行为人刑事责任的事实。关乎刑事责任的主观要素有意识要素和意志要素两类，二者取决于行为人的年龄和精神状态。故能够排除行为人刑事责任的事实无非就是刑事责任年龄或精神健康状态。当犯罪嫌疑人、被告人未达到法定的刑事责任年龄，或者行为人在实施犯罪行为时，因患有精神疾病而不能辨认或者不能控制自己行为的，刑法规定不予追究其刑事责任。年龄和精神健康状况是证明对象之一。

法规链接

《刑事诉讼法》第15条规定："有下列情形之一的，不追究刑事责任，已经追究的，应当撤销案件，或者不起诉，或者终止审理，或者宣告无罪：（一）情节显著轻微、危害不大，不认为是犯罪的；（二）犯罪已过追诉时效期限的；（三）经特赦令免除刑罚的；（四）依照刑法告诉才处理的犯罪，没有告诉或者撤回告诉的；（五）犯罪嫌疑人、被告人死亡的；（六）其他法律规定免予追究刑事责任的。"

（四）刑事诉讼程序事实

刑事诉讼的程序事实主要包括：①对犯罪嫌疑人、被告人采取强制措施的事实。公安司法机关依法对犯罪嫌疑人、被告人采取强制措施必须符合刑事诉讼法的条件和程序要求。②有关回避的事实。办案人员是否同案件有法定的利害关系或其他可能影响案件公正处理的关系、应否回避，是刑事诉讼的证明对象之一。③关于诉讼程序的进行是否超越法定期限的事实。④公安司法机关是否存在侵犯犯罪嫌疑人、被告人诉讼权利的事实。⑤其他与程序合法性有关的事实，如管辖的事实。⑥与执行的合法性有关的事实，如关于犯人"是否怀孕"的事实。引例中检察院审查起诉的时间有无超过法定期限，是案件所涉及的程序法事实，也属于刑事诉讼的证明对象。

二、民事诉讼的证明对象

民事诉讼的证明对象依不同的实体法规范而各有不同，《婚姻法》、《继承法》、《专利法》、《商标法》、《著作权法》、《海商法》、《合同法》、《反不正当竞争法》等都规定了各自的证明对象体系。如何从理论上归纳、概括民事诉讼的证明对象，理论界有不同的观点。大陆法系国家学者将证明对象与证明责任的分配联系起来，研究证明对象的构成。我国现行制度较多地借鉴了这种分类方法。这种方法从两个不同的角度研究民事诉讼的证明对象。

一是根据待证事实本身的性质或内容，将证明对象划分为：

1. 积极事实与消极事实

又称为肯定事实和否定事实。积极事实就是已经发生的事实，消极事实指的是未曾发生的事实。消极事实因为不发生结果，无法举证，从性质上难以证明，所以凡主张消极事实者不负证明责任；积极事实可以发生结果，证明难度显然低于消极事实，"根据事物的性质，否定无须证明"①，故"肯定者承担证明，否定者不承担证明"②，古罗马这一法谚运用了这种分类法。例如，原告称被告于某年某月某日在甲地向其借

① 张伟平．证明责任分配的基本法理．证据学论坛（第一卷）．北京：中国检察出版社，2000．281

② ［日］村上博己．证明责任研究（新版）．1986．70；黄风．民法大全选译——审判诉讼司法管辖权．北京：中国政法大学出版社，1992．57～58

款，此即积极事实；被告辩称该日他不在甲地，不存在向原告借款的事实，此即消极事实。积极事实与消极事实有时会因为主张的方式不同而导致两者的界限难以辨别。如前述被告的辩解是以消极形式出现（不在甲地），但也可以积极形式出现，即在乙地。

2. 外界事实与内界事实

依据事物能否借助人的五官从外部加以观察，待证事实可以划分为外界事实与内界事实。外界事实就是那些可以凭借人的五官体察到的事实，如借贷、买卖、合同的订立与履行等法律行为，以及积极的侵权行为等。而内界事实则指那些存在于人的内心、人的五官无法体察到的事实，如是否明知、故意与否、善意与恶意等。一般而言，内界事实的证明难度远高于外界事实，甚至根本无法证明，因此，凡主张内界事实或状态的当事人不负证明责任。

二是根据实体法律规范的性质，将民事诉讼的证明对象分为以下四类：

1. 权利发生事实

权利发生事实，是指民事权利发生或者成立的事实，由权利发生规范所规定。如合同成立并生效的事实、侵权的事实、被继承人死亡的事实。在侵权纠纷案件中，侵权行为的存在是权利发生的依据。侵权行为构成要件事实也即权利发生事实。引例中，被告人有无实施投毒杀害被害人的行为（加害行为）、被害人死亡的结果是否被告人的行为所致（因果关系）、原告损失的具体数额（损害事实）、被告人应否承担原告的损失（加害人有无过错）等侵权要件事实，就是权利发生事实。该事实如果能够得到证实，则原告获得赔偿的权利即可成立。

2. 权利妨碍事实

权利妨碍事实，是指权利发生之始，将权利的效果视为妨害，致使权利不得发生的事实。如高度危险作业中，受害人故意造成损害的事实，可以妨碍受害人获得损害赔偿权利的发生；又如饲养动物致人损害的侵权诉讼中，受害人或第三人有过错的事实；再如缺陷产品致人损害案件中，法律规定的免责事由；还如合同纠纷案件中，关于合同关系变更的事实等。这些事实的存在，将使得本可发生或成立的权利不能发生、成立。

3. 权利消灭事实

权利消灭事实，是指能够消灭既存权利的事实。如合同的履行、债务抵消、免除的事实、民事主体死亡的事实、放弃继承的事实等。

4. 权利受制事实

权利受制事实，是指权利发生之后，权利人欲行使权利之际，能使权利的效果予以遏制或消除，从而达到使权利不能实现的事实。如因重大误解订立合同的事实、法定丧失继承权的事实、超过诉讼时效的事实、不可抗力的事实。

以上诸种分类，因为权利发生与消灭事实的时间先后比较明显，较容易加以分辨；只有权利发生事实与权利妨碍事实的界限较难区分。我们注意要结合事实的实体法依据进行判断。权利发生事实的实体法依据，也即权利发生规范。一般立法者已预先将权利发生的情形用法律的形式予以设定，因此，法律条文中，凡以“但书”形式予以规定的，均为例外规范，亦即权利妨碍规范。该规范所确定的事实要件即为权利的妨碍事实。例如，我国《民法通则》第123条规定：“从事高空、高压、易燃、易爆、剧毒、放射性、高速运输工具等对周围环境有高度危险的作业造成他人损害的，应当承担民事责任；如果能够证明损害是由受害人故意造成的，不承担民事责任。”其中，受害人故意造成损害的事实就属于权利妨碍事实，而从事高度危险作业并造成他人损害的事实则为权利发生事实。我国现行法律和相关司法解释主要运用这种观点进行证明对象的分类和证明责任的分配。例如，《最高人民法院关于民事诉讼证据的若干规定》第5条第1款规定：“在合同纠纷案件中，主张合同关系成立并生效的一方当事人对合同订立和生效的事实承担举证责任；主张合同关系变更、解除、终止、撤销的一方当事人对引起合同关系变动的事实承担举证责任。”该规定把证明对象与证明责任的分配联系起来，把合同纠纷案件的证明对象分为合同成立并生效的事实（权利发生事实）、合同关系变更、解除、终止、撤销的事实（权利妨碍事实或权利消灭事实），并据此作证明责任的分配。

三、行政诉讼的证明对象

行政诉讼要解决的是具体行政行为的合法性问题，完成这个诉讼任务，需要证明与具体行政行为的合法性有关的事实，这些事实就是行政诉讼的证明对象。由行政管理的广泛性和多样性所决定，行政诉讼证明对象的实体法依据比较复杂，涉及公安、工商、税务、规划、财政、卫生等多个行业，行政法律、法规也相应地存在着行政处罚、行政许可、行政收费、行政合同等多种形态。具体行政行为的复杂多样性决定了各个行政诉讼中证明对象的差异性。

我国《行政诉讼法》也是行政诉讼证明对象确立的主要依据。《行政诉讼法》第5条规定：“人民法院审理行政案件，对具体行政行为是否合法进行审查。”第32条规定：“被告对作出的具体行政行为负有举证责任，应当提供作出该具体行政行为的证据和所依据的规范性文件。”据此，行政诉讼的证明对象包括与被诉具体行政行为合法性、合理性有关的事实和行政诉讼程序事实。具体可以分为以下四类：

（一）与被诉行政行为合法性和合理性有关的事实

知识链接

行政行为是指行政机关行使行政职权，依法作出的具有法律效力的行为，包括具体行政行为和抽象行政行为。

具体行政行为是指行政机关行使职权，对特定的公民、法人或者其他组织和特定的事件单方面作出的直接产生法律效力的行为。

抽象行政行为是指行政机关对不特定的人和事件制定具有普遍约束力的行为规则的行为。

---

1. 与被诉具体行政行为合法性和合理性有关的事实

（1）行政机关具有法定职权的事实。这是决定行政行为合法性的前提条件，即被告行政机关是否有权对外以自己的名义代表国家进行行政管理活动。这取决于单行的行政法律、法规的规定。是以立法将提交具体行政行为所依据的规范性文件明确规定为被告的义务。

（2）原告是否实施了被处理的行为，或者是否符合法定条件的事实。行政机关要作出正确的行政行为，必须准确认定行政相对人。例如，在行政处罚案件中行政机关必须准确认定原告是否是应当施与处罚的人，具体如相对人是否有违法经营、制造假冒伪劣商品、违反治安管理秩序、污染环境的事实。在确定相对人是有待处理行为的责任主体之后，行政机关还应当进一步查明有待处理行为本身的情况。在行政许可和不作为的具体行政行为案件中，行政机关还应当进一步查明相对人是否符合法定的颁发许可证或者享受给付和保护的条件。这些事实都可能成为行政诉讼的证明对象。

（3）被告作出被诉具体行政行为是否符合法定程序的事实。合法包括实体合法与程序合法两方面的内涵。被诉具体行政行为的形成过程是否符合相关程序规定，也是合法性审查的内容之一。行政机关违反法定程序指的是行政机关在采取具体行政行为时，没有按照行政法所规定的程序、步骤或形式办事。例如，我国《治安管理处罚条例》对治安管理处罚的程序作了具体的规定，其程序性环节包括传唤、讯问、取证、裁决以及讯问查证的期限。违反法定程序，将导致具体行政行为无效。例如，行政机关什么时候发现相对人的违法行为、行政机关如何进行立案处理、行政机关作出决定后是否送达相对人等，都属于行政行为程序合法性的审查内容。

（4）被告作出被诉具体行政行为时目的是否正当的事实。目的是被诉具体行政行为合法性的主观标准，人民法院对行政行为合法性进行审查必须查明这一事实。

（5）被诉具体行政行为的处理与案件的事实、情节和性质是否相适应。根据《行政诉讼法》第54条第4项的规定："人民法院对于行政处罚显失公正的，可以判决变更。"与行政处罚的合理性有关的事实，是行政诉讼的证明对象之一。

2. *有关抽象行政行为合法性的事实*

依据我国《行政复议法》第7条规定，行政法规和规章以外的抽象行政行为可以成为行政诉讼的审查对象，与其合法性有关的事实也就相应地成为一般行政诉讼的证明对象。具体包括以下三方面的事实：

（1）作为抽象行政行为主体的行政机关是否享有制定该抽象行政行为的行政职权。例如，我国《行政处罚法》第14条规定，规章以下的规范性文件不得设定任何行政处罚。如果某行政机关的"红头"文件自行设定罚款的处罚，这种抽象的行政行为就是违法行为。

（2）制定抽象行政行为的程序是否合法。这一点可以从有关的记录中查明。

（3）抽象行政行为的适用范围和效力情况。

（二）行政赔偿构成要件有关的事实

知识链接

行政赔偿是指行政机关及其工作人员在行使行政职权过程中违法侵害公民、法人或者其他组织合法权益造成损害的，由国家承担的赔偿责任。

在行政侵权赔偿诉讼中，行政赔偿构成要件的事实是主要的证明对象，也是行政赔偿诉讼证明对象区别于一般行政诉讼证明对象之所在。具体包括下列五个方面的事实：

（1）侵权行为是否由作为被告的行政机关及其工作人员实施。对工作人员应当作广义的理解，不仅包括具有公务员身份的工作人员，也包括接受行政机关指派或唆使从事、实施侵权行为的公民。

（2）侵权行为是否行政机关及其工作人员在行使行政职权的过程中实施。这一点应当从是否存在相应的法定职权、行为的目的、时间和场合等方面认定。

（3）侵权行为是否违法。这里的法律包括程序法和实体法、行政法和民法等。

（4）侵权行为是否给作为原告的受害人造成人身权利或者财产权利的损害；如果造成了损害，损害的大小如何。

（5）侵权行为与损害之间是否具有直接的因果关系。关于因果关系，应当从侵权行为实施的条件、作用等方面认定。

另外，原告单独提出赔偿请求的，人民法院还应当查明赔偿义务机关作出处理的情况。这一点也属于行政赔偿诉讼的证明对象。

（三）规范性文件存在与否及其适用情况的事实

规范性文件是行政机关作出具体行政行为的法律根据，审查具体行政行为的合法性，离不开规范性文件。在因该具体行政行为所引起的诉讼中，规范性文件存在与否、该文件在具体行政行为处理过程中的适用是否合法的事实便成为行政诉讼的证明对象。规范性文件主要包括宪法、法律、行政法规、地方性法规、行政规章、国际条约和其他规范性文件。

（四）行政诉讼的程序事实

行政诉讼程序事实是指行政诉讼程序是否合法进行的事实。具体包括：①有关当事人资格的事实；②有关主管和管辖的事实；③有关审判组织的事实；④有关审判程序的事实；⑤有关采取排除妨害行政诉讼强制措施的事实；⑥有关诉讼期间的事实；⑦被告及其代理人是否在诉讼过程中自行向原告和证人取证的事实；⑧有关行政诉讼执行程序是否合法的事实，等等。

【实训部分】

【情境设计】

原告某高速公路有限公司向人民法院诉称：2007 年 6 月 15 日，第一被告某船务有限公司经营的“南×机 035 号”船舶在行驶过程中撞向原告投资建设的某某大桥桥墩，致桥梁坍塌。由于被撞断的大桥修复通车至少需要 6 个月，在此期间原告无法收取任何过桥费。按事故前三个月平均每天的过桥费收入 14 万元推算，6 个月的过桥费损失共计 2 558 万元。作为肇事船舶的实际控制人，第一被告某船务公司雇佣的船主违章操作，直接导致事故的发生，应对事故承担直接责任，第二被告杨某作为船舶所有人，应与第一被告承担连带赔偿责任。诉请人民法院判令两被告连带赔偿原告 6 个月的过桥费损失 2 558 万元。

原告提供的交通部、国家安全生产监督总局发布的事故通报证实，事故原因是“南×机 035”船在行驶途中突遇浓雾，船长疏忽瞭望，采取措施不当，偏离主航道，触碰大桥非通航孔的桥墩，造成大桥部分桥面坍塌。6 月 19 日的一份专家技术鉴定报告也作出了同样的结论。法院依职权调取的省安监局未公开的事故调查报告称，某某大桥坍塌事故属于船撞桥造成的单方责任事故。“南×机 035 号”船舶船长在能见度低的天气下，未保持正常瞭望，盲目冒险全速前进，是事故的直接原因。事故的间接原因有：该船长取得二级船长证书时有两科作弊；杨某作为船舶所有人在将船舶出租后，对船不闻不问；船舶管理混乱；船务公司作为挂靠单位，其企业制度不健全，收取管理费但未尽管理义务。关于过桥费损失，原告方提供了交通部、省交通厅、省物价局的相关文件，证明自己有权收费。

第一被告船务公司辩称：首先，没有证据证明是“南×机035”船碰撞造成大桥的坍塌，该船是否违规操作，有待海事调查报告的最后认定。其次，原告未按有关规定对大桥进行水下、水上全面检测，在明知河道挖砂对大桥桥墩桩基可能造成不安全的情况下，未能采取加固桥桩基、增加防撞护栏等安全保障措施，原告应对事故承担相应的责任。另外，只宣读部分内容的、不予公开的安监局事故调查报告不能作为证据使用。

第二被告杨某辩称：①原告不能提供桥墩与船体有触碰痕迹的证据，即不能证明触碰事实的存在，应承担举证不能的法律后果。交通部的通告只是初步认定的事故原因，而所谓的专家鉴定报告可信度低。专家组6月19日才组成，当天就作出了认定报告，无法令人信服。如果是船撞了桥，而且撞击力大到足以令桥倒塌，那么桥墩和船舶必定会留下碰触痕迹，原告方应该提供碰撞痕迹的证据来证明是“船撞桥”。但是肇事船舶船长的证言证实船头最多只是擦碰了一下桥墩，因为在大桥倒塌之前，他感觉不到船身有撞桥而产生的震动。“南×机035”出水后的照片亦显示肇事船舶船体完好，并未发现有触碰桥墩而留下的痕迹。一名负责打捞“南×机035”的潜水员李某也出庭作证，称潜水打捞时摸到的“船头部分没有发现碰撞痕迹”。当时的值班水手黄某的证言称，在有东西掉落在船头前其没有感觉到船撞桥产生的震动。律师认为，不是船撞了桥，而是桥塌压沉了船。②大桥本身可能存在重大安全隐患。在前述证据基础上，结合断塌桥面落在船体的位置来看，桥梁自行倒塌砸中船舶的可能性更大。③大桥属公共基础设施，不应以营利为目的，原告过桥费收入已远远超过建桥成本，原告主张过桥费损失没有法律依据。根据资料显示，大桥工程总耗资为9 980万元人民币。当时交通部补助其400万元。依原告提出的平均每天收到的过桥费数额，那么两年的过桥费便超过总投资。被告认为，大桥已收费19年，其通行费收入早已大大超过建桥总投资以及运行成本。原告作为企业法人，无权以国家基础设施营利，其主张2 558万元巨额通行费损失没有法律依据。“原告不但无权索赔，还要把多收的钱还给老百姓。”

原告反驳称，根据《沉船探摸报告》，船头破损严重，多处钢板被撕开、压扁，船头下沉，船尾上升。

双方争持不下。第一被告公开申请待海事局的《海事调查报告》作出后再审理本案，申请被法官驳回。

问：本案的具体证明对象有哪些？各证明对象的具体类别是什么？请归纳案件的争议焦点。

【训练方法】

1. 全体实训人员分为控、辩两组，各自结合本方的诉讼角色及证据体系进行证明对象的归纳整理。

2. 各小组形成本组的观点及依据后，由一名代表发表意见。

3. 任课教师归纳小组意见并予以点评。

【实训任务】

通过对具体案件证明对象的分析、归纳，掌握根据实体法规范认识案件证明对象的能力，熟悉民事案件证明对象的分类。能够结合证据从证明对象中归纳案件争议焦点。

【实训步骤】

步骤1：分析法律关系，确定纠纷性质。

民事案件法律关系性质、种类繁多，有人格权纠纷、婚姻家庭纠纷、物权纠纷、债权纠纷、知识产权纠纷、劳动、人事纠纷、海事海商纠纷等，每种纠纷又可细分为少则数十种、多则数百种的不同案由，准确界定纠纷性质，是确定实体法依据、明确要件事实的前提。

步骤2：明确法律规范要求的要件事实。

根据相关法律规范、司法解释的具体规定，结合案件具体情况，明确具体要件事实。

步骤3：界定当事人主张和争议的要件事实。

分析双方当事人的诉讼主张，审查案件证据体系，排除要件事实中的免证事项，归纳案件争议焦点。

项目三　免证事实

由于有些事物属于社会中常识的范畴，或者属于某种其推论所依据的是……高度可靠性原始资料的证明，所以其无须按通常的方式验证。于是，审判法官将对它们进行司法认知，并指示陪审员们可将其视为本案中已完全确认的事实，无须再通过证人或展示物品的正式证明。

——乔恩·华尔兹

【引　例】①

原告李某向法院诉称，被告某出版社未经其同意，在被告出版的大型画册中使用原告的八幅作品，并且未署名、未支付稿酬，属于盗版适用；此外，被告还将原告作品随意剪裁，将1969年拍摄的“四清运动”历史照片放在该书第一部分“开国纪事”中，作为对1949年至1951年期间的“清匪反霸”运动的照片，不仅破坏了原告作品的完整性，还给原告造成了精神上的损害。作品出版后不少人质疑作品的真实性，因为1949年作者只有九岁，怎么可能拍摄反映“清匪反霸”斗争的照片？此事严重影响了作者的声誉。为此李某诉至法院，请求法院判令被告赔偿精神和经济损失，并公开向原告赔礼道歉，对“一照两用”伪造历史的事实予以澄清，消除由此给原告所带来的精神及不良影响。原告提交的证据有被告出版的《共和国相册》一书。

被告在庭审中承认使用原告作品、未署名、未支付报酬等侵犯原告署名权、作品使用权以及获得报酬权的事实，同时辩称：被告已就侵权行为向原告道歉；其次，对原告作品进行的椭圆形或圆形剪裁，系出版行业的通行做法，删除原告作品的标题以及对原告作品的注释亦系出版行业的通行做法，且相关注释与原告作品内容是相符的，不存在歪曲、篡改的问题；将原告1965年拍摄的历史照片错用在《共和国相册》的第一部分中，是因为编辑人员缺乏对历史的了解而造成的编排失误，且该照片内容未被曲解。据此，被告认为其未构成对原告作品完整性的侵害，原告的经济损失和精神损失均没有依据，不能成立。

问：原告须否举证证明被告将其1965年的“四清运动”照片用作1949年“清匪反霸”纪实作品侵犯了作品完整权？被告提出剪裁使用方式是否系出版行业的常用做法，对这一积极抗辩理由，被告是否需要承担证明责任？原告是否有义务举证予以

① 王建华．民事诉讼证据实证分析．北京：法律出版社，2006. 106

推翻？

【基本原理】

一、免证事实的概念与特征

免证事实，即免除当事人举证责任，不需要采用证据加以证明即可在裁判上加以确认的事实。在诉讼中，有些事实的真实性是一目了然的，有些事实的真实性已由法院在其他诉讼中查明，有些事实被法律假定为真实，也有些事实因当事人之间无争议而被视为真实。对这些事实，对方当事人若未提出反证或反证不能成立，法院在裁判中可以直接确认，它们不再成为实际诉讼中的证明对象。法律设立免证事实规则的主要考虑是效率。免证事实免除了司法机关的证据调查职责，也免除了当事人不必要的举证负担，而且可以有效防止当事人滥用举证权和质证权，避免诉讼拖延。

法规链接

《最高人民法院关于民事诉讼证据的若干规定》第9条规定："下列事实，当事人无需举证证明：（一）众所周知的事实；（二）自然规律及定理；（三）根据法律规定或者已知事实和日常生活经验法则，能推定出的另一事实；（四）已为人民法院发生法律效力的裁判所确认的事实；（五）已为仲裁机构的生效裁决所确认的事实；（六）已为有效公证文书所证明的事实。（七）前款（一）、（二）、（三）、（四）、（五）、（六）项，当事人有相反证据足以推翻的除外。"《最高人民法院关于适用〈民事诉讼法〉若干问题的意见》第75条、《最高人民法院关于行政诉讼证据若干问题的规定》第68条也作了基本相同的规定。

免证事实的特征主要表现在：

（一）法定性

免证事实的范围、条件和认定程序应由法律明确规定。我国法律对于刑事证据领域中的免证事实还没有明确规定，但相关司法解释都规定了民事、行政诉讼中"法院直接认定事实"的范围。

（二）相对性

从哲学的角度来看，现行实在法规定的必须予以认知的事项，客观上都具有相当大的不确定性。即便当事人不能提出合理的质疑，也不意味着免证事实是绝对的真实，即使是自然规律和科学定律，也具有历史的局限性。其次，法定范围内的免证事实并非在任何情况下都可以得到"免证"的资格。我国司法解释在规定免证事实范围的同时确立了当事人提出反证的例外；在民事、行政诉讼可以免证的事实，在刑事诉讼中则不能免除公安司法机关的查明职责。这些都说明免证事实具有相对性。

二、免证事实的范围

我国法律虽未规定免证事实，但司法实践承认这些事实的存在。《最高人民法院关于适用〈民事诉讼法〉若干问题的意见》第75条、《最高人民法院关于民事诉讼证据的若干规定》第9条，以及《最高人民法院关于行政诉讼证据若干问题的规定》第68条，都对免证事实的范围作了基本相同的规定。

（一）自认的事实

自认是指在诉讼上，一方当事人就对方当事人所主张的、不利于己的事实作出明确的承认或表示，从而产生相应法律后果的诉讼行为。基于当事人主义以及诉讼禁反言原则、诚实信义原则等理念，当事人自认的事实应该被作为一种真实来看待，无须将其作为一种证据提交当事人进行质证。

（二）预决的事实

预决的事实，是指已为发生法律效力的判决所确定的事实。例如，法院在刑事判决中确认被告人构成非法拘禁罪的事实，对在此之后被害人要求该被告人赔偿财产损失的民事诉讼，就起到预决的作用，可以免予证明，而直接将其作为判令被告人对被害人所遭受损失进行赔偿的根据。预决的事实之所以不必证明，一方面因为该事实在其他诉讼中已为人民法院查明，客观上无再次证明的必要；另一方面是因为该事实已为人民法院裁判所认定，该裁判具有法律约束力，为了体现司法的统一性和诉讼的终局性，对生效裁判已确认的事实一般不允许再行争执。如果在后诉中，同一争议事实被重新提起，除法律另有规定的外，法院不得作相反的认定，由此预决事实就在后诉中自然产生一种免证的效力。赋予预决的事实免证的资格，有助于防止法院在裁判中对同一事实作出相互矛盾的认定。

预决的事实仅指人民法院作出的发生法律效力的裁判所确认的事实，不包括生效的仲裁裁决、公证文书确认的事实，虽然后者也属于免证事实。

（三）众所周知的事实

众所周知的事实，是指一定区域内大多数人都知道的、在通常的社会条件下无须证明就可知晓的事实。如十月一日是中华人民共和国的国庆节、每年的农历八月十五为中国传统的中秋节、2008 年 5 月 12 日四川汶川发生了大地震、“法轮功”是邪教组织等。众所周知的事实不必证明，是各国诉讼法的通例。一般认为，众所周知的事实必须具备两个条件：一是诉讼发生时为大多数人所知晓；二是审理案件的审判人员也知道。如前述案例，依据著作权法的规定以及公众的一般认识，著作权人的作品完整权应当得到尊重，不得擅自挪用、更改和删除，因此，原告主张被告将其 1965 年拍摄的反映“四清运动”的摄影作品放在反映 1949 年“清匪反霸”斗争的系列当中，明显违反了众所周知的事实，侵犯了原告作品的完整权，因此原告对该事实主张无须承担证明责任。

事实为人们知晓的范围具有相对性。界定众所周知事实的范围不宜过宽，但也不宜过窄。那些仅为某单位、某村共知的事实不宜作为众所周知的事实；也不能要求所有的众所周知的事实是全省甚至全国多数人都知道的，一些特定区域的人都知晓的事实也可能成为免证事实。引例中出版业剪裁使用照片的行业常用做法，就属于特定范围内众所周知的事实，本案被告无须就此举证证明。如果原告无法提出相反的事实予以推翻，则原告关于被告对其作品的剪裁使用侵犯其作品完整权的主张不能成立。

（四）自然规律及定理

在诉讼中，当事人向法庭陈述的事实中有时会涉及自然规律或科学定理，如潮汐的涨落、生物有机体的新陈代谢、能量守恒与转换定律、作用与反作用定律等。这些自然规律与定理，有的广为人知，成为众所周知的事实的一部分，因而不必举证证明；有的虽然不具有共知性，但已经过实践的反复检验，其客观存在性及真实性不致有误，所以同样不必证明。

但是，科学定理很多，审判人员未必尽知。此时，主张的一方当事人就应当进行解释，告诉审判人员可以从何处寻证。

（五）经公证证明的事实

公证是公证机关依当事人的申请，对法律行为、法律事实和文书确认其真实性、合法性的证明活动，也属于国家的司法行为。公证机关对事实的确认，经过了法定程序的严格审查，一般都具有真实性。因此，当事人提出公证文书来证明其主张的事实时，人民法院就不必再对该文书进行审查，也不必再要求该当事人提供其他证据，只要对方当事人未提出足以推翻公证书的相反证据，人民法院就可以直接将它作为认定事实的根据。[①]

（六）仲裁裁决所确认的事实

仲裁作为一种解决合同纠纷和其他财产权益纠纷的重要方式，在处理国内和国际经济贸易的民商事纠纷中普遍被当事人采用，它与诉讼以及协商、调解等方式一并构成我国解决民商事纠纷的体系。依据我国《民事诉讼法》第217条的规定，生效仲裁裁决是人民法院的执行根据之一，从这一点而言，它与人民法院的生效裁判具有同等的法律效力。《最高人民法院关于民事诉讼证据的若干规定》第9条将仲裁机构生效裁决所确认的事实作为免证事实，对有关诉讼中的待证事实具有预决的效力，就此可以免除有关当事人的举证责任。

（七）推定的事实

由于推定的事实比较复杂，本单元将在下一节进行专门的分析。

三、司法认知的概念和特点

司法认知，又称为审判上的知悉，是指对于应当适用的法律或某一待认定的事实，法官依申请或依职权初步认定其为真实的一种诉讼证明方式。这种证明方式并非以当事人的举证与质证为基本前提，其性质为法官的认证行为，即法官根据证明对象事实的性质，或者基于一定理由，在法院显然可以认定而无证明的必要时，而对事实直接加以认定的审判职务行为。司法认知制度设立的目的是及时排除无谓的争议，节约诉讼成本，避免司法资源的浪费，提高诉讼效率，促进诉讼迅速解决。通过司法认知，法院直接认定某一个事实的真实性，免除了一方当事人的举证责任，从公权角度对当事人举证负担进行功能性救助。因而该制度也是平衡当事人的举证豁免与举证责任关系的一种重要机制。

司法认知具有以下特点：

（一）司法认知的主体限于法院

作为人民法院行使审判权的一种职务行为方式，司法认知的权力专属于人民法院。当事人可以申请法院对特定的案件事实采取司法认知，但没有自行采取司法认知的权利和资格。

---

① 公证文书证明的事实作为免证事项的规定，还值得斟酌。从公证机关的性质来看，其认定的事实不应产生对司法机关的约束力。

（二）司法认知的客体是特定的事实

司法认知的事实范围由法律作明确的限制。即便是对司法认知的态度较为宽容的英美法等国家，也在立法上进行范围的界定。根据我国现行法律规定和司法解释，能够成为司法认知对象的事实有众所周知的事实、自然规律及定理、生效裁判预决的事实、公证证明的事实等。我国证据法理论通常将司法认知的事实与免证事实视为同一范围。

（三）司法认知同时包括事实认定的过程和认定结果

司法认知既指法院认定某一事实的结果，也指法院认定事实的过程，并且从过程的意义上探讨司法认知更有利于揭示司法认知的性质。因为司法认知是在诉讼过程中进行的，法院的认知行为不是一蹴而就的，对某一事实认知后，对方当事人有可能提出反证或反驳的意见，法院对此必须进行审查，然后作出认定。只要诉讼法允许当事人在法庭辩论终结前提出新的证据，就应当允许对方当事人提出举证加以反驳，这样，法院的司法认知行为也许会出现反复。

四、司法认知与免证事实

司法认知与免证事实有很多相似之处。免证事实是当事人无须举证的事实；司法认知则是法院可以直接认定的事实。同样的事实，各国法律的规定存在差异，如美国联邦证据法则就是从“司法认知”的角度来规定免证事实的，而印度证据法则则从“无须证明事实”的角度，台湾地区从“证明责任例外”的角度进行规定。虽然我国证据法理论通常将司法认知的事实与免证事实视为同一范围，但二者仍存在着如下差异：

（一）对待证事实的认识角度不同

就某一无须举证的事实而言，司法认知与免证事实存在认识角度的不同。免证事实以当事人为视角，将某一特定事实排除出证明对象的范围，同时免除了当事人就该事实的举证责任。司法认知则以法院为视角，强调的是法院的行为，即法院对于某一特定事实应当如何认证。

（二）二者的范围并非完全一致

某些事实（如当事人自认的事实），即使免除当事人举证，也不意味着法院就可以直接认定，法院在某些情况下还可以调查取证。例如，刑事被告人的认罪，在没有其他证据的情况下不能免除公诉方的证明责任。民事诉讼中，涉及身份关系的事实，如婚姻关系、收养关系、选民资格、撤销失踪、宣告死亡及撤销监护权的事实理由等，不适用自认规则。

（三）活动形态不同

免证事实仅仅静态地描述了与证明对象有关的事实，它通常不涉及法院的行为以及对方当事人的行为，而司法认知则动态地体现了法院与双方当事人之间的关系。

项目四　推定的事实

推定所依赖的基础在多数情况下同分配提出证据责任的理由相同，可以被概括为便利、公平和政策等。如果什么事情更可能发生，它就会常常被推定……此外，靠近证据也常常是创制推定的基础。

——F. 詹姆斯

【引 例】

原告胜某在其母亲周某的代理下，以胜某为被告向法院提起民事诉讼。原告诉称：原告出生于母亲与被告同居期间，是被告的非婚生子。原告出生后与被告共同生活四年之久，直至母亲与被告结束同居关系。因为被告拒不履行对原告的抚养义务，导致原告无法维持正常的生活和学习，诉请法院判令被告承担原告的生活费和教育费。原告的证据有出生证、未成年人病史资料、母亲周某和被告各自所在村委会在周某入学时出具的关于原告是周某与被告的非婚生子的证明。因为被告拒绝出庭应诉，法院根据原告的证据，推定原被告之间存在亲子关系，据此判决被告承担对原告的抚养责任。

问：法院对亲子关系的推定是否正确？该推定的基础事实、推定事实各是什么？原告的证据能否证实基础事实？

【基本原理】

一、推定的概念

一般意义上的推定，是指根据某一基础事实推断另一事实存在与否的一种行为。证据法理论上的推定，是指司法工作人员依照法律规定或者按照经验法则，从已知的基础事实推断未知的推定事实存在与否，并允许当事人提出反证推翻的一种证据法则。一般情况下，推定涉及两个事实：一个是作为推断或者认定根据的事实，称为基础事实；另一个是需要根据基础事实认定其存在与否的事实，称为推定事实。从基础事实推导推定事实存在与否的根据主要是两个事实之间的常态联系，这种常态联系是人们在日常生活中通过长期、反复的实践和运用所获得的一种因果关系经验。这种因果关系是事物之间的一种内在的必然性联系，即每当一种现象实际存在，另一种现象必定出现或不出现，具有相应的伴生性。基于这种事物发展过程中的必然属性，推定法则具有可接受的依据。但这种必然性只是事物发展的一般规律，不能排除事物发展过程中一些偶然性因素存在的可能。为了防范或者尽可能地消除由于偶然性因素而对司法上运用推定所造成的负面效应，有必要在程序上赋予受推定而产生不利的一方当事人以反驳的权利和机会，以确保推定的适用合理、正当。

把握推定的概念，应注意以下三方面的要素：

1. 推定涉及两种事实，即作为推断或者认定根据的基础事实和需要根据基础事实认定其存在与否的推定事实

案例中原告母亲周某和被告胜某某非法同居过一段时间、没有建立合法的婚姻关系，以及原告胜某出生于被告与其母亲同居期间等，就是基础事实，而原被告之间存在亲子关系则是需要推定的事实。——推定法则反映的是两种事实之间的关系，倘若缺乏其中一个事实，一般不能构成推定（不需要基础事实的直接推定除外，如“无罪推定”）。

2. 适用推定的依据是法律规定、经验法则或公共政策

推定的依据在推定的结构中起到桥梁和纽带的作用。不论是法律的规定抑或生活

经验，其深层次的根据都是两个事实之间存在的常态联系。所谓常态联系，是指日常生活的一般情形下，甲事实与乙事实会同时存在或不存在，或者不能并存。这种经验法则应当是来自实践并为公众接受的客观存在，而非法官的凭空想象。如著名昆剧《十五贯》所描述的："她艳若桃李，岂能无人勾引？她正青春，怎会冷若冰霜？二人情投意合，杀父盗款，比翼双飞，人之常情，这案情不问也会明白的。"这样荒唐的推定，应为现代法制所摒弃。2006 年发生在南京的徐某诉彭某人身损害赔偿纠纷案中，法院以"原、被告素不认识，一般不会贸然借款"、"如果被告是做好事，根据社会情理，在原告的家人到达后，其完全可以在言明事实经过并让原告的家人将原告送往医院，然后自行离开，但被告未作此等选择，其行为显然与情理相悖"为由，认定彭某支付的两百多元钱并非借款，彭某并非学雷锋做好事。此案判决一出，立即在社会上引起广泛的争议，正是由于其经验法则不为公众所接受，所以，这样的推定也不具有进步性。引例中法院所作的推定就体现了法律的规定和进步的公共政策。这个推定适用的前提就是《婚姻法》中关于保护非婚生子女的合法权益的规定。《婚姻法》明确规定非婚生子和婚生子具有同等的权益。——法律推定还可能只是一种不得已的立法选择，如法院公告期满后推定法律文书已经送达。

3. 推定的救济方法是反证

推定依据的是事物之间的盖然性联系，并不具有绝对的确定性。其次推定免除了一方当事人的举证责任，另一方当事人会因推定而遭受不利，允许其提出反证，才能实现证明责任分配上的公平。

二、推定的种类

根据推定是否依据法律的明确规定以及适用效力的不同，学界一般将推定分为法律推定和事实推定两类。

1. 法律推定

法律推定是指根据法律的明确规定，当甲事实被证实后，在不存在其他相关和相反证据时，司法机关必须据此认定乙事实的存在。[①] 这种推定的特点是，它产生于审判活动之前，并适用于任何不特定的事项，只要是符合法律所规定的特定情形。例如，《最高人民法院关于贯彻执行〈继承法〉若干问题的意见》第 2 条规定："相互有继承关系的几个人在同一事件中死亡，如不能确定死亡先后时间的，推定没有继承人的人先死亡。"一旦相互有继承关系的几个人在同一事件中死亡的事实（甲事实）被证据证实，除非遇有反证，否则必须假定没有继承人的人先死亡（乙事实），法官不能依其心证而认定乙事实的不存在。可见，法律推定实际是强制法官作出推定事实存在的认定。

我国现行立法很少直接规定法律推定，往往采用"视为"一词来表述。例如，《民法通则》第 66 条规定："本人知道他人以本人名义实施民事行为而不作否认表示的，视为同意。"《继承法》第 25 条规定："受遗赠人应当在知道受遗赠后两个月内，作出接受或者放弃遗赠的表示，到期没有表示的，视为放弃受遗赠。"

① 毕玉谦. 证据法要义. 北京：法律出版社，2003. 500

知识链接

这种实体法上的推定规则，在大陆法系证据法学理论上称为“法律拟制”。也有学者认为，法律拟制有别于推定，从一个事实到另一个事实，法律拟制不存在推定中的逻辑推理过程。也就是说，在作为前因后果的两个事实之间，只要作为前因的事实被认定，那么作为后果的事实则以法律直接确认的形式代替了推定中的一般推论，其后果事实则不以假设的效果出现，而是一种否定的效果，并且这种效果不允许以反证来推翻。①

2. 事实推定

事实推定是法律推定的对称，是指事实裁判者根据生活经验和常识，甲事实和乙事实通常会同时存在，因而当甲事实一经认定，即可推断乙事实的存在。事实推定与法律推定的区别在于有无法律的明文规定。事实推定要上升为法律推定，立法者不仅要考虑事实之间的常态联系，还要赋予其他的价值追求。故而，法律推定不能简单视为事实推定的法定化。尽管法律推定与事实推定深层次的根据都是相同的，但由于法律不可能预先将所有应当适用推定的情形全部加以列举，事实推定在诉讼上的存在显然十分必要。

法官在事实推定中的自由裁量权远大于法律推定。法律推定规定了基础事实和推定事实，法官必须适用；而事实推定是否适用、如何适用，由法院酌情决定。

三、事实推定的适用规则

事实推定的适用规则，存在较多的现实问题和理论争议。一般而言，运用事实推定必须遵循下列条件：

1. 待证事实无法直接证明，借助基础事实推定待证事实确有必要

无法证明是指事物性质上的证明的困难，不包括当事人怠于举证或举证不力的情况。如果待证事实可以通过直接证据证明，则不允许适用推定的方法来认定事实。引例中原告胜某是否为被告的亲生子，因为被告拒绝出庭应诉，未能通过鉴定等科学手段予以证实，这是法庭适用事实推定的必要条件。由此可知，并非一切待证事实都可能成为推定的对象。

2. 基础事实业已得到证实

事实推定适用的前提条件是：基础事实必须是已有证据证实的事实，或者是法律规定的免证事实。引例中的基础事实有出生证、村委证明以及病历等证据予以证实，具备适用推定的前提条件。

3. 基础事实与推定事实之间具有必然的联系

这种必然联系不限于因果关系，也可能是排斥关系、包容关系等。但这种联系必须是人们观念上公认不证自明的，是人们在长期的生产、生活中对客观外界普遍现象与规律的一种理性认识和归纳，是事物发展的常态联系。公众对该联系的认知和接受程度决定了事实推定被接受的程度。这是事实推定最为关键的条件。引例中原告出生于母亲与被告同居期间，并与被告共同生活四年时间，这足以说明原被告之间存在亲

---

① 宋英辉，陆敏．中华法学大辞典·诉讼法学（增补本）．北京：中国检察出版社，2001．149

子关系，这是公众一般观念上的认识，是推定客观性的保障。

4. 允许对方当事人提出反证，并以反证的成立与否确认推定的成立与否

这是推定的生效条件。不允许反证的推定不是真正意义上的推定，任何的事实推定都是可反驳的推定。法律推定中不可反驳的推定实质上是立法者审判意图的表达。引例中如果被告出庭并通过亲子鉴定结论否定亲子关系的存在，则法院的推定事实不能成立。

四、无罪推定

（一）无罪推定的含义

无罪推定堪称最著名的法律推定。所谓无罪推定，是指在刑事诉讼中，任何被怀疑犯罪或者受到刑事指控的人，在未经司法程序最终确认有罪之前，在法律上应被推定为无罪，不得被认为是有罪的人。① 作为一项法律理念，无罪推定的思想渊源最早可追溯到古代罗马法的“有疑，为被告人之利益”的原则；作为近代司法基本原则，无罪推定则是资产阶级思想启蒙运动的产物。1764 年，意大利刑法学家贝卡利亚在其名著《论犯罪与刑罚》中首先提出这一著名的论断，1789 年法国将该思想规定在《人权宣言》中，“二战”以后，许多欧洲国家纷纷将其上升为宪法原则。至今，无罪推定原则已为联合国通过的许多人权保障公约或其他法律文件所确认，从而发展成国际社会通行的刑事诉讼原则。②

尽管无罪推定原则在各国立法中有不同的表达方式，但其基本含义是相对确定的。依据国际通行的观点，无罪推定原则包括四个小原则：①被告人享有沉默权；②控方承担举证责任；③疑义应作有利于被告人的解释；④定罪权归审判机关。

（二）无罪推定在我国刑事诉讼法中的确立

1996 年修改的《刑事诉讼法》在无罪推定原则的确立上迈出了一大步。修正后的《刑事诉讼法》第 12 条规定：“未经人民法院依法判决，对任何人都不得确定有罪。”明确规定定罪权归法院。同时，在其他条款中也体现了无罪推定的思想，具体表现在以下几方面：

1. 区分犯罪嫌疑人和被告人

以是否起诉为标准，立法将人民检察院提起公诉之前的被追诉对象称为“犯罪嫌疑人”，提起公诉后称为“被告人”，避免将其视为“有罪者”、“人犯”或者“罪犯”，这不仅是一种称谓的变化，也是一种观念和意识的转化。

2. 明确了控诉方的证明责任

公诉案件中，人民检察院提起公诉时，必须是“犯罪嫌疑人的犯罪事实已经查清，证据确实、充分”；法庭审判过程中，公诉人应当向法庭出示物证、宣读未到庭证人的证言笔录、鉴定结论、勘验笔录和其他作为证据的文书。自诉案件中，如果缺乏罪证，自诉人提不出补充证据，人民法院则要求自诉人撤诉，或者裁定驳回。被告人不承担证明自己有罪或无罪的义务。

---

① 樊崇义．刑事诉讼修改专题研究报告．北京：中国人民公安大学出版社，2004．124

② 戴玉忠．刑事证据制度改革和完善．证据学论坛（第九卷）．北京：中国检察出版社，2005．37

3. 规定了罪疑从无原则

《刑事诉讼法》第140条第4款、第162条第3项，确立了对“疑罪”作有利于被告人的解释的规则。既然证明责任在控诉方，则公诉人不能提出确实充分的证据证实被告人的罪行、不能完成证明责任时，就只能判定被告人无罪。

从现行立法来看，我国的无罪推定原则与国际标准还存在较大的差距，如尚未赋予犯罪嫌疑人、被告人沉默权，有些规定与第12条存在冲突和矛盾等。可以说，我国目前还没有建立真正意义上的无罪推定制度，但不能因此否定立法的进步及其现实意义。

思考与练习

1. 程序法事实、证据事实是否属于证明对象？
2. 在司法证明中，哪些事实属于免证事项？
3. 三大诉讼的证明对象各是什么？共同的构成要素是什么？

拓展阅读

1. 张云鹏. 以证明对象为视角谈刑事证明标准. 辽宁公安司法管理干部学院学报，2004（3）
2. 王平侠. 刑事诉讼中的证明对象与证据事实. 西安政治学院学报，2002（3）
3. 毕玉谦. 试论民事诉讼中的司法认知. 中外法学，1999（1）
4. 叶自强. 论推定法则. 诉讼法论丛（第2卷）. 北京：法律出版社，1998
5. 叶自强. 司法认知论. 法学研究，1996（7）
6. 张悦. 论事实推定. 证据学论坛（第五卷）. 北京：中国检察出版社，2002

【实训部分】

【情境设计1】

原告李某向法院诉称：原告与被告某装修公司就原告新居装修工程签订合同后，在被告履行合同期间，公司的一名装修工人在原告的新居内上吊自杀身亡。警方的验尸报告证实，至发现尸体时死亡时间已长达七天。原告原定的结婚计划受阻，原告及其未婚妻精神大受刺激，无法在该单位内居住生活。被告员工的自杀事件给原告及其家人造成了极大的经济和精神损失。为此诉请人民法院判令被告支付房屋损失以及精神损害赔偿金等。被告不否认员工在装修单位自杀的事实，但辩称：虽然其公司员工自杀的行为给原告生活造成了一定的影响，但该事件并未对原告的房屋造成经济价值上的损害，房屋的物理使用功能不发生任何变化，因而原告要求被告赔偿经济损失缺乏事实依据，不同意其诉讼请求。

问：法院能否推定房屋损失的事实成立？

【情境设计2】

原告洪某向法院诉称：原告与被告秦某相识于2005年12月，认识几天后便开始同居生活，并于2006年1月登记结婚，同年7月，洪某出生。因为婚前感情基础薄弱，婚后两人经常发生争吵，同时鉴于孩子的出生孕周不符合正常的规律，因而诉请法院确认原告与洪某之间不存在亲子关系，并解除原被告之间的婚姻关系。原告举交的证据有结婚证、出生证。法院开庭审理此案时，被告对于孕周问题未能作出合理的解释，也拒绝进行亲子鉴定。

问：法院能否推定原告与孩子不具有亲子关系？

【训练方法】

1. 全体实训人员分为四个小组，其中两组为赞成推定组、两组为反对推定组，进行分组讨论。

2. 各小组形成本组的观点依据后，由一名代表发表意见。

3. 任课教师归纳小组意见并予以点评。

【实训任务】

通过对具体证明对象的推定训练，熟悉推定规则的适用范围，掌握推定的适用规则，能够认识基础事实和推定事实，分析、判断和说明推定根据的成立与否，熟练运用推定的方法认定案件事实。

【实训步骤】

步骤1：归纳证明对象。

1. 归纳证明对象。

2. 判明该对象能否通过证据直接予以证明，有无适用推定规则的必要。

3. 判明具体证明对象是否属于法律明确禁止适用推定的事实。

步骤2：明确基础事实。

审查基础事实的证据基础是否确实充分，能否证明基础事实，为推定的适用打造前提条件。

步骤3：分析推定根据。

在明确基础事实和推定事实的前提下，认真分析二者之间的关联性，找出推定的根据，审查、判断该根据的合理合法性、进步性，为正确适用推定提供坚实的依据。

步骤4：给予对方当事人反驳的机会，并审查反驳理由的充分性。

不仅听取相对一方的反驳意见，还要给予其提供证据的机会。在此基础上，认真审查、分析反驳意见和证据的充分性，以确定反驳意见的成立与否。

步骤5：作出推定与否的处理决定。

综合以上各要素，形成推定与否的处理决定和具体理由，最终认定待证事实是否成立。

单元十四

证明责任

引 言

证明责任被誉为证据法上的“猜想级”问题，既是复杂的理论问题，同时又是重要的实践问题。理论的研讨从古罗马时期开始，到德国的繁荣兴盛，再成为英美、大陆法系国家证据法的主要课题，各国相关的著述汗牛充栋。然则至今，人们在证明责任的概念、性质、分配等基本问题上依然是众说纷纭、莫衷一是。因为证明责任的分配往往影响到诉讼的处理结果，所以在司法实践中也是至关重要的问题。

【知识目标】

理解证明责任的概念、内涵和性质；熟知刑事诉讼由公诉人、自诉人承担证明责任的基本原则及其理论基础，熟知被告人承担证明责任的案件类型、具体事实；熟知民事诉讼证明责任分配的基本原则和理论根据，熟知证明责任倒置的具体情形；熟知行政诉讼被告承担证明责任的基本原则，了解制度的立法旨意，熟知原告应承担证明责任的具体事项。

【能力目标】

通过基本原理的学习和技能训练，能够熟练运用相关原理，分析、判断具体案件事实的证明责任归属。

【内容结构图】

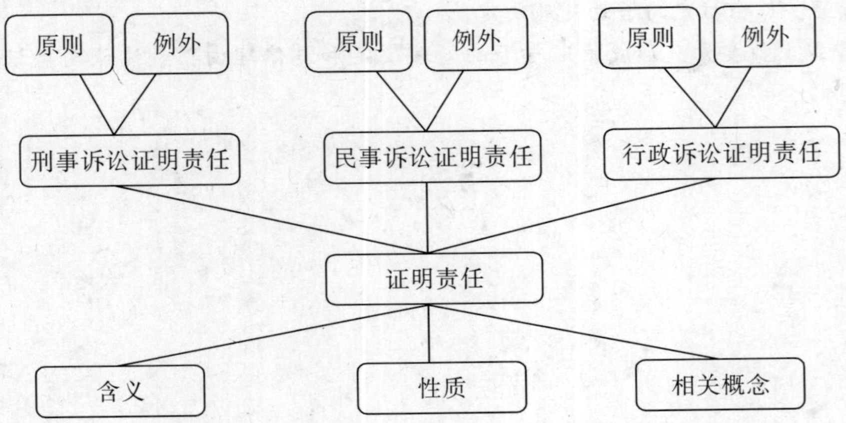

项目一　证明责任概述

如果当事人的主张没有争议，或者如果法院对有争议的主张的真实与否获得了一个特定的心证，不管该心证是调查证据的结果，还是在没有证据的情况下从审理的全过程中得出的，都不会出现证明责任问题。在这样的情况下，如果法院对证明责任的分配作出了错误的裁决是没有什么不利的，对这个——于判决的内容是无足轻重的——判决提出上诉，不可能导致撤销判决的后果。

——莱奥·罗森贝克

【引　例】

原告黄某（男）起诉被告李某（女）称：二人原是恋爱关系，2007 年底李某以打算下海经商为由，向黄某借款 10 万元，至今未还，请求法院依法判决其偿还借款，并向法庭提供李某手书欠条一张作为证据。欠条的内容为："今借到黄某人民币 10 万元。李某。2007 年 10 月 18 日。"李某答辩称：该借条是两人在恋爱期间玩笑时随意写下的，不曾想黄某将其收藏并作为诉讼依据，自己实际上并未向黄某借过任何钱；自己也从未打算下海经商；而黄某因为不善经营，生意一直处于亏损状态，根本无力借出巨款。李某所在单位出具书面证明，证实李某工作勤奋，爱岗敬业，从未听说其有辞职经商的打算。庭审过程中，黄某承认自己生意失败并负债累累的事实。本案的争议事实——原被告之间是否存在借贷关系，未能得到澄清，但是法官不能不对案件作出裁判就打发当事人回家去。他要么判决被告偿还 10 万元的债务，要么驳回原告偿还借款的请求。法官应当如何判决呢？

【基本原理】

一、证明责任的概念

（一）证明责任的概念

证明责任，是指诉讼当事人对己方所主张的案件事实，应当提供证据加以证明的责任；以及诉讼结束时，案件事实仍处于真伪不明的状态下，应当承担主张不能成立的不利诉讼后果的责任。

理解证明责任的概念，应注意把握以下三个方面的内容：

1．证明责任总是与一定的诉讼主张相联系

诉讼主张的存在是证明责任产生的前提条件。"诉讼主张既是审判程序的原动力，又是诉讼活动的终结与归宿。无论何种性质的案件，诉讼活动都是围绕着当事人双方的诉讼主张而展开、进行的。当事人的主张不仅是其举证加以论证的对象，而且限定了法院的审理范围。"① 例如，在引例中，原告没有提出利息的事实主张，法院不得就利息的有无、多寡进行审理，并要求原告负担该事实的证明责任。此外，从权利义务相一致的角度分析，当事人行使了提出诉讼主张的权利，并且希望从该主张中获得一定利益，就必须承担相应的义务，就需要积极地为他的主张提供证据，以证明其主张

① 卞建林．证据法学．北京：中国政法大学出版社，2005．430

的实在性与可靠性。如果当事人不能提供必要的证据，或证据不足以支持其主张，则应当在裁判中承担由此而来的不利与风险。这体现了权利义务相统一的原理。

2．证明责任是行为责任和结果责任的统一

具体在证明责任内涵问题上再作阐述。

3．证明责任总是和不利的诉讼后果相联系

证明责任不仅是提供证据的责任，本质上它还是一种败诉危险的负担。正如罗纳德·J. 艾伦所指出的："举证责任的主要意义在于，未能满足它，就将阻止负有举证责任的当事人向陪审团提供该事项，法院将会以对负有举证责任的当事人不利的方式解决该争议。"如果承担证明责任的一方当事人不能提出足以说服法官确认自己诉讼主张的证据，则需要承担败诉或者其他不利后果的责任。证明责任制度设置的目的，本在于解决案件事实真伪不明时法院如何裁判、即将不利诉讼后果确定其最终归属的问题。据此，有学者认为，证明责任的法律性质是一种负担，而不是权利。[①] 引例中因为原告未能提出充分的证据证明原被告之间存在借贷关系，并且被告未履行还款义务，则须承担其主张不被裁判认可的不利后果，简言之，法院得以驳回原告的诉讼请求。

（二）证明责任与举证责任

证明责任与举证责任是一个概念还是两个独立的概念，学界一直存在争论，目前也没有统一认识。在学术著作中，人们较多地使用证明责任的概念；而在司法实践中，人们则更多地使用举证责任的概念。至于立法，只有《行政诉讼法》明确使用了"举证责任"的概念。该法第 32 条规定："被告对作出的具体行政行为负有举证责任，应当提供作出该具体行政行为的证据和所依据的规范性文件。"《刑事诉讼法》对此没有直接的规定；《民事诉讼法》也只有第 64 条提到："当事人对自己提出的主张，有责任提供证据。"

我们认为，证明责任与举证责任首先存在字义上的区别。举证的含义是举出证据或提出证据；而证明的含义是用证据来表明或者说明。在英美法的概念中，证明责任包括提供证据的责任和说服的责任。可以这么说，证明责任的内涵要大于举证责任。

知识链接

根据英美法学者的解释，证明责任一词至少有三种含义：一是当事人向法庭提出诉讼主张的责任；二是当事人向法官提供足够的证据，以使案件交付陪审团进行事实认定的行为责任；三是当事人对将交付陪审团进行事实认定的案件，在审判程序的最后阶段，因事实真伪不明而承担的诉讼不利。前两者通常称为"提供证据的责任（负担）"或者通常称为"说服责任（负担）"。

我国学者将英美国家证明责任的概念归纳为两个方面的含义：一是提供证据的责任；二是说服责任。前者包括了特定责任、证据性责任和主张责任；后者包括了一般责任、特定责任及证据性责任。

二、证明责任的内涵

证明责任包含两层含义：行为责任（又称为主观意义上的举证责任）和结果责任（又称为客观意义上的举证责任）。

① 毕玉谦. 证据法要义. 北京：法律出版社，2003. 366

（一）行为责任

行为意义的证明责任是指当事人对所主张的事实负有提供证据的责任。有学者认为，行为责任又可以分解为主张责任和证据提供责任。[①] 我们认为，与其说提出主张是一种责任，毋宁称之为“权利”更合适。因为它是诉权的一个表现形态，只不过是伴生于证据提供责任而已，而且主张责任不发生转移的问题。但这种划分突出了证明责任与诉讼主张的紧密关系，没有诉讼主张就没有证明责任。引例中原告提起了借款纠纷诉讼，提出了被告李某欠其10万元借款未还的事实主张，就产生了对该事实提供证据的责任。原告向法庭提交欠条就是履行行为意义证明责任的行为。

行为责任的履行是无条件的，只要当事人所主张的事实不属于免证事实，当事人就必须履行提供证据的责任。履行行为责任，表面上是法律规定的要求，但真正的内在原因是为了避免事实真伪不明状态出现时，所造成的不利后果。

（二）结果责任

结果意义的证明责任是指当事实处于真伪不明状态时，主张该事实的当事人负有承担不利诉讼后果的责任。结果责任是促使当事人积极举证的内在动因，其分配取决于实体法的规定。原告向法院主张享有某种民事权利或者被告应承担某种民事责任，原告须相应提出权利或责任赖以产生的法律事实；被告主张免责的，也应提出免责的法定事由。如果不能证明相关的事实，主张者则应承担不利的后果。例如我国《民法通则》第126条规定：“建筑物或者其他设施以及建筑物上的搁置物、悬挂物发生倒塌、脱落、坠落造成他人损害的，它的所有人或者管理人应当承担民事责任，但能够证明自己没有过错的除外。”这里规定的“证明自己没有过错”的责任就是结果意义的证明责任。一旦实体法确定由哪一方当事人负担，除了法律上的推定运用之外，结果责任自始至终属于该当事人，在该事实被证明之前，作为一种潜在的风险始终由该当事人负担，并不随着举证活动的进行而转移给对方。《最高人民法院关于民事诉讼证据的若干规定》依据实体法，对一些案件的证明责任作了进一步的明确，所规定的多为结果责任。

引例中双方当事人争议的事实处于真伪不明的状态，已有的证据不足以证明被告李某是否向原告黄某借款。这就需要根据证明责任的分配规则进行裁判，决定诉讼后果。黄某对自己的主张负有证明责任，为此黄某提供了借条作为证据。李某也应对己方的辩解理由承担证明责任。黄某对其生意失败并欠下债务的事实予以承认，该事实无须举证证明。李某所在单位的证明证实从未听说李某有辞职经商的打算，则李某完成了自己的证明责任。在这种情况下，黄某有责任提供证据证明10万元借款的来源。由于黄某未能提供该证据，其证明责任未能完成，就需要承担不利的诉讼后果——诉讼请求不能为法律支持的结果。

（三）行为责任与结果责任的区别

1. 产生的法律依据不同

行为责任是诉讼法上的要求，正是诉讼法要求当事人进行诉讼活动必须提供证据。不提供证据，诉讼活动无以开展。例如，我国《民事诉讼法》第64条规定：“当事人对自己提出的主张，有责任提供证据。”结果责任是实体法上的要求，是从实体法的适

① 毕玉谦. 民事证据法判例实务研究（修订版）. 北京：法律出版社，2001. 472

用原则中派生出来的。当实体法所包含的要件事实全部具备且为真时，必须适用实体法，支持当事人的诉讼请求；如果实体法所包含的要件事实没有全部具备或为伪时，法官则应该拒绝适用实体法，驳回当事人的诉讼请求。但是实体法没有解决当案件事实真伪不明时，法官应当如何适用实体法，应当如何对待当事人的诉讼请求的问题。此时，唯有借助实体法以外的力量加以解决。结果责任便是法官在案件事实真伪不明时对案件作出判决的根据。

2. 能否转移不同

结果责任来自预定的分配标准和原则，它在诉讼开始的同时便告产生，一直到诉讼结束，它均固定于一方当事人，而不会转向另一方当事人。行为责任则来自现实的诉讼状态和过程，它首先由承担结果责任的一方当事人履行。在该当事人提供了一定量的证据而使该事实业已变得清晰明了或即将趋于清晰明了之时，对方当事人感受到败诉的现实压力，必须进行一些补救性的证明，将补救性负担外化为行为责任，换言之，这种行为责任是从对方当事人那里转移而来的，转移过来的行为责任，经过当事人的积极举证，到一定程度，又转移到原来承担该责任的当事人那方去了，行为责任负担像这样来来回回于当事人之间移动的诉讼现象，理论上便称它为举证责任的转移。如引例中被告提交单位证明的举证行为，显然是因为原告的证据给她带来了现实的败诉风险，将证明责任转移至被告所致。

3. 存在的时间不同

行为责任作为证明责任的现象先于结果责任展现在人们的视野中，真正体现证明责任性质的结果责任则像一只无形的手，沉潜在水面下，调节着双方的行为责任。只有当诉讼结束，而案件事实仍处于真伪不明的状态时，结果责任才会浮出水面，由不能履行行为责任的一方当事人承担。如果事实明晰了，则结果责任就不发生。二者在存在时间上有先后顺序。

4. 能否由律师和法院协助履行不同

为了实现诉讼公平、提高诉讼效率，立法一般允许当事人引进外在力量，协助其履行行为责任，提高其诉讼行为能力。这些外在的力量可以是律师、非律师诉讼代理人，还可以是法院。因而，行为责任的承担主体虽然只有一个，但可以有多个主体协助其履行责任。但结果责任受其性质和内容的限制，只能由当事人自己承担。

综上所述，证明责任具有双重的含义，包括行为责任与结果责任，二者呈形式与内容、动态与静态、现象与本质的关系，既有联系又有区别。

项目二　刑事诉讼中的证明责任

纵观英国刑法之网，常常可以看到一条金线，那就是证明被告人的罪行是控方的责任。……在最终考虑全部案情时，不论是控方还是被告人提交的证据，如果在被告人是否蓄意杀害被害人问题上能够引起合理怀疑，那么控方就没有证实其指控，被告人因而有权获得无罪判决。无论什么指控，控方必须证明被告人有罪的原则是英国普通法的一个组成部分，任何削弱该原则的企图均不予接受。

——桑基

【引　例】

1975 年，美国马拉尼诉威尔伯（Mullaney v. Willbur）一案。被告人被指控谋杀了一名同性恋者。他承认是自己杀死了被害人，但辩解说，他是在受到被害人攻击的情况下，在激怒的状态下实施的一般凶杀行为。但因为被告人无法提出相关证据，其辩解理由不被法院认定，遂被判谋杀罪名成立。辩方上诉至美国联邦最高法院后获得胜诉。最高法院指出，预谋是谋杀犯罪的一个实质和必要的要素，没有这个要素，凶杀将成为一般凶杀罪。预谋和基于突然挑衅而激起的激情是两件不一样的事情。这里争议的事实——基于突然挑衅的激情压力存在还是不存在……明显的趋势就是要求检控方对证明这个事实承担最终责任。缅因州选择将那些激情状态下的杀人和缺少这个因素下的杀人区分开来，却拒绝要求检控方确信无疑地证明他所开启的事实，而将证明责任赋予被告人，这样的证明责任设置是错误的。马拉尼案确立了被告人的人身保护令，也产生了大量对于将说服责任强加于被告人的州规则提出挑战的诉讼。

问：关于刑事诉讼的证明责任，此案给我们怎样的启示？

【基本原理】

所谓刑事诉讼的证明责任，是指提出证据证明被告人有罪以及犯罪情节轻重的责任。我国实行以公诉为主、自诉为辅的刑事起诉制度，下面据此分类，就公诉案件与自诉案件的证明责任分别进行说明。

一、公诉案件的证明责任由执行控诉职能的公诉人承担

公诉机关是刑事公诉案件证明责任的主要承担者。根据我国《刑事诉讼法》有关规定，人民检察院在刑事诉讼中执行控诉职能，代表国家向人民法院提起公诉，并出庭支持公诉。凡人民检察院提起公诉的案件，在事实方面都必须达到犯罪事实清楚，证据确实、充分的要求。在出庭支持公诉过程中，还要依法讯问被告人、询问证人，向法庭出示证据，证明被告人犯有起诉书所指控的罪行。所以，人民检察院的公诉人对公诉案件负有证明责任。证明责任不仅要求提出证据，还应证明证据的“三性”问题。如中央五部门《关于办理刑事案件排除非法证据若干问题的规定》第 13 条规定：庭审中，检察人员、被告人及其辩护人提出未到庭证人的书面证言、未到庭被害人的书面陈述是非法取得的，举证方应当对其取证的合法性予以证明。

前述马拉尼诉威尔伯案，虽然发生在美国，但关于证明责任的分配问题，联邦最高法院的裁判意见重申了基本的原则，“国家对犯罪的要件总是承担证明责任”。[①] 突然挑衅的激情压力是一般凶杀罪的构成要件，由被告人承担该要件事实的证明责任违反了刑事诉讼证明责任分配的基本原则，缅因州的法律因此不断受到现实挑战。

刑事诉讼由控诉机关承担证明责任的原则，是现代刑事诉讼理念——无罪推定原则的内在要求。无罪推定原则不仅直接确立了“被告人不等于犯罪人”的观念，明确了被告人在刑事诉讼中的主体地位，还引申出两条基本要求：一是由控诉机关提供确实充分的证据来证明被告人犯有被控犯罪的行为；二是由审判机关依照正当程序对被告人是否犯有被控罪行作最后认定。可见，无罪推定原则发展至今，已经包含了相当丰富的内涵。但其核心在于，通过假定每个公民（包括被告人）均处于无罪的原始状

① 罗纳德·J. 艾伦. 证据法文本、问题和案例. 张保生等译. 北京：高等教育出版社，2006. 816

态，赋予控诉机关推翻这种原始状态时必须提供充分证据证明的义务，明确控诉机关在刑事诉讼中的证明责任。这种责任分配制度有助于保护被告人、实现诉讼武器的对等，也符合自然法则的基本要求。

二、自诉案件的证明责任由自诉人承担

自诉案件的证明责任由自诉人承担。我国《刑事诉讼法》第171条规定："人民法院审查自诉案件后，对缺乏罪证的自诉案件，如果自诉人提不出补充证据，应当说服自诉人撤回自诉，或者裁定驳回。"根据这一规定，自诉人向人民法院提起自诉前，应当已经收集到一定的证据。由于自诉案件并不经过侦查阶段，不可能由侦查机关通过侦查手段为被害人收集到证明被告人有罪的证据，因此这类证据只能由自诉人自行收集。

三、侦查机关、人民法院不负证明责任

如前所述，证明责任制度设立的目的在于解决案件事实真伪不明时法院如何裁决案件、将不利后果归于哪一方的问题。因此，证明责任的概念只有置于审判阶段去讨论才有意义。那么，刑事诉讼侦查阶段的主体公安机关是否承担证明责任，是我们需要讨论的一个重要问题。

我们认为，公安机关不是证明责任的承担者。因为公安机关不是审判阶段的控诉主体，也不存在因为举证不能、举证不力而承担不利后果的责任。虽然公安机关依法负有收集证据、查明案件事实、抓获犯罪嫌疑人的职责，但这种为满足职权行使的需要而开展的调查活动，与为了满足法官的认知需要而进行的提交证据、说服法官的证明活动有性质上的区别。有学者将其定义为自向证明，即向自己证明；将审判阶段的证明定义为他向证明，即向他人证明，将二者加以区分。[①] 二者的目的和后果都截然不同，不能据此得出公安机关也是证明主体的结论。

人民法院作为审判机关是否应承担证明责任？这个问题学界有不同的看法。我们认为，从证明责任的本质而言，人民法院不承担证明责任，不是证明主体。因为人民法院在诉讼中承担的是审判职能，其任务只是判断控方的主张是否成立，它没有自己的诉讼主张，因而也就不承担收集有罪证据的责任，更不承担结果责任。法院依法享有的庭外核实证据的权力不足以作为其承担证明责任的依据，那只是对证据的调查核实权，而不是收集证据的责任。是立法对于人身权利的特殊保护以及对弱势当事人一方的公力救济，旨在实现诉讼程序的公平和公正，并非对其证明责任的配置。

四、被告人原则上不负证明责任，但在某些例外情况下也承担一定的证明责任

（一）被告人不负证明责任

被告人依法享有为自己辩护的权利，但对于否认自己有罪、否认指控的答辩，不承担提供证据加以证实的责任。"正如人们常说的那样，被告可以用无罪答辩和概不承

---

① 何家弘，刘品新．证据法学．北京：法律出版社，2004．195

认的方法来‘迫使公诉方去证明’。”① 不能因为犯罪嫌疑人、被告人提不出证据来证实其无罪，就想当然地得出其有罪的结论。法院不能因为被告一方没有提出证据或者辩护理由不成立，而不顾控方的证据是否充足便作出被告人有罪的判决。

虽然被告人不负证明责任，但也不享有沉默权、不享有可以拒绝回答与案件有关问题的权利。依据我国《刑事诉讼法》第93条规定，犯罪嫌疑人对于侦查人员的提问，应当如实回答。法律作这样的规定，有利于准确、及时地查明案情，正确适用法律，防止放纵犯罪或伤害无辜。但是，这绝不意味着法律要求犯罪嫌疑人、被告人承担证明责任。犯罪嫌疑人、被告人如果拒绝如实回答向其提出的与案件有关的问题，或者在侦查和审判过程中一直沉默，仅仅因为这种行为本身，并不构成犯罪。如果最终证明犯罪嫌疑人、被告人是有罪的，其上述行为应当是从重量刑的一个情节；如果最终没能证明犯罪嫌疑人、被告人有罪，则不能因其没有如实回答或者一直沉默，而要其承担刑事责任。

从理论上看，刑事诉讼中证明责任的负担与被告人是否享有沉默权关系密切。被告人的沉默权，是其用来对抗被迫自证其罪的最有效的手段，也是杜绝非法取证的权利屏障。我们认为，在刑事诉讼法上规定被告人享有沉默权，能够体现刑事诉讼的现代特征，代表司法文明的发展方向，对于彻底实行无罪推定的原则、禁绝刑讯逼供现象具有重要的法制价值。但是，由于法律文化传统和现实犯罪形势的局限，沉默权制度在我国的建立尚需时日。

（二）被告人不负证明责任的例外情况

在现代刑事诉讼中，犯罪嫌疑人、被告人一般不承担提出证据证明自己无罪的责任。但是在刑事法律中还存在着辩方承担证明责任的例外，例如，我国《刑法》第395条规定的巨额财产来源不明案件中，被告人需提出证据证明财产差额部分的来源是合法的，否则差额部分以非法所得论。由被告人负证明责任的例外情形在我国只规定在刑事实体法中。实践中，证明责任转移至被告人或者法律直接规定由被告人承担证明责任的情形一般有下列几种：

1. 巨额财产来源不明罪的证明责任

我国《刑法》第395条规定："国家工作人员的财产或者支出明显超出合法收入，差额巨大的，可以责令说明来源。本人不能说明其来源是合法的，差额部分以非法所得论……"这是立法者为了有效地惩治国家工作人员的贪污受贿行为而设立的一项特殊规则。在这类案件中，只要辩方不能用充分的证据证明被告人巨额财产的来源合法，法官就可以推定那些财产是非法所得。除了刑事政策的原因，这种规定也考虑了举证便利的因素。被告人证明财产来源的合法性相对于控方证明财产来源的非法性要容易和便利，由被告人承担证明责任更能体现程序的公平正义。

2. 非法持有型犯罪的证明责任

我国现行《刑法》规定的非法持有型犯罪包括非法持有毒品、非法持有枪支弹药、非法持有假币、非法持有国家绝密机密文件资料等犯罪。这些犯罪案件中的证明责任也是倒置于被告人承担。例如，在非法持有毒品罪案件中，只要执法人员在某人身上查获了毒品，就可以认定其是非法持有，除非其用证据证明其持有的合法性或合理性。

① 单国军．民事举证责任倒置研究．法律适用，2002（2）

具体说，如果被查获身上携带有毒品的被告人声称他有合法理由携带该毒品，或者说是别人为了陷害他而在他不知晓的情况下把毒品放在他的身上或包里，那么辩方对这一事实主张就要承担证明责任。如果辩方不能用证据证明被告人携带毒品的合法性或合理性，法官就可以推定被告人的行为属于非法持有并判其有罪。换言之，在被告人是否“非法”持有的问题处于事实真伪不明的状态时，辩方就要承担不利的诉讼后果。这对于解决毒品案件被告人主观要件的证明困难、加大毒品犯罪的打击力度具有重大的现实意义。

知识链接

在英美法系国家的司法实践中，“持有最近被盗财物”是一个很有代表性的推定规则。在这类案件中，如果被告人被发现持有最近被窃的财物，而他及其律师又不能用证据证明他持有该财物的合法性或合理性，那么法官就可以推定被告人是盗窃该财物的人，并判其有罪。其典型的判例就是美国联邦最高法院1973年审理的“巴恩斯诉合众国”一案。在该案中，联邦最高法院认可了原审法官对陪审团的指示，“如果（被告人）不能给出令人满意的解释，持有最近被盗财物通常就是一种旁证，你们可以合理地据此作出推断并依据本案中证据表明的环境情况认定该持有人知道那些财物是赃物”，并最终维持了原审法院的有罪判决。

3. 被告人积极抗辩的证明责任

被告人的抗辩有积极、消极之分。对于消极性的抗辩事由，被告人可以只提出主张即可，而对于积极性的抗辩事由，一般要求被告人提供相应的证据证实，否则该抗辩主张不被法官确认。不在犯罪现场是一个典型的积极抗辩事由，各国立法和司法实践无一例外都将证明责任分配给提出该主张的被告人。这不仅因为不在犯罪现场属于积极抗辩，如果主张成立，控方的有罪证明就会被完全推翻，而且还因为，在犯罪发生的时间段内被告人是否在犯罪现场，被告人本人最清楚，由他提供证据显然比由控诉方提供证据更为便利。此外，被告方主张被告人的行为系合法授权的行为，或者引用法律条文中的但书、例外或豁免等进行抗辩时，都要负证明责任。

值得注意的是，刑讯逼供也是被告人的一种积极抗辩事由，但对此事由的证明责任分配却有别于一般积极抗辩事由。虽然我国法律立法未作明确规定，国外的一般做法是规定由控方承担证明责任。这种制度一方面是考虑到刑讯逼供发生期间，犯罪嫌疑人、被告人都处于失去自由和孤立无援的境地，刑讯逼供的相关证据难以收集和保全；另一方面从强化法律对刑讯逼供行为的约束机制、促使警察依法办案来看，对这类情节事实实行证明责任倒置也很有必要。当然这并不意味着被告方对这一事实主张完全不承担任何的证明责任，被告方还是负有初始的推进性责任，应以合理陈述、伤痕、验伤报告、证人证言等证据证明很可能有刑讯逼供发生的事实存在。

2010年7月生效的《关于办理刑事案件排除非法证据若干问题的规定》第6条规定：“被告人及其辩护人提出被告人审判前供述是非法取得的，法庭应当要求其提供涉嫌非法取证的人员、时间、地点、方式、内容等相关线索或者证据。”在被告人及其辩护人履行完毕该推进性的证明责任后，公诉方则应承担刑讯逼供不存在的证明责任。该规定第7条明确指出：“经审查，法庭对被告人审判前供述取得的合法性有疑问的，公诉人应当向法庭提供讯问笔录、原始的讯问过程录音录像或者其他证据，提请法庭通知讯问时其他在场人员或者其他证人出庭作证，仍不能排除刑讯逼供嫌疑的，提请法庭通知讯问人员出庭作证，对该供述取得的合法性予以证明。公诉人当庭不能举证的，可以根据《刑事诉讼法》第165条的规定，建议法庭延期审理。”这一新规定运用了国际通行的处理方法。

4. 被告方主张的程序性事实

被告方主张的程序性事实，例如，证据的可采性、审判人员的回避事由等，应当由被告方承担证明责任。这是因为程序性事由的发生过程被告人都参与其中，有律师的协助或法院的主持，举证难度不大，而且程序性事由一般不直接影响被告人的实体性权益，即便对程序性事实举证不能也不必然导致有罪判决，再者对于程序性事实的证明要求也低于实体法事实的证明要求，由被告方承担证明责任有助于被告人谨慎行使抗辩权。

项目三　民事诉讼中的证明责任

提出证据责任应当由提出争执点的当事人承担，但因为对方当事人有取得和控制证据的特殊条件而由其举证有失公平的情况除外；说服责任应当由举证的当事人承担。

——迈克尔·D. 贝勒斯

【引　例】

2000年5月11日凌晨1时许，郝某与他人在市区某一临街的楼房下谈话时，被楼上坠落的烟灰缸砸中头部，当即倒地，血流如注，被送至急救中心抢救。事发之后，公安机关经过侦查，排除了有人故意伤害的可能。郝某后被鉴定为智能障碍伤残、命名性失语伤残、颅骨缺损伤残等。在既不能确定烟灰缸的所有人，又无法确定是谁扔下这只烟灰缸的情况下，郝某于2001年3月将临街两幢楼的22户居民一起作为被告告上法庭。

法院认为，因难以确定该烟灰缸的所有人，除事发当晚无人居住的两户外，其余房屋的居住人均不能排除扔烟灰缸的可能性。根据过错推定原则，将举证责任倒置，只要不能举证排除自己有扔烟灰缸的可能性，就要承担赔偿责任。2001年12月，法院认定由当时有人居住的王某等20户住户分担该赔偿责任。最后判决，郝某的医药费、误工费、护理费、伤残补助费、生活补助费、鉴定费、精神抚慰金共计178 233元，由王某等20户住户各赔偿8 101.5元。二审法院维持原判。

问：两级法院在证明责任的分配问题上处理是否正确？

【基本原理】

证明责任问题是民事诉讼中最复杂的问题之一，被誉为“世纪猜想级”问题。民事诉讼中的证明责任分配，在基本原则和指导思想上均有别于刑事诉讼和行政诉讼。既不是固定由原告承担，也不是绝对由被告承担，更不是由双方平均分配，各承担一半，而是根据待证事实的具体性质由原、被告分担。

一、民事诉讼证明责任分配的基本原则

关于民事诉讼的证明责任分配，早在古罗马时代已经形成制度，“谁主张，谁举

证”即是古罗马法证明责任分配原则的最简单概括。具体而言，当时的分配原则有两个：一是“原告应负举证之义务”；二是“举证之义务存在于主张之人，不存在于否认之人”。后人对该原则的研究形成了不同的解释，也不断推进证明责任分配理论的发展和完善，但古罗马法的思想始终奠定了整个学说的基础。我国受德国著名诉讼法学家罗森贝克的法律要件分类学说影响，除了《民事诉讼法》第64条第1款规定“当事人对自己提出的主张，有责任提供证据”外，在《最高人民法院关于民事诉讼证据的若干规定》中主要运用该学说进行了证明责任的具体分配，其原则可概括为：

凡主张权利存在的当事人，应当对权利产生的要件事实承担证明责任；凡否定权利存在的当事人，应就权利妨碍事实，或者权利消灭事实，或者权利制约事实承担证明责任。

由此可知，将证明责任简单概括为“谁主张，谁举证”已经不足以为案件处理提供依据。把握证明责任分配原则，离不开证明对象的界定。不同的证明对象由不同的主体承担证明责任，证明责任不再只简单地与主张者挂钩。

所谓权利发生要件事实，是指实体法所确定的、产生某种权利或法律关系的要件事实。例如，侵权之债发生的要件事实为侵权事实；合同之债发生的依据是合同缔结并生效的事实；无因管理、不当得利之债发生的依据则是无因管理的行为、不当得利的事实。相关行为和事件作为权利是否发生的依据，主张者必须提供证据予以证实，否则自己依据该事实主张的权利、提出的诉讼请求将不能获得判决的认定。引例中原告向被告主张的是共同危险行为致人损害赔偿，依据该原则，原告必须证明该楼全体居民实施了“共同危险行为”，并且其中某一人的行为导致其人身损害结果的发生，但不能判明谁是加害人的情况。现因原告只能证明有一户住户实施了扔烟灰缸的行为，以及造成损害结果的事实，不能证明各住户实际实施了“共同危险行为”，只能视为“共同危险行为”不存在，权利发生依据也就不存在，权利主张就不能予以认定，诉讼请求不能予以支持。该案判决支持原告主张的做法从证据法理论上来讲值得斟酌。[①]

何为权利妨碍事实、权利制约事实、权利消灭事实，在证明对象一章已经详细阐述，这里不再重复。权利妨碍事实、制约事实、消灭事实的主张者应对该事实承担证明责任，这一原则在司法解释中的具体运用，体现在《最高人民法院关于民事诉讼证据的若干规定》第4条第1款第2、5、6项、第5条第1款之规定。前者规定了权利妨碍事实的证明责任，后者全面体现了证明责任分配的基本原则。值得一提的是，因为前者这三种情形与其余五种证明责任倒置的情形规定在一个条文当中，很多人将其简单地视为证明责任倒置的例外，这是错误的。这三种情形规定的都是妨碍事实的证明责任，我们可以发现，该规定均由事实的主张者承担证明责任，这种制度恰恰是前述基本原则的体现，而不是基本原则的例外，应予以特别注意。

二、民事诉讼证明责任的倒置

诉讼法上通常使用“谁主张，谁举证”的证明责任分配规则，但诉讼总会遇到一

---

① 《侵权责任法》中关于抛掷物责任的规定采取了折中的态度，第87条规定：“从建筑物中抛掷物品或者从建筑物上坠落的物品造成他人损害，难以确定具体侵权人的，除能够证明自己不是侵权人的外，由可能加害的建筑物使用人给予补偿。”

些特殊的情况不适宜采用通常的规则，否则将造成一方当事人的权益受损，形成不公平的后果，背离司法以公平、公正为最高价值追求的基本原则。在这种情况下，不再按照证明责任的分配原则决定具体案件中的证明责任承担者，而实行与该原则相反的分配制度，这称为证明责任的倒置。例如，在医疗行为引起的侵权诉讼中，按照一般的证明责任分配原则，原告应当就被告的医疗行为与损害后果之间的因果关系以及被告医疗单位的过错承担证明责任，但因为这是一种特殊的侵权案件，法律规定由被告就该事实承担证明责任。证明责任倒置是证明责任分配原则外的一种特殊制度，是基于保护弱者和举证便利等考虑采取的灵活处理措施，有利于确保诉讼地位的平等和贯彻诉讼公平原则。

法规链接

《侵权责任法》第 70～76 条：高度危险作业致人损害的，作业方承担损害是因战争、受害人故意或不可抗力等原因造成的证明责任。

《侵权责任法》第 78 条：饲养的动物造成他人损害的，动物饲养人或者管理人应当承担侵权责任，但能够证明损害是因被侵权人故意或者重大过失造成的，可以不承担或者减轻责任。

《最高人民法院关于民事诉讼证据的若干规定》第 4 条：下列侵权诉讼，按照以下规定承担举证责任：（一）高度危险作业致人损害的侵权诉讼，由加害人就受害人故意造成损害的事实承担举证责任；（二）饲养动物致人损害的侵权诉讼，由动物饲养人或者管理人就受害人有过错或者第三人有过错承担举证责任；（三）因缺陷产品致人损害的侵权诉讼，由产品的生产者就法律规定的免责事由承担举证责任。

第 5 条第 1 款：在合同纠纷案件中，主张合同关系成立并生效的一方当事人对合同订立和生效的事实承担举证责任；主张合同关系变更、解除、终止、撤销的一方当事人对引起合同关系变动的事实承担举证责任。

《产品质量法》第 41 条第 2 款：生产者能够证明下列情形之一的，不承担赔偿责任：（一）未将产品投入流通的；（二）产品投入流通时，引起损害的缺陷尚不存在的；（三）将产品投入流通时的科学技术水平尚不能发现缺陷的存在的。

我国有关证明责任倒置的规定主要体现在《民法通则》、《专利法》等实体法当中。因为规定比较散乱，不便适用，为此《最高人民法院关于适用〈民事诉讼法〉若干问题的意见》第 74 条和《最高人民法院关于民事诉讼证据的若干规定》第 4 条作了具体的规定。依据上述规定，以下侵权诉讼实行证明责任倒置：

（一）专利侵权案件

《专利法》第 57 条第 2 项规定：“专利侵权纠纷涉及新产品制造方法的发明专利的，制造同样产品的单位或者个人应当提供其产品制造方法不同于专利方法的证明。”据此，《最高人民法院关于民事诉讼证据的若干规定》第 4 条第 1 款第 2 项作出了相应规定：“因新产品制造方法发明专利引起的专利侵权诉讼，由制造同样产品的单位或者个人对其产品制造方法不同于专利方法承担举证责任。”按照证明责任分配基本原则，权利主张者本应证明侵权人的侵权事实，即使用与专利方法相同的方法制造同样的产品、侵犯发明专利权的事实。但按照该规定，这类案件的原告只需对被告的产品与自己按照专利方法生产出来的产品相同承担证明责任，而被告则要就自己未使用原告的专利方法而生产出了相同产品的事实负证明责任。如果被告否认使用了原告的专利方法，就应当提供其产品制造方法的证据，以证明自己的产品与原告的产品并非采用相同的专利方法生产出来的，如果被告不能提供相应的证据，就将被认为侵犯了他人产品制造方法的发明专利权。证明对象从产品制造方法变成产品的同一性，原告的证明负担大大减轻，被告的证明负担虽是加重了，但是，因为在产品制造方法问题上，被告掌握着相关的证据，证明难度不大，由其负担证明责任也是合乎情理的，且有利于案件真相的查明。

（二）环境污染致人损害的侵权案件

我国法律和司法解释针对环境污染侵权损害赔偿诉讼规定了特殊的证明责任分配制度，由污染者就其排污行为与损害结果之间不存在因果关系承担证明责任。立法的旨意是考虑到环境污染侵权案件中，由于受害人缺乏科学知识和技术设备，对污染的发生和危害程度难以准确认识和了解，由受害人提供证据来证明自己所受损害以及损害的程度存在相当的难度和实际障碍，因此司法解释规定，原告只需对环境污染所造成的损害后果存在的事实承担证明责任，而由作为被告的污染者就法律规定的免责事由以及其行为与损害后果之间不存在因果关系的事实承担证明责任。凡对这些事实的存在不能够提出证据加以证明的，就应当由作为被告的污染者承担相应的民事赔偿责任。现行法律规定的免责事由主要有不可抗力、受害人的过错、第三人的过错等。

法规链接

《民法通则》第124条：“违反国家保护环境防治污染的规定，污染环境造成他人损害的，应当依法承担民事责任。”

《侵权责任法》第66条：因污染环境发生纠纷，污染者应当就法律规定的不承担责任或者减轻责任的情形及其行为与损害之间不存在因果关系承担举证责任。

《最高人民法院关于民事诉讼证据的若干规定》第4条第1款第3项：“因环境污染引起的损害赔偿诉讼，由加害人就法律规定的免责事由及其行为与损害结果之间不存在因果关系承担举证责任。”

（三）建筑物或者其他设施等致人损害的侵权案件

我国《民法通则》第126条规定：“建筑物或者其他设施以及建筑物上的搁置物、悬挂物发生倒塌、脱落、坠落造成他人损害的，它的所有人或者管理人应当承担民事责任，但能够证明自己没有过错的除外。”为此，《最高人民法院关于民事诉讼证据的若干规定》第4条第1款第4项规定：由建筑物和建筑物上的搁置物、悬挂物的所有人或者管理人对其无过错承担举证责任。在这类案件中，原告只需对产生实际损害后果的事实以及这种损害事实是由建筑物或其附属物的倒塌、脱落、坠落所致承担证明责任，而作为被告的建筑物及其附属物的所有人、管理人，则应就自己对这种损害事实的发生并无过错负证明责任。《侵权责任法》第85条重申：“建筑物、构筑物或者其他设施及其搁置物、悬挂物发生脱落、坠落造成他人损害，所有人、管理人或者使用人不能证明自己没有过错的，应当承担侵权责任。”

（四）共同危险行为致人损害的侵权案件

知识链接

共同危险行为是侵权法理论上的一个概念。所谓共同危险行为，是指二人或二人以上共同实施有侵害他人权益危险的行为，并且已经造成损害结果，但对所造成的损害结果又无法判明数人中谁是实际加害人的，则数人的行为就是共同危险行为。应区别共同侵权行为。后者是两个或两个以上的行为人，基于共同的故意或者过失，共同实施加害，致使他人人身或者财产受损的行为。二者存在一定的相似性，容易混淆。

按照侵权诉讼中证明责任分配的一般规则，如果原告要求被告赔偿，必须对其所受损害确由被告的侵权行为所致负担证明责任。但在共同危险行为致人损害的案件中，受害人恰恰无法证明数名实施了共同危险行为的被告人中究竟何人为加害人。显然，如果囿于证明责任分配的一般原则，则无异于剥夺了受害人获得赔偿的权利。为了保护受害人的合法权益，同时考虑到加害人的过失，法律便将全部共同危险行为人的行为视为一个整体，而不要求受害人对确切的加害人进行证明。法院也不主动确认谁是真正的加害人，而判决所有共同危险行为人对损害后果承担连带责任。这实质上是一种法律的推定。对此，《最高人民法院关于民事诉讼证据的若干规定》第 4 条第 1 款第 7 项规定："因共同危险行为致人损害的侵权诉讼，由实施危险行为的人就其行为与损害结果之间不存在因果关系承担证明责任。"在这类案件中，被告人如果想免除自己的责任，就必须对损害结果的发生并非是由自己的行为所致承担证明责任。引例中法院正是依据被告人不能证明自己没有扔烟灰缸的可能而推定其有过错，并判决其承担赔偿责任。其错误之处不在于过错的推定，而在于忽略了受害人的证明责任——受害人必须首先证明数名被告实施了共同危险行为以及这种行为给受害人造成了损害。只有在这种事实得到证明的基础上，才可以推定被告人有共同过失，并要求被告人承担自己的行为与损害结果不存在因果关系的证明责任。引例中的受害人并未能证明各被告人均实施了共同危险行为，人民法院的推定因为缺乏基础事实而发生错误，将行为与损害结果不存在因果关系的证明责任分配给被告人并据此作出的判决也就是错误的。

（五）医疗行为致人损害的侵权案件

在医疗行为致人损害的侵权案件中，因为医患双方的地位极不平等，医疗机构具备专业知识和技术手段，掌握相关的证据材料，患者相比处于明显的弱势地位。如果适用一般的证明责任分配规则，要求患者承担证明责任，结果往往因为举证不能而无法获得赔偿。为了平衡当事人利益，更好地实现实体法保护受害人的立法宗旨，《最高人民法院关于民事诉讼证据的若干规定》第 4 条第 1 款第 8 项规定："因医疗行为引起的侵权行为，由医疗机构就医疗行为与损害结果之间不存在因果关系及不存在医疗过错承担举证责任。"在这类诉讼中，患者应当就曾在医疗单位就医所发生的医疗行为以及损害后果负证明责任，只要患者证明了这些事实，便可推定医疗机构构成医疗事故民事责任。而医疗机构应当就医疗行为与损害后果之间并不存在因果关系以及不存在医疗过错承担证明责任。换言之，医疗机构只有通过证明损害结果并非由己方所造成，以及己方在具体医疗行为过程中并无过失，方可免除责任——这种将过错与因果关系同时推定给医疗机构的做法，无疑极大地加重了医方的责任和压力，似有矫枉过正之嫌。为此，2010 年 7 月施行的《侵权责任法》在强调医疗机构承担过错责任的基础上，实行附条件的过错推定。该法第 58 条规定："患者有损害，因下列情形之一的，推定医疗机构有过错：（一）违反法律、行政法规、规章以及其他有关诊疗规范的规定；（二）隐匿或者拒绝提供与纠纷有关的病历资料；（三）伪造、篡改或者销毁病历资料。”有学者将这种证明责任的安排称为“举证责任缓和”，以区别举证责任倒置。①

（六）高度危险作业致人损害的侵权案件

根据《民法通则》的规定，高度危险作业实行严格的无过错责任原则，即不问行为人主观上有无过错，只要行为人的行为和所管理的人或物与造成的损害后果之间有因果关系，就应承担民事责任。受害人在主张权利时，对加害人主观上有无过错不负举证责任。行为人有权依照法律规定的抗辩事由主张抗辩，但须承担抗辩事由的证明责任。《侵权责任法》第70条至第76条就此作了专门规定。关于损害是由战争等不可抗力，或者受害人故意造成的抗辩事由，由侵权人承担证明责任。

证明责任倒置，作为证明责任分配基本原则的例外规定和必要补充，以法律有明确规定为适用前提。在法律没有规定的情况下不得任意扩大适用。

【实训部分】

【情境设计】

原告何某向人民法院诉称：原告在第一被告某水暖卫生洁具公司购买了第二被告某日用电器卫生厂生产的DL－20型不锈钢淋浴器一台，同时购买了第三被告某无线电厂生产的多功能漏电保护器一台在家中安装。原告之妻于某日晚在用该淋浴器洗澡时，因淋浴器漏电和多功能漏电保护器质量不合格，遭电击死亡。诉请人民法院判令第三被告承担连带赔偿责任。第三被告辩称，第二被告的产品漏电才是受害人死亡的真正原因，如果缺乏这一原因，自己的产品即便不合格，也不会发生致人死亡的损害结果，自己不应为他人的产品质量承担责任。

请你结合案件当事人的事实主张，就本案待证事实的证明责任进行分配。

【训练方法】

1．全体实训人员分为四组，分别讨论原告、三名被告各自应否承担证明责任以及证明责任的具体范围。

2．各小组形成本组的观点依据后，由一名代表发表意见。

3．任课教师归纳小组意见并予以点评。

【实训任务】

判明证明对象的性质，厘清证明责任的归属。

【实训步骤】

步骤1：分析法律关系，确定案件性质。

根据原告的诉讼请求及双方的事实主张，进行事实的归类整理，确定纠纷的性质。

步骤2：明确案件的证明对象。

根据法律关系的性质，结合实体法规范的具体规定以及证据情况，排除免证事项，明确案件的待证事实。

步骤3：适用法律规定，界定证明责任。

在判明证明对象性质的基础上，适用相关法律法规及司法解释对于证明责任分配

---

① 杨立新．侵权责任法制定过程中的二十个问题．http：//www.acla.org.cn/pages/2009－01－15/s49861.html，最后访问日期：2010－07－20

的具体规定，界定具体待证事实证明责任的承担者。

项目四　行政诉讼中的证明责任

确定证明责任分配的因素包括：诉讼便利性的考虑；双方当事人的举证能力；是谁打破了现存的法律状态；如果对有关争议问题没有证明，什么应当认定为真实的；一方当事人提出诉讼主张的反常性；诉讼理由是肯定性的还是否定性的；案件是否属于制定法或者一般诉讼规则的例外情形；以及诸如威慑之类的公共政策，等等。这些因素都在考虑之列。

——罗特斯坦因

【引　例】

1992年9月，刘某入读某大学无线电电子学系攻读博士学位。对刘某博士论文的审查，经过了三道程序：其一是博士论文答辩委员会的审查（获全票通过）；其二是某大学学位评定委员会电子学系分会的审查（12票赞成，1票反对）；其三是某大学学位评定委员会的审查（某大学学位评定委员会委员共计21位，对刘文进行审查时到场16位委员，6票赞成，7票反对，3票弃权）。根据学位评定委员会1996年1月的审查结果，某大学决定不授予刘某博士学位，只授予其博士结业证书，而非毕业证书。对于这一决定结果，某大学一直未正式、书面通知刘某，刘某为此曾多次向系、校有关部门询问未获得学位的原因，也曾向教育部反映情况，均未得到答复。1997年他向法院起诉未获受理。1999年7月，刘某再次提起诉讼，诉请法院责令被告撤销其拒绝颁发原告博士学位证书和毕业证书的决定，颁发博士毕业证书并责令被告对刘某博士学位的授予予以重新审查，终获受理。法庭将案件争议焦点归纳为：①学校学位评定委员会对博士论文的审查应为程序性审查，还是实质性审查？②学校学位评定委员会的行政行为是否遵循了正当程序，其决定是否有法律依据？原被告双方围绕争议焦点展开了激烈的法庭辩论。法庭最终认定：原告刘某按培养计划的规定，已完成课程学习和必修环节，成绩合格，完成了博士论文并通过了答辩，根据国家教委的《研究生学籍管理规定》之规定，被告应发给其毕业证书。对于博士学位问题，被告学位评定会委员当时到场16位委员，6票赞成，7票反对，3票弃权，赞成票与反对票均未过半数，故学位委员会未形成有效决议。校学位委员会在作出不批准授予刘某博士学位前，未听取刘某的申辩意见；在作出决定之后，也未将决定向刘某实际送达，影响了刘某向有关部门提出申诉或提起诉讼权利的行使，该决定应予撤销。法院判决如下：①责令被告在两个月内颁发给原告博士毕业证书；②责令被告在三个月内对是否授予原告博士学位予以重新审查；③本案的诉讼费用由被告承担。

问：法院对案件的处理体现了行政诉讼证明责任分配的具体原则是什么？

【基本原理】

与民事、刑事证明责任相比，行政证明责任的具体分配有其特殊性，但同样体现了“谁主张，谁举证”的传统思想。

一、行政诉讼证明责任分配的基本原则

根据《行政诉讼法》和最高人民法院的司法解释，行政诉讼的证明责任分配的基本原则如下：

第一，具体行政行为的合法性，由被告承担证明责任。《行政诉讼法》第32条、第43条规定：被告对作出的具体行政行为负有举证责任，应当在收到起诉状副本之日起十日内向人民法院提交作出具体行政行为的证据和所依据的规范性文件。《最高人民法院关于行政诉讼证据若干问题的规定》第1条重申了这一规定，并进一步明确：被告不提供或者无正当理由逾期提供证据的，视为被诉具体行政行为没有相应的证据。这是行政诉讼证明责任分配的基本法律依据。据此，在行政诉讼中，证明责任原则上由被诉的国家行政机关承担。

立法及司法解释作此规定，一是考虑到举证的便利，二是从公平角度出发，平衡双方的诉讼地位。行政程序要求先取证后裁决，根据这一规定，行政机关在作出具体行政行为之前，应当已经收集了充分的证据，当该行政行为被诉至法院，被告行政机关只需将原有证据提交法院即可完成证明责任，相比由原告举证容易得多。这是被告承担证明责任的主要依据。如前述引例，被告不授予原告博士学位的具体理由是被告具体行政行为合法性的主要判断依据，该证据完全由被告掌握。如果要求原告对这一事实进行证明，非但不能查明事实，也有失公平。不仅如此，被告作为国家行政机关，对于一些需要特定知识、技术手段、资料、设备才能取得的证据，如是否对环境造成污染、伪劣药品的认定，有明显强于原告的举证能力，无视这一现实，要求证明能力较弱甚至没有证明能力的原告承担证明责任，不仅有失公平，也不利于案件事实的查明。而且在此前的行政程序中，被告一直居于主动地位，其实施行为完全依照自己的判断单方面认定事实，无须经相对人同意。在诉讼阶段分配被告承担证明责任，要求被告证明其行为的合法性，否则承担败诉的后果，也是平衡双方当事人地位的需要。引例中被诉的某大学，其处理决定的形成过程和形成理由完全不公开，充分体现了行政行为单方性、秘密性的特点。至于其作出决定前未听取相对人意见、作出决定后未通知相对人，则属于程序违法。作为一直处于被动地位的行政相对人，不应要求其承担证明责任，否则将对原告不公。

知识链接

行政诉讼的被告必须是作出被诉行政行为的行政主体。行政主体包括依法行使行政职权，并由其本身承担行为法律责任的行政机关和法律、法规授权的组织。本案被告某大学虽然不是行政机关，但其根据《教育法》第28条授予学校的招生权、学籍管理和处分权、授予学业证书权对刘某的毕业证、学位证颁发事项作出具体决定，乃基于国家法律的授权，在此意义上属于法律、法规授权的组织，是适格的行政被告。

在刑事诉讼中被告承担证明责任属于例外的特殊情况，而在行政诉讼中，被告承担证明责任则是证明责任分配的一般规则。

第二，被告履行证明责任应当在规定的期限内完成。关于举证时限问题，第十五单元有全面的论述，此不赘言。

第三，被告的证明责任包括提供作出具体行政行为所依据的规范性文件。从理论上讲，证明责任包括提供证据的行为责任和承担不利后果的结果责任，规范性文件不属于证据，按理不包括在内。但要求行政机关提供相关的规范性文件又是案件审理所必须的。对此，有待立法在文字表述上予以完善。

二、行政诉讼原告应当承担的证明责任

虽然行政诉讼以被告承担证明责任为原则，但并不意味着原告可以卸除所有的证明责任。原告对于被诉具体行政行为合法性以外的其他证明对象仍负有证明责任。理论上行政诉讼被告承担的证明责任，被称之为特殊证明责任，而原告仍负担的称为一般证明责任。《最高人民法院关于行政诉讼证据若干问题的规定》对原告须承担的证明责任作了具体规定，包括：

1. 案件符合起诉条件的事实

《最高人民法院关于行政诉讼证据若干问题的规定》第 4 条第 1 款规定："公民、法人或者其他组织向人民法院起诉时，应当提供其符合起诉条件的相应的证据材料。"如前案例，原告必须证明不授予学位的行政行为存在及该行为与原告有法律上的利害关系等提起诉讼需要的事实。这些事实，本属于原告的主张，由其来证明符合事理。需要指出的是，诉讼时效问题属于起诉的时效要件，但不属于原告证明责任的范畴。前述规定第 4 条第 3 款明确："被告认为原告起诉超过法定期限的，由被告承担举证责任。"如果被告不能证明原告在法定期限内已得知被告具体行政行为而没有起诉，便可推定原告享有诉权，其起诉符合法定条件。

2. 起诉被告不作为的案件中，原告在行政程序中曾经向被告提出申请的事实

《最高人民法院关于行政诉论证据若干问题的规定》第 4 条第 2 款规定："在起诉被告不作为的案件中，原告应当提供其在行政程序中曾经提出申请的证据材料。但有下列情形的除外：（一）被告应当依职权主动履行法定职责的；（二）原告因被告受理申请的登记制度不完备等正当事由不能提供相关证据材料并能够作出合理说明的。"这一规定针对的是被动行政行为，也就是行政机关只有在行政相对人提出申请后才能实施而不能主动采取的行政行为，如颁发经营金融业务许可证、律师执业证等。如果行政相对人向行政机关提出申请而行政机关不予理睬、不予答复，则构成行政不作为，行政相对人有权向人民法院提起履行之诉，要求行政机关履行其法定的义务。相应地，行政相对人在起诉时有义务证明其曾经向行政机关提出过申请。这一要求符合事理和逻辑。值得一提的是，该规定仅要求原告对提出申请的事实承担证明责任，不能据此得出结论，认为不作为案件中的其他证明对象均由原告承担证明责任。前述案例即为行政不作为案件，据此，原告应当首先提交证明其曾向被告提出授予学位申请的证据材料。

任何事物有原则就有例外。上述规定第 4 条第 2 款但书部分表明，同样为行政不作为案件，在下列情况下原告无须证明其申请的事实：

（1）被告应当依职权主动履行法定职责的不作为案件。依职权的行政行为又称为主动行政行为，无须行政相对人申请行政机关就应该主动实施，例如税务机关的征税行为、环保机关对超标排污行为的治理整顿、公安机关的治安管理行为。如果相对人遭受不法侵害，公安机关面对侵害行为却坐视不理，未予以及时援救、制止不法侵害，

相对人将公安机关不作为的行为诉至法院，则原告无须证明其曾向被告申请保护的事实。事实上，原告是无法在行政程序中提出申请的。因此，法律有必要免除其无法履行的这一证明责任。

(2) 原告因被告受理申请的登记制度不完备等正当事由而无法提供证据证明其曾经向被诉行政机关提出申请的事实时，只要能够向人民法院作出合理说明，人民法院应当推定原告提出申请的事实存在。在被告登记制度不完备的情况下，即使原告事实上已经提出了申请，在行政机关的受理行为中也同样得不到体现。如果法庭继续要求原告承担证明责任则显得十分不合理。这一规定既保护了行政相对人的诉权，也有助于行政机关完善其登记制度，促进依法行政。

3. 行政赔偿案件中，被诉具体行政行为造成损害的事实

上述规定第5条明确："在行政赔偿诉讼中，原告应当对被诉具体行政行为造成损害的事实提供证据。"损害的范围、损害与具体行政行为的因果关系等，应当由主张损害赔偿的原告一方进行证明。

以上是原告应当证明的事项。与此同时，对于被告负有证明责任的行政行为的合法性，原告虽无证明的义务，但依然享有提供证据证明行政行为违法的权利。上述规定第6条强调："原告可以提供证明被诉具体行政行为违法的证据。原告提供的证据不成立的，不免除被告对被诉具体行政行为合法性的举证责任。"

思考与练习

1. 试述证明责任的"双重含义说"。
2. 试论证明责任分配的基本原则和主要依据。
3. 试论刑事诉讼中被告人的积极抗辩对证明责任分配的影响。
4. 试述刑事诉讼证明责任的倒置情形及倒置理由。
5. 试述民事诉讼证明责任转移、倒置的特殊规则。
6. 试论行政诉讼有无证明责任倒置的情形。

拓展阅读

1. 柴发邦，李浩. 两种含义举证责任之比较. 中国法学，1993 (4)
2. 陈刚. 论证明责任法. 诉讼法论丛（第三卷）. 北京：法律出版社，1999
3. 张卫平. 证明责任分配的基本法理. 证据学论坛（第一卷）. 北京：中国检察出版社，2000
4. 刘金友. 论我国举证责任分配的基本原则. 证据学论坛（第三卷）. 北京：中国检察出版社，2001
5. 崔敏. 刑事证明责任概论——侧重谈刑事被告人应否承担部分举证责任. 证据学论坛（第六卷）. 北京：中国检察出版社，2003
6. 单国军. 民事举证责任倒置研究. 法律适用，2002 (2)
7. 刘善春. 行政诉讼举证责任分配规则论纲. 中国法学，2003 (3)

【实训部分】

【情境设计】

2008 年 7 月，某区工商分局作出行政处罚决定书，认定辖区内的玉楼春酒家“以赢利性为目的，擅自在广告中使用‘奥运’字样进行商业宣传，违反了《奥林匹克标志保护条例》”，并且违法所得无法计算，根据相关规定予以罚款 3 万元的处罚。该酒家认为，其在全民迎奥运的喜庆气氛中实行菜价优惠酬宾活动，挂出内容为“迎奥运 创新低 九元菜大酬宾”的宣传标语，目的只是以标语的形式告知过往路人，使用“奥运”一词主观上并不是以赢利为目的。这与在销售商品时使用“奥运”的侵权行为有本质区别。此外，酒家挂标语时间短，行为轻微，工商部门以“违法所得无法计算为由”对酒家罚款 3 万元，属行政权力的滥用。为此向当地人民法院提起行政诉讼，要求人民法院判决撤销区工商分局所作出的罚款决定。

问：本案原告是否需要承担证明责任？需要对哪些要件事实承担证明责任？被告应对哪些事实承担证明责任？

【实训任务】

判明证明对象的性质，厘清证明责任的归属。

【实训步骤】

步骤 1：分析案件情况，归纳要件事实。

行政诉讼中主要解决具体行政行为合法性、合理性问题，与之相关的要件事实包括行政机关是否拥有作出该行政行为的职权、原告是否实施了被处理的行为、被告机关的处理程序是否合法、目的是否正当、处理决定是否与具体情况相适应等；而起诉条件涉及的具体行政行为存在与否、被告行政机关是否明确，以及诉讼请求是否具体、有无事实根据、案件是否属于人民法院受案范围和受诉法院管辖等事实，也属于案件的证明对象之一，将这些事实问题梳理、归纳后，再结合证据情况列出本案的待证事实。特别注意有无属于法律规定的例外情况。

步骤 2：根据规定，判明具体待证事实证明责任的承担者。

适用法律及相关司法解释的具体规定，确定不同的证明对象各自的证明主体。

单元十五

举证时限制度

引　言

司法实践中，存在这样一种现象：诉讼当事人玩弄诉讼技巧、利用诉讼程序的空当，采取“证据突袭”的做法，给对方当事人以突然打击，使其得不到及时的救济而败诉。这种亵渎司法公正的诉讼策略却一直被视为正当，直到举证时限制度的设立。举证时限制度是行为意义的证明责任在时间上的要求，是对证明责任制度的补充和完善。它能有效抵御和避免不公平的“证据突袭”现象，强化诚实信用的诉讼理念，为诉讼的顺利进行提供基础，提高诉讼效率，是现代诉讼制度的重要组成部分。

【知识目标】

了解举证时限制度的概念和功能；熟知民事、行政诉讼举证时限的确定方式以及具体时限，明确新的证据的标准；熟知逾期举证的法律后果；明确证据开示制度与举证时限制度的关系、制度功能；熟知民事、行政诉讼证据交换制度的适用范围，明确证据交换程序的启动方式和具体内容，熟知证据交换的法律效果。

【能力目标】

通过学习和训练，能够运用举证时限制度规范举证及相关诉讼行为，学会分析认定新的证据，排除逾期举交的证据。

【内容结构图】

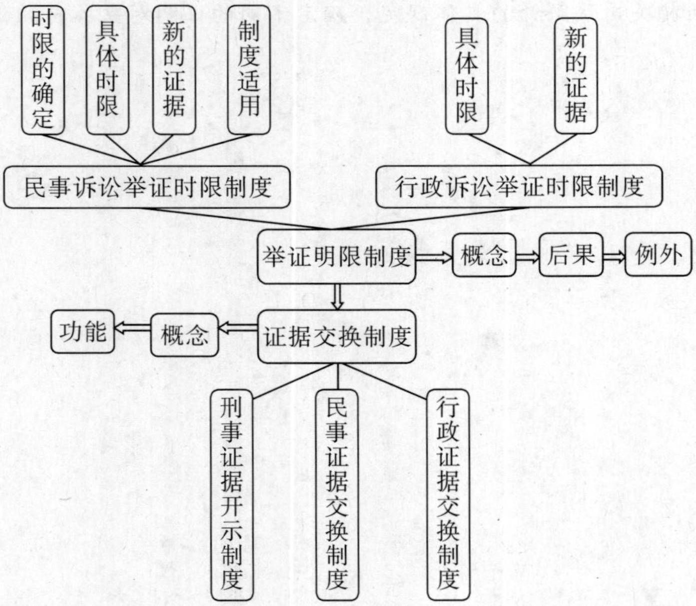

项目一　举证时限制度

法国在长达30年的时间里所进行的种种实验无论如何也足以表明，不利用最低限度的权威力量，很难改变各法院的实践做法。与此同时，人们看到，运用严格的期限，并且对不遵守期间的情形给以逾期丧失权利的制裁，有可能产生确认自动主义的危险。因此有必要协调这两种矛盾。

——让·文森　塞尔日·金沙尔

【引　例】

陈某因患肾结石住进某县人民医院，并于2005年5月28日上午11时在该院进行肾结石清除手术。手术过程中陈某数次休克，但手术医生黄某并未采取任何措施，仍然继续手术。手术结束四小时后，陈某仍昏迷不醒。其家属多次要求值班医生对陈某进行检查，值班医生均以术后正常反应为由拒绝救治。直至当晚9时许陈某停止呼吸，值班医生方施行抢救，但回天乏术，陈某终因抢救无效于手术当晚10时54分死亡。有关部门对尸体进行检查后得出的结论是："非因手术致死，死亡原因无法查明。"

同年6月5日，陈某家属诉至法院，要求被告某县人民医院退还全部医疗费用、赔偿精神损失20万元、追究手术医生和值班医生的责任，并赔礼道歉。起诉的同时，原告方向法院申请重新进行医疗事故鉴定，但法院未予准许。由于被告方拒绝向原告方提供医院的病历、手术记录和值班记录等相关资料，原告方无法提供任何实质性的证据。7月3日，举证期行将届满时，原告方向人民法院提出了延期举证的申请，法院审查后准许延长举证时限15日。但延长期限内原告依然未能获得医院的有关资料，于是向法院申请调取证据。法院接受申请并依法调取了医院有关病历、手术记录和值班记录。

法庭调查过程中，原告得知为陈某手术的医生黄某实为某医学院的实习生。经过多方努力，原告取得并在第二次开庭时向法庭提交了黄某所在医学院的证明，证实黄某是该院安排到被告医院实习的学生。法院审理后认定：被告医院应对陈某的死亡负主要责任，判决被告某医院赔偿原告精神损害赔偿金4万元，责令被告对手术医生和值班医生进行处罚。

原告不服一审判决，在上诉期内提起上诉，请求法院判决增加赔偿的数额，并要求被告赔礼道歉。同时再次申请进行医疗事故鉴定。二审法院接受了上诉人的申请，委托医疗事故鉴定委员会对这起事故重新进行鉴定，结论为：陈某死亡事件属于严重医疗事故，医院的手术失误是导致陈某死亡的直接原因。在此基础上，二审法院依法改判被上诉人某县医院向上诉人支付精神损害赔偿14万元，并向上诉人赔礼道歉。请对案件中原告举证行为的有效性进行分析。

问：1. 原告方的举证在时间上可以分为几类？

2. 原告方陆续提交新的证据，这一做法对被告方是否公平？

【基本原理】

一、举证时限的概念和意义

举证时限制度，是指当事人应当在法律规定和法院指定的期限内提出证明其主张的相应证据，逾期不提供的，视为放弃举证权利或者举证不能的一种诉讼期间制度。理解这一概念应把握两层含义：一是当事人的举证行为应该在一定的时间内完成；二是当事人逾期不提供证据的，原则上产生证据失权的法律后果。从第一层含义来看，举证时限属于一种期间制度。诉讼法上的期间是指诉讼法律关系主体在法律规定和法院指定的时间内应该完成一定的诉讼行为。举证时限制度是行为意义的证明责任在时间上的要求，是对证明责任制度的补充和完善。我国《最高人民法院关于民事诉讼证据的若干规定》、《最高人民法院关于行政诉讼证据若干问题的规定》对举证行为及相关行为规定了具体的期限。从第二层含义来看，举证时限属于诉讼失权制度。所谓失权，是指原有权利的丧失。诉讼失权是诚实信用原则的表现之一。当事人长时间不行使诉讼上的权能时，为了保护与不行使权能的事实有利害关系的另一方当事人持有的信赖，可以不再允许该当事人行使该权能。这是对当事人不在举证期限内行使举证权课以证据失权法律后果的理论基础。关于逾期举证的法律后果，《最高人民法院关于民事诉讼证据的若干规定》第34条规定为“视为放弃举证权利”；《最高人民法院关于行政诉讼证据若干问题的规定》第1条则规定为“视为被诉具体行政行为没有相应的证据”。二者在表述上不尽相同，但精神意旨其实一致。当事人逾期提交证据，因为举证权利已被自己放弃，所提交的证据人民法院不予接纳，也不组织质证，更不会作为认定案件事实的依据。失去证据的基础，当事人的事实主张难以成立，实体权利的实现势必受到影响。可见，证据失权的法律后果非常严重。当然，对于负有证明责任的一方当事人而言，提交证据首先是一种法律责任，因而，逾期举证对其不仅意味着权利的丧失，更意味着责任履行的不能，以及将面临的不利制裁。

证据失权是逾期举证的一般后果。如果不论任何情况，对所有的逾期举证行为都执行失权的制度将其否定，则未免过于极端，反而不利于公平、公正的实现。比如对方当事人同意对该逾期提交的证据进行质证，或者该逾期提交的证据属于新生成的证据等，将其与那些怠于行使举证权而逾期提交的证据相提并论，一概予以排除则显得僵化、教条，违背了举证时限制度设立的初衷。为此，相关司法解释规定在下列两种例外情形下，不产生证据失权效果：

1. 同意质证的例外

《最高人民法院关于民事诉讼证据的若干规定》第34条第2款规定：“对于当事人逾期提交的证据材料，人民法院审理时不组织质证。但对方当事人同意质证的除外。”民事诉讼以民事纠纷为解决对象，以定纷止争、平息争端为目的。民事纠纷的私权性质决定了民事主体有权处分其实体权利和诉讼权利。同意对逾期提交的证据进行质证，是当事人对自身民事诉讼权利的放弃，法律必须予以尊重和认可，并且，允许当事人处分这一诉讼权利，有助于案件事实的查明、实现实体公正，在某种程度上克服举证时限制度对实体公正带来的损害，不失为一种明智的选择。

2. “新的证据”的例外

《最高人民法院关于民事诉讼证据的若干规定》第42条、第44条规定允许当事人在一审、二审和再审程序中提出“新的证据”，《最高人民法院关于行政诉讼证据若干问题的规定》第52条也作了相同的规定。为了加强一审程序的对抗性和有效性，避免司法实践中常见的规避一审程序、在二审程序中进行证据突袭，损害对方当事人审级利益的现象，法律原则上排斥所谓的“新证据”，并非任何的新证据都能够成为上述“新的证据”，在举证时限届满后进入诉讼。

知识链接

举证时限制度在我国民事诉讼中还只是一个学术概念，而不是一个法律概念。尽管司法解释有相关的内容，但立法并未确立举证时限制度。现行的《民事诉讼法》第125条规定“当事人可以在法庭上提出新的证据”，意味着当事人在法庭判决前的任何诉讼阶段都可以提出证据，举证权利不受时间的限制，也不会产生任何不利的法律后果。第132条、第179条第1项规定也与第125条规定相协调，采用“证据随时提出主义”，体现了追求绝对真实和绝对正义、忽略诉讼效率和程序正当性的办案思想。即便如此，民事诉讼法并不排斥人民法院对当事人的诉讼行为作出时间上的要求。《民事诉讼法》第75条第1款规定：“期间包括法定期间和人民法院指定的期间”，据此，人民法院完全有权要求当事人在限期内完成举证行为。其后的一些特别程序法律和最高人民法院的文件对当事人的举证时限作出了原则性要求。《最高人民法院关于适用〈民事诉讼法〉若干问题的意见》第76条规定，“人民法院对当事人一时不能提交证据的，应根据具体情况，指定其在合理期限内提交。当事人在指定期限内提交确有困难的，应在指定期限届满之前，向人民法院申请延期。延长的期限由人民法院决定”。《海事诉讼特别程序法》第84条规定，“当事人应当在开庭审理前完成举证”，这些规定都蕴涵了举证时限制度。

与民事诉讼法不同，《行政诉讼法》第43条明确规定了被告的举证时限，即被告应当在收到起诉状副本之日起十日内向人民法院提交作出具体行政行为的有关材料。《最高人民法院关于贯彻行政诉讼法若干问题的意见》第30条进一步明确了逾期举证的法律后果，对于被告机关逾期不提供证据的，人民法院可以依法判决撤销被诉具体行政行为。

由上述规定可以得知，虽然我国并未全面确立举证时限制度，但在诉讼中确立、完善举证时限制度乃势所必然。确立举证时限制度具有如下意义：

（一）提高诉讼效率

举证时限制度的基本理念和设计标准是效率。其效率的体现不仅在于加速庭审进程，还在于通过及早疏通当事人之间的分歧和意见，改变信息不对称的布局，促进审前和解，节省审判资料，降低诉讼成本。

（二）促进程序公正

举证时限制度通过限制提供证据的时间，为双方当事人创设了进行诉讼行为的平等机会，防止诉讼中的证据突袭，防止那些故意不提出证据，滥用其诉讼权利，随时提出新证据来拖延诉讼的行为，进而实现程序公正。

（三）强化诉讼安全

诉讼程序有不可逆性的要求。当事人在规定的时间没有提交的证据，在随后的诉讼阶段禁止其提交，是“禁反言”原则的体现，最终是为了实现诉讼程序的不可逆性，强化诉讼安全。

二、民事诉讼中的举证时限

（一）举证时限的确定方式

《最高人民法院关于民事诉讼证据的若干规定》第33条规定："人民法院应当在送达案件受理通知书和应诉通知书的同时向当事人送达举证通知书。举证通知书应当载明举证责任的分配原则与要求、可以向人民法院申请调查取证的情形、人民法院根据案件情况指定的举证期限以及逾期提供证据的法律后果。举证期限可以由当事人协商一致，并经人民法院认可。由人民法院指定举证期限的，指定的期限不得少于三十日，自当事人收到案件受理通知书和应诉通知书的次日起计算。"据此，民事诉讼中的举证时限有当事人协定和人民法院指定两种确定方式。

1. 当事人协定

作为举证时限的确定方式之一，当事人之间的协商还要求经过人民法院的认可。只有经过人民法院的认可，当事人约定的举证期限才能产生拘束力。该规定看似扩张了当事人的诉讼权利，但制度旨在加强当事人的举证责任，并促进当事人对诉讼公正的信心，加强司法的权威和公信力。

2. 人民法院指定

《民事诉讼法》第75条第1款规定，"期间包括法定期间和人民法院指定的期间"，人民法院指定的期间同样具有法律效力。因此，在法律没有规定举证时限的情况下，基于对案件实际情况的考虑，可以通过人民法院指定的方式来确定举证时限。但这种做法因为缺少配套制度保障其约束力，显然不够彻底。因此，《最高人民法院关于民事诉讼证据的若干规定》第34条作了补充规定："当事人在举证期限内不提交的，视为放弃举证权利。对于当事人逾期提交的证据材料，人民法院审理时不组织质证。"

（二）具体举证时限

1. 人民法院指定的举证时限，不少于30日

人民法院指定举证时限不得少于30日，自当事人收到案件受理通知书和应诉通知书的次日起计算。该要求仅适用于一审普通程序，简易程序不受此限制。《最高人民法院关于民事诉讼证据的若干规定》第81条规定："人民法院适用简易程序审理案件，不受本解释中第三十二条、第三十三条第三款和第七十九条规定的限制。"司法实践中，各地法院多根据答辩期限确定简易程序举证期限为15日。举证时限的确定以法院向当事人送达举证通知书的形式来完成。

为使举证时限制度与证据交换制度相衔接，防止两种制度出现冲突，人民法院组织当事人交换证据的，无论原定举证期限届满日与交换证据日是否一致，交换证据之日为举证期限届满之日。

2. 当事人协定的举证时限无具体限制

我们认为，当事人协商确定的举证期限可以不要求下限，因为当事人能在尽可能短的时间内完成举证，对于加快诉讼的进程具有积极的作用。但为了防止当事人拖延诉讼，有必要对当事人协定的举证时限规定一个上限，比如两个月。

3. 举证时限的变更

举证时限制度设置的目的在于实现庭审前对争执点和相关证据的固定，为庭审做准备，提高庭审的质量和效率。如果诉讼争执点发生变化，证据相应就要作调整。因

此，当出现争执点改变的情形时，法律应当允许变更原来的举证时限，否则有违举证时限制度设立的初衷。遇有追加当事人，或者有独立请求权的第三人参加诉讼的情形，被追加的当事人或第三人举证时限届满的时间为全体当事人举证时限届满的时间；遇有当事人在举证时限内变更诉讼请求，或者因人民法院告知而变更诉讼请求的，人民法院应当重新确定举证时限。

4. 举证时限的延长

举证时限只是当事人事先协商确定或人民法院事先指定的期限，并不是一个不变期间。实践当中，当事人可能因为某种现实困难无法在举证期限内向人民法院提供证据，对此现实障碍，如果法律不予以救济，不仅有碍案件事实的查明、有损司法公正和社会公信力，也会令当事人丧失诉讼权利和诉讼机会。因此，应当允许当事人通过申请延期举证的方式予以救济。根据《最高人民法院关于民事诉讼证据的若干规定》第36条，举证期限的延长应具备如下三个条件：一是当事人在举证时限内提交证据确有困难；二是在举证时限内向人民法院提出延期举证的申请；三是人民法院准许延期。准许延长的，具体延长的期限由人民法院酌情决定。

（三）"新的证据"及其举证时限

《民事诉讼法》第125条规定："当事人在法庭上可以提出新的证据。"第179条规定："当事人申请人民法院再审，有新的证据，足以推翻原判决、裁定的，人民法院应当再审。"这一规定本意在于尽可能查明案件的客观事实，但同时往往也成为恶意当事人拖延诉讼或搞证据突袭的依据。为了避免这一规定被滥用，《关于民事诉讼证据的若干规定》对"新的证据"作了限制性的解释，并对其应用进行了约束，把其作为证据失权的一种例外对待。

1. 一审程序新的证据范围及其举证时限

根据《最高人民法院关于民事诉讼证据的若干规定》第41条第1项，一审程序中新的证据包括：①当事人在一审举证期限届满后新发现的证据。所谓新发现的证据，主要是指举证期限届满前客观上不存在、届满后才客观存在的证据；或者是举证期限届满前已经存在，但当事人无法知道其已存在，或者尽其能力无法收集的证据。②当事人确因客观原因无法在举证期限内提供，经人民法院准许，在延长的期限内仍无法提供的证据。未能举证的原因是判断是否新的证据、能否予以采纳的关键。根据上述规定，逾期举证的原因必须是客观原因，因为主观上的故意、懈怠、疏忽，甚至因为对事实和法律的认识错误而未能及时提交的举证，均不属于新的证据。因此，当事人提交新的证据时应当注意说明不能及时提交的客观原因，以便于法官判断。③拟制的新的证据。《最高人民法院关于民事诉讼证据的若干规定》第43条规定："当事人经人民法院准许延期举证，但因客观原因未能在准许的期限内提供，且不审理该证据可能导致裁判明显不公的，其提供的证据可视为新的证据。"拟制的新的证据，实际上不属于新的证据，立法为了在提高诉讼效率的同时保障实体公正，仍赋予其与前两类新的证据相同的法律效果。引例中的某医学院出具的证明，属于第一种新证据，即举证期限届满后新发现的证据；而某县人民法院依法调取的病历、手术记录等，则属于第二种新证据，即当事人在延长的举证期限内因客观原因仍然无法提交的证据。

根据《最高人民法院关于民事诉讼证据的若干规定》第42条之规定，一审程序中新的证据的举证时限是一审开庭前或者开庭审理时。引例中医学院的证明在第二次开庭时提出，仍符合举证时限要求。

2. 二审程序新的证据范围及其举证时限

根据《最高人民法院关于民事诉讼证据的若干规定》第41条第2项，二审程序中新的证据包括：①当事人在一审庭审结束后新发现的证据。②当事人在一审举证期限届满前申请人民法院调取但未获准许，二审法院经审查认为应当准许并依当事人申请调取的证据。一审法院和二审法院对证据的认识可能存在差异，如果一审法院对证据的必要性认识错误，没有受理当事人的申请，为了保护当事人的利益，二审法院应当予以纠正，前提是当事人在二审程序中对一审程序中曾经提交过的申请内容再次提出申请。纠正的方式就是批准申请并调取证据，所调取的证据为本条规定的新的证据之一。引例中的医疗事故鉴定结论就属于这种情况。

二审程序新的证据的举证期限是二审开庭前或者开庭审理时；二审不需要开庭的，举证期限由法院指定。法院指定的期限，不受不少于30日的时间限制，并且由于二审审限较一审短，指定的期限一般要短于一审举证期限。

3. 再审程序新的证据范围及其举证时限

再审程序是人民法院对已经发生法律效力的判决、裁定进行纠错的审判程序，为了维护司法裁判的稳定性和权威性，法律对启动再审程序进行了严格的限制。有新的证据并足以推翻原判决、裁定，是启动再审程序的法定条件之一。为了防止当事人滥用诉讼权利，保护对方当事人的合法权益，《最高人民法院关于民事诉讼证据的若干规定》第44条对《民事诉讼法》第179条第1款第1项规定的新的证据限制为“原庭审后新发现的证据”。对“新发现的证据”的理解因遵从前述的原则，即为原审时不存在，或当事人无法得知其存在、无法收集的证据。

再审程序新的证据的举证期限为申请再审时。

（四）适用举证时限的相关诉讼行为

举证时限制度不仅约束当事人向法院提交证据的行为，对于与证据提交活动相关的其他诉讼行为，如申请法院调查收集证据、保全证据、申请证人出庭作证、申请鉴定等，也予以规范。这是充分实现举证时限制度功能的必然要求。

法规链接

《最高人民法院关于民事诉讼证据的若干规定》第19、23、25、34条第3款、第54条分别规定：当事人及其诉讼代理人申请人民法院调查收集证据、保全证据，不得迟于举证期限届满前7日；当事人申请鉴定、增加、变更诉讼请求或者提起反诉，应当在举证期限内提出；当事人申请证人出庭作证，应当在举证期限届满10日前提出。

---

1. 当事人申请法院调取或者保全证据，不得迟于举证期限届满前7日

为了防止当事人滥用申请法院调查取证的权利，同时确保法院依职权调查收集证据的功效，以免浪费司法资源，造成诉讼不公，有必要规定一个合理的期限，以对当事人的申请行为加以限制。这样做的同时还有助于提高诉讼效率，避免因为当事人的无序申请而使审判活动陷入紊乱。

诉讼证据保全的目的是防止证据灭失或者以后难以取得的情况发生，其法律后果是被保全的证据将归入申请方的证据体系，并作为申请方提交的证据。如果这种证据

保全的申请权存在于整个举证期限，势必会弱化举证期限制度对当事人举证行为的约束力，成为举证期限的例外。因而，在当事人的证据保全申请权和法律后果间有必要作制度上的平衡，使申请行为以及法院保全行为的期限与当事人举证期限相符，即保全申请不得迟于举证期限届满前7日提出。

2. 当事人申请证人出庭，应当在举证期限届满前10日提出

证人作证在中国不是公法意义上的法律责任，证人没有被强制出庭作证的义务，因而我国现行立法及司法解释都将当事人提供的证人出庭作证作为当事人举证责任的一部分来看待，证人出庭作证的前提就是当事人向法院提出申请。既然属于举证责任的内容，那么申请行为要受举证期限的限制也是题中应有之意。

3. 当事人申请鉴定、增加、变更诉讼请求或者提出反诉，应该在举证期限届满前提出

举证时限制度作为审前准备程序的基石，其设立的目的旨在为庭审活动建立相对稳定的证据体系，构建不可逆的审理机制，实现程序的正当性，提高诉讼效率。如果允许当事人随时变更诉讼请求或者提出反诉，则必然带来其依赖的事实及相关证据的变化，从而引发举证期限的变动，制度的意义将受到严重的冲击。为了保证诉讼的顺利推进，有必要将当事人变更诉讼请求限制在举证期限届满前提出，以保护对方当事人的利益。当事人申请鉴定本属于其举证责任的范畴，因而申请鉴定的时间也应当遵循举证时限的要求。

三、行政诉讼的举证时限

（一）被告的举证时限

与民事诉讼举证时限的确定方式不同，行政诉讼被告的举证时限采取法律规定的单一方式确定。根据《行政诉讼法》第43条、《最高人民法院关于行政诉讼证据若干问题的规定》第1条，行政诉讼被告的举证时限是收到起诉状副本之日起10日内，人民法院不再另行指定期间。该期限仅适用于与被诉具体行政行为有关的证据，规范性文件不是证据，不适用举证时限的规定。在行政赔偿案件中，被告提供的有关“赔偿数额”的证据，不是证明被诉具体行政行为合法性的证据，也不受被告举证时限的限制。

（二）原告、第三人的举证时限

行政诉讼一般由被告承担证明责任，但原告以及第三人也负有一定的证明责任，其举证行为也应受到期限的限制。根据《最高人民法院关于行政诉讼证据若干问题的规定》第7条之规定，原告和第三人举证期限的确立采取法律规定和法院指定相结合的方式：人民法院指定证据交换日的，原告和第三人在该日提供；未指定的，在开庭审理前提供。

（三）举证时限的延长

前述说明逾期举证对当事人实体权利的实现具有实质性影响，考虑到当事人在举证时限内遇有困难确实无法提交证据的现实可能性，规定延期举证是完全必要的。

原告和第三人举证时限的延长。原告和第三人因正当事由申请延期提供证据的，经法院准许，可以在法庭调查阶段提供。原告和第三人申请延期举证的条件是：①因正当事由。例如，不可抗力、病重等实际障碍，具体事由能否成立由法院根据当事人

提供的证据审查判断、自由裁量。这是延期举证的实质条件。②向人民法院提出申请。这是延期举证的形式要件。申请可以书面形式、口头形式提出，当事人提出口头申请的，法院应记录在案。不管申请形式如何，申请人应当提供相关的证据证实自己的申请理由。虽然司法解释并未明确要求，我们认为延期举证的申请至少应在举证时限届满前提出。根据上述司法解释第 7 条，原告和第三人举证时限延长的终点是法庭调查结束。

被告举证时限的延长。被告在诉讼程序中虽然没有调查取证权，但同样可能遇到不可抗力等特殊情况影响其按期举证，被告同样有权向法院申请延期举证。但被告延期举证的具体规定与原告、第三人的做法有所不同。除了申请理由必须是出于正当事由外（不可抗力或客观上不能控制的其他正当事由），被告关于延期举证的申请必须在举证期限届满前提出；逾期提出申请的，法院不予准许。申请必须采用书面的形式。获法院准许后，被告应当在正当事由消除后10日内提交证据。不难看出，被告申请延期举证的条件远比原告和第三人苛刻。

（四）“新的证据”及其举证时限

1. 行政诉讼一审程序中不存在新的证据问题，但有两种情况应当注意

一是根据《行政诉讼法》第 34 条第 1 款的规定，人民法院有权要求当事人提供或补充证据。当事人按照人民法院的要求提出的证据不属于新的证据。二是根据《最高人民法院关于行政诉讼证据若干问题的规定》第 2 条的规定，原告或者第三人提出其在行政程序中没有提出的反驳理由或者证据的，经人民法院准许，被告可以在第一审程序中补充相应的证据。被告补充的证据不属于新的证据。

2. 二审程序新的证据范围及其举证时限

根据《最高人民法院关于行政诉讼证据若干问题的规定》第 52 条的规定，二审程序新的证据是指：①在一审程序中应当准予延期提供而未获准许的证据；②当事人在一审程序中依法申请调取而未获准许或者未取得，人民法院在二审程序中调取的证据；③原告或者第三人提供的在举证期限届满后新发现的证据。前两种新证据未能在举证时限内提交的原因在于法院，当事人没有过错，为公平起见，二审法院应当接纳、调取该证据。第三种情形属于典型的“新的证据”。

项目二　证据交换制度

发现程序的最显著的意义或者说最基本的正当性体现在，它使各方当事人对案件事实比仅仅依靠自顾不暇的努力能得到更加全面的了解。其前提因最终导致强制性的披露使案件事实得以暴露得更加充分，这样就使得各方当事人在庭审过程中向法庭提供对其本身最为充分和最为有利的证据，同时，它将最大限度地防止出现忽视具有关联性的事实或者对方在庭审中突然提出始料不及的证据的可能性。

——David W. Louisell，Geofferey C. Hazard，JR. Colin C. Taint

【引 例】[①]

1947 年春，一艘拖轮在进行海上船舶拖运作业时，因天气恶劣而沉没。5 名船员在这次事故中死亡。为了查清该事故的前因后果，有关方面召集了一次公开的听证会。在听证会上，听证委员会对事故中幸存的 4 名船员进行了详细的询问。这 4 名船员的证言被以书面方式记录下来，任何同本事故具有利害关系的人员和组织都可以获得这些记录文件的副本。在估计到 5 名死者的亲属很可能会就该事故向法院提起民事诉讼要求赔偿的情况后，拖轮所有权人泰勒的律师很快就单独会见和询问了 4 名幸存者。另外，他还就本案的相关问题询问了其他一些了解案情的案外人士。事后，泰勒的律师将这些会谈的内容整理成了一系列的会谈纪要，以备将来可能出现的诉讼审理之用。不出其所料，不久之后，5 名死亡船员的诉讼代理人分别向法院提起民事侵权赔偿之诉，请求法院判决被告就船员的意外死亡承担民事赔偿责任。经过充分的协商和对话，被告分别同 4 名原告代理人就赔偿问题达成了庭外和解，只有第 5 位诉讼请求提出人希克曼拒绝同被告达成庭外和解。在该诉讼案件的审前发现程序中，希克曼向作为被告的泰勒提交了一份"质问书"，要求后者向前者开示以下诉讼资料：①被告方通过询问 4 名幸存船员而获得的任何书面陈述记录；②任何同本案有关联性的口头或书面陈述、记录、报告；③涉及该事故的船舶拖运业务活动、拖轮沉没、对沉没拖轮进行打捞和修理，以及死亡船员如何淹毙等情况的备忘录文件。由于泰勒认为上述原告所要求开示的诸信息属于"律师—客户"特权保护的范围，因此，被告方拒绝了原告方提出的证据开示请求。原告就此证据开示争议申请法官进行审前裁断。审理该争议的墨菲法官认为，一般来说，民事案件得到公正审判的一项不可或缺的前提是，双方当事人都能充分了解对方所掌握的涉案信息。因此，应当对法律规定的"笔录证言"规则的适用范围作宽泛和自由的理解和解释。但证据发现的范围虽然宽广，但并非无边无际。当发现要求明显基于恶意或使人难堪的动机时、当要求发现的信息同本案无关联性时、当要求发现的信息处于保密特权保护的范围内时，就会触及发现的界限。为使司法体系能有序正常运作，司法界长久以来对以下原则达成共识：应禁止他人随意"侵扰"一位律师为履行其各项职责而确立的"私人隐秘空间"。在本案中，首先，原告希克曼不去找那些大家都熟知其个人信息（如姓名、联系方式、住址和工作单位）的证人直接收集证据资料，反而直接提出了开示相对方"律师工作成果"的要求。其次，从客观情况看，原告可以毫无困难地找到和接近上述各位证人，他接近这些证人不会存在任何阻碍。第三，提出开示请求后，原告没有试图以任何证据证明其请求的法律必要性何在。第四，原告也没有举证证明其以证据开示方式"侵扰"对方律师"私人隐秘空间"的请求正义性何在的问题。最后，在提到开示请求理由时，原告只是承认，他需要这些信息的唯一目的是为本方参加诉讼审理程序的方便。根据上述各项情况来看，原告要求开示被告律师职业活动隐秘信息的要求不具有充分的必要性和正当性。因此，驳回原告提出的该项证据开示请求。

问：1. 你认为法院驳回原告的证据开示请求是否正当？

2. 如何理解证据开示制度的程序正当性？

---

① 杜闻. 不具有可发现性（undiscoverable）的律师工作成果. http：//www.ccelaws.com/cheng ufa ue/2009 - 01 - 01/5762. html，最后访问日期：2009 - 10 - 01

【基本原理】

一、证据开示的概念和功能

证据开示（Discovery，Disclosure），在大陆法中则称为证据披露，它的基本含义是庭审调查前在双方当事人之间相互获取有关案件的信息。根据《布莱克法律辞典》，Discovery 的本来的含义是“了解原先所不知道的，揭露和展示原先隐藏起来的东西”。而在审判制度中，“它是一种审判前的程序和机制，用于诉讼一方从另一方获得与案件有关的事实情况和其他信息，从而为审判作准备”。

作为一道庭前必不可少的准备程序，证据的及时披露具有不可忽视的重要意义。

（一）争执点的整理和明确

这是庭前证据开示制度最重要的功能。争执点的归纳整理是庭审质量和效率的关键因素，而争执点的确定离不开当事人的主张和证据。因此，正如美国大法官特雷勒所说：“真实最可能发现在诉讼一方合理地了解另一方时，而不是在突袭中。”[①] 要求双方当事人在庭前将各自持有的证据向对方出示，暴露彼此对案件事实存在与否、真实与否，或者对证据、事实的观点等方面的分歧，便于其在法庭辩论过程进行充分的辩论，也可以帮助法官迅速、准确地把握案情，减少法律适用的难度，最大限度地贴近案件真相。

（二）防止突袭，创建诉讼主体之间的公平论战

正义不仅要实现，而且要以看得见的方式来实现。允许一方当事人在另一方完全不了解也无法进行有效防御的情况下突然提出某一主张和证据，其中蕴涵的信息和诉讼主张很难得到充分的质询，法官可能因此得出错误的结论。这种做法也有违“武器对等原则”，不利于程序正义的实现。开示程序增强了诉讼程序的透明度和公开性，能够让诉讼各方在审判前对可能成为定案根据的证据作全面的了解、仔细的调查和认真的审查思考，为庭审做好充分的准备，从而能在审判中提出针对性的问题和有效的检验，最大可能地实现双方的公平论战。

（三）提高庭审的效率

法官对于案件事实的了解主要通过开庭审理而形成。在有限的时间、空间中，最大可能地实现对事实真相的揭示，庭前把握全案证据和争执焦点是关键，庭前证据开示是实现这一点的重要步骤。一个完备的庭前证据开示制度不仅能够帮助法官迅速、准确地把握案情，使其裁判最大限度地接近真实，而且对于提高庭审的效率，加强司法审判资源的合理利用大有裨益。

（四）促使案件繁简分流、纠纷解决多元化

通过证据交换和争执点的确定，判断案件的繁简程度，便于法院进行审判资源的合理调配，同时促使双方当事人在相互知悉彼此证据体系的基础上理性思考诉讼纠纷，寻求共识或取得某种程度上的妥协和谅解，为双方当事人达成和解协议提供有利的条件。

证据的出示和交换，是认定案件事实的基础，也是保障依程序按阶段逐步推进诉讼的必要保障，是当事人为论证自己的主张、反驳对方的主张而进行有效攻击和防御的必要方式。举证时限制度在于敦促当事人有证及时提交，而证据开示制度则在于要

---

① 龙宗旨. 刑事诉讼中的证据开示制度研究. 政法论坛，1998（1）

求当事人将证据公开于法院、公开于相对方。

二、刑事证据开示制度

刑事诉讼解决犯罪嫌疑人、被告人定罪量刑问题，如何实现诉讼的公平、公正，确保实体处理结果和程序的正当，较其他诉讼更为重要。目前我国的刑事诉讼法中只有一些类似于证据开示的规定，但严格意义上的证据开示制度还未建立。因为我国实行职权主义的诉讼模式，各机关收集的有罪、无罪证据都以卷宗的形式随案移送，辩护律师通过阅卷了解案件相关情况，侦查案卷是关系裁判结果的根本依据。律师的阅卷范围成为刑事证据开示制度的主要内容。

我国《刑事诉讼法》关于证据的开示问题，分不同的诉讼阶段作了简单的规定：

第一，侦查阶段的证据开示。《刑事诉讼法》第96条第2款规定，“受委托的律师有权向侦查机关了解犯罪嫌疑人涉嫌的罪名”。

第二，起诉阶段的证据开示。《刑事诉讼法》第36条第1款规定，“辩护律师自人民检察院受理案件之日起，可以查阅、摘抄、复制本案的诉讼文书、技术性鉴定材料”。该规定中的“诉讼文书”、“技术性鉴定材料”是开示的内容范围，但因为用语的具体含义不够明确，容易产生歧义，从而影响律师阅卷权的行使。

第三，审判阶段的证据开示。《刑事诉讼法》第36条第2款规定，“辩护律师自人民法院受理案件之日起，可以查阅、摘抄、复制本案所指控的犯罪事实的材料”。具体“本案所指控的犯罪事实的材料”包括哪些内容，司法实践中存在不同的理解。根据规定，检察院在起诉时只需移交“证据目录、证人名单和主要证据复印件或者照片”，辩护律师实际能查阅的材料就仅限于这一范围。这种做法令辩方无法全面了解控方的全部证据，庭前准备的充分性大受影响。我们认为，自人民法院受理案件之日起，辩护律师应当有权查阅案件的全部证据，只有这样辩护制度的作用才能得到充分的实现。根据中央六部委《关于刑事诉讼法实施中若干问题的规定》，辩护律师只能到人民法院查阅上述证据，对于检察院未曾移送证据，辩护律师可以申请人民法院调取，而不能直接到检察院查阅。

上述规定均属于控方向辩方的证据开示。对于辩方是否有义务向控诉方展示自己所掌握的辩护证据，我国法律没有作出明确的规定，仅在司法解释中要求被告人、辩护人在开庭五日前提交相关证据。① 我们认为，允许辩护律师查阅控方的证据，目的是为了平衡控辩双方力量的悬殊，平衡国家权力和个人权利的巨大差距，所以，庭前的证据开示应当主要视为控方的义务，没有必要要求辩方也负担开示证据的义务，或者至少其开示证据的义务与控方相比是小得多的。

三、民事证据交换制度

证据交换制度脱胎于庭前证据开示制度，与证据开示制度的功能一致。证据交换，是指开庭审理前，双方当事人在法院的组织下，将各自持有的证据进行出示和交换，

① 《最高人民法院关于执行〈刑事诉讼法〉若干问题的解释》第119条规定，对于决定开庭审理的案件，人民法院应当通知被告人、辩护人于开庭5日前提供出庭作证的身份、住址、通讯处明确的证人、鉴定人名单及不出庭作证的证人、鉴定人名单和拟当庭宣读、出示的证据复印件、照片。

以确定争执点、固定证据。①

我国民事诉讼法并未明确设置证据交换制度，近年来民事审判方式改革对证据交换进行了尝试，其成果后来被司法解释——《最高人民法院关于民事诉讼证据的若干规定》所吸收，初步形成了我国的庭前证据交换制度。主要内容包括：

（一）证据交换的启动

在民事诉讼审前准备阶段，证据交换程序的启动有两种方式：其一，由法院依据当事人的申请而启动，是否启动由法院审查决定。这既体现了对当事人的尊重，也通过法院的审查决定权防止当事人滥用该项程序拖延诉讼。其二，由人民法院依职权主动启动。根据《最高人民法院关于民事诉讼证据的若干规定》第 37 条，人民法院依职权主动启动证据交换程序的，仅限于证据较多或复杂疑难的案件。对于这类案件，人民法院应当组织当事人在答辩期届满后、开庭审理前交换证据，没有自由裁量权。

（二）证据交换的时间和次数

《最高人民法院关于民事诉讼证据的若干规定》第 38 条规定，证据交换的时间可以由人民法院指定，也可以经当事人协商后由人民法院确定。证据交换作为举证时限制度的组成部分，应该符合举证时限制度的一般要求。证据交换之日即为举证时限届满之日，证据交换日前未提交证据的，应承担逾期举证的后果。人民法院准许当事人延期举证的，证据交换日相应顺延。

至于证据交换的次数，鉴于证据交换制度设立的目的之一是提高诉讼效率，因而证据交换的次数不宜太多。《最高人民法院关于民事诉讼证据的若干规定》第 40 条第 2 款明确以两次为原则。在证据交换中，一方当事人收到对方当事人交换的证据后提出反驳证据的，应当允许对方当事人就反驳证据再次举证反驳，为平等保护当事人的诉讼权利，人民法院应当再次组织证据交换。不过，对于重大、疑难或者特别复杂的案件，人民法院认为确有必要的情况下，可不受两次的次数限制。

（三）证据交换的程序

首先，证据交换的主持者只能是审判人员。《最高人民法院关于民事诉讼证据的若干规定》第 39 条第 1 款排除了书记员主持证据交换的资格和权限。至于主持的审判人员可以是合议庭成员，也可以是合议庭外的审判人员。

其次，证据交换过程中，审判人员应将当事人无异议的事实、证据记录在案；对有争议的证据，按照待证事实的类别将异议的理由记录在案，实现争执点的归纳和整理。交换过程中一般不进行证据质证，但当事人可就证据来源询问对方当事人，对复制的证据可以要求进行原件核对。

再次，证据交换过程中，当事人对对方证据的承认、异议及异议的理由，经由笔录固定后产生法律上的约束力，非经正当法律程序，当事人不得修改其观点和理由，以使开庭审理能在稳定的争执点体系上进行。

四、行政诉讼的证据交换制度

我国现行《行政诉讼法》没有关于证据交换的规定，《最高人民法院关于行政诉讼证据若干问题的规定》第 21 条借鉴了民事证据交换制度的做法，规定“对于案情比较

---

① 肖建华. 民事证据法理念与实践. 北京：法律出版社，2005. 217

复杂或者证据数量较多的案件，人民法院可以组织当事人在开庭前向对方出示或者交换证据，并将交换证据的情况记录在卷”。与民事证据交换制度有所不同，行政证据交换制度是一种弹性制度，其具体内容主要有：

（一）证据交换制度的适用范围

从案件类型来看，行政诉讼证据交换制度仅适用于案情比较复杂，或者证据数量较多的案件。案情不太复杂，证据不多，通过制定举证期限能够固定争执点和证据的案件，以及不必经过庭前准备程序的简单案件，不适用证据交换制度。不同于民事诉讼，行政诉讼没有赋予当事人申请证据交换的权利。对于“证据数量较多”、“案情比较复杂”的认定，属于人民法院的职权范围，是否启动庭前证据交换程序，只由法官根据实际情况自由裁量。显然，行政证据交换制度比民事证据交换制度的弹性空间要大得多。

（二）证据交换的程序

证据交换的程序一般包括两方面的内容：一是证据交换的组织者，二是证据交换的情况记录。对此，《最高人民法院关于行政诉讼证据若干问题的规定》只规定了后者。证据交换的情况记录，应包括证据证明的事实、提出证据的时间、证据的来源和品性（即是否原件、原物）、对方当事人的签收和意见等。对于当事人交换证据后可以确认的事实，也应记录在案。

至于行政证据交换的时间和次数，现行司法解释并未作出规定。我们认为，根据证据交换制度设置的目的，证据交换的时间应该受到限制。以答辩期届满后、法庭开庭审理之前为宜。当事人因为正当事由申请法院延期举证并获法院准许的，证据交换日期可以顺延。证据交换的次数也应有所限制，以两次为宜。特别重大、疑难的和案情特别复杂的案件，应该准许再次交换。这些都有待在将来的立法中进一步明确。

思考与练习

1. 评析我国法律对民事、行政举证时限的规定。
2. 评析我国法律对证据交换的规定。

拓展阅读

1. 龙宗旨. 刑事诉讼中的证据开示制度研究. 政法论坛，1998（1）

2. 汤维建，卢正敏. 论民事诉讼中的举证时限制度. 证据学论坛（第六卷）. 北京：中国检察出版社，2003

3. 陈卫东. 寿光证据开示试点模式的理论阐释. 证据学论坛（第十卷）. 北京：中国检察出版社，2005

【实训部分】

【情境设计】

1998年10月26日，某市富华建材公司与被告（某市华康装饰有限公司）签订了两份买卖合同，约定华康公司向富华公司购买数种装饰材料。华康公司购货后一直未付清货款。2002年4月12日，富华公司与原告（北新公司）签订债权转让协议书一份，约定富华公司将其对被告所享有的17万元债权转让给原告。此后原告收款未果，遂诉至法院。除了债权转让协议书，原告在举证期限内还提交了债权转让通知送达事实公证书，公证书载明送达地点为"申请人确认的送达地点"，送达回执上并无华康公司的公章，签收人贾鑫也注名"代签"。原告未举证证明签收人贾鑫能够代表被告签收债权转让通知，或其代签后的转让行为已完成。

一审审理过程中，被告否认曾收到富华分公司的债权转让通知，同时在一审庭审辩论终结后举示了贾鑫系另一公司职员的证据。

一审法院判决认为，富华公司与原告签订债权转让合同后，应将债权转让事宜通知被告，该转让才对被告产生法律效力。被告否认曾收到富华公司的债权转让通知，原告就转让通知送达事实举证的公证书载明送达地点为"申请人确认的送达地点"，送达回执上无华康公司盖的公章，签收人也注名"代签"，原告未举证证明签收人贾鑫能够代表被告签收债权转让通知，或其代签后的转让行为已完成，故富华公司与原告的债权转让行为未对被告发生效力，被告对原告尚不负履行义务。故驳回原告诉讼请求，并承担诉讼费。

二审法院认为，在一审审理中，被上诉人（原审被告）在举证期间内，未举示贾鑫非该公司工作人员的证据，亦未提出延期举证的申请，而在一审庭审辩论终结后举示了贾鑫系另一公司职员的证据，上诉人（原审原告）以已过举证期限为由拒绝质证。而被上诉人未能举示贾鑫非该公司工作人员的新证据，故该转让行为已生效。据此，判定撤销原判，支持上诉人的诉讼请求。

【训练方法】

1. 全体实训人员分为四组，围绕两级法院判决的理由进行讨论。
2. 各小组形成本组的观点及依据后，由一名代表发表意见。
3. 任课教师归纳各组意见并点评。

【实训任务】

运用举证时限制度的基本原理，分析、判断具体案例中举证行为的法律效果，加深对相关理论知识的理解，训练举证的诉讼技能。

【实训步骤】

步骤1：辨明争议焦点的证明责任。

厘清证明责任的归属，是适用举证时限制度的前提。因为不负证明责任的主体即使逾期举证，也只承担证据失权的法律后果，不承担证明的结果责任。评价法院的判决理由是否符合法律具体规定，必须结合具体待证事实的证明责任来谈。

步骤2：确定证明责任主体的举证时限。

根据法律对举证时限的具体要求，确定证明主体的举证时限。

步骤3：审查证明责任主体的举证行为，判明举证行为的法律效果。

责任主体以及履行责任的期限明确之后，应审查各主体实施的具体举证行为，尤其是争议焦点的相关举证情况，进一步判明举证的有效性。

步骤4：以有效证据为基础，结合证明标准认定案件事实。

排除逾期提交的证据，根据有效证据认定案件事实。据此对案中审判机关的处理结果及其理由作出评价。

单元十六
质证制度

引　言

质证不仅是证据法中的一项重要制度，而且也是法庭审理必不可少的环节。法庭调查和法庭辩论的过程就是诉讼双方在法官的主持下进行质证的过程。证据必须在法庭上出示，并经过质证，才可以作为认定案件事实的根据。质证是法官认识、了解案件事实的重要途径，因而也是法官正确作出判决的前提条件。质证对于落实言词审理原则、保障当事人的程序权利以及确保法院公正判决等方面都有重要的意义。

【知识目标】

理解法庭质证的主体、客体、内容和方式及质证制度的功能；了解不同诉讼制度下的质证模式；掌握三大诉讼的质证顺序和质证规则。

【能力目标】

通过学习和训练，熟练掌握法庭举证的基本技能，能够运用证据的质证方法和规则进行证据的说明、质疑和辩论。

【内容结构图】

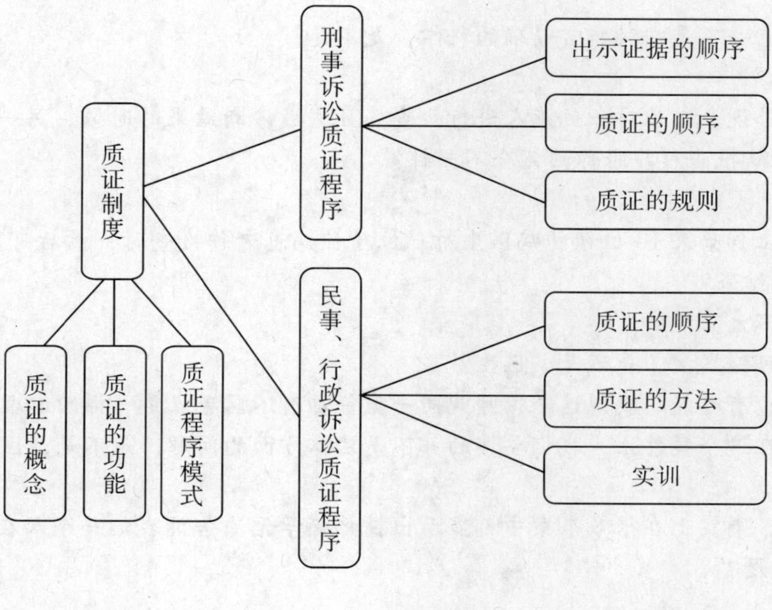

项目一　质证的概念和功能

为发现真情，人类迄今发明的最伟大的法律发动机，毫无疑问应是交叉询问。

——威格莫尔

【引　例】①

被告人彼得·乔金森12岁的小女儿被两个白人青年强奸。法庭对两个白人青年审判结束，当警察押送他俩前往候审室的途中，早已隐蔽起来做好准备的乔金森（参加过越战）向他俩射击，两个白人青年被打死，负责押送的警察也被击伤。乔金森当然被以谋杀罪起诉。乔金森如果要想被免于定罪量刑，除非证明其精神上有障碍，作案时没有责任能力，这恐怕是唯一的辩护理由。

该案开庭时，照例，辩方聘请了自己的专家证人——精神病医生（但名气、地位、权威性等无法与控方的专家证人匹敌，双方显然不在一个档次）。该医生证明乔金森患有精神病，不应负刑事责任。控方也聘请了自己的更有权威性和说服力的专家证人：加利福尼亚州州立精神病院院长彼得鲁医生。控方首先对他进行主询问，彼得鲁医生证明作案时被告人精神状况完全正常，绝对具有分辨对错的能力，他完全知道自己在做什么（预谋杀人），彼得鲁的表现非常有说服力，而且可信度极高。如何击破控方专家证人的证言，削弱甚至摧毁其证言的可信性，是对辩方律师的巨大挑战，也是本案被告人罪名成立与否的关键。著名律师戈得夫利·艾扎克担任辩方律师。且看他是如何利用反询问削弱直至摧毁控方专家证人的可信性，并使其证言一钱不值的。

"彼得鲁医生，精神病学是一种研究人类精神状况的科学，是吗？"艾扎克走到医生面前，友好地微笑着。

"是的。"

"而且它并不是一种非常精确的科学，是不是？"

"是的。"

"也就是说，在你对一位病人进行检查并且达成诊断结果的时候，另一位精神病医生所作的诊断报告可能跟你的完全不一样？"

……

"事实上，如果10位精神病医生对一位精神病患者作检查时，最后可能得到10个不同的诊断结果？"

"这是不太可能的。"

"但有可能发生，是不是，医生？"

"是的，有可能。我想这跟律师就同一案件却有不同观点是一样的道理。"

"不过在这个案件上，我们要谈的并不是法律方面的问题，是不是，医生？"

"是的。"

"医生，事实上在很多个案中都显示出精神病学无法告诉我们一个人在精神上到底出了什么问题？"

① 林正编．法庭之王．西宁：青海人民出版社，1997．467～479

“没错。”

“而且精神病医生常常有意见不一致的时候，对不对，医生？”

“当然。”

“现在，彼得鲁医生，请问你在哪里服务？”

“加州的州立精神病院。”

“服务多久了？”

“11 年。”

“请问是谁在控告乔金森先生？”

“加州。”

“在你为加州州立精神病院服务的 11 年当中，请问你有多少次因被告采用精神失常为辩护策略而上法庭作证的？”

彼得鲁思考片刻：“我想这是我第 43 次上法庭了。”

艾扎克在一份档案中查对了一下，然后用一种不怀善意的笑容看着彼得鲁：“你确定不是第 46 次吗？”

“或许吧，我记不清楚了。”

法庭内变得异常肃静。穆克卡西（公诉人）和他的助手交换着笔记本，一面小心翼翼地盯着他们的证人。

“你曾替检方就精神失常的审判作证 46 次？”艾扎克继续提问。

“是的，如果确实为 46 次的话。”

“而且在这 46 次当中，你有 46 次都作证说被告并未精神失常，对不对，医生？”

彼得鲁略显不安，而且他那双眼睛显露出心虚：“我不确定。”

“你从来就没有见过一名精神失常的被告，对不对，医生？”

“我当然见过。”

“好吧。那么请告诉我们这名精神失常被告的姓名以及他被审判的地点。”

穆克卡西（控方）站起身来，扭着西装纽扣：“庭上，本席抗议被告律师所提的这些问题。彼得鲁医生没有必要记得他曾经作证过案件之被告姓名及审判地点。”

“抗议驳回。坐下。请回答这个问题，医生。”

彼得鲁深呼吸了一会儿并且注视着天花板。艾扎克打量着陪审员的表情。他们全都聚精会神地等着答案揭晓。

“我不记得了！”最后彼得鲁说道。

艾扎克拿起一叠厚厚的文件，在这名证人的面前挥着：“医生，你不记得的原因，会不会是因为在这 11 年里的 46 次审判之中，你从来没有作出对被告一方有利的证词？”

“我真的是忘记了。”

“那么，你能不能很诚实地告诉我们，你是否在任何一场审判中发现过哪名被告属于法律上所认可的精神失常呢？”

“我相信应该有几位吧。”

“有还是没有，医生？只要随便指出一场审判。”

这位专家很快地向穆克卡西瞅了一眼：“不行，我实在记不起来了。”

艾扎克慢慢走向被告席前，拿起了一份厚档案。“彼得鲁医生，你记不记得在你曾经作证的一场审判当中，有位叫做巴里·贝鲁兹的被告？这是 1965 年 12 月在洛杉矶的一场审判，内容是有关一桩令人毛骨悚然的杀人案。”

“是的，我记得那场审判。”

“你是不是曾经作证指出那名被告没有精神失常，是不是?”

“是的。”

“你还记得当时有多少位精神病医生替他作证吗?”

“不记得了，有好几位吧。”

“是不是包括西诺尔·克雷奇博士、米勒·格林松博士以及维特森博士等人呢?”

“是的。”

“他们都是精神病医生，是不是?”

“是的。”

“他们都是合格的专业医生，是不是?”

“是的。”

“而且他们在对贝鲁兹先生进行检查过后，都在法庭上作证这位可怜人有精神失常的倾向?”

“是的。”

“可是你却在作证时指出贝鲁兹先生并没有精神失常?”

“是的。”

“当时还有几位医生支持你的看法?”

“就我印象所及并没有。”

“这表示意见是3∶1喽?”

“是的，不过我坚信自己是对的。”

“我了解。那么陪审团怎么说呢，医生?”

“嗯，他因精神失常而被判无罪开释。”

“谢谢你，医生。现在你是加州州立精神病院的院长吧，是不是?”

“是的。”

“那么，你对院中每位患者的治疗负直接还是间接的责任呢?”

“我负直接责任，艾扎克先生。虽然我没有亲自治疗每一位病人，但是他们的医生都是在我的监督之下。”

“谢谢你。医生，请问巴里·贝鲁兹今天在哪里呢?”

彼得鲁无助地看了一下穆克卡西，但是立刻又换上亲切而自在的笑容对着陪审团。他犹豫了几秒钟，终究无法自圆其说。

“他现在在加州州立精神病院，是不是?”艾扎克的语调似乎是在告诉每一个人，这个答案是肯定的。

“我想是的。”彼得鲁答道。

“这就是说，他是直接在你的监管之中喽，医生?”

“应该是这样。”

“那么，他的病因是什么，医生?”

“我真的不知道。我们有很多病人，而且……”

“偏执性的精神分裂症对不对?”

“或许吧。”

艾扎克往后走，坐在栏杆上。他打开档案："现在，彼得鲁医生，我希望当着陪审团的面把这件事搞清楚。在1965年你作证时指出巴里·贝鲁兹的精神状况完全正常，而且他在犯罪时明确地知道自己的行为的本质。然而当时的陪审团在和你的意见不一致的情况下，审判他无罪开释，而且自从那时候起他就一直是你们医院的病人，同时在你的监督之下，被你们诊断为偏执性的精神分裂症而接受长期治疗。对不对？"

彼得鲁脸上装出来的笑容的确把这个问题的答案显露无遗。

艾扎克拿起另一份报告，并且稍微看了一下。"你还记不记得1967年5月，在橙县，有一件被告为歇洛·德莱布的案子开审，而你被传唤出庭作证？"

"我记得那件案子。"

"那是一件强暴案，是不是？"

"是的。"

"而你是在本州控告德莱布一案中代表检方出庭作证的？"

"是的。"

"你告诉当时的陪审团说他并没有精神失常？"

"是的，那是我的证词。"

……

"那么德莱布先生今天在哪里呢，医生？"

"我想他在加州州立精神病院吧。"

"他在那儿待多久了？"

"自从那场审判过后吧，我想。"

"我明白了。如果一个病人在精神状况完全正常的情况下，你也会让他长期待在你的医院里接受治疗吗？"

彼得鲁换了个坐姿，脸上开始显得有点愠怒。他看着那位地方检察官，好像是在说明自己已经无法招架下去了，希望穆克卡西能做点什么事，好替他解围。

……

"你可以继续发问了，艾扎克先生。"霍丁法官最后打破沉寂。

艾扎克满面喜悦地慢慢收拾档案，同时双眼紧盯着彼得鲁。"我想我们对这位证人的证词已经听得差不多了，庭长。"

"需要再质问吗，穆克卡西先生？"

"不用了，庭长。"

……

通过上述反询问，辩方律师成功地证明控方的这位精神病医生明显地存在偏见："身为一名受过高度训练的专业医生，彼得鲁教授为成千上万名的患者治疗过各种精神疾病，然而每当患者涉及犯罪行为时，他便无法秉公无私地证实其有精神失常的倾向。在这种情况下，他的证词又有多少可信度呢！"最后陪审团以精神失常为由，裁决被告无罪。

【基本原理】

一、质证的概念

虽然我国直至1991年《民事诉讼法》才首次使用"质证"这一概念，但质证作为一种诉讼当事人反驳和攻击对方证据的重要手段，一直广泛存在于古今中外各国司法实践中。理论上关于质证的概念有各种不同的理解，但实质基本相同。所谓质证，是指诉讼当事人及其代理人、辩护人在审判过程中，通过询问、辨认、质疑、说明、解释、辩驳等形式核实对方当事人所提交证据的关联性、合法性、客观性，从而帮助审判人员正确、客观地判断证据的可采性，确定案件事实真相的一种诉讼活动。理解这一概念，应把握以下四点：

1. 质证的主体是诉讼当事人及其代理人、辩护人

我国《民事诉讼法》第66条规定："证据应当在法庭出示，并由当事人互相质证。"《刑事诉讼法》第156条规定："公诉人、当事人和辩护人、诉讼代理人经审判长许可，可以对证人、鉴定人发问。"这些规定界定了质证的主体以及质证的范围和对象。据此，法庭质证的主体只能是诉讼当事人及其代理人、辩护人，不包括法庭审判人员，也不包括代理人、辩护人以外的其他诉讼参与人。公诉人承担控诉的职能，其在法庭上的地位与被告人对等，类似于当事人，自然是质证的主体。民事、行政诉讼中，第三人参与诉讼往往与案件存在利害关系，因而也是质证的主体。质证的目的在于揭示证据的真伪、合法与否、证明力的大小，帮助法官进行认证，法官作为质证活动的主持者，是认证的主体，但不是质证的主体。虽然法官在必要时也可以对证人、鉴定人等提出问题，但那属于行使审判权的需要，是为了审查证据能否采用和采信，不属于质证活动。证人、鉴定人作为证据的提供者，有义务接受当事人的质询，对证据内容、来源等问题作出说明，他们是质询的对象，而不是质证主体。当事人质证的权利，在其委托了诉讼代理人、辩护人的情况下，往往由诉讼代理人、辩护人代为行使。

2. 质证的对象是对方当事人提交的证据

双方当事人都有权对对方提交的证据进行质证，未经质证的证据不能作为定案的根据。凡是提交法庭作为事实主张的证明根据的所有证据，都属于质证的对象，不仅限于言词证据，实物证据也是质证的对象。不同类型的证据质证的具体方式不同。言词证据固然以交叉诘问的方式质证，实物证据也必须先说明它与争议事实的关联性以及证据做成的真实性，为了加强实物证据的直观效果，往往要在法庭上出示实物，或者为了证明这些证据做成的真实性，也要采用证人证言，最终仍须通过交叉询问来进行质证。值得一提的是，当事人申请法庭调取的证据，其本质上依然属于申请一方当事人提交的证据，另一方当事人同样有权对其进行质证，不因法院代为调取而有别于其他当事人提交的证据。至于法院依职权自行调取的证据，我们认为原则上也应该经过当事人的质证，特别是要接受该证据对其不利的一方当事人的质证，才能作为定案的根据，唯此方能体现程序的正当性。《最高人民法院关于民事诉讼证据的若干规定》第51条第3款也明确规定："人民法院依照职权调查收集的证据应当在庭审时出示，听取当事人意见，并可就调查收集该证据的情况予以说明。"

质证程序不仅服务于案件真相的揭示，而且在尊重当事人的诉讼主体地位、实现程序公正上有其自身独立的存在价值，因而证据必须经过质证的程序，才能作为定案的根据。但考虑到诉讼成本、司法效率、保守机密等方面的需要，法官可以决定对某些证据免于质证。一种情况是当事人双方均已认可的证据，无须进行质证。质证作为当事人的一种诉讼权利，可以由当事人自由处分，认可证据意味着放弃质证权利，法

庭应当予以尊重。另一种情况是，对涉及国家秘密、商业秘密、个人隐私而且不宜让对方当事人知晓具体内容的证据，法官可以决定不再进行质证，自行审查后直接认定。如果证据内容属于国家秘密、商业秘密或个人隐私，不宜向社会公开，但无须向当事人保密，则依然是质证的对象，只要采用不公开质证的方式进行即可。免于质证属于质证规则中的特例情况，必须严格掌握。

3．质证的内容是证据的关联性、合法性和客观性

《最高人民法院关于民事诉讼证据的若干规定》第50条规定："质证时，当事人应当围绕证据的真实性、关联性、合法性，针对证据证明力有无以及证明力大小，进行质疑、说明和辩驳。"《最高人民法院关于行政诉讼证据若干问题的规定》第39条作了相同的规定。质证的内容取决于质证的目的和证据采用的标准。只有具备关联性、合法性、客观性的证据才能被采用作为查明案件事实的证据，因此质证活动必须围绕证据的"三性"。我们认为，对证据进行质证应首先考察证据的关联性，这是证据被采用的前提，只有具有关联性的证据才可能被采用，没有关联性的证据不能成为诉讼证据。其次考察证据的合法性。非法证据是一国法律文化传统和特定时期控制犯罪与保障人权需要的立法体现，具备关联性的证据还必须符合现行法律的规定才能获得认可。证据的合法性主要涉及证据提供、收集的主体、程序合法、形式合法。最后考察证据的客观性和证明力。这是关系证据最终能否被采信的内容，包括证据的可靠性和充分性。凡是一方当事人提交的、具备证据资格而获准进入诉讼程序的证据，对方当事人仍然可以对其真实可靠性提出质疑。证据的充分性以证据与待证事实之间的关联形式和性质为基础。关联形式有直接和间接之分，关联性质有必然和偶然的区别。间接的、偶然的关联，其证明待证事实的价值远低于直接的、必然的关联。

4．质证的方式不拘一格

具体有交叉询问、对质、辩驳、辨认、说明、辩论、出示、宣读等。只要能用于对证据进行质疑和辩驳的合法方式都是质证的方式。法律关系单一、权利义务关系明确、争议不大的简单案件，可以采用一事一证、一证一质、一质一认的逐件法。案情复杂，纠纷有几个法律关系或者有几个法律事实组成，证据较多，情节复杂的案件，应该根据案情分段、分节举证、质证，采用分段法。也可以不单独对每一证据发表意见，而待全部证据出示完毕后，在归纳分析的基础上提出综合的质证意见。

二、质证的功能

质证作为证据法上的重要内容，其主要功能有如下三个方面：

（一）保障法院准确认定案件事实，实现实体公正

证据是司法公正的基础。证据的采纳与取舍、证明力大小、有无的确认，都直接关系诉讼的结局。质证程序让当事人有充分的机会对证据发表意见、作出表态、予以质疑，最大限度地暴露证据的各种瑕疵，实现去伪存真、去粗存精，确保证据的真实性、合法性、关联性，为法官正确认定案件事实、适用法律奠定了基础，并且，控辩双方在庭上的对抗，能使法官兼听则明，做到客观公正、不偏不倚。

（二）保障当事人的诉讼权利，体现程序正当性

现代诉讼强调实体公正与程序公正并重。质证是当事人参与诉讼、对诉讼结局发挥影响力的主要方式，质证制度是保障当事人诉讼权利的重要体现和必然要求，是程

序正义的标志。正如美国学者格雷汉姆所指出的："对证人进行交叉询问具有一种权利上的属性，交叉询问构筑了正当程序的重要层面。"我国立法及司法解释都规定了当事人的质证权利。例如，《民事诉讼法》第66条规定："证据应当在法庭上出示，并由当事人质证。"《最高人民法院关于适用〈民事诉讼法〉若干问题的意见》第72条规定："证据应当在法庭上出示，并经过庭审辩论、质证。"《最高人民法院关于行政诉讼证据若干问题的规定》第39条规定："经法庭准许，当事人及其诉讼代理人可以就证据问题相互发问，也可以向证人、鉴定人或者勘验人发问。"《最高人民法院关于执行〈刑事诉讼法〉若干问题的解释》第58条规定："证据必须经过当庭出示、辨认、质证等法庭调查程序查证属实。"可见，质证是有关诉讼主体的一种受法律保护的诉讼权利。

（三）限制法院证据采用权力

质证作为当事人的一项重要诉讼权利，法院有义务予以贯彻执行。为此，立法和司法解释规定，质证是法院审查、认定证据效力的必要前提，未经法庭质证的证据不得作为定案的根据，质证遂为法院采证的关键环节。如我国《刑事诉讼法》第47条规定："证人证言必须在法庭上经过公诉人、被害人和被告人、辩护人双方讯问、质证，听取各方证人的证言并且经过查实以后，才能作为定案的根据。"《最高人民法院关于执行〈刑事诉讼法〉若干问题的解释》第58条规定："未经法庭质证的证据不能作为定案的根据。"《最高人民法院关于民事经济审判方式改革问题的若干规定》第12条规定："未经庭审质证的证据，不能作为定案的根据。"《最高人民法院关于执行〈行政诉讼法〉若干问题的解释》第31条规定："未经法庭质证的证据不能作为人民法院裁判的根据。"可见，质证是法院审查、认定证据效力的一道法律程序和必要前提。

三、质证的程序模式

受法律传统、文化背景、立法者的价值选择等因素的影响，各国虽然都把质证作为庭审活动的主要内容之一，但由于不同的诉讼模式中，法官所处的地位以及发挥的作用不同，质证的程序模式相应地有所不同。当事人主义的诉讼模式下，质证程序完全由当事人控制并在当事人之间进行，法官作为质证程序的组织者，仅处于消极的地位；与此不同的是，在职权主义的诉讼模式下，法官则居积极、主动的地位，主持质证活动并始终指挥质证活动的进行，当事人在质证过程中的诉讼行为受法官的控制，当事人处于消极、被动的地位。

从各国立法和司法实践来看，质证的范围与方式有着相当大的差异。质证的范围因证据的分类或证据方式不同而有区别，这些证据分类或证据方式的不同在相当程度上决定了质证的方式，当然，在两大法系国家之间，这种结论并不是统一的。一般来讲，英美法系国家把反询问证人作为证人与证言可信性与完整性的保障，要求由当事人及其律师反询问证人。而大陆法系国家在立法上没有这种询问证人的规定，但审判实务上也经常使用这种反询问，一般要求法官先向证人提问，由证人作无约束的对案情事实或与此有关的描述。双方律师在法官向证人提问完毕后，才能开始询问证人，这些询问在范围上不受约束，几乎可以涉及任何问题。

从质证的程序模式选择来看，质证制度设置的目的本意与当事人主义程序模式更相适应，因为作为质证的主体一般都是案件的当事人，质证活动都是由当事人的诉讼行为来展开的，特别是在当事人主义的质证程序模式下，广泛采用交叉询问的方式和类似手段来实现证据法的程序功能。而在以职权主义为主要特征的质证程序模式下，由法官为主开展询问，效率虽高，但往往不便于查明案情真相，反而滋长了法官先入为主、唯我独尊的积习。因此，当事人主义模式下的质证程序与职权主义下的质证程序相比较而言，前者比后者明显具有更大的优势。在当事人主义为主要特征的程序模式下，质证主体的主观能动性能得到更好的发挥，无论是在质证的质量还是效果上都有明显的优势。因而，这种程序模式已成为当今证据法中质证制度的一大走势。

项目二　刑事诉讼质证的程序

对证人进行交叉询问是一种具有权利上的属性，交叉询问构筑了正当程序的重要层面。

——格雷汉姆

【引　例】①

1996年6月19日，位于芜湖市的安徽机电学院内，发生了一起恶性杀人案件，该院学生食堂承包人陶子玉被人杀死，并被抛尸于校园内的一水塘里。经法医鉴定，死者系被人扼压颈部，导致机械性窒息死亡。根据遗体表征，芜湖市公安局的办案人员认定：死者是在无意之中遭此厄运，凶手只能是死者非常熟悉的人。经过多日明察暗访，长期以来一直与陶子玉暗中相好的该院基建办副主任刘明河进入了办案人员的视线。1996年9月30日，芜湖市公安局拘留了刘明河。在办案人员的突击审讯下，刘明河招供了。据刘明河供述：1996年6月17日晚上10时20分左右，他在机电学院学生食堂的宣传栏下与死者陶子玉发生激烈口角。盛怒之下，他一只手捂住陶子玉的嘴，而另一只手紧压陶子玉的左肩，将陶子玉顶在宣传栏上。由于颈部遭受重力扼压，陶子玉当场窒息死亡。作案后，他将陶子玉的尸体抛于该院西大门东侧的水塘里。至此，这起震惊芜湖的校园凶杀案终因犯罪嫌疑人刘明河的招供而告破。

1996年12月11日，芜湖市人民检察院以故意杀人罪在芜湖市中级人民法院对刘明河提起公诉。1996年12月27日，芜湖市中级人民法院公开开庭审理刘明河故意杀人案，法庭之上，刘明河却突然全面推翻了自己先前在公安机关所作的有罪供述。但是，芜湖市中级人民法院仍然作出刘明河故意杀人罪名成立、判处死刑、剥夺政治权利终身的一审判决。刘明河当庭表示不服，并向安徽省高级人民法院提出上诉。

在二审过程中，控辩双方为证明各自的诉讼主张，分别就控方证据展开了激烈的质辩：

（一）关于作案时间

在分析案情的基础上，刘明河的律师首先对死者陶子玉的遇害时间提出质疑。按照检察机关认定的案件事实：死者陶子玉在1996年6月17日晚上9点离家，9时20分以后从人们的视线中消失；而刘明河也曾于当晚10点外出，何时返回无人证明。因此刘明河完全具备作案时间。对于检察机关的案情推定，辩护律师不以为然，他认为刘明河当晚10点以后的活动情况并不重要，因为陶子玉的遇害时间根本不在10点以

① 案例选编自《谁是杀人凶手》，中央电视台2001年12月27日《社会经纬》栏目。

后，而在10点以前。因为，被害人死亡时间经过法医鉴定的结果是最后进食一个半小时以上，这就意味着，应当是一个半小时以上，两个小时以内。而在这个时候，陶子玉最后一次进食，从食堂的职工证明以及陶子玉的女儿证明的情况来看，她最后一次进食不会超过7点钟，而陶子玉死亡的时间，按照第一次的法医鉴定应当是晚上9时30分左右，而此时刘明河人在家，没有作案时间。

检察人员认为律师的辩护观点不能成立并提出反驳：法医所指的一个半小时以上可以包括2个小时、3个小时、4个小时，当然也不可能是无限期的，不能讲10个小时以上。但是，法医的鉴定结论并没有作上限的限制。因此，陶子玉如果是9点、10点、甚至11点死亡的则与法医推断的一个半小时以上并没有原则性的矛盾。

在陶子玉遇害的时间问题上，辩护律师还提出了另一个重要的疑点：如果按照检察机关的推断，陶子玉是在晚上10时20分左右遇害的，那么从9时20分她最后从人们的视线中消失到10时20分遇害还有整整一个小时，这段时间她又去了哪里了呢？

（二）关于作案地点

按照检察机关的认定，刘明河杀害陶子玉的现场是在机电学院学生食堂的宣传栏前。检察人员提出的证据是：被害人背部有擦痕，这个背部擦痕与被告人交代的那个广告栏下的特征相符合：广告栏是木头的，不是很光滑，法医鉴定、现场检验也确定了，这与他的交代是吻合的。

辩护律师认为，宣传栏距离食堂和宿舍都非常近，而且案发地点是个交通要道。按照一审判决书所认定的事实，在刘明河实施杀人之前，他们双方进行了激烈的争吵，不远处的宿舍应该有人听到，来往的行人也会有人看到。

检察人员承认，公安机关对此作了大量的工作，但是没有发现知情人。当天晚上有没有声音、有没有人看见，公安机关进行了地毯式的摸排，都没有发现有价值的线索。也许客观事实已经发生了，也有人听见、看见了，但是现在没有人站出来，或者没有人提供出来，只能这么解释。

辩护律师据此指出，检察机关如果没有证据证明，那么就只能推定为没有。

（三）关于抛尸方式

关于抛尸方式，辩护律师也提出质疑。因为发现陶子玉尸体的水塘是机电学院当时存在的三个水塘之中距离检察机关所认定的杀人现场最远的一个。律师指出：我们实在想不通他为什么舍近求远，背着一个尸体，通过人群来往比较密集的地方，穿过大半个校园，把尸体抛在那个地方。

检察人员则认为：这恰恰与刘明河的工作职务有关，刘明河知道那个水塘马上就要填起来，他把尸体丢在那里，过几天搞基建把它填平，谁都发现不了。

（四）关于本案据以定罪的证据是否充分、确凿

被告人辩护律师认为，本案除了被告人刘明河的供述之外，由于没有目击证人，所以检察机关提供的所有证据都是间接证据。在刘明河翻供的情况下，这些间接证据无法形成证据锁链，从而证明刘明河实施了故意杀人的行为。

检察人员认为：这个案件除了一些证据之外，我们还要靠人的正常思维逻辑判断来推理。而且这个案件除了被告人的口供外，还有比较充分的间接证据，间接证据之间也能够形成锁链。

律师对此回应：分析和推理能够作为破案的一种手段，也可以作为一种破案的思

路，但是不能作为一种定案的依据，定案必须依靠证据。

检察人员表示：我们检察机关不认为这是一个疑案，这个案件确确实实也有些证据没有完全收集到位，这一方面也有我们工作不够细致的原因，但是更为重要的是，我们现在的科学技术水平只能到这一步，而且任何一个案件不可能所有的证据都十全十美。

最终该案在被告人第三次上诉到安徽省高级人民法院后，于2001年8月安徽省高级人民法院依法作出终审判决：刘明河犯故意杀人罪证据不足，宣告无罪。

【基本原理】

一、出示证据的顺序

《最高人民法院关于执行〈刑事诉讼法〉若干问题的解释》在第138条规定了公诉人、被害人及附带民事诉讼原告人的举证权后，在第140条规定："被告人、辩护人、法定代理人经审判长准许，可以在起诉一方举证提供证据后，分别提请传唤证人、鉴定人出庭作证，或者出示证据、宣读未到庭的证人的书面证言、鉴定人的鉴定结论。"根据这一规定，刑事案件法庭审理程序中，控辩双方按照公诉方、被害人、被告方的先后顺序出示证据。这一做法符合控诉和辩护行为本身的先后顺序和逻辑关系，符合各国刑事庭审的通行做法，有利于庭审的有序进行。

立法和司法解释规定了控辩双方出示证据的顺序，作为举证主体，当事人还需要解决己方证据的出示顺序。举证是一个综合的、系统的证明过程，举证前必须首先确定证明的目的，在这一基础上制定举证方针和举证策略，包括所要达到的诉讼目的、需要提交哪些证据、这些证据的提出应按照何种顺序以及何种方式出示、在对方反驳时又采取何种应对方法等。具体可以考虑以犯罪构成要件、案件侦破逻辑、证据证明力大小、质证采证的方便等因素来安排举证的先后顺序。

二、质证的规则

在英美法中，规范质证行为的规则是交叉询问规则。根据该规则，质证过程中首先由举出该证人的当事人先行展开主询问（又称为直接询问），询问完毕，由对方进行反询问。然后再主询问、再反询问，如此周而复始，此即为交叉询问。主询问旨在通过当事人以问答方式引出本方证人的证言，使其陈述更加可信，更能引起法官、陪审团的兴趣，使证言更容易被理解，最终通过证实有利于己的证据来实现证明自己的主张或争执的事实确实存在以及形成过程。反询问旨在削弱对方证据的可靠性和真实性，暴露对方证据的不足，反驳对方的论点，为法庭提供对证据的驳诘性意见。可见，主询问是这种质证方式的基础和前提，而反询问则是其核心所在。

因为主询问与反询问的目的、作用不同，各自适用的询问规则也不同。按照英美法中的交叉询问规则，主询问应遵循较反询问更为苛刻的规则，以防止证人受到误导和暗示，从而作出虚假的证言。区别主要体现在是否允许诱导性提问。所谓诱导性问题，就是强烈地暗示证人按提问者的答案作出回答的问题。例如，在一起敲诈勒索案件中，辩护律师向证人提出的典型的诱导性问题："据你所知，被告人根本没有对被害人实施敲诈勒索的行为，是这样吧？"证人可能答道："是的，这是事实，被告人根本没有对被害人做过什么。"对于这类诱导式提问，对方可以提出反对。

《最高人民法院关于执行〈刑事诉讼法〉若干问题的解释》第146条为交叉询问设置了相应的程序规则："询问证人应当遵循以下规则：（一）发问的内容应当与案件的事实相关；（二）不得以诱导方式提问；（三）不得威胁证人；（四）不得损害证人的人格尊严。"据此，询问证人，包括对被告人、被害人、鉴定人的讯问、发问或者询问，应当遵循以下规则：

（1）发问的内容应当与案件的事实相关。与案件事实是否相关，也就是该问题与案件的争议焦点是否有相关性。对相关性的判断标准，主要是一个逻辑问题，即看它对案件争议焦点能否起到证明作用。在证据及其采用标准一单元中我们已经充分阐述了什么是证据的相关性问题。例如，在被告人被控盗窃案件的法庭审理中，公诉人向被告人发问道："被告人，你在15岁时曾经因为偷拿商店的商品被保安扭送到派出所，这是不是事实？"辩护律师就可以以问题不具有相关性为由提出反对。

（2）不得以诱导方式提问。"所谓诱导，是指询问人借助发问时的语气上的轻重缓急、声调上的抑扬顿挫或是某种动作上的示意，足以导致对答问人起到启发、提示性感染或造成影响，从而作出符合询问人欲求的答复。"① 在英美法系中，禁止诱导性问题规则只适用于主询问，反询问中允许采用诱导方式提问。这是因为，主询问者是在询问自己的证人，证人极易接受其暗示，他可能接受诱导性问题中所包含的虚假暗示。但在反询问中，则几乎不存在这种证人受诱导性问题暗示的危险，禁止反询问者提诱导性问题，不利于揭示、暴露证人证言的虚假之处。根据上述规定，我国刑事诉讼质证程序中全面禁止对证人进行诱导性提问，禁止诱导式提问的规则不仅适用于主询问，同样也适用于反询问。这有别于英美证据法上的交叉询问规则。我们认为一律禁止诱导式提问是错误的，这从根本上违背了交叉询问制度的本意。

（3）不得威胁被询（讯）问人。

（4）不得损害被询（讯）问人的人格尊严。

（5）询问证人应当单独进行。

（6）证人、鉴定人不得旁听对本案的审理。

三、质证的顺序

（一）对被告人、被害人的发问

《刑事诉讼法》第155条规定："公诉人在法庭上宣读起诉书后，被告人、被害人可以就起诉书指控的犯罪进行陈述，公诉人可以讯问被告人。被害人、附带民事诉讼的原告人和辩护人、诉讼代理人，经审判长许可，可以向被告人发问。"据此，法庭的质证程序应以讯（询）问被告人、被害人为第一顺序。被告人、被害人作为与案件具有利害关系的诉讼主体，先行听取其陈述能够彰显法律对其主体地位的尊重和保护；并且被告人、被害人既是当事人又是证据来源，先对其陈述进行调查再进行其他证据的调查，有利于保护这一证据的客观真实性。

1．先由公诉人对被告人进行讯问

公诉人讯问被告人是庭审举证的开始和重要环节，立法的规定体现了对口供的重视。这里存在一个问题，即被告人不承认起诉书指控的罪行时，被告人陈述应当属于

① 毕玉谦．民事证据法及其程序功能．北京：法律出版社，1997．283

辩方的证据，对被告人的询问本应首先由辩护律师开始，在辩护律师询问完毕后再由公诉人进行交叉询问。但现行制度将被告人的无罪辩词定位为控诉证据，不论被告人是否承认指控均由控方先行发问，这种做法值得斟酌。

2. 被害人及其诉讼代理人经审判长许可，可以就公诉人讯问的情况进行补充性发问

被害人可谓是法庭上的第二控诉人，享有与被告人同等或对等的权利和义务。被害人不仅有权聆听全部庭审，也有权通过法庭调查询问、申请调取新的证据、进行法庭辩论等参加全部庭审活动。但被害人对被告人的发问必须经过审判长的准许，为保证庭审的效率，法庭调查应坚持“公诉主导原则”，被害人的提问应限制为补充性发问，对公诉人已经提过的问题不应重复提问。

3. 被告人的辩护人及法定代理人经审判长许可，可以向被告人发问

此前有学者指出，交叉询问是当事人的一项重要诉讼权利，保障当事人权利是构筑诉讼正当程序题中应有之意。作为辩护人、法定代理人，无疑有权对被告人进行发问，并且审判机关有义务予以保障落实。但我国立法对这一权利作了一定的限制，即辩护人、法定代理人欲行使该权利对被告人进行发问，应征得审判长的准许方可。这种做法在一定程度上削弱了庭审程序的公正性，原则上审判机关不应剥夺、限制辩护人、法定代理人的发问权利。

上述法律只规定了诉讼各方向被告人发问的顺序，但未规定可以向被害人发问。《最高人民法院关于执行〈刑事诉讼法〉若干问题的解释》第135条规定，控辩双方经审判长准许，可以向被害人发问。第146条第2款明确，询问证人的相关规则也适用于对被害人的询问。

调查被告人、被害人，通常采用叙述式与问答式相结合的方法。一般先由被告人、被害人陈述案情，然后再由控辩双方对其进行发问。这种方法较单纯的问答式更有助于案件真相的全面展示。

（二）对证人、鉴定人、勘验检查笔录制作人的发问

《刑事诉讼法》第156条规定：公诉人、当事人和辩护人、诉讼代理人经审判长许可，可以对证人、鉴定人发问。调查证人、鉴定人的具体步骤，首先由审判长核实证人、鉴定人的身份及与案件的关系，然后告知法律责任，并让其在保证书上签字。在这些程序之后才开始控辩双方对证人的交叉询问。

1. 先由提请传唤证人、鉴定人、勘验检查笔录制作人出庭的一方进行发问

《最高人民法院关于执行〈刑事诉讼法〉若干问题的解释》第143条、第145条规定：向证人、鉴定人发问，应当先由提请传唤的一方进行；发问完毕后，对方经审判长准许，也可以发问。遇有控辩双方同时申请传唤的证人、鉴定人、勘验检查笔录制作人，并且证明事项相同，英美法系国家多数的做法是安排对该事项负有证明责任的一方进行主询问。这种做法值得借鉴。如果是法院主动传唤的证人、鉴定人、勘验检查笔录制作人，虽然法院不属于质证的主体，但法院为行使审判权的需要，享有一定的调查取证权，我们认为可以由法院先进行询问，然后再安排控方、辩方依次询问。

虽然司法解释没有规定可以对勘验检查笔录制作人进行发问以及发问的顺序，我们认为，根据诉讼的直接言词原则，当事人有权面对勘验检查笔录的制作人并向其提问，并且依据交叉询问规则的原理，先行展开的主询问一定是由提请传唤的一方当事

人进行，上述规定的发问顺序也应适用于对勘验检查笔录制作人的询问。

依据《最高人民法院关于〈刑事诉讼法〉实施中若干问题的规定》第 40 条规定："关于在法庭审判中询问证人的顺序，法庭审判在审判长的主持下进行，公诉人、辩护人发问的顺序由审判长决定。"这一规定与上述规定存在矛盾。我们认为，由审判长自由决定对证人发问的顺序，不符合交叉询问机制的原理。如前所述，交叉询问制安排由提请传唤证人的一方当事人先对证人进行主询问，其目的在于通过当事人以问答方式引出本方证人的证言，使其陈述更加可信，更能引起法官、陪审团的兴趣，使证言更容易被理解。如果法官决定将第一发问权赋予对方，显然将严重影响证人的作证效果，影响事实审理者对证人证言的审查判断和运用。确立交叉询问制度作为庭审制度改革的主要方向，要求遵循主询问的规则，谁传唤的证人谁先询问，而不能由法官自行裁量。

《人民检察院刑事诉讼规则》第 338 条规定："证人在法庭上提供证言，公诉人应当按照审判长确定的顺序向证人发问。公诉人应当首先要求证人就其所了解的与案件有关的事实进行连贯陈述。证人连贯陈述后，公诉人经审判长许可，可以对证人发问。证人不能连贯陈述的，公诉人也可以直接发问。……发问应当采取一问一答形式，提问应当简洁、清楚。"这一规定也适用于叙述式与问答式相结合的询问方法，有助于保证证人证言的自然性和完整性。

2. 询问完毕后，对方经审判长许可，也可以发问（反询问）

交叉询问的主要目的在于削弱或者消除被询问人在裁判者心目中的可靠程度或诚实程度，实现这一目的的最佳人选是对方当事人。对方享有发问权是交叉询问制度的基础，也是控辩对等诉讼原理的必然要求。节首引例中充分展示了反询问的巨大威力和价值。但对于当事人行使反询问权利应经审判长准许的程序规定，我们认为不适当。

在我国，反询问也受到禁止诱导性问题规则的限制，反询问时不得使用诱导式提问。此外，如何巧妙地进行发问是关系反询问成败的关键。设计问题和发问时应注意几点：第一，千万不能提答案对本方不利的问题，这个规则看起来众所周知，但实行起来却不是每个人都能做得到的；第二，问题应有层次性，一次一点地提出问题，这样一点一点地直至最后导出结论，而且最好由法官自己得出这个有利于本方的结论；第三，向一个对自己抱有敌意的证人提出重要的关键性问题时，应该先提出十个不重要的问题，将那个重要问题掺杂其间；第四，反询问时不要再重复主询问时的问题，这样只能加深法官对主询问问题的印象从而背离了反询问的目的，是"最糟糕不过的了"，反询问"并不在于用更大的声音重复主询问提出的问题"；第五，反询问时，提问的声调和语调也会对法官和询问对象产生极大的影响，不同的语调会导致不同的回答。[①] 在我国的司法实践中运用上述经验时还必须把握法庭审判的时间限制。因为庭审时间普遍较短，法官给当事人及其辩护人、代理人的发问时间相应也比较少，罔顾这一现实而长篇累牍地提问，效果未必佳。提问前既要有认真的准备方案，也要根据庭审情况审时度势作必要调整。

上述是立法及司法解释关于交叉询问顺序及询问方法的规定。如果询问者违反规

---

① ［英］理查德·哈里斯. 交叉提问的一些规则. ［印］米尔思. 律师的艺术. 北京：中国政法大学出版社，1992. 138 ~ 141

则，使用了诱导式提问，则如何？刑事诉讼法第156条、最高人民法院的上述司法解释第136条、第147条明确：审判长认为发问的内容与本案无关或者发问的方式不当的，应当制止。对于控辩双方认为对方发问内容与本案无关或者发问的方式不当并提出异议的，审判长应当判明情况，予以支持或驳回。由此可知，异议制度已经在我国刑事诉讼中确立。对于询问的方式，审判长有义务予以规制，对方也享有提出异议的权利。既是法庭的义务，意味着即便对方没有提出异议，法庭也应对与本案无关的发问、发问方式不当的问题主动予以制止。我们认为，这一制度仍有待完善。应该进一步规定相关的排除规则，将不当发问得来的证言予以排除。《人民检察院刑事诉讼规则》第335条规定："辩护人对被告人或者证人进行诱导性讯问、询问以及其他不当讯问、询问可能影响陈述或者证言的客观真实性的，公诉人可以要求审判长制止或者要求对该项陈述或者证言不予采纳。"这一单方面的规定意义还非常有限。

（三）对物证、书证、视听资料的质证

《最高人民法院关于执行〈刑事诉讼法〉若干问题的解释》第150条规定："当庭出示的物证、书证、视听资料等证据，应当先由出示证据的一方就所出示的证据的来源、特征等作必要的说明，然后由另一方进行辨认并发表意见。控辩双方可以互相质问、辩论。"

1. 先由出示证据的一方就证据的来源、内容、特征和举证目的作说明

这便于法庭及时、有效地把握证据信息。就此，《人民检察院刑事诉讼规则》第340条规定，公诉人向法庭出示物证，应当对该物证所要证明的内容、获取情况作概括的说明；宣读书证前应对该书证所要证明的内容、获取情况作概括的说明。我们认为，辩护人的举证也应参照此规定执行。

不同形式的证据有不同的展示方法。物证、物证照片、现场照片等证据使用出示的方法；书证则采用宣读的方法，可以全文宣读，也可以选读具有相关性及证明力的部分内容；调查视听资料，则采取出示和播放的方式进行。一般在当事人对视听资料的来源作说明后，先向法庭出示录音、录像磁带等，然后以播放的方式展示其内容。

2. 举证方说明完毕后，由对方对证据进行辨认并发表意见

相对方对物证的调查首先应审查其特定性，防止物证被替换；其次应审查物证的证明价值，看特定物具有证明价值的要素是否保存完好；最后应审查物证的法律价值，即该物证是否有法律认可的方式、程序来保证其特定性和证明价值。关于书证，应围绕书证内容的真实可靠性、是否制作人的真实意思表示、书证内容与待证事实是否具有关联性，以及书证的证明力等问题来发表己方的意见。关于视听资料，应重点审查其真实性与合法性。因为视听资料被篡改、伪造、变造的可能性比较大，其真实可靠性是审查的第一要素。

至于各类证据是否存在出示、质证的先后顺序，有观点主张应严格按照刑事诉讼法庭审条款的顺序来进行，不允许打乱这一顺序。如公诉人在讯（询）问被告人、证人时，被告人、证人提到某项重要的涉案物证，公诉人要求出示辨认，法官不予准许，称专门安排了物证出示的环节。我们认为，严格按照刑事诉讼法庭审条款的顺序来确定证据调查的顺序，表面上看可能使庭审显得层次分明，但可能割裂庭审调查的内在逻辑联系，破坏案件证据事实的整体性，使紧密相关的案件构成要素被疏离，损害举证方的证明体系。另外，这种做法还可能使控诉方或辩护方难以充分质证。当对方质

疑某一证据时，可能需要其他证据作为质疑证据，如质疑证人的真实性时，可能需要出示物证、书证；质疑物证、书证时，可能需要与这些证据相关的人员出庭作证，证明其发现物证、书证的时间、提取情况、物的同一性等问题。但如果法官不允许证据种类的交互使用，控辩双方的质证将难以有效进行。因此，证据调查的顺序不应太机械、死板，应遵循有利于客观真实和权利保护的原则，灵活、机动地安排证据的调查顺序。

【实训部分】

【情境设计】

河北省承德市人民检察院指控被告人陈国清、何国强于1994年7月30日晚，经过预谋后携带作案工具窜至市内，在承德附属医院门口拦"河北03－08586"号夏利出租车，在山神庙五一四队家属楼南侧，二被告人将司机刘福军杀害，抢走人民币三百余元、BP机等物。被告人陈国清、何国强、杨士亮、朱彦强于1994年8月16日晚，各带作案工具在承德火车站拦"河北03－00538"号波罗乃茨出租车，当车开到承下公路钓鱼台处，四被告人按事先分工将司机张明乱刀扎昏，杨士亮开车到距承德高曲轴厂250米处公路左侧草地掩藏尸体时，四被告人因发现司机还有呼吸，便补刀将其杀死，抢走人民币四百元、BP机等物。上述四被告人的行为构成抢劫罪。陈、何、杨3人分别于1994年11月3日、11月18日、11月17日被收审，其中杨于同年12月31日被解除收审，1995年1月8日再被收审。

检察院的指控证据有：

1. 四被告人的有罪供述证实：其中"8·16"案的作案经过如下：在市区坐上出租车开到郊区后，坐在后面的人突然用绳索勒住司机的脖子，坐在副驾驶一侧的人用刀把司机刺死；然后，他们把死者尸体移到副驾驶的座椅上，一人开车跑了三公里至现场处，把尸体拖到驾驶员一侧的车门外。

2. "8·16"案的现场勘验笔录证实：被害人张明的尸体侧卧在驾驶员一侧车门外的地上，身上有二十多处刀伤；车门外面有喷溅血迹，驾驶员座椅上有大量的血迹，副驾驶的座椅上没有血迹。同时提取烟头一颗。

3. 承德市公安局的提取笔录证实，1994年11月2日，从陈国清家中搜出自制刀具一把，刀把有血迹。

4. 1994年7月31日承德市公安局法医室出具的法医鉴定报告书证实：经对送检的刀子上的血进行血型鉴定，刀子上的血与死者刘福军的血以及车内多处血迹均为"B"型。

5. 1994年8月23日承德市公安局法医室出具的法医鉴定报告书证实："8·16"案死者张明的血为B型，车内提取的烟头上的唾液为A型，陈国清、何国强的血为O型，杨士亮的血、唾液为A型。

6. 1994年11月4日公安部物证鉴定中心出具的鉴定结论证实，经对承德市公安局提交的"单刃匕首"一把、刘福军的血棉球一个进行鉴定，显示刘福军的血和单刃匕首上血的血清型均为阴性。

7. 1995年3月14日辽宁省公安厅出具的DNA检验报告证实，承德市公安局"送检烟头上的唾液斑与杨士亮唾液是同一体的准确率为99.06%"等。

四被告人对此指控的犯罪事实有过供述，但庭审时均当庭全部翻供，称在公安局作的口供都是刑讯逼供之下屈打成招的，并展示了身上被打的伤痕。四被告人均提出没有作案时间。陈国清提出，7 月 30 晚在工厂加班，8 月 16 日和陈国志捞鱼，并在陈国志家炖鱼吃；何国强提出，7 月 30 日帮周大庆、侯立德卖西瓜，8 月 16 日在杨树强家打一宿麻将；杨士亮提出 8 月 16 日在家与李相、朱彦国、朱士清等人打麻将；朱彦强提出 8 月 13 日被人用铁棍打伤头部，16 日在家输液，18 日朱金贵结婚才出门。

【训练方法】

1．全体实训人员分为控、辩、审三组，其中辩护组安排四人，分别作为四名被告的辩护人，控、辩组讨论、提交各自的质证意见，审判组提交争执焦点。

2．各小组形成本组的观点及依据后，由三名代表分别模拟审判长、公诉人及辩护人进行质证。

3．任课教师总结各组表现并予以点评。

【实训任务】

通过庭审质证环节的模拟训练，使学生充分理解质证规则在具体诉讼实务中的运用，能够实际操作法庭举证和质证的具体实务。学生应在指导教师的引导和启发下自主完成相关案例的分析研究以及最后的实际模拟操作。

【实训步骤】

步骤 1：明确证明对象。

根据刑法具体规定，明确所指控犯罪定罪量刑的具体构成要件。

步骤 2：熟悉控方全盘证据。

以具体犯罪的构成要件为基础，结合控辩双方的主张的案件事实要素，列表将控方证据进行归类整理。分别列出各要件（要素）的证据目录，以及无罪证据、罪轻证据的证据目录。以发现双方争议的焦点，找到质证的切入口。

步骤 3：根据证据的采用标准，逐一审查具体证据的“三性”。

1．审查证据的关联性

此乃关系证据可采性的首要元素。根据证据事实与待证事实之间的关系，判断能否从证据事实的存在得出待证事实存在或不存在的结论。除了根据经验法则、逻辑推断和对人类行为的一些既定信念，对证据相关性作出符合常理的判断，也可以按照如下步骤对证据的相关性作实质性检验：①所提出的证据的证明对象是什么；②该证明对象是否案件中的实质性问题；③所提出的证据对该证明对象是否具有证明作用。如果得出的答案均为肯定，则该证据具有关联性。相关性的常见问题有品格证据，如被害人的品格证据、证人的品格证据、被告人的品格证据等，应结合现行立法来评价这类证据的关联性。

在肯定关联性存在的前提下，还应进一步审查关联的形式和性质，即关联的形式是直接的还是间接的，关联的性质是必然的还是偶然的，以此来确定证据的证明价值。例如，侦查人员在某盗窃案现场上发现一枚手印，经过指纹专家鉴定，确认该手印就是被告人留下的，并且经过审查，这枚手印确实是在犯罪现场提取，来源真实可靠。但因为这枚手印与被指控的盗窃行为之间的关联是间接的、偶然的，其证明价值也就大打折扣。

2．审查证据的合法性

具体从提供证据的主体、证据的形式和证据的收集程序或提取方法等方面进行考查。除了非法证据应予以指出，还应结合司法实践和具体待证事实，对意见证据、传闻证据的可采性作详细的分析。

3. 审查证据的客观真实性

证据的客观真实性是质证的主要内容。对于具备证据资格、获准进入诉讼程序的证据，仍可以对其真实可靠性提出质疑。审查证据真实性一是从证据的来源质疑，二是从证据的内容质疑。具体可结合证据形成的原因、发现证据时的客观环境、证据是否为原件、原物，复制件、复制品与原件、原物是否相符、提供证据的人或者证人与当事人是否具有利害关系等影响证据真实性的常见因素进行审查。

步骤4：结合具体证据的类别，形成质证意见以及具体质证方案。

不同的证据形式要求不同的质证方法和规则。对人证的质证遵循传闻规则、意见证据规则、不得强迫自证其罪规则、交叉询问规则等，对实物证据规则的质证遵循最佳证据规则、非法证据排除规则等。应结合具体规则的要求形成严密的质证方案，突出质证观点。

步骤5：根据证明标准的要求，综合全案证据，形成质证意见。

质证作为对案件具体证据的辨别活动，虽以各项证据为对象，但并不排斥对全案证据发表意见。相反，在对具体证据质证的基础上形成对全案证据的综合意见，有助于增强意见的说服力，充分实现质证活动的功能。因而有必要在排除不可采的证据之后，综合全案可采的证据，审查证据链条是否严密、有无达到法定证明标准、是否存在仅凭被告人有罪供述定案的情况，进而提出自己的综合意见。

项目三　民事、行政诉讼质证的程序

如果你不能确信对方的回答是什么，千万不要询问一个与你的案件关系重大的问题。

——**布格里奥西**

【引　例】①

吉林市佛教协会北山玉皇阁诉吉林市佛教协会北山玉皇阁法物流通处租赁合同纠纷一案，其质证程序是这样展开的：

审判长：根据《中华人民共和国民事诉讼法》第66条规定，证据应当在法庭上出示，并由当事人互相质证。为此，双方当事人应就争议的事实所提供的书证、物证、视听资料等进行辨认、质证。现在由原告委托代理人简要宣读证据的内容并说明该证据要证明的问题。

原告委托代理人：关于吉林市宗教局于1996年5月8日出具证明1份，证明释正明在其他人推荐的情况下，迫使有关人员签字，因此，释正明的身份不合法，原监院不在场。原宗教局局长与宗教协会已传达了释正明不具有法定代表人的身份，根据国家宗教局的有关规定，释正明在走出北山时没有做正式登记，其法定代表人身份有问

① 毕玉谦. 民事证据法判例实务研究. 北京：法律出版社，2001. 341～347

题，不符合历史定制。

审判长：请值庭法警将原告委托代理人提供的证据交被告辨认。

被告：我有异议。

审判长：请值庭法警将被告辨认的原告委托代理人提供的市宗教局证明 1 份交到法庭。

法警向法庭提交证据。

审判长：被告，对原告委托代理人提供的证明释正明身份不合法，宗教局证明 1 份有无异议。如有异议请当庭质证。

被告：原告提供的证据不真实。释正明在执政期间签订的租赁北山玉皇阁法物流通处的合同是有效的。

审判长与合议庭成员评议。

审判长：经合议庭评议，原告提供的市宗教局证据，暂不予以确定。

审判长：现在由被告提供反驳原告委托代理人举证材料的证据，并说明所举证据证明的问题？

被告分段举证：

（一）证明已经履行租赁合同交付租金 25 000 元的收据。

（二）1993 年 11 月 1 日吉林市佛教协会 6 号文件关于同意释正明担任北山玉皇阁监院职务的批复，此批复证明佛教协会已同意释正明担任北山玉皇阁监院和寺庙管理委员会主任职务。

（三）众僧推荐书 1 份。

（四）提供开光大典上接受袈裟、举行仪式的录像带 1 盘。

审判长：请值庭法警将被告提供的 4 份证据交原告委托代理人辨认。

法警交原告辨认 4 份证据。

审判长：请值庭法警将原告委托代理人辨认的被告提供的证据交至本庭。

法警向法庭提交证据。

审判长：原告委托代理人对被告提供的证据有无异议？如有异议，请当庭质证。

原告委托代理人：对 3 份书证没有异议，对录像带内容不清楚，要求播放。

审判长：请值庭法警将被告提供的 3 份书证交到法庭，将视听资料这盘录像带进行播放。

法警将 3 份书证交到法庭，准备播放。

法警向审判长报告：准备完毕。

审判长：开始播放。

审判长：被告，这盘录像带证明什么问题？

被告：说明释正明是北山玉皇阁监院。在这盘录像带上有省佛协、市佛协及宗教局的领导参加开光大典，有释正明举行仪式接受袈裟的镜头。

审判长：被告，这盘录像带大约多长时间？

被告：大约 1 小时左右。

审判长：被告，现在主持仪式的是谁？

被告：是市佛教协会会长释成跃。

审判长：被告，现在正在发言的这个人是谁？

被告：省佛协会会长。释正明接受袈裟在后面。

审判长：请值庭法警快速倒带至释正明披袈裟画面。

法警倒带至释正明接受袈裟镜头。

审判长：被告，哪段能说明释正明是北山玉皇阁代表的身份？

被告：释正明接受袈裟这段镜头能够说明释正明是北山玉皇阁监院。无论从手续上，还是程序上都合法。

审判长：录像带就播放到此。请值庭法警将录像带交至本庭。

审判长：原告委托代理人对刚才播放的这盘录像带的时间、内容有无异议？

原告委托代理人：没有异议。

审判长征询合议庭成员意见。

审判长：经合议庭成员评议，对被告提出的反证3份书证、1盘视听资料录像带能够证明释正明身份合法。原告委托代理人对此无异议。本庭予以确认。

审判长：原告委托代理人是否还有关于释正明不具有代表人身份的证据？

原告委托代理人：有。提供吉林市公安局治安处罚决定书、罚款收据。说明释正明因嫖娼被治安处罚。

审判长：请值庭法警将原告委托代理人提供的释正明因嫖娼被治安处罚的证据交被告辨认。

法警将处罚证据交被告辨认。

审判长：请值庭法警将被告辨认的原告委托代理人提供的释正明嫖娼证据交到法庭。

法警向法庭交证据。

审判长：被告对原告委托代理人提供的释正明嫖娼证据有无异议？如有异议请当庭质证。

被告：对该证据的真实性、合法性没有意义，对其关联性有异议，该证据与本案争议事实无关。

审判长征询合议庭意见。

审判长：经合议庭评议，原告委托代理人提供的释正明嫖娼证据，被告无异议，本庭暂予以确认。

审判长：现在由原告委托代理人对双方争议的关于释正明与周金山恶意串通行为的事实进行举证。

原告委托代理人：我方还有证据证明释正明身份不合法。

审判长：请继续举证，并说明所举证据要证明的问题。

原告委托代理人：提供1996年9月20日市委统战部关于释正明有关材料的证明1份。该证明内容与宗教局证明基本一致。

审判长：请值庭法警将原告委托代理人提供的市委统战部证明交被告辨认。

被告：我对该证据持有异议。

审判长：请值庭法警将被告辨认的原告委托代理人提供的市委统战部证明一份交到法庭。

法警向法庭交证据。

审判长：被告对原告委托代理人提供的市委统战部出具的证明有什么异议？请当庭质证。

被告：这是一份间接证据，不能说明释正明身份不合法。

审判长：对原告委托代理人提供的市委统战部证明，本庭暂不予以确认，待合议庭评议后再作认定。原告继续举证。

原告委托代理人：关于释正明身份不合法的证据还有：①宗教活动场所登记表1份，说明教职人员名单中没有释正明。释正明是释成跃的徒弟。②1996年6月20日市宗教局关于释正保有关问题的证明，证实释正保是原北山玉皇阁监院，并经依法登记，随后释正保被选为市佛教协会会长至今。③1996年6月20日市宗教局关于北山玉皇阁法物流通处对外租赁合同无效的证明。这3份书证说明了推举释正明是违反程序的，推举监院无效，释正明没有法人资格。宗教局没有同意释正明任监院。这些证据证明释正明不是正规和尚。在北山进行登记时不是玉皇阁的和尚。释正明来时是恶意推翻原监院的。

审判长：请值庭法警将原告委托代理人提供的证据交被告辨认。

被告：我有异议。

审判长：请值庭法警将被告辨认的原告委托代理人提供的证据交到法庭。

法警向法庭交证据。

审判长：被告，对原告委托代理人提交的3份关于释正明身份不合法的书证有什么异议？请当庭质证。

被告：原告委托代理人提供的这3份证据说明不了释正明不是北山玉皇阁监院。佛教协会有任命监院的权利，佛教协会的任命批复是合法有效的。

审判长与合议庭成员评议。

审判长：经合议庭评议，原告委托代理人提供的书证：宗教活动场所登记表、市宗教局关于释正保德证明、市宗教局关于北山玉皇阁法物流通处对对外租赁合同无效的证明，不足以证明释正明身份不合法，本庭不予以确认。

……

【基本原理】

我国1991年的《民事诉讼法》第66条虽然规定：“证据应当在法庭上出示，并由当事人互相质证。”但是却未对质证的顺序、质证的方式和方法等问题作出具体的规定，只是在此后的司法解释中对此进行了明确。《行政诉讼法》在质证顺序问题上也缺乏具体规定，《最高人民法院关于行政诉讼证据若干问题的规定》第39条只就质证的内容、对象、发问方式等作了简单的规定。

一、质证的顺序

1998年最高人民法院作出的《关于民事经济审判方式改革问题的若干规定》第8

条首次对质证的顺序进行了规定。2002 年实施的《最高人民法院关于民事诉讼证据的若干规定》第 51 条在此基础上作了进一步的规定。相比之下，行政诉讼关于质证顺序、质证规则等问题的规定比较抽象和笼统。按照司法解释，质证按下列顺序进行：

首先，由承担证明责任的一方出示证据，相对一方、第三人与举证方进行质证。

其次，不承担证明责任的一方出示证据，相对一方、第三人与其进行质证。

最后，第三人出示证据，原告、被告与第三人进行质证。案件有两个以上独立的诉讼请求的，当事人可以逐个出示证据进行质证。

这一顺序安排，体现了当事人之间的诉讼地位和诉讼权利的平等，保障了双方在诉讼中的均衡对抗，有利于法官查明案件事实。该规定不仅为各方当事人举证、质证提供了平等的机会，也说明了法官不得作为质证主体，体现了法官中立原则。根据《最高人民法院关于民事诉讼证据的若干规定》第 51 条第 2 款、第 3 款的规定："人民法院依照当事人申请调查收集的证据，作为提出申请的一方当事人提供的证据。人民法院依照职权调查收集的证据应当在庭审时出示，听取当事人意见，并可就调查收集该证据的情况予以说明。"这是人民法院不负证明责任的精神在质证程序上的体现。

这一顺序安排，也是诉讼直接言词原则的要求。直接言词原则要求诉讼主体同时在场，法官必须在庭上亲自听取当事人、证人和其他诉讼参与人的陈述，亲自听取双方的辩论以及检验物证、审查书证、鉴定结论，在直接接触证据的基础上形成对案件事实的认识。诉讼应以言词陈述的方式进行，包括当事人之间在诉讼中就事实主张和证据的可信性进行的攻击和防御，必须以言词辩论方式进行。这一原则是制定、贯彻、实施质证制度的指导方针。

二、质证的方法、规则

（一）公开质证

《最高人民法院关于严格执行公开审判制度的若干规定》第 1 条规定："人民法院进行审判活动，必须坚持依法公开审判制度，做到公开开庭，公开举证、质证，公开宣判。"公开质证，意味着要求证人、鉴定人、勘验人出庭对作证内容进行口头的说明、接受当事人的质问。在这一基础上展开的辩论才有实质的意义。但是，公开审判和公开质证都有例外，《最高人民法院关于民事诉讼证据的若干规定》第 48 条规定："涉及国家秘密、商业秘密和个人隐私或者法律规定的其他应当保密的证据，不得在开庭时公开质证。"《最高人民法院关于行政诉讼证据若干问题的规定》第 37 条也作了相同的规定。不公开质证不等于证据对当事人保密，只是质证程序不对外公开而已，质证主体，也即案件当事人有权对证据进行质证。

公开是法庭审理活动和裁判活动的原则。但是质证并不只存在于法庭开庭审理阶段，在庭前准备程序中也存在质证活动。根据《最高人民法院民事诉讼证据的若干规定》第 39 条的规定："在证据交换的过程中，审判人员对当事人无异议的事实、证据应当记录在卷；对有异议的证据按照需要证明的事实分类记录在卷，并记载异议的理由。"可知民事诉讼庭前证据交换程序中也包含一定程度的质证内容。

（二）对证人的质证

对证人的询问是调查证据的主要方法之一，询问方式主要有两种：一种是由法官依职权进行询问，即主要由法官调查证据；一种是当事人进行，证据由当事人提出，并由当事人调查，特别是采用交叉询问，利用向对方当事人进行反询问的机会，揭露证言的矛盾、虚假之处，借以保证证人证言的真实性。《民事诉讼法》第 125 条第 2 款规定："当事人经法庭许可，可以向证人、鉴定人、勘验人发问。"《最高人民法院关于民事诉讼证据的若干规定》第 58 条规定："审判人员和当事人可以对证人进行询问。"但并未就询问的方式加以规定，但是根据实际情况来看，并不排除当事人对证人进行实质性的交叉询问。日本学者兼子一等认为，因为证人证言存在许多不稳定和不可靠的因素，很难期待它成为一种完全正确的证据，但离开证人的诉讼是不可想象的，因而各国立法都形成了各种确保证人证言真实可靠性的相关规则。在质证程序中，应结合这些规则来进行证人证言的审查判断。

1. 证人必须出庭作证

对证人进行质证的前提是证人出庭作证。英美证据法中有传闻证据排除规则规范证人作证的方式，凡是在法庭外作成的证言笔录，在证人未出庭作证的情况下提交法庭作为证据使用的，应予以排除。我国《民事诉讼法》第 70 条规定："凡是知道案件情况的单位和个人，都有义务出庭作证。"《最高人民法院关于民事诉讼证据的若干规定》第 55 条规定："证人应当出庭作证，接受当事人的质询。证人在人民法院组织双方当事人交换证据时出席法庭陈述证言的，可视为出庭作证。"《最高人民法院关于行政诉讼证据若干问题的规定》第 41 条也明确规定，凡是知道案件事实的人，都有出庭作证的义务。但是因为我国法律缺乏强制证人出庭作证的保障措施，这一前提条件往往不能实现，低于 5% 的证人出庭率严重影响了当事人质证权的行使，削弱了法庭的对抗性。离开证人出庭义务的保障措施和现实情况，讨论证人的质证顺序实属纸上谈兵。改革庭审制度，必须完善证人作证制度，确保证人出庭作证。遇有证人未出庭、代之以书面形式作证的，应审查其不出庭是否符合法定条件。上述规定第 56 条规定，证人下列情形下可以不出庭：①年迈体弱或者行动不便无法出庭的；②特殊岗位确实无法离开的；③路途特别遥远，交通不便难以出庭的；④因自然灾害等不可抗力的原因无法出庭的；⑤其他无法出庭的特殊情况。如果不具备上述情况，证人有出庭接受作证的义务。该司法解释第 69 条就违反出庭义务的证人规定了法律后果：无正当理由未出庭的证人证言不能单独作为认定案件事实的依据。

根据上述规定第 56 条第 2 款的规定，证人因年迈体弱或者行动不便无法出庭的、特殊岗位确实无法离开的，经人民法院许可，证人可以通过双向视听传输技术手段作证。这是证人履行出庭作证义务的新方法，通过双向视听技术手段能够有效解决证人出庭的时空障碍，对于保证对方当事人的质证权行使、提高庭审的对抗性和庭审质量具有重大的现实意义。这种作证方式与证人出庭作证并无二致，应视为证人出庭作证。

2. 当事人及其代理人进行主询问，应当禁止采用诱导性询问方式

当事人及其代理人就对方当事人提供的证人进行反询问时，可以采用诱导性询问方式。"所谓诱导是指询问人借助发问时的语气上的轻重缓急、声调上的抑扬顿挫或是某种动作上的示意，足以导致对答问人起到启发、提示性感染或造成影响，从而作出

符合询问人欲求的答复。”① 因为现行法律和司法解释对交叉询问规则没有加以明确规定，遇有证人使用诱导性提问时，法官是否允许、允许到何种程度，只能由法官据情裁量。

3. 证人只能就自己亲身经历或体验的事实作证，作证时不得使用猜测、推断或者评论性语言

这一规则体现在《最高人民法院关于民事诉讼证据的若干规定》第57条、《最高人民法院关于行政诉讼证据若干问题的规定》第46条。又称为意见证据排除规则。运用证据得出事实结论，属于事实认定者——法官的职权，如果当事人根据自己感知的案件事实作进一步的猜测、推断，被认为侵害了法官的职权。并且证人的意见和推测没有证明的价值，还会对事实认定产生消极影响，这是确立意见证据排除规则的依据。如果证人提供了意见证据，对方当事人及其代理人有权向法庭提出排除该证据的请求。至于证人证言是否“意见”、应否排除，则由法庭据情裁量。

4. 询问证人应单独进行

当证人为数人时，对证人询问应采用隔离询问制，此为各国所公认。即证人应分别加以询问，未经询问的不得在场。此规定旨在防止或揭露伪证、串通作伪证以及采取其他非诚信手段作证，确保其证言臻于正确真实。不同的证人有不同的立场，或属于同一当事人，或属于不同当事人。隔离询问，对属于同一当事人的数名证人，固然可以防止其串通或附和，导致变更其个人的证言；对属于不同一方当事人的数名证人，也可防止其听取他人的证言后，起而抗辩，或者为避免发现其本身证言的虚伪，故意增减或隐瞒、掩饰证言内容，导致丧失其真实性。对此，《最高人民法院关于民事诉讼证据的若干规定》第58条规定：“审判人员和当事人可以对证人进行询问。证人不得旁听法庭审理；询问证人时，其他证人不得在场。”

5. 询问证人不得使用威胁、侮辱及不适当引导证人的言语和方式

《关于行政诉讼证据若干问题的规定》第39条第3款规定：“当事人及其代理人相互发问，或者向证人、鉴定人、勘验人发问时，发问的内容应当与案件事实有关联，不得采用引诱、威胁、侮辱等语言或者方式。”

（三）对鉴定人、勘验人的询问

1. 鉴定人、勘验人的出庭义务

根据诉讼的直接言词原则，任何言词证据的提供者都负有出庭作证的义务，鉴定结论、勘验笔录虽然具有书面的表现形式，但其本质上属于鉴定人、勘验人的个人陈述，应为言词证据，理论上鉴定人、勘验人都应以出庭的方式提供证据。但立法及相关司法解释关于这一义务的规定不尽完善，存在矛盾，司法实践中鉴定人、勘验人几乎不出庭，这一局面有待改善。《最高人民法院关于民事诉讼证据的若干规定》第59条、《最高人民法院关于行政诉讼证据若干问题的规定》第47条明确规定了鉴定人出庭作证的义务。前者第60条、后者第39条第2款以及《民事诉讼法》第125条第2款均规定当事人可以向勘验人发问，也从侧面体现了立法对于勘验人出庭义务持肯定态

---

① 毕玉谦. 民事证据法及其程序功能. 北京：法律出版社，1997. 283

度的基本精神。

2. 对鉴定人、勘验人具体的询问规则，现行法律规范并无专门的规定

从世界各国通行的做法来看，除意见证据排除规则外，并无专门就鉴定人、勘验人设计的询问规则，适用与证人相同的询问规则即可。

（四）对书证、物证和视听资料的质证

不同形式的证据，质证的方法、程序会有所区别。书证、物证和视听资料表现为实体物，在对其进行质证时方法略异于言词证据的质证方法。但立法及司法解释均未就书证、物证和视听资料的质证方法、步骤作具体规定，从司法实践来看，这类证据的质证主要遵循如下步骤：首先由出示证据的一方就该证据的来源、制作、收集过程、内容以及与案件的关联性进行说明；举证方说明完毕后，由对方对证据进行辨认并发表意见。根据《最高人民法院关于民事诉讼证据的若干规定》第49条之规定："对书证、物证、视听资料进行质证时，当事人有权要求出示证据的原件或者原物。"因为，立法和司法解释确立了非法证据的排除规则，应重点审查视听资料的收集、制作方法是否合法，防止采用侵犯公民合法权益或者违反法律禁止性规定的方法取得的视听资料成为对方的有效证据被采纳。

思考与练习

1. 质证对诉讼有什么影响？
2. 法院在质证过程中的作用是什么？
3. 我国有没有可能引进美国的交叉询问制？
4. 如何理解"为发现真情，人类迄今发明的最伟大的法律发动机，毫无疑问应是交叉询问"？

拓展阅读

1. 广东省人民检察院课题组. 庭诉举证程序研究. 证据学论坛（第六卷）. 北京：中国检察出版社，2003

2. 沈丙友. 质证规则研究. 证据学论坛（第三卷）. 北京：中国检察出版社，2001

【实训部分】

【情境设计】

见单元十三项目二实训案例。

【训练方法】

全体实训人员分为控、辩、审三组，控辩双方结合本方的诉讼角色进行举证方案的设计、质证意见的归纳整理，审判小组负责案件争执点的归纳和质证活动的组织、引导，形成认证意见。

【实训任务】

通过庭审质证环节的模拟训练，使学生充分理解质证规则在具体诉讼实务中的运

用，能够实际操作法庭举证和质证的具体实务。学生应在指导教师的引导和启发下自主完成相关案例的分析研究以及最后的实际模拟操作。

【实训步骤】

步骤1：审查分析对方证据，归纳案件争点问题。

如未取得对方证据，应先到法院查阅案卷、复制有关案卷资料、询问对方证据提交情况。对于检察院未移送的重要证据，可尝试联系检察院要求查阅。确保全面掌握对方证据体系。

在庭外调查和审查分析双方证据的基础上，归纳案件待证事实和法律适用问题的争执点。

步骤2：制定举证方案、整理质证意见。

举证方案、质证意见应围绕争执点进行设计。

举证方案就本方证据的出示顺序、相关说明等内容进行设计。出证顺序可以先主后次，或以法律关系发生、发展、终结的时间脉络为序，或者根据证明效果的需要灵活、机动安排。传唤证人出庭作证的，应与证人作充分的沟通，明确答问内容及相关注意事项，制定询问提纲。

制定质证方案应结合证据的具体特点、围绕证据的“三性”问题谈意见。言词证据应拟定发问提纲及应对方案，实物证据则应就证据的同一性、科学性可靠性、关联性等问题，通过询问证据制作人、提取人、勘验人等形成质证意见。质证方法因案而异。或以逐件法，或以分段法，或以综合法，并非一成不变。

法庭依法组织证据交换的，应按时出席，并对证据交换过程中的笔录认真核对，记录有误的应及时提出更正。证据交换时因缺乏必要的分析和思考，应谨慎发表质证意见。

步骤3：依据举证、质证顺序，进行证据出示和质证。

依照庭审次序，按照预先的举证方案逐件出示证据，说明该证据的来源出处、欲证明的待证事实。对对方的证据发表自己质证意见，包括无异议的要素、有异议的问题以及理由。必要时根据庭审情况，调整原定的举证、质证方案。

经审判长许可，可以向证人、鉴定人及其他当事人发问；对其他当事人、诉讼代理人使用威逼性、诱导性发问和与本案无关的发问，及时提出反对意见。

单元十七

认证规则

引　言

司法证明像一条流水线作业，在取证、举证、质证等环节的基础上，认证是最后的一环，也是其中最重要的一环。诉讼主体的取证、举证、质证等活动，其目的在于获得法官对己方证据的认定并进而支持己方的事实主张。以认证规则为指导，规范取证、举证、质证等诉讼活动，才能实现诉讼目标，完成司法证明的任务。

【知识目标】

掌握认证的概念，理解认证规则的理论依据；掌握认证规则的基本内容，熟知各类诉讼不同的认证标准。

【能力目标】

通过学习和训练，具有根据认证规则分析，判断具体证据的证据力和证明力的能力，能够运用证据认定案情。

【内容结构图】

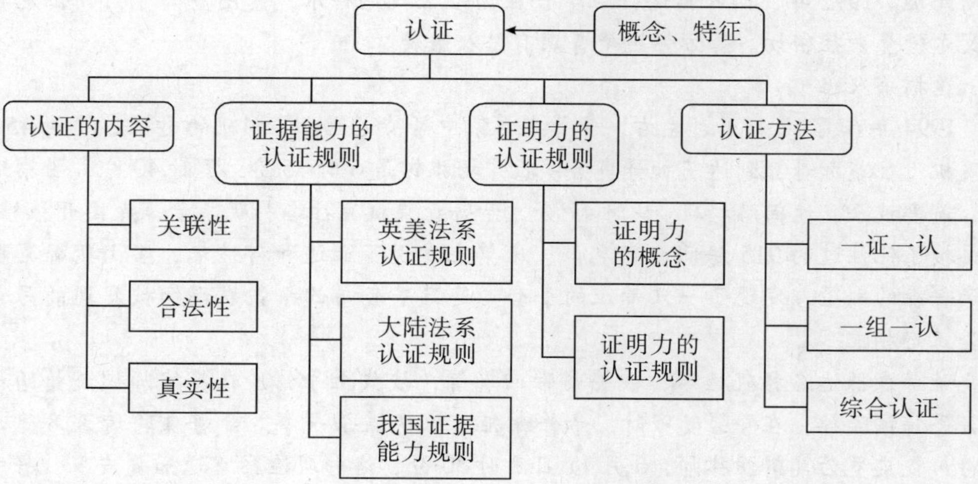

项目一　认证概述

为了实现公平理念和正当程序，法官应当履行三项义务，即：法官必须认真倾听当事者的主张；法官必须以认真回答当事者主张的方式对自己作出决定的根据进行充分的说明；法官作出的决定，必须建立在当事者提出的证据和辩论的基础上。

——梅尔文·艾森伯格

【引　例】

1994年6月12日洛杉矶警方接到报案，随即赶到现场，在别墅内发现一男一女两具尸体，躺在安全门内台阶上的女性是房主尼科尔·布朗。美国著名体育明星辛普森的前妻，她的喉管已被割断了。人行道上躺着的男子是25岁的罗纳德·戈尔德曼，他身上有20处刀伤，死前有搏斗的痕迹。法医对尸体解剖后断定：他们是在12日晚上11时左右被人用利器杀害。

从谋杀现场分析，不像是谋财害命案，因尼科尔家财产没有丢失，尼科尔与辛普森所生的两个孩子当时在室内睡觉，未受到任何惊动，警方初步断定是一桩室内情杀案。辛普森被列为头号嫌疑犯。辛普森，1947年4月9日生于美国旧金山波特里奥的康涅迪格大街的黑人居住区，曾是全美最著名的橄榄球运动员，后为全国广播公司体育节目评播员。1977年，辛普森与18岁的尼科尔相识，1978年两人发展为情人关系，1979年，辛普森与妻子离婚，与尼科尔同居，1985年正式结婚，生有一儿一女，婚后两人关系紧张，经常吵架，辛普森因殴打尼科尔曾被洛杉矶地方法院以虐待妇女罪判处30天监禁，缓期两年执行，罚金7 000元，公益服务120小时，接受心理咨询六周，每周两次。1992年，两人离婚，但辛普森仍经常找尼科尔，意图重归于好，但尼科尔与戈尔德曼来往密切。警方怀疑辛普森有杀人嫌疑。

追捕杀人犯

1994年6月12日1时左右，辛普森在家中等待送他去洛杉矶的司机，11时45分，乘飞机飞往芝加哥，到达芝加哥奥哈罗拉广场旅馆是6时15分。7时40分，警察通知他，前妻被杀，速回洛杉矶。9时41分，辛普森乘机飞往洛杉矶。辛普森离开旅馆后，警察搜了他住过的915房间，在毛巾、床单上发现了血迹和碎玻璃，洛山矶警察也搜了辛普森的别墅，发现了一只带血的手套。这只手套与凶杀案发现场被发现的另一只手套正好相配。

辛普森抵达洛杉矶场后，被警察带回警署，被戴上手铐，在其律师魏茨曼的抗议下，手铐被除掉，在警署受审时，辛普森拒不承认谋杀一事。辛普森聘请著名律师罗伯特·夏皮罗为其辩护律师，6月17日8时30分，洛杉矶检察官通知夏皮罗，警方准备逮捕辛普森，要他上午11时带辛普森自首，夏皮罗向辛普森传达了检察官的决定。11时30分，夏皮罗发现辛普森和其友考林斯不见了，及时通知了警方，警方连续出动了几架飞机，十几辆警车追捕辛普森，新闻机构也出动直升机。此时，辛普森正坐在考林斯的汽车里，用枪顶着脑袋，企图自杀，考林斯用电话与警方取得了联系，在警方和朋友的劝说下，辛普森同意不再逃跑。下午7时57分，抵达辛普森住所，8时45

分，被警方带到了洛杉矶看守所，辛普森被控两个一级谋杀罪，即杀害尼科尔和戈尔德曼，如果罪名成立，将被判处无期徒刑或死刑。

控方与辩方

辛普森请了全美最著名的律师组成辩护团为其辩护，有夏皮罗、贝利、德肖维茨、科克伦·杰尔曼、李昌钰等，起诉方检察官为加斯蒂·克拉克、霍奇曼等八人，双方阵容强大，举世瞩目。1994 年 6 月 30 日，开始预审，7 月 7 日，经预审辩论，法官裁决："现存证据已经表明下列罪行，且有足够理由相信，被告犯下了被控的罪行。"1994 年 7 月 22 日，洛杉矶最高法院伊藤法官正式宣布受理辛普森案，由陪审团审判。11 月 3 日，12 名陪审员组成陪审团。1995 年 1 月 24 日，正式开庭审理。

控方主要证据有：

（1）在辛普森·罗金汉别墅发现一只带血的手套，该手套系辛普森常用的牌号，与犯罪现场发现的另一只是一对，检验分析，手套上有戈尔德曼身上衬衫的纤维物质；有尼科尔和戈尔德曼的头发；有野马车上的纤维物质及具有黑人特征的体毛，手套上的血迹经化验分析系戈尔德曼和辛普森的血液。

（2）在辛普森家中卧室床下发现袜子上有血迹。经 DNA 分析，符合辛普森和尼科尔的基因特征。

（3）在犯罪现场后门发现的血迹，因不在发案现场，系干净纯洁未受污染的血液，经 DNA 分析，这些血液是辛普森的。

（4）在辛普森的野马车里发现多处血迹，在车门上、车内地板上、仪表盘上有血迹。车门上的血迹符合辛普森的 DNA 特征；在仪表盘上的血迹系辛普森、戈尔德曼的；在车内地毯上有尼科尔的血迹。

（5）在犯罪现场发现的血迹，经分析，符合辛普森的的 DNA 特征，其中对辛普森的一滴血用常规血清分析，证明系辛普森的血迹。

（6）在犯罪现场发现头发和衣服纤维，犯罪现场的一只针织滑雪帽上有辛普森的头发和其野马车车厢地毯的纤维，在戈尔德曼的衬衫上发现的深蓝色纤维与在辛普森的罗金汉别墅里搜到的血手套及辛普森卧室发现的袜子相符。

（7）在犯罪现场发现带血的脚印，尺寸为 12 号，与辛普森鞋号相同，出售该鞋的百货公司正是辛普森常去购物的商店。

（8）在罗金汉别墅的车道、门厅、浴室洗脸池及浴盆内都发现少量血迹。

辩方认为：

（1）警察发现谋杀事件后，并未按规定办理搜查证就径直前往辛普森家中搜查，取证方式严重违法。

（2）警察在后来补办的搜查证上竟然写错了理由，说明警察的办案能力低下和严重的失职。

（3）警察调查人员未能把犯罪现场完整地保护下来，他们从尼科尔家中拿来一块毛毯将受害人尸体遮盖住，受害人身上发现的毛发及纤维物质究竟是谁的成了疑问；在从尸体上提取头发纤维物质样品之前，曾把尸体在院内拖动搬移，增加了尸体沾染他人头发和纤维物的可能。

(4) 在现场调查的警官未能按洛杉矶警察局规定的工作章程及时通知验尸官和法医前往尸检，现场提取的证据的可信性有疑问。

(5) 在现场搜查的洛杉矶警察法医当时并未在犯罪现场后门发现大量血迹，也未在辛普森袜子上发现血迹。他们是在几个星期后，从辛普森身上取了血样后，才发现这些血迹的。

(6) 洛杉矶警方法医在现场并未计算收集到的血液和血迹数量，进行干燥处理后也未计算数量，每次化验分析也不计数量。

(7) 警察证人福尔曼对黑人有偏见，经常骂黑人为黑鬼，且曾向房客要过辛普森汽车的钥匙，有栽赃陷害的可能。

(8) 控方证人丹尼斯·方出庭证明搜集证据的有效性，但辩方经过法庭质证，使其不得不承认：取毛毯盖尼科尔尸体是一个致命的错误；警察没有及时召集犯罪学家到现场；未用警带围住辛普森的野马车；将在辛普森家发现的手套带到了发作现场；提取证据未戴乳胶手套；辛普森汽车旁的四滴血未进行记录，且少了血滴。物证受到污染。

(9) 控方证人塞尔马公司实验室主管洛宾·克顿出庭证明 DNA 的检验的科学性 DNA 血样与辛普森血样的相似性，指出现场发现的血样的提供者是辛普森。辩方首先指出 DNA 分析统计方法并非完全可信，血样在 6 月天很热的卡车里长达 7 小时可能变质。举出塞尔马公司曾检验 DNA 出现的例子，说明现有检验结果的可信度值得怀疑。

辛普森案件中选中的陪审团有 8 名非裔美国人、2 名西班牙裔美国人、一名美国印第安人和一个白种人。4 男 4 女。陪审团中的两个人有高中以上文化背景。根据调查问卷，辛普森案件的陪审团成员都基本上认为 DNA 证据是不可靠的。

辛普森案件中，辩方在挑选陪审团成员上首先胜出一筹。陪审团陪审的时间越长，出现误判的可能性就越大，尤其是当陪审团被隔离时。每次出现误判时，对于辩方来说都是一场胜利，即使控方能在下一轮中证明被告是有罪的。

当法官决定采用 12 名替代陪审员而非通常的 8 名时，他很可能在考虑审判的时间以及陪审团被媒体误导的潜在可能性。法官很可能意识到听证会会比预想的时间要长，审判本身也会比预计的时间要长得多。因为双方都相信本案中替代陪审员将会发生作用，因此他们在挑选替代陪审员时也比挑选最初的陪审团花费了更长的时间。

1995 年 10 月 1 日，辛普森案在历时一年多的审理后，终于临近尾声。在最后的法庭总结陈述中，起诉方的克拉克检察官、道尔顿检察官和辩护方的科克伦律师、谢克律师各自施展辩才，把己方的意见作了归纳。

问：如何采用不同的认证规则认定不同的证据?

【基本原理】

一、认证的概念

认证是认定证据的简称，是指司法审判人员对证据进行审查判断，确认证据的可采性和证明力大小，从而对事实作出结论的一种理性认识过程。认定证据要分析，尤其是对双方有争议的证据，采纳或不采纳都要有一个明确的态度。特别是对那些双方争议比较大，所提供的证据都不是特别充分的情况下，对证据的采纳与否的分析至关重要。认证实质上是一个对证据材料进行取舍，将证据材料转化为证据的过程。证据材料与证据是两个不同的概念，证据是指能证明案件真实情况的事实，而证据材料则是由当事人及法院依一定程序收集而来的，这些材料是否能作为定案的依据，能否作为证据使用，还需要法官加以认定，即便是经过举证、质证的证据材料，如没有法官认定，也还是证据资料。从这个意义上说，证据就是经过认证过程采信的证据资料，法官的认证过程就是将证据资料转化据以定案的证据的过程。认证是证据的最后一环，也是最重要的一环，只有经过司法人员的认证，证据材料才能作为证明案件相关事实的证据使用。

认证作为一种对证据的认识和判断活动及其过程，涵盖了相继进行的两个阶段：一个是对证据“三性”的判断和认识，决定证据能否采信，将一些虚假、无关、非法的证据材料排除；一个是对证据关联性大小的判断和认识，通过优势证据、最佳证据等法定证据规则，运用自由心证回答证据证明力大小的问题。

对证据的审查认定通常包括两个方面：证据能力和证明力。前者涉及证据是否可以被采用的资格，涉及的是有无证明力的问题，后者则涉及被采用的证据对案件事实能够起到多大的证明作用，涉及的是大小的问题。是否具有证据能力，要由法律作出规定，而证明力的大小，现代各国一般依自由心证的原则加以判断。

二、认证的特征

认证具有如下特征：

1. 认证主体的特定性

即认证的主体只能是审理本案的法官或合议庭成员，而不是当事人及其诉讼代理人，也不是本案的书记员，认证是法院的司法行为。

2. 认证内容的特定性

就是要对证据的“三性”进行综合审查判断，审查证据材料是否具有客观性、关联性、合法性，即对证据的证据能力和证明力的认定，不符合认证特征的予以排除，不能作为定案依据。

3. 认证形式的主观性

即认证是法官对证据进行分析判断的思维过程，这个过程属于法官个人对证据的认识范畴，因而具有形式上的主观性。

4. 认证对象的特定性

认证的对象是当事人、法院在法庭上出示并经过当事人质证、辩论的证据材料，对于未经合法出示、未经质证、辩论的证据材料不能作为认证的对象。

5. 认证程序的法定性

认证应遵循法定的程序，即认证只能在当事人举证、质证、辩论后进行。认证是认定案件事实的重要一环，通过认证，去粗取精，去伪存真，保证证据的客观性，保障证据与案件事实的关联性、合法性，排除非法证据材料，从而为正确认定案件事实和运用法律打下坚实的基础。

项目二　证据能力的认证规则

素朴的绝对的正义感，往往却是证据法则最大的杀手。

——古罗马法谚

【引　例】

甲系一批发商，与个体工商户乙有生意往来。一次，甲上门送货价值6 000元，乙于是立下“欠到货款6 000元”的条据。乙曾经先后两次共还款3 000元，并在条据上注明。甲向法院诉称，在最后一次还款1 000元时，乙接过欠条将条据撕毁，要求被告归还欠款2 000元。而乙辩称，最近一次还款为3 000元，款已经结清，当然要把条据撕掉了。谁知条据撕掉扔在地上后，原告乘我不注意，又将条据捡起并以此起诉我，要求驳回原告的诉讼请求。

问：如何运用证据能力的认证规则认定案件证据？

【基本原理】

证据能力，也即诉讼证据资格，是指一定的资料在法律上允许其作为证据的资格和条件。就司法审判而言，就是证据的诉讼“准入资格”。它主要解决哪些事实和材料可以作为诉讼证据加以采纳，哪些不能作为诉讼证据加以采纳的问题。因此，诉讼证据能力的概念，有时又被诉讼证据的可采性或诉讼证据的适格性所取代。综观各国证据法，对诉讼证据能力，一般都极少从法律上作出积极的规定，而是消极地就无证据能力或者其能力受限制的情形加以规定。这就是说，各国证据法一般不列举哪些事实和材料可采纳为证据，而只就哪些事实和材料不能作为证据或应依法受到限制作出明确规定。

一、英美法系的认证规则

在英美法系国家，有关诉讼证据能力的法则很多，但最主要的法则有五个，即排除法则、预防法则、传闻法则、优先法则和数量法则。

（一）排除法则

这是英美证据法上关于诉讼证据可采性的一项主要法则。依此法则，某些事实和材料将不具有诉讼证据资格，不能在诉讼中作为证据使用，而应排除在诉讼证据之外。例如，通过暴力、威胁、引诱、欺诈或者违法羁押等手段取得的被告人的招供，不能作为认定被告人有罪的证据；借助于催眠术或者采用精神麻醉方法取得的供词，也不能作为诉讼证据。禁止“采用通过非法搜查和没收而取得的证据”；在马普诉奥伊一案中进一步确定：“违宪搜查和没收所得的所有证据，同样不许在州法院中采用。”这些都是排除法则最直接的体现。法律规定排除法则的主要目的，是为了排除某些虚伪的情况和事实，以避免认定案情时发生错误。

（二）预防法则

该法则又称防止法则。它是为了防止伪证而预先规定在提出某种证据时必须附加某种形式的保证，以作为预防措施。否则，不能采纳为诉讼证据，如证人在提供证言时必须宣誓，对证人的询问必须个别进行，允许一方当事人请求在审判前知悉对方当事人所声明的证据等，以担保其真实性。

（三）传闻法则

该法则又称为分析法则，它是英美证据法上最著名、最重要的证据排斥规则。该规则主要是规定传闻的事实一般不能作为诉讼证据加以采纳。依据英国证据法，传闻证据是指证人听见另一个人所说的话，同时另一个人又不是那案中的被告人。除了一些例外规定外，法庭一般不接受传来证据作为证据。在美国，《联邦证据法》第 801 条规定，传闻是指陈述人在审判或调查中作证时所作的陈述以外的陈述，而提出作为证据以证明其所述事实是真实的。该法第 802 条明确规定："除依本法，或最高法院依法定权力所订之其他规则，或国会所定之法律另有规定外，传闻不具容许性。"

（四）优先法则

该法则主要规定某些事实和材料应优先提出或调查。其根据在于某些事实或材料在证明案件事实方面较之其他事实和材料更具有真实性、可信性，因而应优先于其他事实和材料而提出，如证明文书的内容时，应优先提出其原本；为证明遗嘱是立遗嘱人所亲笔书写时，在该遗嘱上签名的见证人比其他仅具有一般证人资格的人应优先传唤等。

（五）数量法则

该法则主要规定某些事实和材料必须有另外的证据作为佐证才能被采纳为诉讼证据，否则不予采纳。这一法则的确立，其目的在于加强证明效力较弱的证据之证明力，通过与其他证据相配合，从而使其证明力得到补强，以保证证据的真实性，如伪证罪、容留妇女卖淫罪和某些破坏交通罪，应有两个以上证人的证明；儿童不附宣誓的证言，必须有佐证；同案被告人的口供必须有其他旁证才能成为独立的证人证言等，都是数量法则的具体体现。

二、大陆法系的认证规则

大陆法系国家尽管对诉讼证据能力的限制不多，但仍然存在一些与诉讼证据能力的确定有关的诉讼证据可采性法则。这些法则主要是：

（一）直接审理原则

大陆法系国家诉讼程序采取直接审理主义和言词主义，因此，法律强调一切可作为证据的事实或材料必须经过直接审理才具有证据资格。反之，凡是不能以直接审理方法加以调查的事实和材料，如单纯传闻之词、书面证词或者证人在审判外的陈述等，都不具有证据能力，不得采纳为证据。

（二）任意性法则

该法则与英美法系证据法中的排除法则有类似之处，都将非任意性招供，即非自愿的招供排除在诉讼证据之外。依照法律规定，凡是以暴力、威胁、引诱、欺诈或者违法羁押等方法取得的被告人口供，都不具有证据能力。与排除法则不同的是，大陆法系国家不排除采用通过非法手段取得的实物证据。

（三）关联性法则

该法则强调某些事实和材料必须与案件事实之间具有关联性，才可作为诉讼证据采纳。反之，一切与案件事实无关联的事实和材料，都不具有诉讼证据能力。

（四）传闻法则

传闻法则，是指原则上排斥传闻证据作为认定犯罪事实的根据的证据规则。根据这一规则，如无法定理由，在庭审或庭审准备期日外所作的陈述不得作为证据使用。此外，记载检察官或司法警察职员勘验结果的笔录不具有当然的证据能力，只有当勘验人在公审期日作为证人接受询问和反询问，并陈述确实系他根据正确的观察和认识作成时，才能作为证据使用。鉴定人制作的鉴定结论亦同。只有等鉴定人在庭审时作为证人接受询问和反询问，说明其鉴定书系其以正确方法作成时，才具有证据能力。

传闻法则的确立理由主要是因为传闻证据在诉讼中的使用剥夺了诉讼双方包括被告人对原始人证的询问和反询问的权利，由于无法以交叉询问进行质证，违背了对抗制诉讼的基本精神，容易导致误判，而且传闻证据的使用也违反了刑事诉讼的直接审理原则，由于法官未能直接听取原始人证陈述，未能从陈述的环境和条件、陈述的内容和陈述时的态度、表情、姿势等各方面情况对陈述的真实性进行审查，不利于法官获得正确的心证。

（五）合法性法则

合法性法则强调一切证据必须符合法律规定的形式或者条件才具有证据能力。凡是不符合法定形式或条件的证据，即被认为是不合法的证据，不具有证据能力。

（六）意见法则

意见法则是一项关于意见能否作为证据采纳的法则。它主要解决证人对与案件有意义的事实所作的分析判断有无证据资格的问题。大陆法系国家证据法一般都禁止将证人的判断意见作为证言的内容，而不承认其具有诉讼证据能力。但日本在此问题上与其他大陆法系国家不同。在日本，不仅证人的判断意见可以作为证言，就连证人推测的事实也可作为证言的内容。

三、我国证据能力的规则

（一）刑事诉讼证据能力

刑事诉讼证据能力，是指某种事实或材料是否具有作为刑事诉讼证据的资格。我国《刑事诉讼法》第31条规定："证明案件真实情况的一切事实，都是证据。证据有下列六种：①物证、书证；②证人证言；③被害人陈述；④被告人供述和辩解；⑤鉴定结论；⑥勘验、检查笔录。"这一规定表明，在我国，刑事诉讼证据能力一般不受限制，凡是符合上述法定形式、能够证明案件真实情况的一切事实，都具有诉讼证据能力，都可以采纳为诉讼证据。可见，某一事实或材料是否具有诉讼证据能力，必须以其能否证明案件真实情况为条件。如果不能证明案件真实情况，则不具有诉讼证据能力。

根据我国《刑事诉讼法》的规定，下列事实和材料不应具有刑事诉讼证据资格：

（1）不符合法定证据形式的事实和材料。刑事诉讼法明确规定证据形式有六种，只有符合这六种形式的证据材料，才具有诉讼证据资格。反之，就不具有刑事诉讼证据资格。

（2）证人、被害人以及被告人在司法机关以外所作的有关案件事实的陈述。

（3）非作证主体所作的陈述。《刑事诉讼法》第37条规定："凡是知道案件情况的人，都有作证的义务。生理上、精神上有缺陷或者年幼、不能辨别是非、不能正确表达的人，不能作证人。"这一规定表明，非自然人不能作证人，即便是自然人，如果不能辨别是非、不能正确表达，也不能作证人。因此，他们就案件所作的陈述，不具有证据能力。

（4）无其他任何证据佐证的被告人供述。《刑事诉讼法》第35条规定：“只有被告人的供述，没有其他证据的，不能认定被告人有罪和处以刑罚。”该规定充分体现了我国刑事诉讼不轻信口供的特点。如果一个案件中只有被告人供述这一孤论，则其证据资格自然消失。

（5）证人的意见。只有证人对案件事实本身所作的陈述才是证言，才具有诉讼证据能力，而其评价意见则不是一种证言，不具有证据能力。

（6）与刑事案件事实无关联的事实或材料。我国刑事诉讼强调证据的关联性，一切作证据的事实与材料，都必须与刑事案件事实相关联，否则，即不具有证据能力。

（7）不具有客观性的事实和材料。客观性是我国刑事诉讼证据最本质的特征，一切作为刑事诉讼证据使用的事实和材料必须首先具有客观性。否则，不具有证据能力。

（8）不具有合法性的事实和材料。合法性是我国刑事诉讼证据的基本特性之一。司法机关处理刑事案件所运用的证据，都必须是能够证明案件真实情况，并具有合法性的事实和材料。否则，就不应具有证据能力。

（二）民事诉讼证据能力

民事诉讼证据能力，是指某一事实和材料可以作为诉讼证据在民事诉讼中加以提出、调查、收集和运用的资格。我国《民事诉讼法》第63条规定：“证据有下列几种：①书证；②物证；③视听资料；④证人证言；⑤当事人的陈述；⑥鉴定结论；⑦勘验笔录。以上证据必须查证属实，才能作为认定事实的根据。”凡是符合上述七种法定形式的事实和材料，都具有民事诉讼证据能力，都可以在民事诉讼中予以采纳。

尽管《民事诉讼法》对民事诉讼证据能力无限制规则，但并不等于一切事实和材料都具有民事诉讼证据能力。不具有关联性、客观性以及合法性的事实和材料，非作证主体所作的陈述、证人的意见等，同样不能作为民事诉讼证据加以采纳。具体表现为下列事实和材料不具有民事诉讼证据能力。

1. *检查笔录，现场笔录*

在刑事诉讼中，检查笔录是一种证据，在行政诉讼中，现场笔录是一种证据，但《民事诉讼法》规定的证据形式，并未包括这两种笔录。因此，它们不应具有民事诉讼证据能力。

2. *未在法庭上出示并经当事人互相质证的事实和材料*

《民事诉讼法》第66条规定：“证据应当在法庭上出示，并由当事人互相质证。”我国《民事诉讼法》实行“谁主张，谁举证”的原则，因此，当事人对能够证明自己主张的事实和材料，必须向法庭出示，并经对方当事人质证，才具有证据能力，否则，即不具有证据能力。但是，对于涉及国家机密、商业秘密和个人隐私的证据应当保密，需要在法庭上出示的，不得在公开开庭时出示。但这并不是说应当保密的证据不向法庭出示即具有证据能力，它同样应当向法庭出示，只是不在公开开庭时出示而已。

3. *有相反证据足以推翻的公证证明*

《民事诉讼法》第67条规定：“经过法定程序公证证明的法律行为、法律事实和文书，人民法院应当作为认定事实的根据。但有相反证据足以推翻的公证证明除外。”这一“但书”规定，明确了有相反证据足以推翻的公证证明不具有证据能力，不能在民事诉讼中加以采纳。

4. 不具有鉴定资格的部门和鉴定人所作的鉴定结论以及未经鉴定部门或鉴定人盖章或签名的鉴定结论

根据《民事诉讼法》第72条规定，对专门性问题的鉴定，应由法定的鉴定部门进行，没有法定鉴定部门的，由人民法院指定的鉴定部门进行，而且，进行鉴定的人必须具有鉴定人身份，否则，其鉴定结论不具有证据资格。同时，该条第3款还规定："鉴定部门和鉴定人应当提出书面鉴定结论，在鉴定书上签名或盖章。"这些规定表明，没有鉴定资格的部门及鉴定人所作的鉴定，以及未经鉴定部门和鉴定人签名或盖章鉴定的结论，都不具有民事诉讼证据能力。

（三）行政诉讼证据能力

行政诉讼证据能力，是指某一事实和材料可以作为诉讼证据在行政诉讼中加以提出、调查、收集和运用的资格。

我国《行政诉讼法》第31条规定："证据有以下几种：①书证；②物证；③视听资料；④证人证言；⑤当事人的陈述；⑥鉴定结论；⑦勘验笔录、现场笔录。以上证据经法庭审查属实，才能作为定案的根据。"凡是符合这些形式的事实或材料，都具有行政诉讼证据能力。

由于行政诉讼与民事诉讼的许多基本原理是相通的，因此，二者在诉讼证据能力方面也是基本一致的。但在以下两个方面，行政诉讼证据能力却具有不同于民事诉讼和刑事诉讼证据能力的特点：

1. 与作出具体行政行为无关的证据以及无关的规范性文件，不具有诉讼证据能力

《行政诉讼法》第32条规定："被告对作出的具体行政行为负有举证责任，应当提供作出该具体行政行为的证据和所依据的规范性文件。"这一规定表明，只有与所作出的具体行政行为有关的证据及规范性文件，才具有诉讼证据能力，否则，不具有诉讼证据能力。

2. 被告及其诉讼代理人自行向原告和证人收集的证据

《行政诉讼法》第33条规定："在诉讼过程中，被告不得自行向原告和证人收集证据。"

项目三　证明力的认证规则

诉讼一方的陈述等于无陈述；裁判者应听取双方的陈述。

——英国法谚

【引　例】

甲向法院诉称，他不识字，而乙具有初中文化程度。乙向甲借款3 000元一直未还，甲听人说法律上有关两年诉讼时效的规定，于是找到乙要求甲在条据上签字认可甲已经向其索要。但乙拿到条据后在上面注明"此条作废"，当时甲也不知道他写的是什么，事后听人说是"此条作废"，于是向法院起诉，要求乙还款。按照《最高人民法院关于民事诉讼证据的若干规定》应怎样解释？

问：如何确定证据的证明力？

【基本原理】

一、证明力的概念

证明力，也称证据价值，它指的是证据对于案件事实有无证明作用及证明作用的大小。

要明确证明力概念，必须分清形式证明力和实质证明力。这里以书证为例说明形式证明力和实质证明力的关系。书证要具有证明力，必须满足两个条件：一是书证本身是真实的，为当事人主张的文书的制作者所作的，而不是伪造的；二是书证表达的内容是书证制作者的真实意思表示，书证所记载的内容真实可靠，与待证事实有关联性，能够证明待证事实。前一个条件得到满足，该书证就具有形式上的证明力；后一个条件得到满足，该书证就具有实质上的证明力。

二、证明力的认证规则

（一）证据裁判主义规则

即人民法院裁判案件，应当以证据证明的案件事实为依据。“以事实为根据，以法律为准绳”，这是一个几乎家喻户晓的口号，并同时为我国三大诉讼和人民法院组织法所确认（《刑事诉讼法》第6条、《民事诉讼法》第7条、《行政诉讼法》第4条），被奉为诉讼的基本原则。该原则本无可厚非，但过去一般都认为，“以事实为根据”就是要求司法人员在审理案件过程中，必须以客观存在的案件事实为依据。由于案件都是发生在过去的事情，法官通过证据“重建”的案件事实，只能是带有主观色彩的“虚拟”的事实。因此，“客观事实”在诉讼中是不能实现的，诉讼也没有必要达到客观真实。

法规链接

1. 《刑事诉讼法》第6条：人民法院、人民检察院和公安机关进行刑事诉讼，必须依靠群众，必须以事实为根据，以法律为准绳。对于一切公民，在适用法律上一律平等，在法律面前，不允许有任何特权。
2. 《民事诉讼法》第7条：人民法院审理民事案件，必须以事实为根据，以法律为准绳。
3. 《行政诉讼法》第4条：人民法院审理行政案件，以事实为根据，以法律为准绳。

（二）最佳证据规则

所谓最佳证据规则，是指数个证据对某一特定的与案件有关的事实都有证明力，只能采用可能得到的最令人信服和最有说服力的证据予以证明的制度。在英美法系国家，最佳证据规则的适用范围限于书证，即对书证内容真实性的最佳证据方式是出示原件，副本、抄件、复印件都是第二手或第二手以下的材料。行政诉讼最佳证据规则的主要内容有：国家机关以及其他职能部门依职权制作的公文文书优于其他书证；鉴定结论、现场笔录、勘验笔录、档案材料以及经过公证或者登记的书证优于其他书证、视听资料和证人证言；原件、原物优于复制件、复制品；法定鉴定部门的鉴定结论优于其他鉴定部门的鉴定结论；法庭主持勘验所制作的勘验笔录优于其他部门主持勘验所制作的勘验笔录；原始证据优于传来证据；其他证人证言优于与当事人有亲属关系或者其他密切关系的证人提供的对该当事人有利的证言；出庭作证的证人证言优于未出庭作证的证人证言；数个种类不同、内容一致的证据优于一个孤立的证据。以有形载体固定或者显示的电子数据交换、电子邮件以及其他数据资料，其制作情况和真实性经对方当事人确认，或者以公证等其他有效方式予以证明的，与原件具有同等的证明效力。

（三）补强证据规则

所谓补强证据是指某一证据不能单独作为认定案件事实的根据，只有在其他证据予以佐证补强的情况下，才能作为定案证据。补强证据规则是对法官自由裁量的限制。在国外，补强规则通常适用于言词证据，而我国不仅适用于言词证据，还适用于视听资料、书证、物证等。补强证据应当具备两个条件：第一，必须具备证据资格；第二，与被补强的证据材料相结合才能证明案件事实。我国的《民事诉讼法》第69条及其司法解释最先规定了补强规则，规定人民法院对视听资料应当辨明真伪，并结合本案的其他证据，审查确定能否作为认定事实的根据。补强证据主要有以下几类：未成年人所作的与其年龄和智力状况不相适应的证言；与一方当事人有亲属关系或者其他密切关系的证人所作的对该当事人有利的证言，或者与一方当事人有不利关系的证人所作的对该当事人不利的证言；应当出庭作证而无正当理由不出庭作证的证人证言；难以识别是否经过修改的视听资料；无法与原件、原物核对的复制件或者复制品；经一方当事人或者他人改动，对方当事人不予以认可的证据材料；其他不能单独作为定案依据的证据材料。

法规链接

《民事诉讼法》第69条：人民法院对视听资料，应当辨别真伪，并结合本案的其他证据，审查确定能否作为认定事实的根据。

（四）非法证据排除规则

非法证据，指以违反法律禁止性规定或者侵犯他人合法权益的方法取得的证据。

非法证据的17种情形：

（1）未经庭审质证的证据。

（2）经合法传唤，被告无正当理由拒不到庭质证，且需要依法缺席判决的，被告方提供的证据。

（3）证人根据其经历所作的判断、证人的推测或者评论。

（4）严重违反法定程序收集的证据材料。

（5）以偷拍、偷录、窃听等手段获取侵害他人合法权益的证据材料。

（6）以引诱、欺诈、胁迫、暴力等不正当手段获取的证据材料。

（7）当事人无正当事由超出举证期限提供的证据材料。

（8）在中华人民共和国领域以外或者在中华人民共和国香港特别行政区、澳门特别行政区和台湾地区形成的未办理法定证明手续的域外证据材料。

（9）当事人无正当理由拒不提供原件、原物、又无其他证据印证，且对方当事人不予认可的无法印证的复制件或者复制品。

（10）被当事人或者他人进行技术处理而无法辨明真伪的证据材料。

（11）不能正确表达意志的证人提供的证言。

（12）被告及其诉讼代理人在作出具体行政行为后或者在诉讼程序中自行收集的证据。

（13）被告在行政程序中非法剥夺公民、法人或者其他组织依法享有的陈述、申辩或者听证权利所采用的证据。

（14）原告或者第三人在诉讼程序中提供的、被告在行政程序中未作为具体行政行为依据的证据。

（15）复议机关在复议程序中收集和补充的证据，或者作出原具体行政行为的行政机关在复议程序中未向复议机关提交的证据，不能作为人民法院认定原具体行政行为合法的依据。

（16）鉴定人不具备鉴定资格；鉴定程序严重违法；鉴定结论错误、不明确或者内容不完整的鉴定结论。

（17）不具备合法性和真实性的其他证据材料。

（五）自认证据规则

自认仅指一方当事人对对方当事人所主张的不利于己的案件事实承认其真实的意思表示，不包括对对方诉讼请求的认诺。对自认，我国学者的观点不尽一致，分歧的焦点主要在于自认的客体是否包含对对方当事人诉讼请求的认诺。分歧产生的原因是长期以来，我国证据理论研究拘泥于证据立法实践，一直未引入英美及大陆法系国家关于自认的概念和学说。理论研究和司法实践中，对自认习惯于以“当事人承认”这个概念来表述。然而“当事人承认”这个概念的内涵，在不同的专著中并不是一致的，有的仅指自认，有的还包括认诺。本司法解释仍沿用了这一概念，并且赋予了其特定的含义，即：

（1）在庭审中一方当事人或者其代理人在代理权限范围内对另一方当事人陈述的案件事实明确表示认可的，人民法院可以对该事实予以认定。但有相反证据足以推翻的除外。

（2）在行政赔偿诉讼中，人民法院主持调解时当事人为达成调解协议而对案件事实的认可，不得在其后的诉讼中作为对其不利的证据。

（3）在不受外力影响的情况下，一方当事人提供的证据，对方当事人明确表示认可的，可以认定该证据的证明效力；对方当事人予以否认，但不能提供充分的证据进行反驳的，可以综合全案情况审查认定该证据的证明效力。

法规链接

1.《最高人民法院关于民事诉讼证据的若干规定》第66条：审判人员对案件的全部证据，应当从各证据与案件事实的关联程度、各证据之间的联系等方面进行综合审查判断。

2.《最高人民法院关于民事诉讼证据的若干规定》第67条：在诉讼中，当事人为达成调解协议或者和解的目的作出妥协所涉及的对案件事实的认可，不得在其后的诉讼中作为对其不利的证据。

3.《最高人民法院关于民事诉讼证据的若干规定》第68条：以侵害他人合法权益或者违反法律禁止性规定的方法取得的证据，不能作为认定案件事实的依据。

4.《最高人民法院关于民事诉讼证据的若干规定》第69条：人民法院对视听资料，应当辨别真伪，并结合本案的其他证据，审查确定能否作为认定事实的根据。

（六）司法认知与推定规则

司法认知是证据学上的一个基本问题。所谓司法认知，也称审判上的认知，是指法院以宣告的形式直接认定某一个事实的真实性，以消除当事人无谓的争议，确保审判顺利进行的一种诉讼证明方式。英美法系和大陆法系国家关于司法认知的认识都是极为深入的。司法认知是举证责任的例外情形，当事人在其主张可因属自然规律、众所周知的事实使法官无须进一步认定时，司法认知制度的优势便显示出来了。

推定作为法律概念，有多种表述方式，其一般意义为：推定是一种法律规则，根据制定法或者判例，根据已知的事实可以认定推定事实存在，除非有相反的证据推翻这种推论。其中前一事实称为基础事实，后一事实称为推定事实。需要注意的是，推定是一种证据规则，而非证据，分为事实推定和法律推定。法律推定指根据法律的规定，当某一事实条件存在时，必然推定另一事实的存在。如婚姻关系期间所生子女即是婚生子女的推定。事实推定是指法庭依据日常生活经验法则就某一已知事实推论出未知事实的证明规则。如聋哑人听不见声音等。该规则主要有以下三个方面的内容：

（1）下列事实法庭可以直接认定。

众所周知的事实；自然规律及定理；按照法律规定推定的事实；已经依法证明的事实；根据日常生活经验法则推定的事实。

（2）原告确有证据证明被告持有的证据对原告有利，被告无正当事由拒不提供的，可以推定原告的主张成立。

（3）生效的人民法院裁判文书或者仲裁机构裁决文书确认的事实，可以作为定案依据。但是如果发现裁判文书或者裁决文书认定的事实有重大问题的，应当中止诉讼，通过法定程序予以纠正后恢复诉讼。

法规链接

1.《民事诉讼法》第 68 条：众所周知的事实；自然规律及定理；按照法律规定推定的事实；已经依法证明的事实；根据日常生活经验法则推定的事实。前款第 1、3、4、5 项，当事人有相反证据足以推翻的除外。

2.《民事诉讼法》第 69 条：原告确有证据证明被告持有的证据对原告有利，被告无正当事由拒不提供的，可以推定原告的主张成立。

3.《民事诉讼法》第 70 条：生效的人民法院裁判文书或者仲裁机构裁决文书确认的事实，可以作为定案依据。但是如果发现裁判文书或者裁决文书认定的事实有重大问题的，应当中止诉讼，通过法定程序予以纠正后恢复诉讼。

项目四　认证标准

如果要对陈述过去事件的相互矛盾的证据进行鉴别，唯一的检验方式是看证据是否具有协调性。

——麦考密克

【引 例】

甲向法院起诉乙，要求被告乙按欠条归还欠款6 000元。法院查明，5月10日，乙向甲出具欠条一张，注明欠款8 000元。6月10日，乙又还款给甲，甲在欠条上加注“还欠款2 000元”。而乙辩称，当时是还款6 000元，欠条上注明的“还欠款2 000元”就是尚欠款2 000元。

问：按照何种标准认定证据？

【基本原理】

一、一般证明标准

在诉讼过程中，认证是审判活动的中心内容。控辩双方或原、被告双方在取证、举证、质证之后，由法官进行的认证无疑是决定证据最后取舍的关键环节。认证是取证、举证、质证的目的和归宿，是法官查明案件事实的基础和关键。可以说，有什么样的认证，就有什么样的事实认定。

无论是在刑事诉讼中，还是在民事诉讼或行政诉讼中，法官都要对证据进行认证。认证是法官行使审判权的一种职能活动，是具有特定法律效力的司法行为，因此，认证的主体只能是法官，而不是其他诉讼参与人。认证是对证据的认定，不是对案件事实的认定。换言之，认证的对象是证据，不是案件事实。在诉讼活动中，案件事实需要认定，各种证据也需要认定。但认定证据与认定案件事实是两个密切相关又相互区别的概念。认定证据是认定案件事实的基础和手段，认定案件事实是认定证据的目的和归宿。在诉讼活动中，认定证据都是为认定案件事实服务的，但是认定证据并不等于认定案件事实，二者不应混为一谈。

在司法实践中，也许人们有时并不严格区分对证据的认定和对案件事实的认定，甚至会笼统地认为二者就是一回事，因为证据认定了，案件事实也就认定了。然而，认定证据应该与认定案件事实区分开来，因为它们是法官“决策”过程中两个相互衔接又相互区别的认识阶段。一方面，认定证据并不等于认定案件事实，即使确认了案件中所有证据的效力，也不等于就完成了对案件事实的认定。另一方面，认定案件事实也不等于认定证据，司法人员不能用认定案件事实的活动笼统地代替或吞并对案件中各种证据的认定活动，后者应该在程序和方法上具有相对的独立性。

证据是否能够达到法定标准地证明待证事实，亦称为证据力或证明力。其主要内容是证据的真实性和证明价值。这种区分是相对的，而不是绝对的，在具体的认证活动中，证据的关联性、合法性、真实性、证明价值等方面的内容往往相互交叉、相互影响。

（一）关联性

关联性是指证据与案件事实之间客观存在联系。判断一项证据是否具有关联性，首先需要明确何者为证据事实，并依实体法或程序法确定何者是待证事实。其次，应分析两者之间有无关联，有何种关联。在控辩双方或原被告双方提交法庭的各种证据，只有确实与案件事实存在关联性的证据才可以采纳为诉讼中的证据。不具备关联性的证据不得采纳。

（二）合法性

合法性是指诉讼双方提交法庭的证据必须在证据的主体、形式以及收集提取证据的程序和手段等方面都符合法律的规定。只有具有合法性的证据，才能采纳为诉讼中的证据。不具备合法性的证据不得采纳。证据的合法性包括两方面的含义：一方面是证据必须符合法律对其的形式要求，另一方面是证据的收集必须符合法律要求。

从三方面审查证据的合法性：①证据是否符合法定形式；②证据的取得是否符合法律、法规、司法解释和规章的要求；③是否有影响证据效力的其他违法情形。

（三）真实性

真实性是指诉讼双方提交的证据必须查证属实。即证据能真实反映案件事实。只有同时具备关联性、合法性、真实性的证据，才能予以认证。证据的真实性是指作为证据的事实必须是客观存在的事实，而不是猜测和虚构的东西，这是证据的最基本特性之一。

从以下方面审查证据的真实性：①证据形成的原因；②发现证据时的客观环境；③证据是否为原件、原物，复制件、复制品与原件、原物是否相符；④提供证据的人或者证人与当事人是否具有利害关系；⑤影响证据真实性的其他因素。

法庭应根据案件的具体情况从证据形成的原因、发现证据时的客观环境、证据是否为原件原物复制件复制品与原件原物是否相符等方面审查证据的真实性。法官认证应以证据具备关联性、合法性和真实客观性为标准，而决不是以双方无异议为标准。

二、各类案件的具体证明标准

（一）刑事诉讼案件的证明标准

1. 证据确实充分标准

这是总体性的、一般性的原则，它兼具客观性和主观性的双重要求。证据确实是要求其具有客观真实性；证据充分，是具有证明力，足以证明要证事实。要做到证据确实充分，就要达到前面所述的四项具体标准。这一标准是排他的，要求证据反映的事实于案件的客观事实相一致。

法规链接

《刑事诉讼法》第162条：在被告人最后陈述后，审判长宣布休庭，合议庭进行评议，根据已经查明的事实、证据和有关的法律规定，分别作出以下判决：（一）案件事实清楚，证据确实、充分，依据法律认定被告人有罪的，应当作出有罪判决；（二）依据法律认定被告人无罪的，应当作出无罪判决；（三）证据不足，不能认定被告人有罪的，应当作出证据不足、指控的犯罪不能成立的无罪判决。

《关于办理死刑案件审查判断证据若干问题的规定》第5条：办理死刑案件，对被告人犯罪事实的认定，必须达到证据确实、充分。证据确实、充分是指：（一）定罪量刑的事实都有证据证明；（二）每一个定案的证据均已经法定程序查证属实；（三）证据与证据之间、证据与案件事实之间不存在矛盾或者矛盾得以合理排除；（四）共同犯罪案件中，被告人的地位、作用均已查清；（五）根据证据认定案件事实的过程符合逻辑和经验规则，由证据得出的结论为唯一结论。办理死刑案件，对于以下事实的证明必须达到证据确实、充分：（一）被指控的犯罪事实的发生；（二）被告人实施了犯罪行为与被告人实施犯罪行为的时间、地点、手段、后果以及其他情节；（三）影响被告人定罪的身份情况；（四）被告人有刑事责任能力；（五）被告人的罪过；（六）是否共同犯罪及被告人在共同犯罪中的地位、作用；（七）对被告人从重处罚的事实。

2．排除合理怀疑标准

证明过程作为主观思维过程，必须建立科学合理的心证，排除了任何合理怀疑。排除合理怀疑作为刑事证明主观标准是实践中十分有用的概念。排除合理怀疑，就是司法人员在排除任何人为和非人为干扰的情况下感到对事实认定确有把握，而不是似是而非、疑惑不定、心中无底。当然这里的“合理怀疑”，应当是能经得起理性论证的怀疑，而不是无故置疑，吹毛求疵。

以上两种标准，前者是基础，后者是使前者便于操作和精确化的必要工具。在司法实践中，综合应用上述标准作多重检验，有利于全面反映诉讼证明的要求，保证事实判定和定罪的准确，更有效地完成诉讼证明的任务。

（二）民事诉讼案件的证明标准

长期以来，我国一直将客观真实作为诉讼证明的目标，要求法官所确定的案件事实必须与客观实际完全相符。这一诉讼理念是在批判自由心证制度下的主观真实基础上建立起来的，是实事求是原则在诉讼中的运用。但是，由于民事诉讼证明标准具有无形性和模糊性的特征，精确定位证明标准的界限在事实上难以实现，盖然性成为描述证明标准的普遍选择。所谓盖然性就是指可能性或概率，它是指一种可能而非必然的性质，也即是从事物发展的概率中推定案情、评定证据。

法规链接

1.《民事诉讼法》第4条第3款：人民法院应当按照法定程序，全面地、客观地审查核实证据。

2.《最高人民法院关于民事诉讼证据的若干规定》第73条：双方当事人对同一事实分别举出相反的证据，但都没有足够的依据否定对方证据的，人民法院应当结合案件情况，判断一方提供证据的证明力是否明显大于另一方提供证据的证明力，并对证明力较大的证据予以确认。

以《最高人民法院关于民事诉讼证据的若干规定》所确定的高度盖然性的一般证明标准为基准，可以通过司法解释或者立法的方式对我国民事诉讼的证明标准作出如下分级：

1．一般证明标准，即高度盖然性标准

这一标准适用于绝大多数民事案件中作为裁判基础的要件事实的证明。在没有特别规定的情况下，对于要件事实的证明均应适用此标准。

2．提高的证明标准，即高于高度盖然性的标准

这种标准相当于我国学者提出的心证程度85%～99%的“高级盖然性”标准。从更有效地保护权利人的角度出发，特殊侵权案件的侵权人主张免责事由的证明应适用该标准。

3．降低的证明标准，即盖然性占优势的证明标准

适用于在负有举证责任的当事人对于要件事实的证明将面临相当难度的场合，如对侵权诉讼中对加害人过错的证明、对因果关系的证明，以及对“应当知道”的证明、对间接损失的证明等。

4．较低的证明标准，即“有可能”的标准

这种标准所要求的证明程度很低，只要当事人对其所主张的事实的证明达到使法

官相信事实有存在的可能即解除证明负担，主要适用于程序性事项的证明，如对符合起诉条件的证明、对回避事由的证明、申请财产保全措施时的证明等。

（三）行政诉讼案件的证明标准

行政诉讼在证明标准的适用上与前两种诉讼存在着明显的不同，行政诉讼是解决不平等主体行政机关或组织与公民、法人和其他组织之间发生的行政争议，审查行政机关作出的具体行政行为是否合法，保护公民、法人和其他组织的合法权益，维护和监督行政机关依法行使职权。行政诉讼的证明标准基本上倾向于根据案件的不同性质和情况，以采用明显优势证明标准为原则，以优势证明标准和“排除合理怀疑”证明标准为补充，除法律另有规定外，法庭一般应当适用明显优势证明标准认定案件事实。

1. 优势证明标准

所谓优势证明标准是指在行政诉讼中，法庭按照证明效力占优势的一方当事人提供的证据认定案件事实的证明标准。此种证明标准一般适用于涉及财产权或者人身权的行政裁决案件和行政赔偿案件。

行政裁决是指行政主体以中间人的身份裁决两者之间发生的民事纠纷的行政行为。因为行政裁决的客体是民事纠纷而非行政争议，所以在民事诉讼中采用的优势证明标准在行政裁决案件中具有充分的可行性。这里的“优势”是指一方当事人提供的证据较另一方当事人提供的证据更有说服力和证明力，并不是指证据本身的分量而是证据分量的差额，但是行政诉讼审查的是行政裁决这种行政行为的合法性，这时的民事纠纷已非单纯地进入民事诉讼的民事纠纷，而是经过了公权力作用的民事纠纷，所以其证明标准比同等情况下进入民事诉讼的证明标准更高一些。但是要注意的是在行政诉讼中，证明方一般是作为被告的行政机关与民事纠纷双方当事人；而在民事诉讼中却是民事纠纷的双方当事人。这也是导致证明标准高低的重要原因。

2. 排除合理怀疑标准

在行政诉讼中适用排除合理怀疑标准的主要原因是，行政行为本身是一个多层次、多角度的行政手段，既包括具有一般行政行为特点的行政处理行为，也包括接近于民事行为的双方合意行为，甚至还包括一些比刑事制裁更为严厉的行政行为，例如，劳动教养作为公安机关的行政职能，最多可以限制公民的人身自由达三年之久，比刑罚中的罚金、管制、拘役都更为严厉。所以在行政诉讼中除了适用明显优势证明标准这一一般标准外，还应当适用排除合理怀疑标准。在适用排除合理怀疑标准时有一个限制性的条件，即必须是对行政相对人人身或者财产权益有重大影响。排除合理怀疑的证明标准是诉讼证明的严格标准，有利于推进依法行政原则。

法规链接

1.《行政诉讼法》第 32 条：被告对作出的具体行政行为负有举证责任，应当提供作出该具体行政行为的证据和所依据的规范性文件。

2.《行政诉讼法》第 33 条：在诉讼过程中，被告不得自行向原告和证人收集证据。

项目五　认证方法

一次不公的判断比多次不平的举动为祸尤烈。因为这些不平的举动不过弄脏了水流，而不公的判断则把水源败坏了。

——培根

【引　例】

2004年4月22日，陈进仓在王秀娟经营的柜台购买松下牌热水器两台、太太牌213A型抽油烟机、4218A型燃气灶、110A型电子保洁柜各一台，其中太太牌厨具货款总额为3 100元。陈进仓交付热水器定金100元、厨具定金200元。王秀娟为陈进仓出具“太太”系列厨卫电器（带货）安装单，安装单中“预收定金”栏写明200元，“安装工收余款”栏写明2 900元。2004年6月19日，陈进仓退两台热水器，王秀娟将热水器定金100元转入厨具定金中。王秀娟雇佣的人员彭玲在陈进仓持有的原厨具安装单上“预收定金”及“安装工收余款”处写有“代收2 800元”，并签字。同年7月15日王秀娟派安装工人安装厨具时，双方对陈进仓是否全部交纳货款问题发生争执，安装工人报警后，北京市公安局大兴分局亦庄派出所将厨具暂存。陈进仓认为王秀娟的行为致使其家庭装修不能如期进行，依法提起诉讼，请求法院判令王秀娟返还其货款3 100元并赔偿装修误工费1 050元。

王秀娟辩称，陈进仓所述不是事实。当时她没有收到陈进仓的钱，陈进仓提交的手续也只是一个安装单，不是结款证明。如果其收全款应当给其开具正式发票。其为陈进仓退“松下”热水器定金时没有将钱退还陈进仓，而是将100元定金折到厨具里，所以其工作人员在安装单上写明由工人代收的钱为2 800元，并应陈进仓的要求在上面签名。该安装单在工人安装后应收回，不是收款的证明。

问：如何采用逻辑推理方法认定案件事实？

【基本原理】

法官对证据的认证，实际上是法官的主观对客观事物的分析、判断与认定过程。认证证据必须掌握正确的方法，否则要达到查明案件客观真实的目的，只能是一句空话。因此，借助正确的认证方法是十分必要的。

一、证据认证的方式

（一）当庭认证与庭后认证

依据认证活动的时间和地点不同，认证可以分为当庭认证与庭后认证两种方式。所谓当庭认证，就是在庭审过程中，主持审判的法官对于一方诉讼当事人举出并经过对方质证的证据，在法庭上当即作出的认证。所谓庭后认证，就是说主持审判的法官对于诉讼当事人举出并经过质证的证据，不在法庭上当即进行认证，而是在庭审之后再进行认证。一般情况下，法官应该当庭认证，这可以提高审判决策过程的透明度，减少“暗箱操作”，保证司法公正。但客观地说，案情是错综复杂的，仅仅根据法庭上对一个或一组证据的举证和质证，往往很难对证据作出全面的判断。

（二）个人认证与合议认证

根据认证主体的数最不同，认证可以分为个人认证与合议认证两种方式。在独任制审判中，认证活动由法官一人进行，实行个人认证。在合议制审判中，认证活动一般应当由合议庭进行，实行合议认证。采用合议认证的方式，有利于更好地保障认证结果的客观性和准确性。当然，合议庭在进行认证时，也应当遵循少数服从多数原则。

（三）一步认证与两步认证

根据法官对证据的认定过程是否划分为采纳和采信两个阶段，认证可以分为一步认证与两步认证两种方式。所谓一步认证，即法官对证据的认定过程不分为采纳和采信两个阶段，而是一次性完成对证据能力和证据效力的认定。所谓两步认证，即法官对证据的认定过程分为采纳和采信两个阶段，分别完成对证据能力和证据效力的认定。

（四）直接认证与间接认证

根据认证主体对证据的审查方式不同，认证可以分为直接认证和间接认证两种方式。所谓直接认证，是指法官在对证据进行直接审查的基础上进行的认证。所谓间接认证，是指法官在对证据进行间接审查的基础上进行的认证。一般来说，法官认证应当坚持直接认证的原则。主持审判的法官应当亲自在法庭调查中直接审查诉讼双方举出的证据，并在此基础上作出能否采纳和是否采信的结论。直接认证是司法程序公正的基本要求，是正确查明案件事实的基本要求，也是诉讼活动中“直接言词原则”的体现。但是在某些情况下，为了节省司法资源，法官也可以进行间接认证。例如，一般来说，在第一审刑事审判中，法官对证据材料的审查均是直接审查，将证人证言、书证、物证等证据材料认定为证据，应根据证据须同时具备客观性、关联性、合法性，对证据能力和证明力同时作出审查，才能作出正确的认证。在第二审刑事审判程序中，对一审认定的事实和证据无异议的，二审法官在审查判断证据时，经常采用间接认证这种方式，即书面审查。但在第二审开庭审判的案件中，对有关争议焦点的证据材料进行认证时，法官不能采用间接认证这种方式，而要采用直接认证，对这些有争议的问题，在法庭上一定要重新进行举证、质证，在充分质证的基础上，作出认证。

（五）口头认证与书面认证

根据认证结果的表现形式不同，认证可以分为口头形式与书面形式两种方式。所谓口头认证方式是指法官用口头语言形式所表达的认证。所谓书面认证是指法官用书面文字形式所表达的认证。在审理案件过程中，可以用口头方式对证据作出认定，但最终还应以书面形式即以判决书的形式具体体现出来。在判决书中，对控辩双方提出的证据一定要进行分析论证，对双方提供的证据均作出分析，阐明采信与否的理由，让人信服。

二、认证的方法

审判人员对刑事证据的认证，实际上是审判人员的主观对客观事物的分析、判断和认定的过程。认证证据必须掌握正确的方法，否则要达到查明案件事实的目的，只能是一句空话。因此，借助正确的认证方法是十分必要的。在审判实践中，认证的一般方法可以分为分析方法和验证方法。

（一）分析方法

分析方法包括逐一甄别法、相互对比法和综合认定法。

1. 逐一甄别法

所谓逐一甄别法，是指审判人员对于在法庭上举出并经过控辩双方质证的证据逐一地进行单个审查，判断其证据能力和证明力的方法。逐一甄别法是对证据进行认证的常见形式，它通常作为对有关证据加以初步筛选、审查和判断的必要手段。运用甄别法对证据进行认证，要求依据客观事物发生、发展、变化的一般规律和常识去识别证据的真伪，辨别其是否具有证明力。

2. 相互对比法

相互对比法也叫比较法，是指对案件中两个或两个以上的具有可比性的证据进行比较或对照，从中发现和寻找他们的共同之处与差异之点的方法。相互对比法是法官在对证据进行认证时所经常采用的一种方式。在一般情况下，经过比较，认为证据包含的信息相符或者一致，没有矛盾，很可能就是真实可靠的；反之，其中哪个证据有问题，或者两者都有问题，均需要结合其他证据进一步审查判断。相互对比法以证明对象的同一性为基础，也就是说，用来进行比较的若干证据，都是用来证明同一事实要素的。

3. 综合认定法

综合认定法也叫印证法，是指将若干证据所包含的信息内容结合起来进行验证，以考察它们之间是否相互呼应、协调一致的方法。按照事物相互联系的辩证原理，案件发生后，证据和证据之间、证据和案件事实之间必然存在一定的联系。这样，为判断证据的真伪及是否具有证明力，就可以把该证据和其他相关证据结合起来，考察它们之间能否相互证实或协调一致。综合认定法就是通过揭示所有证据与证据之间、证据与案件事实之间的矛盾，分析出现矛盾的原因，正确地解决这些矛盾。这一印证过程既是分析矛盾、解决矛盾的过程，也是证据的真伪被鉴别，证据与案件事实的内在的必然联系被揭示的过程。综合认定法与相互对比法相比，不要求证明对象的同一，只要求与需要证明的事实之间存在着客观联系，因而可以在更广泛的范围内适用。

（二）验证方法

验证方法包括调查验证法、对质法、辨认法、鉴定法和现场实验法。

1. 调查验证法

调查验证法是指法官通过有针对性的进一步调查而进行验证的方法。这种方法的具体做法通常是：①根据已有的证据或已作出的事实结论，推断应当存在或不存在某种事实；②深入实践，调查收集有关证据，看存不存在该项事实；③根据存在或不存在该项事实，对原证或原结论的真实性进行验证。

2. 对质法

对质法是指法官为了确认某一事实的真实性，而依法组织了解该事实的两个或两个以上的人，就有关事实情况进行相互质询、诘问的活动。对质通常是在当事人与证人、被害人之间或证人与证人之间、证人与被害人之间进行。对质的前提是有关人员均声称他们对某一事实的陈述是真实可靠的，而他们的陈述却存在着尖锐的矛盾。必须注意的是，质证不同于对质，质证是单方面进行的，而对质是双方互相进行的。

3. 辨认法

辨认法是指由证人、被害人、刑事被告人观察向他出示的客体，以便使其确定该出示的客体是不是以前观察到的那个客体所进行的活动。

4. 鉴定法

鉴定法是指法官对涉及专门知识的有关问题，通过指定或聘请鉴定人进行鉴定或要求重新鉴定、补充鉴定予以查明的方法。凡涉及必须查明的专门性问题，必须由鉴定来解决。

5. 现场实验法

现场实验法是指法官为了验证某一现象在一定的时间、空间、条件下能否发生，而依法在相同的时间、空间、条件下进行现场实验的方法。现场实验的目的可以是确定在一定的条件下有关人员能否看到、听到、感觉到有关声音或形象；确定在一定的条件下能否发生某种现象，或有关人员能否完成有关动作；确定用某种工具是否会留下有关痕迹等。

思考与练习

1. 认证的概念与特点?
2. 认证的主要内容是什么?
3. 认证规则有哪些?

拓展阅读

1. 汪祖兴. 完善我国仲裁证据制度若干问题的思考. 陈光中，江伟. 诉讼法论丛(第10卷). 北京：法律出版社，2005

2. 李国光.《最高人民法院关于行政诉讼证据若干问题的规定》释义与适用. 北京：人民法院出版社，2002

【实训部分】

【情境设计】

以辛普森案的案件事实为基础，按照证据的认证规则对该案中的证据进行认证。

【训练方法】

1. 全体实训人员分为三个小组，分别为控方、辩方和陪审团三组，进行分组讨论。

2. 各小组形成本组的观点依据后，由一名代表发表意见。

3. 任课教师归纳小组意见并予以点评。

【实训任务】

通过对具体证据的认证训练，熟悉认证规则的适用范围，掌握认证的适用规则，能够认识基础事实和认证事实，分析、判断和说明证据的成立与否，熟练运用认证的方法认定案件证据。

【实训步骤】

步骤1：归纳证明对象。

1. 归纳认证对象。

2. 按照认证规则的要求进行初步认证。

步骤2：明确基础事实。

审查基础事实的证据基础是否确实充分，能否证明基础事实。为认证的适用打造前提条件。

步骤3：分析认证根据。

在明确基础事实和证据事实的前提下，认真分析二者之间的关联性，找出认证的根据，审查、判断该根据的真实性、关联性和合法性。

步骤4：给予对方当事人反驳的机会，并审查反驳理由的充分性。

不仅听取相对一方的反驳意见，还要给予其提供证据的机会。在此基础上，认真审查、分析反驳意见和证据的充分性。

步骤5：作出认证与否的处理决定。

综合以上各要素，形成认证与否的处理决定和具体理由，最终认定待证事实是否成立。

参考文献

1. 陈一云. 证据学. 北京：中国人民大学出版社，1991
2. 刘金友. 证据法学（新编）. 北京：中国政法大学出版社，2003
3. 刘金友. 证据理论与实务. 北京：法律出版社，1992
4. 陈浩然. 证据学原理. 上海：华东理工大学出版社，2002
5. 何家弘. 新编证据法学. 北京：法律出版社，2000
6. 何家弘. 证据调查. 北京：法律出版社，1997
7. 何家弘，张卫平. 简明证据法学. 北京：中国人民大学出版社，2007
8. 何家弘，刘品新. 证据法学. 北京：法律出版社，2004
9. 卞建林. 证据法学. 北京：中国政法大学出版社，2005
10. 崔敏. 刑事证据学. 北京：中国人民公安大学出版社，1997
11. 毕玉谦. 证据法要义. 北京：法律出版社，2003
12. 毕玉谦. 民事证据法及其程序功能. 北京：法律出版社，1997
13. 毕玉谦. 民事证据法判例实务研究. 北京：法律出版社，2001
14. 何家弘. 同一认定——犯罪侦查方法的奥秘. 北京：中国人民公安大学出版社，1989
15. 何家弘. 毒树之果——美国刑事司法随笔. 北京：中国人民公安大学出版社，1995
16. 何家弘. 外国证据法. 北京：法律出版社，2003
17. 刘善春，毕玉谦等. 诉讼证据规则研究. 北京：中国法制出版社，2000
18. 王利明，江伟，黄松有. 中国民事证据的立法研究与应用. 北京：人民法院出版社，2000
19. 龙宗智. 刑事庭审制度研究. 北京：中国政法大学出版社，2001
20. 刘品新. 刑事证据疑难问题探索. 北京：中国检察出版社，2006
21. 江显和. 刑事认证制度研究. 北京：法律出版社，2009
22. 肖胜喜. 刑事诉讼证明论. 北京：中国政法大学出版社，1994
23. 樊崇义等. 视听资料研究综述与评价. 北京：中国人民公安大学出版社，2002
24. 宋世杰. 证据学新论——证据运用问题研究. 北京：中国检察出版社，2002
25. 高家伟. 行政诉讼证据的理论与实践. 北京：工商出版社，1998
26. 徐继敏. 行政证据通论. 北京：法律出版社，2004
27. 蔡虹. 行政诉讼证据问题研究. 武汉：武汉水利电力大学出版社，1998
28. 杨荣新. 民事诉讼法教程. 北京：中国政法大学出版社，1991

29．叶自强．民事证据研究．北京：法律出版社，1999
30．宋世杰．举证责任论．武汉：中南工业大学出版社，1996
31．王建华．民事诉讼证据实证分析．北京：法律出版社，2006
32．陈光中，徐静村．刑事诉讼法学．北京：中国政法大学出版社，2002
33．锁正杰．法官开庭审判实务．北京：中国民主法制出版社，1998
34．吴丹红．特免权制度研究．北京：北京大学出版社，2008
35．何家弘．美国证据规则．北京：中国检察出版社，2003
36．毕玉谦，郑学林．《最高人民法院关于民事诉讼证据的若干规定》释解与适用．北京：中国民主法制出版社，2002
37．张树义．《最高人民法院关于行政诉讼若干问题的规定》释评．北京：中国法制出版社，2002
38．［美］罗纳德·J．艾伦等．证据法文本、问题和案例．张保生等译．北京：高等教育出版社，2006
39．［美］乔恩·R．华尔兹．刑事证据大全．何家弘等译．北京：中国人民公安大学出版社，1993
40．［美］Edmund M. Morgan．证据法之基本问题．李学灯译．台北：世界书局，1982
41．［德］莱奥·罗森贝克．证明责任论（第四版）．庄敬华译．北京：中国法制出版社，2002

图书在版编目（CIP）数据

证据法原理与实务/缪伟君，黄俊辉主编；朱光颖，李雪松副主编. —广州：暨南大学出版社，2011.1（2017.7重印）
（高等法律职业教育系列教材）
ISBN 978-7-81135-717-2

Ⅰ.①证…　Ⅱ.①缪…②黄…③朱…④李…　Ⅲ.①证据—法学　Ⅳ.①D915.130.1

中国版本图书馆CIP数据核字(2010)第248703号

证据法原理与实务
ZHENGJUFA YUANLI YU SHIWU
主　编：缪伟君　黄俊辉　副主编：朱光颖　李雪松

出 版 人：徐义雄
责任编辑：付有明
责任校对：周明恩　周玉宏
责任印制：汤慧君　周一丹

出版发行：暨南大学出版社（510630）
电　　话：总编室（8620）85221601
　　　　　营销部（8620）85225284　85228291　85228292（邮购）
传　　真：（8620）85221583（办公室）　85223774（营销部）
网　　址：http：//www.jnupress.com　http：//press.jnu.edu.cn
排　　版：广州市天河星辰文化发展部照排中心
印　　刷：湛江日报社印刷厂
开　　本：787mm×1092mm　1/16
印　　张：19
字　　数：439千
版　　次：2011年1月第1版
印　　次：2017年7月第5次
印　　数：8001—9000册
定　　价：38.00元